W0389865

Hesse

Die Welt neu beginnen

HELGE HESSE

Die Welt neu beginnen

Leben in Zeiten des Aufbruchs 1775 bis 1799

RECLAM

MIX
Papier aus verantwortungsvollen Quellen
FSC® C014496

2021 Philipp Reclam jun. Verlag GmbH,
Siemensstraße 32, 71254 Ditzingen
Druck und buchbinderische Verarbeitung:
GGP Media GmbH, Karl-Marx-Straße 24, 07381 Pößneck
Printed in Germany 2021
RECLAM ist eine eingetragene Marke
der Philipp Reclam jun. GmbH & Co. KG, Stuttgart
ISBN 978-3-15-011280-9

Auch als E-Book erhältlich

www.reclam.de

Inhalt

Für Josi

Auftakt

In jedem Moment kann die Welt neu beginnen. An jedem Tag können sich neue Wege auftun. Wir können sie beschreiten, oder auch nicht. 1775 fiel in Nordamerika, wie es der Philosoph Ralph Waldo Emerson ausdrückte, »der Schuss, der um die ganze Welt gehört wurde«. Ein Krieg begann, und Thomas Paine rief aus: »Wir haben es in der Hand, die Welt aufs Neue zu beginnen.« In England erklärte der Industrielle Matthew Boulton, er biete das an, was alle Welt wünsche: Power! Mit James Watt produzierte er Maschinen, die vieles verändern sollten.

Ihren Anfang nahmen die weltumwälzenden Ereignisse mit dem Beginn des Amerikanischen Unabhängigkeitskriegs 1775, und sie endeten 1799 mit dem Ende der Französischen Revolution. Die Europäer blickten weit ins Universum, erforschten den Globus, klassifizierten die Natur, sie arbeiteten an einer rasch entwickelnden Technik, die sich in vielen Lebensbereichen niederschlug, vor allem im beginnenden Fabrikwesen. Der Fortschrittsgedanke ergriff die Menschen und blieb fortan in der Welt. Wissenschaft emanzipierte sich in Wissenschaftlichkeit. Vermutung verlangte nun Erkenntnis durch Beweisführung. Die jahrhundertealte Deutungshoheit von Adel und Klerus zerbrach. Freiheit galt nun mindestens so viel wie Tradition, Vernunft und Tatkraft oft mehr als Herkunft und Glauben. Parlamentarismus und Meinungsfreiheit wurden zur Basis einer Gesellschaftsidee, die eine Mitsprache aller Menschen vorsah. Frauen erhoben die Stimme und wurden in allen Gesellschaftsbereichen aktiv, Rassismus und Sklaverei kamen aufs Tapet.

Diese 25 Jahre am Ende des 18. Jahrhunderts prägen Politik und Gesellschaften, Wissenschaften und Künste rund um den Globus bis heute. Mit der Feststellung, »dass alle Menschen gleich erschaffen wurden«, bereitete man aus dem Geist der Aufklärung nicht weniger als die Fundamente der modernen Welt des Westens. Vor allem in Großbritannien, Deutschland, Frankreich und in den entstehenden Vereinigten Staaten von Amerika brach sich eine über Antike, Renaissance und Humanismus gewachsene Kultur des Fortschritts auf dramatische Weise Bahn.

Dieses Buch begleitet Menschen aus diesen vier Ländern auf ihren Lebenswegen – dass die Zeit aus ihnen historische Größen machen sollte, wussten sie selbst natürlich oft noch nicht. Wir erfahren, was sie erlebten, dachten, fühlten und wonach sie strebten. Wir erfahren, wer wen kannte, mochte, liebte, bekämpfte, verachtete. Wir schauen über ihre Schultern, als wären wir für einen Moment Zeitgenossen. Manchmal liegt der Gedanke nahe: Sie sind wie wir – verblüfft, herausgefordert, oft überwältigt von ihrer Zeit, sie überblicken nicht, was sie sehen und erleben. Wie wir heute wussten auch sie nicht, wohin sie alle Entwicklungen ihrer Epoche führen würden: Sorgfältig Geplantes wird vom Schicksal durchkreuzt, Unscheinbares wird mächtig, aus Sturm und Drang Geborenes etabliert sich, wird klassisch.

Wie die Möglichkeiten der Menschen sind auch die dieses Buches begrenzt. Es ist eine Erzählung, die auf subjektiver Auswahl fußt. Dennoch unternimmt sie den Versuch, diese Jahre der Aufbrüche und des Fortschritts in einem weiten Panorama aufzufächern, wenn auch wichtige Persönlichkeiten hier und da außen vor bleiben müssen. Sollte dieses Buch dazu anregen, sich tiefer mit den Menschen Ereignissen und Werken zu befassen, von denen es berichtet, ist viel erreicht.

Jede noch so kleine Geschichte erzählt eine Zeit. Jede Erzählung ist eine Reise, der wir uns anschließen können. Diese Reise beginnt am Neujahrstag 1775 in Mount Vernon, und sie wird Jahre später dort auch enden.

Einige Personen der Handlung

George Washington, General, Gründervater, erster Präsident der USA
Marie Antoinette, französische Königin
Louis XVI., französischer König
Georg Forster, deutscher Weltreisender und Revolutionär
Johann Wolfgang Goethe, verehrter Schriftsteller, Staatsminister, Universalgenie
Benjamin Franklin, amerikanisches Universalgenie und Gründervater
Georg Christoph Lichtenberg, deutscher Gelehrter
Matthew Boulton, britischer Unternehmer
Friedrich Schiller, deutscher Dramatiker, Historiker und Philosoph
Wolfgang Amadeus Mozart, österreichischer Musiker und Komponist
Joseph II., österreichischer und deutscher Kaiser
Thomas Paine, britisch-amerikanischer Revolutionär
Jacques-Louis David, französischer Maler
Gilbert, Marquis de Lafayette, französischer Freiheitskämpfer
Napoleon Bonaparte, französischer Feldherr
Maximilien de Robespierre, französischer Revolutionär
Honoré Gabriel Victor de Riqueti, comte de Mirabeau, französischer Revolutionär
Nicolas de Condorcet, französischer Mathematiker und Philosoph
James Cook, britischer Seefahrer und Entdecker
Johann Gottlieb Fichte, deutscher Philosoph
Charles-Maurice de Talleyrand, französischer Politiker
Élisabeth Vigée-Lebrun, französische Porträt-Malerin
Georg Wilhelm Friedrich Hegel, deutscher Philosoph
Alexander von Humboldt, deutscher Naturwissenschaftler
Wilhelm von Humboldt, deutscher Gelehrter
George III., britischer König

William Bligh, britischer Seefahrer
Thomas Jefferson, amerikanischer Politiker
Olympe de Gouges, französische Freiheitskämpferin und Frauenrechtlerin
Friedrich Schlegel, deutscher Vordenker der frühen Romantik
Wilhelm August Schlegel, deutscher Literat und Übersetzer
James Watt, britischer Erfinder und Unternehmer
Novalis, deutscher Dichter
Alexander Hamilton, amerikanischer Politiker
Charlotte von Stein, deutsche Hofdame
Joseph und Étienne Montgolfier, französische Ballonpioniere
Friedrich Hölderlin, deutscher Dichter
Voltaire, französischer Philosoph
John Adams, amerikanischer Politiker
Jean-Jacques Rousseau, französischer Philosoph
Germaine de Staël, französische Schriftstellerin
William Herschel, britischer Astronom
Joseph Banks, britischer Naturwissenschaftler
Jean-Pierre Blanchard, französischer Luftfahrtpionier
Mary Wollstonecraft, britische Philosophin und Frauenrechtlerin
Antoine de Lavoisier, französischer Chemiker
Marie de Lavoisier, französische Wissenschaftlerin
William Turner, britischer Maler
Caroline Herschel, deutsch-britische Astronomin
Erasmus Darwin, britischer Arzt und Gelehrter
Adam Smith, schottischer Philosoph und Ökonom
Joseph Priestley, britischer Philosoph und Wissenschaftler
Georges Danton, französischer Revolutionär
Charlotte von Kalb, deutsche Autorin.

1775

Weg mit den Fesseln!

Der Neujahrstag fiel auf einen Sonntag. In der britischen Kolonie Virginia notierte der 42-jährige Großgrundbesitzer George Washington in seinem Tagebuch: »Den ganzen Tag zu Hause. Doktor Craik ging nach dem Frühstück.«

Einst hatte Washington einem Freund von seiner Hoffnung geschrieben, »in der Zurückgezogenheit mehr Glück zu finden, als ich jemals in der weiten und geschäftigen Welt erleben könnte«. Am grünen Ufer des Potomac verwaltete er Felder und Wälder seines weitläufigen Anwesens Mount Vernon, baute das Haupthaus aus und empfing tagein, tagaus großzügig Gäste. Fast auf den Tag war er nun seit 16 Jahren mit Martha verheiratet und gehörte dank der Ehe mit der reichen Witwe zu den wohlhabendsten Männern des Landes.

Doch über dem beschaulichen Leben lagen Schatten. Ein schon lange schwelender Konflikt drohte zu eskalieren. Seit dem vor zwölf Jahren beendeten Siebenjährigen Krieg, in dem Washington als Major der Miliz von Virginia an der Seite des britischen Mutterlands gegen Frankreich gekämpft hatte, forderten König und Parlament im fernen London stetig mehr Zölle und Abgaben von den Bürgern der Kolonien. Die aber wollten nur noch zahlen, wenn sie bei der Gestaltung ihres Gemeinwesens mitsprechen durften: »No taxation without representation!« (»Keine Besteuerung ohne Vertretung!«), riefen sie dem Mutterland entgegen. Die Spannungen wuchsen mittlerweile fast täglich.

Washington dachte schon lange darüber nach, was zu tun sei, wenn es zum bewaffneten Kampf gegen das britische Mutterland käme. Vor wenigen Wochen hatte er hundert Musketen bestellt, und mehrere Büchlein mit Dienstvorschriften. Den Rest des Neujahrstages verbrachte er damit, Verluste und Gewinne beim Kartenspiel des abgelaufenen Jahres auszurechnen.

In Versailles sah Marie Antoinette darüber hinweg, wie viel Geld sie beim Kartenspiel verlor. Es war viel. Andere hätten davon Schlösser kaufen können. Gatte König Louis XVI. beglich großzügig jede Schuld.

Als das 15. von 16 Kindern der österreichischen Kaiserin Maria Theresia war Maria Antonia Josepha Johanna, von allen nur Antoinette genannt, verhätschelt und umsorgt aufgewachsen. Als Kind gelang es ihr meist mit ihrem Charme, sich jeglicher Pflicht und auch dem Lernen zu entziehen. Die Mutter entdeckte an ihr liebenswerte Züge, aber auch Mängel in der Persönlichkeit. »Sie ist zu jung. Sie war nie fleißig, und sie wird es auch nie werden«, urteilte sie; was Maria Theresia aber nicht davon abhielt, ihre erst 14-jährige Tochter als Spielfigur ihrer Heiratsdiplomatie einzusetzen. Die Kaiserin wollte die jahrhundertealte Feindschaft Österreichs mit Frankreich beenden, und daher musste Marie Antoinette den französischen Thronfolger heiraten, um so das neue Bündnis mit Frankreich zu sichern. Das sollte vor allem Friedrich II. in Preußen Einhalt gebieten.

Mit einem »Seid gut zu den Franzosen, damit sie sagen, ich hätte ihnen einen Engel geschickt«, gab Maria Theresia ihr Kind in die Fremde und in die Hände eines Bräutigams, der ebenso unreif und unbedarft war. Louis, gerade erst 15 geworden, schüchtern, unsicher und in sich gekehrt, zitterte, als er Marie Antoinette bei der Hochzeit am 16. Mai 1770 in der Kapelle des Schlosses von Versailles den Ring auf den Finger streifte. Am Abend geleitete der Hofstaat das junge Paar in sein Schlafzimmer. Ein hoher Geistlicher segnete das Bett. Der König und die Höflinge zogen sich mit den besten Wünschen für die Nacht zurück. Die beiden lagen nebeneinander. Und nichts geschah.

Nun, am Neujahrstag 1775, standen Marie Antoinette und Louis erst seit wenigen Monaten als Königin und König an der Spitze von Frankreich. Sie war 19, er 20 Jahre alt. Marie Antoinette wollte etwas gegen die Last auf ihren Schultern tun. Das in strenge Regeln gefasste Leben am Hof, die Blicke auf jeden ihrer

Schritte, die Urteile über jedes ihrer Worte raubten ihr die Luft. Aber eines nach dem anderen: Zunächst gelang es ihr, an diesem Neujahrstag, Louis zu überreden, dem Bruder ihrer Favoritin künftig eine großzügige Pension zu zahlen.

Fünf Jahre zuvor hatte Marie Antoinettes Aufsehen erregende Brautfahrt in Straßburg einen Höhepunkt gefunden, und der damals 20-jährige Student Johann Wolfgang Goethe hatte aus der Menge die blutjunge Prinzessin in einem gläsernen Wagen vorbeifahren sehen. Auf einer Rheininsel übergab man sie fernab vom einfachen Volk in einer seltsamen Zeremonie an den französischen Gesandten. In einem Zelt musste sie sich unter den Augen der Höflinge beider Länder völlig entkleiden und nackt alles aus ihrem bislang so behüteten Leben zurücklassen; selbst ihren Lieblingsring.

Das Zelt der Übergabe hatte Goethe vorab besichtigen können. Man hatte es mit Wandteppichen ausgekleidet, auf denen Motive der Hochzeit der blutig endenden Ehe von Jason und Medea zu sehen waren. Goethe sprach damals entsetzt von einem schlechten Omen.

Nun, in den Tagen kurz nach Neujahr, hatte sich der 25-jährige Goethe im winterlichen Frankfurt am Main von einem Freund spontan überreden lassen, eine Klaviersoiree zu besuchen. Er wusste, alle Augen würden auf ihm ruhen. Denn seit einigen Monaten war er berühmt.

Schon im letzten Frühjahr als Dramatiker mit seinem Schauspiel *Götz von Berlichingen* erstmals hervorgetreten, stieg seit Herbst sein Ruhm durch den Roman *Die Leiden des jungen Werthers* in fast unermessliche Höhen. Landauf, landab nahm Werthers tragische Geschichte Leser beiderlei Geschlechts gefangen. Man las still für sich oder in Gruppen, weinte allein oder gemeinsam um den unglücklich liebenden Protagonisten, der in Briefen von seinem Herzensleid erzählte und sich schließlich erschoss. Mancher tat es dem armen Werther nach, nicht nur in Deutschland. Rasch in alle erdenklichen Sprachen übersetzt, wurde das Werk zum ersten literarischen Bestseller in Europa, der aus Deutschland stammte.

An einem Abend der ersten Tage des Jahres trat dieser berühmte junge Goethe in feiner Garderobe vor die Tür: schlank, gutaussehend, mit braunen Augen und braunen Haaren – und von überschäumendem Temperament. In jedem Raum, den er betrat, sorgte er sofort für Furore. Vor allem Kinder und Frauen nahm er leicht für sich ein, Letztere sehr zum Verdruss anderer Männer.

Nur wenige hundert Meter musste er sich vom Haus der Eltern am Hirschgraben den Weg durch die kalten Gassen zum Kornmarkt leuchten. Dort trat er wieder in die Welt, aus der er gerade kam. Die Fassade des Hauses der Bankiersfamilie Schönemann mit den schützenden schmiedeeisernen Fensterkörben des Erdgeschosses ähnelte der des Domizils der Goethes. Die Treppe in der Eingangshalle zierte ein fast identisches Rokokogeländer. Die Wachstuchtapeten bei Schönemanns und bei Goethes stammten vom selben Maler.

Am Konzertflügel in der Mitte des Gesellschaftsraums bauschte die 16-jährige Tochter des Hauses ihren Rock und setzte sich. Elisabeth hieß sie. Sie nannte sich Liesel. Für Goethe würde sie bald Lili sein. Sie hatte den *Werther* gelesen. Sie wusste, wer der junge Mann war, der sich zu ihr an das Ende des Flügels stellte und sie fixierte. Leicht und sicher tanzten ihre Finger über die Tasten. Nach dem letzten Ton und anerkennendem Applaus sprach er sie an. Sie musterte ihn, schaute ihm direkt in die Augen, weder schüchtern noch verlegen. Sie hörte zu, antwortete unbefangen und stellte ihrerseits Fragen. Goethe erkannte eine Gleiche. Rasch wussten beide, sie wollten sich wiedersehen.

Auf einem Schiff im südlichen Atlantik notierte der 19-jährige Georg Forster in dem engen Verschlag, der ihm als Kajüte diente: »Das neue Jahr fing bei frischem Winde und kalter Luft, mit einem schönen heiteren Tage an.« Seit zweieinhalb Jahren fuhr er fern von Europa über unbekannte See und lernte fremde Küsten, Menschen und Natur kennen.

In nahezu letzter Minute war sein Vater Johann Reinhold Forster als leitender Wissenschaftler für die zweite Südseereise James Cooks eingesprungen. Denn die Forderungen von Joseph Banks, dem berühmten und exzentrischen leitenden Wissenschaftler von Cooks erster Reise, hatten die Admiralität dazu bewogen, auf dessen Dienste zu verzichten. Reinhold Forster, ebenfalls kein Mann vornehmer Zurückhaltung, gelang es, für seine Teilnahme die Begleitung durch seinen begabten Sohn Georg als wissenschaftlichen Beobachter und Zeichner durchzusetzen.

Cook wollte auf seiner Reise endlich den sagenumwobenen Kontinent »Terra Australis« finden, der schon lange in den Köpfen der Europäer spukte. Von England hatte er mit den Schiffen Resolution und Adventure das Kap der Guten Hoffnung gen Osten passiert und dann monatelang im südlichen Pazifik gesucht. Doch selbst weit hinter dem Polarkreis sichtete er kein Land, nur Eis. Es ging nach Australien, Neuseeland und Tahiti, bis Cook schließlich seine Suche aufgab und wieder Kap Hoorn ansteuerte. Dass er auf der Reise viele der letzten unbekannten Küsten des Globus für die Europäer entdeckt hatte, war ihm nur ein schwacher Trost.

Nun durchpflügten die Resolution und die Adventure den unruhigen Südatlantik. Nahe der Isla de los Estados machte Cook halt und ließ einige Männer auf einem Eiland anlanden. Sie jagten Seelöwen und kochten den Tran aus den erlegten Tieren heraus. Georg Forster stand noch unter dem Eindruck der Bewohner der kargen nassen Welt Feuerlands. Die hatten vor wenigen Tagen in groben Kanus die Schiffe begleitet, in der Kälte halbnackt, arm und dumpf erscheinend, und unablässig ein monotones »Pässeräh« gerufen. Verglichen mit den anmutigen, das Herz öffnenden Menschen, die er auf Tahiti kennengelernt hatte, schienen diese Menschen das Gegenteil. Doch genau dies, dass ihn eine fremde Kultur mal begeisterte, mal abstieß, beschäftigte Georg Forster auf dieser Reise schon seit langem. Er fragte sich zunehmend, was der Mensch sei, was ihn ausmache. Ob alle Menschen im Grunde gleich waren und nur die Lebensumstände und die Gegebenheiten der Natur sie trennten?

Schon über das ganze letzte Jahr hatte der mittlerweile 69-Jährige, beiderseits des Atlantiks berühmte Universalgelehrte Benjamin Franklin in London den Hochmut und die Ignoranz der Verantwortlichen erdulden müssen. Dort kämpfte er auch jetzt als Vertreter der amerikanischen Kolonien unermüdlich darum, den zunehmenden Zwist mit dem britischen Mutterland doch noch zu schlichten.

Als zu Beginn des Vorjahrs in England die Meldungen eingetroffen waren, Bürger in Boston hätten Teeladungen britischer Schiffe ins Hafenbecken geworfen, schien eine Einigung in weite Ferne zu rücken. Zudem schritt der Ablösungsprozess voran. Am 1. September dann war in Franklins Heimat Philadelphia der Erste Kontinentalkongress mit Vertretern aller Einzelkolonien zusammengetreten, während sich die Menschen überall im Land in Stadt- und Kreisversammlungen organisierten; sie bildeten Milizen. Britische Staatlichkeit begann zu schwinden, und die Amerikaner waren zunehmend bereit, die geforderte Freiheit auch durch den Einsatz von Gewalt zu sichern.

In London wuchs – angesichts der Korruption in der britischen Regierung – Franklins Überzeugung, dass ein weiterer Verbleib seiner Heimat im britischen Empire »mehr Schaden als Nutzen« bringe, wie er am 25. Februar einem Delegierten Pennsylvanias aus London mitteilte.

An diesem selben 25. Februar verstarb in Birmingham der Gelehrte William Small. Benjamin Franklin hatte ihm vor Jahren mit einem Empfehlungsschreiben den Zugang zu einem illustren Kreis eröffnet. In und um Birmingham tauschten sich nämlich seit längerem einige Männer über Fortschritte in Wissenschaft, Technik und Gesellschaft aus. Franklin war zweimal Gast der Gruppe gewesen und hatte dabei von den Kräften der Elektrizität erzählt.

Begonnen hatte es fast zwei Jahrzehnte zuvor mit der Freundschaft zwischen dem jungen Unternehmer Matthew Boulton und dem Landarzt Erasmus Darwin, dem späteren Großvater Charles Darwins. Die beiden wollten die Welt verbessern. Darwin, dessen Körperfülle ihm nichts an Impulsivität und Tatkraft nahm, kämpfte sich in schlecht gefederten Kutschen unablässig auf den holprigen Wegen Englands von Patient zu Patient. In manchem Jahr legte er über 10 000 Kilometer zurück, was für die damalige Zeit atemberaubend war. Auf seinen Fahrten sann er über bessere Federungen, Wege, Wasserkanäle und Kutschlenkungen nach. Letztlich interessierte Darwin nahezu alles; auch die Kraft der von Benjamin Franklin in alle Köpfe gebrachten Elektrizität. Sein Freund, der leutselige Menschenfänger Matthew Boulton, suchte als Unternehmer rasch die Umsetzung und den Gewinn, dies aber – anders als die meisten seiner Zunft – immer mit dem Ziel, die Gesellschaft zu verbessern und soziale Missstände zu beseitigen.

Zu Darwins und Boultons Experimentier- und Gesprächsrunden stießen bald andere, auch besagter William Small, ein Professor für Naturwissenschaften. Der gebürtige Schotte war zum Professor in Williamsburg in Virginia ernannt worden und hatte dort einen seiner Schüler, den Sohn eines reichen Tabakpflanzers, so tief beeindruckt, dass sie Freundschaft schlossen und sich Smalls Einfluss auf diesen Schüler bald in dessen Taten niederschlagen sollte. Der Name des Schülers, von dem noch die Rede sein wird: Thomas Jefferson.

Nachdem Small in Großbritannien von Franklin eingeführt worden war, entwickelte er sich rasch zum Ruhepol und Mittler der Gruppe in Birmingham, die noch weitere außergewöhnliche Persönlichkeiten anzog. So den Chemiker und Philosophen Joseph Priestley und den Ingenieur James Watt. Auch Joseph Banks, der Vorgänger Reinhold Forsters als wissenschaftlicher Leiter James Cooks, war der Gruppe freundschaftlich verbunden.

Auch jenseits des Atlantiks half Benjamin Franklin mit einem Empfehlungsschreiben. Einen »genialen, achtbaren jungen Mann« pries er an. Sein Name: Thomas Paine. Bereits Ende 30, also nicht mehr ganz so jung und vielfach gescheitert, wollte er nun in Amerika sein Glück suchen. Von hochgewachsener Gestalt, trug er seine dunklen, von ersten grauen Strähnen durchsetzten Haare im Nacken zum Zopf gebunden. Seine außergewöhnlich große Nase vermittelte den Eindruck, sie diene als Kimme für seinen eindringlich forschenden Blick.

Paine stammte aus bescheidenen Verhältnissen und hatte wie sein Vater als Korsett- und Seilmacher gearbeitet, bis er von zu Hause weglief, als Matrose auf Kaperschiffen diente, um danach als Beamter beim Zoll herausgeworfen zu werden. Sein Umgang mit Schmugglern soll allzu nachsichtig gewesen sein.

Nachdem seine erste Frau im Kindbett verstorben war und er das Tabakgeschäft seiner zweiten Frau ruiniert hatte, stand Paine vor dem Nichts. Vor seinen Gläubigern nach London geflohen, verschaffte ihm ein Freund den Kontakt zu Benjamin Franklin. Mit dessen Empfehlungsschreiben im Gepäck nach Amerika aufgebrochen, hätte Paine die Reise fast nicht überlebt, da auf dem Auswandererschiff Typhus ausbrach. Viele an Bord starben. Bei der Ankunft in Philadelphia musste man ihn auf einer Trage an Land bringen. Glücklicherweise eilte ihm der Arzt Franklins zu Hilfe.

Jetzt, Anfang des Jahres, ein wenig erholt, streifte Paine durch die Straßen, bewunderte die dreistöckigen Häuser aus rotem Backstein mit ihren weiß gerahmten Giebeln und Fenstern und besuchte die von Franklin gegründete Bibliothek. Thomas Aitken, Inhaber des Buchladens, neben dem er wohnte, machte Paine das Angebot, an der neuen Zeitschrift *The Pennsylvania Magazine* mitzuarbeiten, die er gerade gründete und die aus der Perspektive von Amerikanern für Amerikaner über Politik, Gesellschaft, Wissenschaft und Philosophie berichten sollte. Paine stimmte zu und stürzte sich in die Arbeit.

Goethe tat Mitte Februar etwas Seltsames. In einem Brief vertraute er seine Gefühle einer Verehrerin an, deren Identität er bislang nicht kannte. Die Adressatin war die junge Auguste Gräfin zu Stolberg. Sie hatte ihm nach der Lektüre des *Werther* im Überschwang geschrieben. Nun, kurz nach seiner Begegnung mit Lili, antwortete Goethe ihr zum ersten Mal und berichtete der Unbekannten von der Wucht seiner Gefühle für die junge Frau. In den nächsten sieben Jahren sollten er und Auguste sich viele Briefe schicken, begegnen aber sollten sie sich nie.

Bei den Schönemanns ging Goethe mittlerweile ein und aus. Der alleinige Grund war Lili. Sie beruhigte ihn, sie wühlte ihn auf. Unablässig las er in ihren Blicken und Gesten Einverständnis. Er, der sich selbst Bär und Hurone nannte, bemühte sich, von den Schönemanns akzeptiert und gemocht zu werden, schmeichelte und scherzte. Doch wie nur wenige andere vermochte Goethe, sich von außen zu betrachten. Seiner Brieffreundin Auguste berichtete er von »einem Goethe« »im galonierten Rock«, »in leidlich konsistenter Galanterie«, »umleuchtet vom unbedeutenden Prachtglanz der Wandleuchter und Kronleuchter« und »von ein paar schönen Augen am Spieltische gehalten«. Alles nur, weil er »einer niedlichen Blondine den Hof macht«. Da habe sie den »gegenwärtigen Fastnachts Goethe, der Ihnen neulich einige dumpfe tiefe Gefühle verstolpert hat«.

Fasziniert und etwas misstrauisch beobachteten die Goethes und Schönemanns das Treiben ihrer beiden Kinder. Goethes Vater, ein promovierter Jurist, der dank des väterlichen Erbes das Leben eines Privatiers führte und sich vor allem der Erziehung und Ausbildung seines Sohnes und seiner Tochter widmete, konnte sich für die Familie Schönemann nicht erwärmen. Er sah in ihnen Emporkömmlinge. Die Familie verdankte ihr Vermögen den Bankiersgeschäften des verstorbenen Vaters Schönemann im Siebenjährigen Krieg. Und dann war da noch die Religion: Die Goethes waren Lutheraner, die Schönemanns Reformierte. Doch am schlimmsten: Die beiden Mütter mochten einander nicht. Goethes Mutter liebte die Kunst und bevorzugte den Umgang mit Künstlern, Mutter Schönemann hingegen hielt eifrig nach gesellschaftlicher Verbesserung für ihre vier Söhne und ihre Tochter Ausschau; der junge Goethe genügte trotz seiner wohlhabenden Familie ihren Ansprüchen nicht.

Goethe tanzte, gab sich galant, aber blieb unberechenbar. Mitten im Satz konnte er eine Idee haben, davongehen und nicht wieder erscheinen. Doch meist gelang es Lili, ihn einzuhegen. Sie sagte ihm, wie sehr sie Männern gefalle; es sei ihr ein Leichtes, von ihnen zu bekommen, was sie wolle. Streitigkeiten machte sie ein Ende, indem sie langsam mit der Hand über den Tisch strich, bis etwas zu Boden stürzte. Eines Tages, im April unter dem Frühlingshimmel, drängte eine energische Freundin die beiden Liebenden, sich doch endlich die Hände zu reichen. Mit einem Male war Goethe verlobt. Er kaufte zwei kleine Herzen aus Gold. Die konnte man an Bändern um den Hals tragen.

Kaum zur Königin ernannt, hatte sich Marie Antoinette von Louis ein kleines Schloss als Rückzugsort erbeten, das Petit Trianon. Und Louis schenkte es ihr. Das war im Vorjahr.

Das Petit Trianon lag abseits im weit auslaufenden Parkgelände des Schlosses von Versailles, verborgen hinter Hecken und Wald, Welten entfernt von der Ehrfurcht befehlenden langgestreckten Fassade des Hauptschlosses. Der Bau glich einer hübschen quadratischen Schachtel. Seine Räume mit ihren großen Fenstern strahlten großzügig und heiter.

Sofort hatte Marie Antoinette den Abriss des streng geometrisch gefassten Barockparks angeordnet. Sie wollte eine englische Parklandschaft. Das war Mode und folgte den neuen Blickwinkeln auf die Natur, auch ausgelöst durch den einflussreichsten lebenden Philosophen dieser Tage: Jean-Jacques Rousseau. In seinen Schriften las alle Welt den Aufruf »Zurück zur Natur«, obwohl er dort nicht stand. Aus den Gedanken des Philosophen jedoch konnte man kaum anderes schließen: In den Ursprüngen war alles gut, sagte er. Auch die Menschen seien es gewesen. Sie hätten sich nur falsch entwickelt und müssten daher die Fesseln der Gesellschaft abwerfen.

Marie Antoinette hatte Rousseau nicht gelesen, vermutlich überhaupt nie ein ganzes Buch. Sie griff für ihren Park aber dieses »je ne sais quoi« auf, das in der Luft lag. Eine von Menschenhand geformte Natur sollte nun also entstehen und so wirken, als wäre sie ohne Zwang völlig aus sich selbst heraus gewachsen, dies aber mit geschwungenen Wegen entlang der Windungen kleiner Bachläufe und weiten Rasenflächen, gesäumt von bedacht gesetzten Wäldchen. Es wurde Frühling. Im Frühling kann man nur ahnen, welche Töne das Grün im Jahreslauf annehmen wird – und welche Bögen es am Rand der Wege des Lebens schlägt.

Europa lag offen wie ein weiter bunter Platz, auf dem man sich gegenseitig besuchte und Ideen anderer aufgriff. Die Landschaftsgärten Englands entstanden auch in Deutschland, Österreich, Polen und Russland. In der Mode gewann das Praktische an Zustimmung, die Liebe des Rokoko zum Zierrat verlor an Boden, wobei sich die Kleidung der Frauen und Männer vor allem in Hinsicht auf das Praktische gegenseitig beeinflusste. An den Adelshöfen jedoch blieb die Mode zunächst extravaganter und gleichzeitig reglementierter als die im gehobenen Bürgertum. Viele Söhne und Töchter der besseren bürgerlichen Kreise in Europa und in Amerika hörten auf, Perücken zu tragen. Eine Perücke? Eine Kopfbedeckung? Rousseau hielt das für Blödsinn. Man trug das Haar zum Zopf gebunden. Wie Paine, wie der junge Goethe. Rousseau selbst musste sich jedoch von allen abheben. Er setzte sich eine armenische Mütze auf.

Noch aber hatten die Perückenmacher genug Kundschaft. In London wurde dem Perückenmacher William Turner und seiner Frau Mary am 23. April in der Maiden Lane in Covent Garden ein Junge geboren. Sie nannten ihn Joseph Mallord William. Die ersten halbbewussten Eindrücke des Lebens sollte er in diesem Viertel gewinnen. Hier betrieb sein Vater mit Erfolg ein exquisites Geschäft und ein großzügiges Studio für die Perückenherstellung.

In Covent Garden lebten die Söhne und Töchter des Adels. Die von ihrer Bildungsreise durch Europa Zurückgekehrten nannte man – da es sie nahezu immer nach Italien zog – abfällig »Macaronis«. Eine Karikatur verspottete Joseph Banks als »Botanic Macaroni«.

Vor allem Rom galt noch immer oder auch wieder als die Stadt aller Städte. Die Söhne des Adels reisten auf ihren Kavalierstouren dorthin und ließen sich zunehmend auch von der Erinnerung an die antike Stadt verzaubern. Der politische Machtwille der damaligen selbstbewussten republikanischen Bürger und deren Klarheit in Denken und Stil verhießen einen Gegenentwurf zu dem weltabgewandt leichtfertigen Leben an den absolutistischen Höfen dieser Tage.

Um Covent Garden herum wurde gerade der dreistimmige Gesang des Glee populär, und es sollte nicht mehr lang dauern, bis die ersten Dandys durch die Straßen stolzierten. Der kleine Joseph William Mallord Turner machte schon bald, kaum dass er gehen konnte, auf sich aufmerksam. Er zeigte ein außergewöhnliches Talent für das Zeichnen und Malen.

In Massachusetts waren am 19. April – vier Tage vor dem ersten Schrei des jungen Turner – Schüsse gefallen. Britische Soldaten wollten ein Vorratsdepot der Kolonisten ausheben. Die aber stellten sich ihnen mit Musketen entgegen. Am Ende lagen 73 Briten und 50 Kolonisten tot am Rande der Straße von Concord nach Lexington. Die Briten zogen sich nach Boston zurück, Milizen rückten nach und begannen die Stadt zu belagern. Boten ritten hinaus ins Land und verbreiteten die Nachrichten. Krieg mit England! In New York flohen die Menschen aufs Land.

In Thomas Paines neuer Heimat Philadelphia trat am 10. Mai der Zweite Kontinentalkongress zusammen und erfüllte fortan die Aufgabe einer Quasi-Regierung der Kolonisten. Die Delegierten waren Kaufleute, Anwälte, Ärzte, Fabrikanten, Handwerker, Plantagenbetreiber. Mit dabei: Benjamin Franklin, der in England Ende März ein Schiff bestiegen hatte und am 5. Mai wieder in Philadelphia eingetroffen war.

Für Virginia nahm George Washington teil. In selbst entworfener Uniform war er unter den aufmunternden Klängen einer Kapelle in die Stadt eingezogen – und nun der einzige Delegierte, der eine Uniform trug. Bei den Debatten schwieg er meist. Vielleicht, weil er klug war, vielleicht, weil er sich für seine schlechten Zähne schämte. Aufgrund seiner Körpergröße von fast 1,90 Meter überragte er fast alle. Als man ihn im Juni zum Befehlshaber der aufzubauenden Armee wählte, gab er zu Protokoll: »Ich fühle mich dem Kommando, mit welchem ich beehrt werde, nicht gewachsen« – und nahm die Wahl an. Im Siebenjährigen Krieg hatte er kleine Truppenteile in Scharmützel in Wald und Busch befehligt, große Armeen und große Schlachten jedoch nie geführt. Das stand ihm erst bevor.

Auch in Frankreich rumorte es im Frühling. Die Ernte des letzten Jahres war schlecht gewesen. Das Mehl wurde knapp, die Preise stiegen. Unter den Bürgern wuchs der Argwohn. In Paris und Umgebung stürmte das Volk Märkte, Mühlen und Bäckereien, denn man glaubte, Händler, Adel und auch der König wollten aus dem Mangel Profit schlagen. Der König sandte 25 000 Soldaten. Die beendeten den sogenannten Mehlkrieg umgehend.

Kurz nach der Niederschlagung der Aufstände beeindruckte Marie Antoinette am 11. Juni bei der Krönung ihres Gatten in der Kathedrale von Reims mit einer besonders waghalsigen Perücke. Damen des Adels versuchten, das »le pouf« genannte turmartige Haargebilde sofort nachzuahmen und sich an verrückten Kreationen zu übertreffen. An Material wurde nicht gespart. Besonders nicht am Puder, mit dem die Perücken geweißt wurden. Und der Puder bestand vor allem aus Mehl.

Am Krönungstag in Reims glaubten viele an einen Aufbruch. Das junge Königspaar weckte Hoffnungen auf eine neue Zeit. Man sprach von Louis als »Le Désiré« (»Der Erwünschte«). Begeisterung schlugen König und Königin entgegen. Die Sonne schien und ließ die Kirchenfenster leuchten.

Zwei später wichtige Köpfe der Revolution soll es an diesem Tag auch zu den Feierlichkeiten gezogen haben. Der noch nicht 16-jährige Georges Danton wanderte auf eigene Faust nach Reims, um dem Ereignis beizuwohnen. Der 17-jährige Maximilien de Robespierre soll von seiner Schule ausgewählt worden sein, dem König und der Königin ein Gedicht vorzutragen, jedoch von ihnen kaum Beachtung erfahren haben. Eine nicht belegte Begebenheit.

Vielleicht kannte Marie Antoinette an dem Tag in Reims schon den Brief, den ihre Mutter Maria Theresia am 2. Juni an sie abgefasst hatte. Darin lobte die österreichische Kaiserin ihren Schwiegersohn für den Umgang mit dem Mehlkrieg und argwöhnte: »Im Allgemeinen beginnt dieser Geist des Aufruhrs überall einzudringen, das ist die Folge unseres aufgeklärten Jahrhunderts. Ich stöhne oft darüber, aber die Sittenverderbnis, diese Gleichgültigkeit gegen alles, was mit unserer heiligen Religion zusammenhängt, diese fortgesetzte Abbröckelung sind die Ursachen aller dieser Übel.« Dann, im selben Brief, redete sie der Tochter ins Gewissen. Marie Antoinettes höchste Pflicht sei es, einen Thronfolger zu gebären. Doch die Ehe war noch immer nicht vollzogen. Hofschranzen tuschelten, und Gerüchte drangen aus Versailles ins Land: Die Königin sei lieblos, vernachlässige den König, meide das gemeinsame Bett, habe Liebhaber. Maria Theresia warnte: »Eine Fürstin muss in ihren geringsten Handlungen achtungswert sein und nicht eine flotte Dame in ihrem Anzuge und in ihren Vergnügungen werden. Man zaust uns zu sehr, als dass wir nicht immer auf unserer Hut sein müssten.«

Als Georg Forster am 30. Juli in Plymouth mit wankendem Seemannsgang von Bord der Resolution ging, galt es für ihn und seinen Vater, das gewonnene Wissen und die Erlebnisse möglichst schnell zu Geld zu machen. Aufträge oder gar Ämter waren zu ergattern. Auch die sechs heranwachsenden Kinder, die in London unter der Obhut der Mutter drei Jahre lang gewartet hatten, galt es zu ernähren.

Nun aber packten sie erstmal aus: Waffen der neuseeländischen Maori, Gerätschaften aus Neukaledonien, Masken der Tahitianer, Pflanzen und stapelweise Zeichnungen und Notizen. Sie erfuhren von den Schüssen von Massachusetts. Georg war entsetzt, dass der Landgraf von Hessen-Kassel Söhne seines Landes als Soldaten an die Briten verkaufte. Begierig, alles nachzuholen, was er in den letzten drei Jahren versäumt hatte, ließ Georg sich die neuesten populären Werke aus Deutschland schicken, darunter *Götz von Berlichingen* und *Werther*. Den *Werther* las er dreimal hintereinander. Danach weinte er stundenlang.

Auch Goethe kämpfte in diesen Tagen immer wieder mit den Tränen. Er steckte in einer Zwickmühle. Er liebte Lili, doch das Korsett der Verlobung wurde ihm zu eng. Am 10. Mai, dem gleichen Tag, an dem in Philadelphia die Delegierten darüber zu beraten begannen, wie sie sich vom Joch der Briten befreien konnten, war er zu einer Reise in die Schweiz aufgebrochen. Er wollte über seine eigene Freiheit nachdenken, über die Pflichten und Enge der Ehe, einer Familie, eines Hausstands.

Er reiste mit einem der Brüder seiner Brieffreundin Auguste von Stolberg und dachte immerzu an Lili. Er besuchte seine Schwester Cornelia in Emmendingen unweit von Freiburg im Breisgau. Die empfahl die Auflösung der Verbindung. Geschwisterliche Eifersucht? In Zürich dann vertraute er sich seinem Freund Johann Caspar Lavater an. Der riet ihm, er solle sofort zu Lili reisen. Doch am 22. Juli, zurück in Frankfurt am Main, wollte Goethe die Verlobung lösen. Da trug ihm ein Bekannter zu, Lili habe gesagt, sie würde mit Goethe sogar nach Amerika gehen.

Nach Amerika! Wo die Freiheit aufbrach. Goethe schwankte.

Jeden Tag konnte Thomas Paine aus seinem Quartier an der Market Street sehen, wie mitten in Philadelphia Sklaven verkauft und dabei auf abscheuliche Art behandelt wurden. Am 8. März erschien im *Pennsylvania Magazine* anonym sein Artikel »African Slavery in America« und sorgte für Furore. Paine prangerte das Leid der Sklaven an und stellte ihr Recht auf persönliche Freiheit heraus. Menschen seien keine Waren, sondern frei geboren. Einige Wochen später wurde die erste Gesellschaft gegen Sklaverei in Amerika ins Leben gerufen. Paine gehörte zu den Gründungsmitgliedern.

In London bekamen die Forsters Probleme mit einem Sandwich. Genauer gesagt mit John Montagu, dem 4. Earl of Sandwich, einem eifrigen Förderer James Cooks, was der ihm damit gedankt hatte, auf seiner Reise ein paar ungemütliche Felsen im polaren Atlantik nach diesem zu benennen, die Südlichen Sandwichinseln. Vielleicht aber dachte Cook schon darüber nach, noch einem hübscheren Ort den Namen des Earls zu geben.

John Montagu, Earl of Sandwich amtierte als Erster Lord der Admiralität. Obwohl ein vielbeschäftigter Mann, frönte er ausgedehnt dem Kartenspiel. Hätte er Marie Antoinette besucht, sie hätten sich nicht gelangweilt. Da der Earl ungern das Spiel unterbrach, ließ er sich am Kartentisch zwei Weißbrotscheiben mit Rindfleisch reichen, was bald in tausenden Varianten seinen Siegeszug als allseits bekanntes Sandwich antreten sollte.

Trotz seiner geographischen und kulinarischen Spuren in anekdotischen Randnotizen von Geschichtsbüchern fallen die Zeugnisse für Sandwich in seiner Funktion als Erster Lord der Admiralität ungünstig aus. Während seiner Amtszeit grassierte die Korruption, die Marine verkam. Derlei kümmerte die Forsters jedoch kaum. Sie wollten ein paar Brosamen abkriegen, vielleicht ein Amt oder eine Geldzuwendung. Sie brauchten derlei mehr als je zuvor, denn Einbrecher hatten vor kurzem einen Teil ihres Hausrats in der Percy Street gestohlen.

Am 16. August geleitete der Earl die beiden Forsters zu König George III. Drei Tage später folgte ein Empfang bei der Königin. Die Forsters brachten Geschenke mit: exotische Tiere, darunter zwei Adler, einige bunte Vögel und eine Schleichkatze. Doch weiterhin ließ der erhoffte königliche Auftrag an Reinhold Forster, exklusiv ein Buch über die Reise zu verfassen, den der Earl vermitteln sollte, beunruhigend lange auf sich warten. Zweifellos mochten sich Georg Forsters Vater und der Earl nicht besonders. Das musste nicht an dem Earl liegen, denn Reinhold Forster stieß mit seiner schroffen Art unablässig andere vor den Kopf.

Die Wochen gingen ins Land. Die Forsters warteten, und Besucher gaben sich in der Percy Street Nr. 16 die Klinke in die Hand. Unter ihnen Fürst Franz von Anhalt-Dessau und seine Gemahlin Louise. Fürst Franz hatte schon zahlreiche Studienreisen in Europa unternommen und bereits auf seiner ersten Reise England und seine Landschaftsparks ins Herz geschlossen. In der Heimat verwandelte er gerade Teile seines kleinen Fürstentums in eine weite Parklandschaft. Franz und Louise beeindruckten die Forsters durch ihre Begeisterung für die Mitbringsel von der Weltreise, und weil es hilfreich sein kann, Fürsten eine Freude zu machen, schenkten sie ihnen zahlreiche wertvolle Stücke. Mit Kunst aus Tonga und Tahiti trat das Fürstenpaar die Heimreise an, machte einen Zwischenstopp bei Rousseau in Frankreich und gewährte ihm dabei vielleicht einen Blick auf die von den Forsters überlassenen Werke der »Naturvölker«.

Am 1. Mai bedankte sich Georg Christoph Lichtenberg per Brief aus England bei seinem Freund, dem Verleger Johann Christian Dieterich, für die Zusendung der »Leiden und Freuden und Tollheiten des jungen Werther«. Doch über den Inhalt schüttelte er den Kopf. Sich erschießen? »Ich glaube«, so Lichtenberg, »der Geruch eines Pfannkuchens ist stärkerer Beweggrund, in der Welt zu bleiben, als alle die mächtigen gemeinten Schlüsse des jungen Werther sind, aus derselben zu gehen.«

Der hochintelligente und belesene Wissenschaftler Lichtenberg war das 17. Kind eines pietistischen Pfarrers, das man nach der Geburt, in der Furcht, es werde nur kurz leben, eilig getauft hatte. Von permanent schwacher Gesundheit trotzte der bucklige und nicht einmal 1,50 Meter kleine Mann schon 35 Jahre den

Widrigkeiten seines Lebens, dies vielleicht auch, weil er die Welt voller Gier in sich aufsog. Seit einigen Monaten weilte er abermals in England und genoss besonders London, das für ihn die Hauptstadt der Welt war. Lebendig beschrieb er die Stadt in seinen Briefen nach Hause, berichtete vom Verkehr, »von Chaise hinter Chaise, Wagen hinter Wagen und Karrn hinter Karrn« und vom »Getöse [...] Sumsen und Geräusch von tausenden von Zungen und Füßen«, wohindurch »das Geläute von Kirchtürmen, die Glocken der Postbedienten, die Orgeln, Geigen, Leiern und Tambourinen« zu hören seien.

Lichtenberg wohnte schon das ganze Jahr über in einem Eckzimmer im Stadtteil Kew mit Blick auf die wechselnden Gezeiten der Themse und die prächtigen königlichen Gärten, schlief in »königlichen Betttüchern« und aß »mindestens zweimal die Woche« ein »königliches Roastbeef«. Apropos königlich: Zu König George III. – nicht nur Monarch von England, sondern auch Kurfürst von Hannover, wozu die Universitätsstadt Göttingen gehörte, in der Lichtenberg lehrte – pflegte er gute Verbindungen. Immer wieder besuchte er das Königspaar zum Plausch.

Der Worte waren genug gewechselt. Am 9. September lösten Goethe und Lili ihre Verlobung. Danach liefen sie sich weiter über den Weg, etwa im Theater, und wechselten stumme Blicke. Er litt und arbeitete an *Faust*. Und an dem Trauerspiel *Egmont*.

Faust beschäftigte ihn schon seit über drei Jahren. Er hatte den Prozess und wohl auch die Hinrichtung der Frankfurter Magd und Kindsmörderin Susanna Margaretha Brandt verfolgt. Deren Schicksal und die Sage um den Alchimisten Johann Heinrich Faust, der im frühen 16. Jahrhundert einen Pakt mit dem Teufel geschlossen und beim Versuch, Gold zu machen, sein Leben verloren haben soll, bildeten Ausgangspunkt und Rahmen des Werkes. Nun floss noch Goethes Liebeskummer mit hinein. Während er den *Werther* einst in nur vier Wochen geschrieben hatte, sollte er an *Faust* in den nächsten fünf Jahrzehnten seines Lebens arbeiten und darin auch die Veränderungen der Welt spiegeln – die Veränderungen aus dem Geist der Menschen, die ihr Leben besser machen und ihre Grenzen erweitern wollen.

Am 22. September reiste der 18-jährige Herzog Carl August von Sachsen-Weimar durch Frankfurt am Main und lud Goethe ein, nach Weimar zu kommen. Er regierte seit diesem Monat sein kleines Herzogtum, was zuvor stellvertretend seine Mutter Anna Amalia für ihn getan hatte. Goethe und Carl August kannten sich schon seit Ende des Vorjahres. Jetzt befand sich der junge Herzog auf dem Weg nach Karlsruhe, wo er mit Prinzessin Luise von Hessen-Darmstadt eine Ehe dumpfen Graus eingehen sollte. Drei Kinder sollten sie gemeinsam bekommen. Und Carl August von anderen Frauen noch weitere 38, Schätzungen zufolge.

Im Oktober legte das Herzogspaar auf der Fahrt von seiner Hochzeit nach Weimar erneut einen Stopp in Frankfurt am Main ein. Carl August bekräftigte seine Einladung und versprach Goethe, einen Landauer zu schicken. Dann reiste er ab. Die Kutsche ließ auf sich warten. Goethes Vater spottete, sein Sohn habe den leeren Versprechungen hoher Herrschaften geglaubt, dabei sei er doch sonst nicht auf den Kopf gefallen. Der Sohn arbeitete weiter an *Egmont* und fand die Verse »Himmelhoch jauchzend / Zum Tode betrübt, / Glücklich allein / Ist die Seele die liebt«. Er schaute aus dem Fenster und verließ tagsüber nicht mehr das Haus. Nachts schlich er sich dann in einen Mantel gehüllt zum Kornmarkt und beobachtete Lili hinter den Fenstern. Er hörte sie ein Lied singen, das er über ihre Liebe gedichtet hatte: »Warum ziehst du mich unwiderstehlich!«

Vater Goethe wollte seinen Sohn nicht mehr leiden sehen, gab ihm Geld und Kredit, damit er auf Reisen gehe. Man dachte an Italien. Vater Goethe war einst selbst dorthin gereist, schwärmte vor seinen beiden Kindern davon, hatte ihnen sogar Italienisch-Unterricht angedeihen lassen.

Während Goethe an eine Reise in den warmen Süden dachte, arbeitete Georg Forster im kalten herbstlichen London wie besessen. Er ordnete seine zahlreichen Pflanzenzeichnungen für ein gemeinsam mit seinem Vater geschriebenes lateinisches Fachbuch über die neu entdeckten Pflanzenarten der Südsee: *Characteres generum plantarum*. Es erschien im November.

Für Vater Reinhold, der sich weiterhin erfolglos nach Einnahmequellen umtat, winkte am Abend des 13. Oktober eine kleine Ablenkung. Gemeinsam mit dem befreundeten Georg Christoph Lichtenberg besuchte er das Theater in der Drury Lane, in dem David Garrick auftrat. Garrick, wohl berühmtester Schauspieler der Zeit, trug zu der seinerzeit wachsenden Popularität Shakespeares bei, der schon anderthalb Jahrhunderte zuvor drastisch und poetisch das ewige Zehren, Leiden und Streben im Menschen gezeichnet hatte. Auch Deutschland umarmte zunehmend den Dramatiker, von Goethe vier Jahre zuvor bei einer Rede in seinem Elternhaus mit dem Ausruf bedacht: »Natur! Natur! Nichts so Natur als Shakespeares Menschen!«

Bei dem Theaterabend versprach sich der alte Forster zweifellos auch einiges von den Gesprächen mit Lichtenberg. Der konnte ihm womöglich durch seine Verbindungen helfen. Immerhin war der am nächsten Tag mit George III. in den königlichen botanischen Gärten in Kew verabredet und konnte vielleicht ein gutes Wort für ihn einlegen.

Vermutlich tat Lichtenberg dies dann auch. Am 20. Oktober, eine Woche später, entschied die Admiralität, zwei Bücher über die Südseereise veröffentlichen zu lassen. Eines sollte Cook über die seemännischen Erfahrungen verfassen, das andere Reinhold Forster über die naturwissenschaftlichen und anthropologischen Erkenntnisse. Bald aber bemängelte Sandwich Forsters Stil und dessen Weigerung, seine Texte zu ändern.

Lichtenberg war kurz vor dem Abend mit Reinhold Forster von einer Reise nach Stratford-upon-Avon, Birmingham und Bath zurückgekehrt. In Birmingham hatte er die Bekanntschaft Matthew Boultons gemacht. Der organisierte als einer von dutzenden Knopfherstellern am Ort seine Produktion auf völlig neue Weise. Statt wie bisher die Knöpfe nach jedem Arbeitsschritt von einem Handwerker zum nächsten weiterzugegeben, versammelte er alle am Arbeitsprozess Beteiligten in einem großen, eigens errichteten Gebäude in Soho, einem Nachbarort, und ließ sie unter einem Dach arbeiten. Dort fertigten nun laut Lichtenberg »täglich 700 Menschen Knöpfe, Uhrketten, Stahlschnallen, Degengefäße, Etuis, aller Arten von Silberarbeiten, Uhren, alle nur ersinnlichen Zieraten«. Boulton musste die Arbeitsschritte weniger abstimmen und hatte zudem weit geringere Kosten. Was erkläre, so Lichtenberg an seinen Freund Johann Andreas Schernhagen, »warum man die sogenannten Birminghamer Waren in Berlin und Straßburg wohlfeiler kauft«. Auch eine »Feuer- oder Dampfmaschine von einer neuen Konstruktion« durfte Lichtenberg in Boultons Manufaktur in Augenschein nehmen: »Herr Boulton macht noch ein Geheimnis daraus.« Aber er ahnte: »Da die Kraft, die eingeschlossene Dämpfe ausüben, fast gar keine bekannte Grenzen hat, so kann er so viel Wasser auf einen Zug heben, als die Festigkeit der Maschine zulässt.«

In diesem Jahr hatte Boulton in der Hoffnung, die Maschine vielfältig einsetzen und verkaufen zu können, mit deren Konstrukteur James Watt, einem der Männer der Tüftlergruppe um ihn und Darwin, die Firma Boulton & Watt gegründet. Während Watt beständig von der Angst am Scheitern heimgesucht wurde, rief der stets optimistische Boulton seinem Besucher James Boswell in diesem Herbst die berühmt gewordenen Worte zu: »Ich verkaufe hier, was alle Welt sich wünscht: Power!« Power im doppelten Wortsinn: Macht und Kraft.

Am 30. Oktober, einem Montag, verließ Goethe um 6 Uhr in der Frühe Frankfurt am Main. Die Eltern schliefen noch. Der Vater, um das Wesen des Sohnes wissend, hatte diesen noch gebeten, nicht ohne Abschied bei Nacht und Nebel zu verschwinden. Aber genau so geschah es. Die Eltern fanden nur eine Notiz. Der Sohn saß bereits in einer Kutsche mit Ziel Italien. In dem für die Reise begonnenen Tagebuch notierte er: »Lili, adieu Lili, zum zweitenmal!« Es war ein Abschied für immer: »Es hat sich entschieden – wir müssen einzeln unsere Rollen ausspielen.«

In Heidelberg erreichte ihn ein nachgesandtes Dokument des Weimarer Kammerherrn von Kalb, das alle Verzögerungen erklärte. Goethe änderte sein Reiseziel und wandte sich nach Weimar. Am 7. November traf er dort ein. Er trug Kniehosen aus gelbem Leder, Stulpenstiefel, gelbe Weste und einen blauen Frack mit goldenen Knöpfen: die überall zur Mode gewordene Werthertracht.

Sklaven zu besitzen war für George Washington, für seine Familie, seine Freunde und Nachbarn seit Generationen selbstverständlich. Mit elf Jahren hatte er bereits zehn Sklaven von seinem Vater geerbt. Mit 150 Sklaven bewirtschaftete er Mount Vernon. Darüber, ob Sklaven, die nach wie vor gewaltsam unter grausamsten Bedingungen aus Afrika nach Amerika geholt wurden, Menschenrechte besaßen, machte man sich in Washingtons Welt kaum Gedanken. Nur einige Querdenker der Kolonien im Norden, oft religiöse Sektierer oder Freigeister, dachten anders. Aber man lieh ihnen kein Ohr.

Bei den Gefechten von Concord und Lexington war auch Prince Easterbrook verwundet worden. Die Nachwelt weiß nicht viel über ihn. Er gehörte den sogenannten Minutemen an, Siedlermilizen, deren Mitglieder binnen einer Minute einsatzfähig sein mussten. Prince Easterbrook hatte eine schwarze Hautfarbe. Und er war ein Sklave, denn in der Armee der Kolonisten kämpften auch Sklaven und freie Schwarze.

Viele Weiße, insbesondere aus dem Süden, wollten Schwarze nicht bewaffnet sehen. Daher erließ George Washington im November ein Dekret, dass freien Schwarzen den Dienst in der Armee der Kolonien verbot. Derweil sah Washington das Absurde der Sklaverei in seinem Alltag. Jeden Tag. Er erkannte es nur nicht; etwa wenn William Lee in jede Schlacht an seiner Seite ritt: von schwarzer Hautfarbe und sein Sklave.

Im Dezember erhielt in Stuttgart der alternde Soldat Johann Caspar Schiller eine neue überraschende Aufgabe. Einst Feldscher, also Wundarzt beim Militär, später auch Barbier, war er im Siebenjährigen Krieg in der Schlacht von Leuthen knapp mit dem Leben davongekommen. Zuletzt Major, bedeutete es für ihn mit fast 52 Jahren viel, »gnädigst angestellt« zu werden. Er übernahm die Leitung über die Hofgärten von Carl Eugen, dem Herzog von Württemberg. Mit Zögern hatte Schiller seinen hochbegabten Sohn Friedrich in die »Militärpflanzschule« des Herzogs gegeben. Der litt seit zwei Jahren als Eleve Nr. 447 fern der Familie im Schloss Solitude hoch über Stuttgart und musste, wie alle, Berichte über seine Mitschüler verfassen und streng über sich selbst Rechenschaft ablegen. Er tat es mit der Sorgfalt eines verängstigten Kindes.

Am kalten 18. November war die Schule als Herzogliche Militärakademie nach Stuttgart umgezogen. Aus der Carlsschule wurde die Höhere Carlsschule. Die Schüler mussten in langer Reihe vom Höhenrücken der Solitude in die Stadt hinabgehen mit dem Herzog an ihrer Spitze. Die Menschen standen Defilee in den Straßen. Friedrich Schiller, nun 16 Jahre alt, hatte Anfang November das ungeliebte Studium der Rechtswissenschaften aufgegeben und mit dem neu angebotenen Studium der Medizin begonnen. Ihn interessierte weniger die Medizin selbst, sondern die Menschenkunde. Er arbeitete an ersten Gedichten.

Am 5. Dezember begann Vater Schiller seine Arbeit in den Pflanzgärten der Solitude. Birnen- und Apfelbäume zu Tausenden würde er keimen und wachsen lassen und über Württemberg verteilen. Sein Sohn sollte sich später am Geruch faulender Äpfel nicht sattriechen können. Der süßliche Duft beflügelte seine Gedanken. Warum, darüber wird gerätselt.

An Weihnachten ritt Goethe zum Forsthaus des Dorfes Waldeck bei Bürgel. Er trat eine kleine Reise an, um seine neue Heimat kennenzulernen und »einfache Menschen« aufzusuchen, wie er notierte. In einem Brief an Carl August erzählte er, dass ihn auf seinem Ritt durch die Nacht mit einem Male die Vergangenheit eingeholt habe. Schließlich habe er zu singen begonnen: »Holde Lili warst so lang / All meine Lust und all mein Sang / Bist ach nun all mein Schmerz und doch / All mein Sang bist du noch.«

Nach dem Tod Smalls veränderte die forschende Birminghamer Freundesgruppe um Boulton und Erasmus Darwin die Art ihrer Zusammenkünfte. Ab Sonntag, dem 31. Dezember wollten sie sich an jenem Sonntag im Monat treffen, der dem Vollmond am nächsten war. Die Nacht wäre am ehesten hell und der Heimweg komfortabler und sicherer. Womöglich nannten sie sich schon jetzt Lunar Society, obwohl der Name erstmals in Dokumenten des nachfolgenden Jahres auftauchen sollte. Sich selbst nannten sie »Lunatics«, Verrückte.

Nach langer Reise war mittlerweile ein Brief von Smalls ehemaligem Schüler Thomas Jefferson in England eingetroffen. In Unkenntnis von Smalls Tod berichtete er von den Kämpfen zwischen britischen und amerikanischen Truppen und sandte die besten Wünsche verbunden mit der Hoffnung, dass die politischen Entwicklungen ihre Freundschaft nicht trüben würden. In der Lunar Society aber führte die Entwicklung in Amerika zu starken Belastungen, denn die Sympathien für Briten und Amerikaner waren geteilt.

An diesem Silvestertag, während die Lunar Society tafelte und mit gemischten Gefühlen, doch auch voller Neugier ins neue Jahr blickte, erlitten die Kolonisten in der Schlacht von Quebec schwere Verluste und eine bittere Niederlage. Einen Tag zuvor hatte George Washington eine neue Order unterzeichnet. Sie erlaubte es freien Schwarzen, in der Armee der Kolonisten zu dienen.

1776

Mit neuem Blick auf neue Wege

Gleich nach der Rückkehr im Vorjahr war das Schiff außer Dienst gestellt worden: So dümpelte James Cooks Resolution auch am Neujahrstag in der Themsemündung im Hafen von Deptford. Vom Schiffsrumpf fehlte seit einigen Tagen ein Stück Holz. Das hatte sich Georg Christoph Lichtenberg vor seiner Heimreise nach Deutschland als Souvenir herausschneiden lassen. Wie das Holzstück der Resolution war bereits im Oktober in Stratford-upon-Avon ein Span von Shakespeares Stuhl in Lichtenbergs Besitz gelangt. Für einen Schilling hatte er diesen im ehemaligen Wohnhaus des großen Dichters mitnehmen dürfen.

Silvester wieder in Göttingen eingetroffen, betrachtete der Heimkehrer womöglich versonnen das Stück Schiffsholz, das mit seinem Freund Forster und dessen Sohn einst die Meere befahren hatte.

Derweil warteten in Soho jene neuen Kräfte und Mächte darauf, entfesselt zu werden, von denen Matthew Boulton vor James Boswell behauptet hatte, sie seien von aller Welt gewünscht. Trotz seiner großen Reden ahnten wohl weder Boulton noch sein Konstrukteur James Watt, wie entscheidend diese Kräfte Eisen und Dampf bald zur raschen Veränderung der Welt beitragen sollten.

Unter wochenlanger akribischer Aufsicht Watts stellte man nun jene Atmosphärendruck-Dampfmaschine auf, deren Herstellung Lichtenberg noch recht ratlos gemacht hatte. Der Januar war noch nicht sehr alt, da stand sie bereit für den Einsatz.

In Amerika hatte Thomas Paine die Schrift als Waffe entdeckt. Aus seiner Feder erschien um den 10. Januar in Philadelphia, zunächst anonym, das dünne Büchlein *Common Sense*. Schon bald war es im ganzen Land eine halbe Million Mal verkauft, und die zweite Auflage verriet immerhin, der Autor sei »An Englishman«. Dann sickerte Paines Name durch, auch weil Benjamin Franklin dessen Urheberschaft einigen Weggefährten mitgeteilt hatte. Ende Januar las George Washington das Buch. Sein General Charles Lee hatte ihm in einem Brief seine Begeisterung geschildert.

In *Common Sense* führte Paine eine vehemente Attacke gegen das britische Mutterland, das unter der Führung König Georges III. die Freiheit der Amerikaner unterdrücken wolle.

Paine argumentierte: »Mehr als einfache Fakten, klare Gründe und gesunder Menschenverstand« sprächen für eine Unabhängigkeit. Die oft vorgetragene Ansicht, wonach alles, was aus der »alten« Welt in die »neue« komme, schlechter werde, kehrte er um. Das Gegenteil sei der Fall: Alles werde in der neuen Welt besser. Denn hier herrsche ein Aufbruch, in dem die Laster der alten Welt verschwänden. Paine rief dazu auf, eine Gesellschaft zu schaffen, in der jeder, egal welcher Herkunft, sich als Gleicher unter Gleichen sehe und in der das Individuum wichtiger sei als der Staat. Der Staat sei, das unterstrich Paine ausdrücklich, nur ein unvermeidliches Übel, das möglichst selten in das Leben des Einzelnen eingreifen dürfe. Paines Ausführungen gipfelten in dem Ausruf: »Es steht in unserer Macht, die Welt aufs Neue zu beginnen.«

Diesen Neubeginn sah Paine in der Errichtung einer Republik, denn eine Monarchie hemme den Fortschritt und schere sich nicht um die Menschheit. Eine amerikanische Republik, aufgebaut auf *Common Sense*, werde schließlich die Freiheit in alle Welt tragen. Allein schon deshalb müsse man die Freiheit in Amerika erkämpfen. Was für eine Vision!

Watts Maschine sollte in Bersham aufgestellt werden, wo sie beim Eisenhüttenbetreiber John Wilkinson für den Antrieb der Gebläse vorgesehen war.

In einer Art früher Arbeitsteilung hatte Wilkinson die Zylinder der Maschine selbst gefertigt und dafür ein spezielles Verfahren benutzt. Es beruhte auf einem Patent zum Gießen und Bohren von eisernen Kanonenrohren, das er selbst zwei Jahre zuvor angemeldet hatte.

Alle diese Arbeiten überwachte James Watt akribisch, dabei permanent gequält von Kopfschmerzen. Die befielen ihn immer, wenn er unter Druck stand; und das stand er meist. Watt stammte aus der westschottischen Hafenstadt Greenock. Er war der Sohn eines zwar armen, aber äußerst gebildeten Schiffsausrüsters und Tüftlers. Als Kind oft krank gewesen, war ihm ein Studium verwehrt geblieben. Doch die Universität von Glasgow war auf seine Talente aufmerksam geworden und hatte ihn auch ohne akademische Bildung als Mechaniker und Instrumentenbauer angestellt. Watt ging alles mit unerbittlicher Systematik an und erwies sich rasch als geborener Wissenschaftler. Zugleich zeigte er großes Talent für das Praktische. Er konstruierte Brillen und sogar eine Orgel.

Watts Geschäftspartner Boulton bildete in vielem dessen Gegenpart: ein lebenslustiger, von unverwüstlicher Zuversicht durchdrungener und gewinnender Menschenfreund, der, als Sohn eines Unternehmers aus Birmingham ohnehin schon wohlhabend von Geburt, auch durch Mitgift und Erbe aus zwei Heiraten – wovon zumindest die erste Ehe als eine eher strategische gesehen wird – sehr reich geworden war.

Geschäfte mussten für Boulton auf langfristigen vertrauensvollen Beziehungen aufbauen. Anders als Watt, der in Fragen des Geldes das Klischee des sparsamen Schotten erfüllte, schaute Boulton nicht immer auf den Penny, weshalb Watt einmal spottete, seinem Geschäftspartner sei der Ruhm wichtiger als der unternehmerische Gewinn.

Wie Watt hatte Boulton nicht studiert, sich aber mit unersättlicher Neugier durch die Bibliothek seines Vaters gelesen und in unzählige wissenschaftliche Experimente gestürzt. Er war vernarrt in die Verheißungen des technischen Fortschritts und angetrieben von der Idee, die Welt zu einer besseren zu machen.

Zwischen 1762 und 1765 hatte Boulton auf den Wiesen am Rande Birminghams, das schon seit Generationen als Zentrum britischer Eisenproduktion galt, mit seinem damaligen Partner John Fothergill im Örtchen Soho die Soho Manufactory errichten lassen. Das dreistöckige, von dem Klassizismus des italienischen Renaissance-Baumeisters Andrea Palladio beeinflusste Hauptgebäude mit Uhrenturm wurde zum Symbol der Manufaktur. Es beherbergte Werkstätten, Ateliers und Maschinenhallen. In der obersten Etage wohnten leitende Angestellte mit ihren Familien. Ein Industrieviertel wuchs heran, eines der ersten der Welt.

Während Boulton eine Fabrik aufbaute, in der Arbeiter in festgelegten Schichten arbeiteten, erhielt Watt 1764 in Glasgow die Aufgabe, eine der Universität gehörende defekte Atmosphärendruckmaschine zu reparieren, eine des Typs, den Thomas Newcomen schon 1711 entwickelt hatte. Diese ersten kommerziell genutzten Dampfmaschinen setzte man vor allem für das Auspumpen von Steinkohlegruben ein, die man immer tiefer in die Erde trieb, was dazu führte, dass weitere dieser Maschinen gebraucht wurden, um das in der zunehmenden Tiefe immer stärker eindringende Wasser herauszupumpen. Zum Antrieb der Maschinen benötigte man viel Holz, und so verfeuerte man für den Abbau der in immer größeren Mengen nachgefragten und immer kostengünstiger abzubauenden Steinkohle nach und nach Englands Wälder. Ein Teufelskreis der Naturzerstörung war im Gang.

Watt wollte die Effizienz der Maschinen steigern. Er tüftelte Tag und Nacht und kam schließlich auf die Idee eines Kondensators. Dieser machte seine Version einer Dampfmaschine um 75 Prozent leistungsfähiger. 1769 erhielt er dafür ein Patent.

Doch Watt brauchte Finanziers. Er fand den Grubenbesitzer John Roebuck. Der zahlte Watts Schulden und bekam dafür einen Großteil der Rechte. Doch dann ging Roebuck pleite. Etwa zur gleichen Zeit starb Watts Frau nach der vierten Schwangerschaft. Watt war am Boden zerstört. Da bewog ihn Boulton, nach

Birmingham zu ziehen, wo er die konzentrierte Arbeit an seiner Erfindung 1775 wieder aufnahm. Boulton übernahm als Schuldenausgleich Roebucks Zweidrittel-Anteil an Watts Patent, und es gelang ihm dank seiner Verbindungen zum britischen Parlament, die Patentrechte bis 1800 zu verlängern. Zugleich rührte er in seiner überschwänglichen Art die Werbetrommel und lobte überall Watts Fähigkeiten über den grünen Klee, was dazu führte, dass der Botschafter von Zarin Katharina der Großen Watt nach Russland locken wollte. Boulton war alarmiert und machte Watt auf die Beschwernisse einer Reise nach Russland, auf die dortige Kälte und dessen schwache Gesundheit aufmerksam. Watt blieb.

Als Watt dann erneut heiraten wollte, sprang Boulton ihm bei. Watt hatte für sich eine neue Gefährtin und für seine Kinder eine neue Mutter gesucht, und in Glasgow hatte er tatsächlich eine Braut gefunden. Auf die Frage des argwöhnischen Brautvaters, ob denn ein Vertrag der Partnerschaft mit Boulton bestehe, antwortete Watt auf eine Weise, die dem Vater »erlaubte, zu glauben, ein solcher Vertrag existiere«, wie er Boulton gestand. Das aber war nicht der Fall. Boulton half Watt aus der Patsche, indem er dem Vater der Braut vorlog, der Gesellschaftervertrag sei sehr vorteilhaft für den Schwiegersohn in spe, nur leider gerade nicht zu finden.

So heiratete Watt am 29. Juli die Witwe Anne McGregor. Wie Watts erste Frau erwies sie sich als wundervolle Unterstützung. Anne war liebevoll, sprang ihm in geschäftlichen Dingen bei, die ihm allzu oft schwerfielen, vor allem half sie ihm immer wieder aus tiefen Gemütsverdunkelungen.

Watt und Boulton fanden bald einen Weg, wie sie Kunden von der Anschaffung der teuren Maschinen überzeugen konnten. Sie ließen sich als Preis ein Drittel der Ersparnis gegenüber der Newcomen-Maschine zahlen. Diese Summe konnten die Kunden in Anteilen und in Raten begleichen. Für alle Kunden, die keine Newcomen-Maschine benutzt hatten und meist nach wie vor Pferde einsetzten, nahm Watt eine verständliche Rechengröße zur Hilfe, das bereits länger bekannte Modell der Pferdestärke. Diese berechnete er großzügig zugunsten der Abnehmer und machte sie so populär.

Wenn ich jemand lieber haben kann, will ich Dir's sagen.« Diese Zuneigung mit Hintertürchen vertraute Goethe am 28. Januar einem Billett an. Aber er sandte es nicht an Lili. Sein Herz, das sich jeden neuen Eindruck der Welt griff und damit voller Vergnügen, Leidenschaft und Leidenslust spielte, strebte zu einem neuen Ziel: Charlotte von Stein. Fast sieben Jahre älter als er.

Geboren als Charlotte von Schardt, blickte sie auf die übliche Lebenslinie adeliger Frauen dieser Zeit. Mit 16 Jahren schon Hofdame von Fürstin Anna Amalia, hatte sie mit 22 Jahren eine Vernunftehe mit dem Hofmeister Josias von Stein geschlossen und in anstrengenden Schwangerschaften sieben Kinder zur Welt gebracht, von denen die vier Mädchen schon als Kinder starben.

Charlotte war eine kluge, angenehme Frau mit einem selbstbeherrschten freundlichen Wesen. Die Lektüre des *Werther* hatte sie tief berührt. Danach hatte sie ihren Freund, den mit Goethe bekannten Schweizer Arzt Johann Georg Zimmermann, um eine Beschreibung des jungen Autors gebeten. Der fragte: »Sie möchten ihn sehen?«, und schickte ihr eine Silhouette des jungen Dichters.

Das Anfertigen von Porträts erfreute sich dieser Tage großer Beliebtheit. Nicht nur Adelige, sondern auch die Bürger wollten ihr Konterfei zeigen und sehen. Vor allem Schattenrisse waren schnell anzufertigen und hatten eine gewisse Genauigkeit. Man skizzierte einfach die an die Wand geworfene Silhouette. Zuweilen nutzte man bestimmte Stühle mit Rahmen, auf die sich die zu Porträtierenden setzten. Sie wurden fixiert und ihr Umriss nachgezeichnet.

Zu der großen Popularität der Schattenrisse – meist tuschte man sie sorgfältig und fertigte sie nicht als Scherenschnitte an – trug in jenen Tagen Goethes Schweizer Freund Johann Caspar Lavater durch seine Theorie der Physiognomie bei. Laut Lavater konnte man aus der Form des Gesichts und aus seiner Statur auf den Charakter eines Menschen schließen. Im ersten Band seiner seit dem Vorjahr erscheinenden vierbändigen, bald auch in Frankreich und England einflussreichen *Physiognomischen Fragmente* hatte Lavater Goethes Silhouette abdrucken lassen und sie kommentiert: »Die nachstehende Silhouette ist nicht vollkommen, aber dennoch bis auf den etwas verschnittenen Mund, der getreue Umriss von einem der größten und reichsten Genies, die ich in meinem Leben gesehen.« Im Jahr darauf porträtierte der Maler Georg Melchior Kraus Goethe im Profil – wie er einen Scherenschnitt betrachtet.

Zimmermann fügte zu Goethes Schattenriss an Charlotte an: »Sie wissen nicht, bis zu welchem Punkte dieser liebenswürdige und bezaubernde Mann Ihnen gefährlich werden könnte!« Umgekehrt zeigte Zimmermann Goethe einen Schattenriss von Charlotte von Stein, und der war beeindruckt. Drei Nächte habe das Bild Goethe den Schlaf geraubt, berichtete Zimmermann.

So waren wohl Goethe wie auch Charlotte aufeinander äußerst gespannt, als Goethe nach Weimar kam. Als sie sich zum ersten Mal, am 11. November des Vorjahres im Stadthaus der Steins in der Weimarer Scherfgasse, begegneten, war vermutlich auch Carl August dabei. Schon einen Monat später besuchte Goethe erstmals Schloss Kochberg, den Wohnsitz der Steins. In die Platte des Pults der Hausherrin ritzte er ein *Goethe d. 6. Dez. 75*. Man könnte es wie das Zeichen eines Werbenden lesen. Eindruck hatte sie längst bei ihm hinterlassen, die reifere Frau mit den dunklen Augen, der sanften Art, den guten Manieren, die sich das zutrauliche »Du«, das er gleich bei ihr anzuwenden versuchte, prompt verbat. Er wagte es wieder in den Billetts und Briefen an sie, ging dann aber wieder zum »Sie« über, um doch immer wieder ins »Du« zu wechseln. Während er also noch an Lili gedacht und im Wald von ihr gesungen hatte, dachte er auch schon an Charlotte – als würde sich Lavaters Urteil bestätigen: »der Mensch [hat] nur eine Seele, Goethe aber hat hundert.«

Bereits kurz nach seiner Ankunft in Weimar hatte Goethe aus dem Fragment des *Faust* vorgelesen. Alle waren begeistert. Luise von Göchhausen, die freundliche, kleinwüchsige und bucklige Erste Hofdame von Herzogin Anna Amalia, erwarb sich bald Verdienste als Goethes »mobile Feder«. Sie schrieb eine erste Version des *Faust* ab. Seine eigenen Aufzeichnungen sollte Goethe irgendwann in einem Moment der Krise vernichten, Göchhausens Niederschrift aber im späten 19. Jahrhundert wiederentdeckt und als *Urfaust* ediert werden.

In Weimar wurde Goethe bald Zeremonienmeister und Stadtgespräch. Er hatte sich Schlittschuhe aus Frankfurt am Main senden lassen. Auf einem zugefrorenen See brachte sein Diener Seidel den Damen und Herren der Gesellschaft das Schlittschuhlaufen bei. Und bald, später im Jahr, Seiltanz.

Am 14. Februar bekannte Goethe in einem Brief an Johanna Fahlmer, eine Frankfurter Freundin: »Hier hab ich doch ein paar Herzogtümer vor mir. Jetzt bin ich dran, das Land nur kennenzulernen, das macht mir schon viel Spaß. Und der Herzog kriegt auch dadurch Liebe zur Arbeit, und weil ich ihn ganz kenne, bin ich über viel Sachen ganz und gar ruhig.«

Zwei Tage im März. Am 8. März nahm in der Bloomfield Colliery in Tipton in der Grafschaft Staffordshire, Mittelengland, eine der ersten von Watts Maschinen den Betrieb auf und sparte tatsächlich drei Viertel der bisher benötigten Energie ein. Tags darauf, am 9. März, veröffentlichte Watts alter Freund Adam Smith das zweibändige Werk *An Inquiry into the Nature and Causes of the Wealth of Nations* und erhob damit das Nachdenken über die Vorgänge des wirtschaftlichen Handelns zur Wissenschaft.

Adam Smith, nun 53 Jahre alt, hatte sich einst in Glasgow, wo er damals mit nur 27 Jahren Professor für Logik und danach für Moralphilosophie geworden war, mit dem Universitätstüftler Watt angefreundet. Der bescheidene und freundliche Smith war mit seinem 1759 erschienenen moralphilosophischen Buch *The Theory of Moral Sentiments* bekannt geworden, in dem er das

Mitgefühl als wichtigste Triebfeder des moralischen Handelns des Menschen herausstellte. Später hatte er seine Professorenstelle aufgegeben und als gut bezahlter Tutor einen jungen schottischen Adeligen auf dessen Grand Tour durch Frankreich und die Schweiz begleitet und in Paris Bekanntschaft mit D'Alembert, Denis Diderot, Voltaire, François Quesnay und Jacques Turgot gemacht, wovon die beiden Letzteren zu den bedeutendsten Köpfen einer ersten ökonomischen Schule, der Physiokraten, gehörten. François Quesnay, Leibarzt von Louis XV. und seiner Mätresse, Madame Pompadour, Begründer besagter Schule der Physiokratie (altgriechisch für ›Herrschaft der Natur‹), schuf die frühe Darstellung eines Wirtschaftskreislaufs und meinte, allein die Natur, also die Landwirtschaft, mache den produktiven Teil einer Wirtschaft aus. Turgot wurde sein wirkmächtigster Anhänger. Doch dazu später.

Smith hatte in Frankreich zahlreiche Manufakturen besucht. Zurück in Schottland, ermöglichte ihm die vom Herzog gewährte lebenslange Rente das Leben eines Privatgelehrten, und so war in etwa 17 Jahren Arbeit und 10 Jahren des Schreibens sein monumentales Werk entstanden. Darin fasste er Teile der beiden widerstreitenden Wirtschaftsdenkweisen des althergebrachten absolutistischen Merkantilismus und der neueren Physiokratie zusammen. Er verknüpfte sie mit dem bisherigen Wissen und Denken über die Mechanismen des Wirtschaftens und gab alldem eine Systematik. Vom Merkantilismus übernahm er den Blick für die Bedeutung des Außenhandels, verwarf aber den merkantilistischen Gedanken von Lenkung und Beschränkung. Von den Physiokraten übernahm er die Idee des Laissez-faire und die Forderung nach möglichst freiem Spiel der Marktkräfte einschließlich des Freihandels. Zudem setzte er sich mit dem weiten Feld der Produktion auseinander und überwand den bislang engen Blick auf die Landwirtschaft.

Indem er die drei Produktionsfaktoren Arbeit, Boden und Kapital und die wesentlichen ökonomischen Kategorien Handel und Produktion in ein theoretisch geschlossenes System setzte, schuf Smith ein Gedankengebäude, mit dem er auch die zunehmende Veränderung der Arbeitsorganisation abbildete. Die Arbeitsteilung, wie sie Lichtenberg ähnlich im Jahr zuvor bei Boulton gesehen hatte, beschrieb Smith anhand seines berühmt gewordenen Beispiels einer Stecknadelmanufaktur, die er besucht hatte: Ein einzelner Arbeiter sei nicht in der Lage, mehr als vielleicht 20 Nadeln am Tag herzustellen. Dagegen könnten zehn Arbeiter, von denen jeder nur wenige Handgriffe des Gesamtherstellungsprozesses ausführe, an einem Tag 48 000 Nadeln produzieren.

Smith war überzeugt, freies Handeln und Wirtschaften führe über Angebot und Nachfrage zu einem sich selbst regelnden Markt. Der Eigennutz der Marktteilnehmer sei dabei nicht hinderlich, sondern sogar oft von Vorteil, denn »von einer unsichtbaren Hand geleitet« mehre dieser auch den Gemeinnutz. Smith begründete mit seinem Buch die moderne Wirtschaftswissenschaft.

Thomas Jefferson und später auch George Washington lasen Smiths Werk. Mutmaßlich wird ihnen auch die Stelle ins Auge gesprungen sein, an der Smith für eine friedliche Trennung der amerikanischen Kolonien vom Mutterland eintrat: »Indem beide so als gute Freunde schieden, würde die natürliche Liebe der Kolonien zu dem Mutterlande, die durch unsere neulichen Zwistigkeiten beinahe erloschen ist, schnell wieder aufleben«.

Im März 1776 besuchte eine junge Frau George Washington in seinem Hauptquartier. Sie hieß Phillis Wheatley, war schwarz und eine ehemalige Sklavin. Sie hatte Washington im Jahr zuvor ein selbst verfasstes Gedicht zugeschickt. »Dein seien Krone, Schloss und Thron / Von lautrem Golde Washington!« Beeindruckt hatte Washington ihr einen Dankesbrief zugesandt, und eine Einladung. Nun nahm sie diese wahr.

In Phillis Wheatley vereinte sich viel von dem, was an Freiheit und Gleichheit noch zu erkämpfen war. Nicht nur die Freiheit der Schwarzen, auch die der Frauen. Vielleicht war sie jetzt in diesen Tagen 23 Jahre alt. Sie wusste es nicht genau. Als Kind hatte man sie mit etwa sieben Jahren in ihrer Heimat, irgendwo am Gambia-Fluss in Westafrika, in die Sklaverei verschleppt. In Boston kaufte der Schneider John Wheatley das Kind 1761 als Dienerin für seine Frau. Sie nannten sie nach dem Schiff, auf dem sie nach Amerika gekommen war, Phillis; und wie weithin üblich, erhielt sie den Nachnamen ihres Besitzers. Als die Wheatleys die vielen Talente des Mädchens erkannten, ließen sie ihr eine umfassende Ausbildung angedeihen. Mit 12 Jahren las Phillis griechische und lateinische Klassiker, mit 13 Jahren veröffentlichte sie ihr erstes Gedicht.

Mit dem Sohn der Wheatleys war sie im Sommer 1773 nach London gereist, hatte Benjamin Franklin kennengelernt und war im November von den Wheatleys in die Freiheit entlassen worden. In London erschien im September ihr erstes Buch: *Poems on Various Subjects, Religious and Moral by Phillis Wheatley, Negro Servant to Mr. John Wheatley, of Boston, in New England.* Es enthielt eine Sammlung von 39 Gedichten und gilt als die erste Veröffentlichung einer Afroamerikanerin überhaupt. Das Werk zog Kreise und erfuhr allgemeine Beachtung. Thomas Jefferson mochte den Stil nicht und meinte, Religiosität mache noch lange keine Poeten. Benjamin Franklin hingegen gefiel Phillis Wheatleys Lyrik, auch Voltaire war angetan. Der führte sie im Jahr nach der Veröffentlichung in einem Brief an den Baron Constant de Rebecque als Gegenbeweis für dessen rassistische Behauptung an, es gebe keine schwarzen Dichter.

Als 1775 die Kämpfe mit Großbritannien begannen, trat Phillis für die amerikanische Sache ein. Ihr Gedicht »To His Excellency, George Washington« sandte sie ihm zu, und im April erschien es in Aitkens *Pennsylvania Magazine.* Washington schickte einen Dankesbrief. Was sollte aus Phillis werden? Noch ein Mal werden wir ihr hier begegnen. Ein Mal.

Charlotte von Stein verfasste am 24. März einen aufgewühlten Brief an ihren Arzt und Freund Zimmermann. Sie beschwerte sich über Goethe, sprach von seinem »wilden Wesen«, klagte, wie er mit ihrem Geschlecht umgehe, sei nicht angemessen, nannte ihn »coquet«. Alle in Weimar seien von ihm aufgewühlt. Aber auch längst selbst von ihm eingenommen, setzte sie hinzu, er sei ein Mensch, »der von tausend Kopf und Herz hat«, ein Mensch, »der über alles kann Herr werden, was er will«. Doch »Goethe und ich werden niemals Freunde«, schrieb sie, um aber gleich zu beschwichtigen: »aber eine Weile muss er's so treiben, um den Herzog zu gewinnen und dann Gutes zu stiften«.

Tatsächlich ließen Goethe und der Herzog ihren Jugendlaunen freien Lauf. Sie ritten halsbrecherisch über Gräben, Felder und Flüsse, kampierten im Freien, stellten sich nachts auf den Marktplatz, ließen angetrunken die Peitsche knallen, schossen mit Pistolen in den Gängen des Schlosses, täuschten am Tage Überfälle vor oder zwangen junge Frauen, den Rock zu heben, um dann die Peitsche darunter sausen zu lassen. Es blieb nicht nur bei Streichen, sondern viele böse Drangsalierungen gehörten dazu.

Doch der fast zehn Jahre ältere Dichter und Carl August redeten auch stundenlang über das Leben, über die Kunst und die Welt überhaupt. Oft schliefen sie auf dem Sofa nebeneinander ein. Goethe und das Spielfeld, auf dem ihm der junge Herzog eine Hauptrolle gewährte, lockten einige junge Männer an, die sich, da so viel Grandioses in der Luft lag, ebenfalls zu Großem berufen fühlten. Der Schriftsteller Jakob Michael Reinhold Lenz kam, hoffte auf Aufnahme, wurde von Carl August freigehalten, zerstritt sich mit Goethe. Friedrich Maximilian Klinger, seines Zeichens junger Dramenautor, traf aus Gießen ein und stürzte sich wie Lenz in die gemeinsamen Ausschweifungen, die bald zum Stadtgespräch wurden. Aber auch Klinger reiste nach einem Zerwürfnis mit Goethe ab. Im Gepäck das Drama, das dem genialischen Tumult dieser jungen Kerle den Namen geben sollte: *Sturm und Drang*.

In Amerika begab sich Benjamin Franklin auf eine neue Mission. Ende März brach er mit zwei Mitstreitern gen Norden auf. Er sollte die Kanadier dazu bewegen, sich der amerikanischen Sache anzuschließen und mit ihnen den Kampf gegen die Briten aufzunehmen. Doch in Kanada hatten sich die amerikanischen Soldaten durch Plünderungen unbeliebt gemacht.

Wenige Tage vor Franklins Reiseantritt hatte am 17. März die seit den Gefechten von Lexington und Concord andauernde Belagerung von Boston ihr Ende gefunden. Der junge Artillerieoberst Henry Knox war mit Kanonen eingetroffen. Er hatte sie über den Landweg aus dem von den Briten übergebenen Fort Ticonderoga durch die Green Mountains über den zugefrorenen Connecticut River schleppen lassen. Als diese Waffen nun Boston bedrohten, gaben die Briten die Stadt auf und zogen sich auf ihren Schiffen nach Halifax zurück.

George Washington hatte in der Nähe des Nachbarorts Cambridge im Juli des Vorjahres eine Villa als Hauptquartier bezogen. Dort blieb er bis April. Das Haus, wie Boultons Soho Manufactury im Stile des nach dem Renaissance-Architekten Andrea Palladio benannten Palladianismus erbaut, wurde zu einem der meistkopierten Häuser des Landes.

Während der Belagerung von Boston bildete sich jene Gruppe junger Offiziere um Washington, die im Laufe seines weiteren Lebens mit ihm durch dick und dünn gehen sollte. Im Wissen um die Lücken seiner Bildung scharte Washington ganz bewusst breit gebildete Männer um sich. Er liebte und förderte das offene Gespräch nach dem gemeinsamen Essen in größerer Runde, knabberte dann Nüsse, trank Madeira, lauschte und lernte. Doch diese beschaulichen Momente blieben rar. Der Reverend Thomas Davis fragte Washington in dessen Tagen in Cambridge einmal, ob er tatsächlich gesagt habe, es gebe keine schönere Musik als das Pfeifen von Kugeln. »Sollte ich das gesagt haben«, antwortete Washington, »dann war das, als ich jung war.«

Anfang April übernahm der erst 24-jährige Jakob Friedrich Abel den Philosophieunterricht der Mediziner in der Hohen Carlsschule und begeisterte den 15-jährigen Friedrich Schiller. Abel war klein von Wuchs und daher bei der Besetzung der Professuren zunächst übergangen worden. Er schwärmte für die britischen Denker Locke und Hume und machte nun seinen Schüler Schiller mit der Philosophie, dem Geniebegriff und vor allem mit Shakespeare vertraut. Der beeindruckte Schiller so tief, dass er überzeugt war, solcher Kunst noch nicht nacheifern zu können.

In London schloss man am 13. April einen Vertrag über zwei zur Südseereise zu verfassende Bücher. In einem Buch sollte Cook aus Sicht des Kapitäns berichten, Reinhold Forster in einem anderen aus wissenschaftlicher Perspektive. Doch der von Forster daraufhin gelieferte Probetext wurde abgelehnt. Als Sandwich darauf bestand, ein Engländer habe bei künftigen Texten Korrektur zu lesen, vermuteten Reinhold und Georg Forster Zensur. Der Streit eskalierte. Der König sprach ein Machtwort. Vater Forster habe die an ihn gestellten Forderungen zu akzeptieren. Wenn nicht, sei er aus dem Vertrag entlassen. Der lehnte ab. Daraufhin meinte Sandwich, ein Buch nur von Cook reiche ihm. Eine mögliche lukrative Einnahmequelle für die Forsters war damit schlagartig versiegt und die finanzielle Lage der Familie prekärer denn je.

Goethe erwarb am 22. April ein Gartenhaus an einem Hang an der Ilm. *Das* Gartenhaus! Im Kaufvertrag hieß es: »Garten auf dem Horne samt dem darinnen befindlichen Garten-Hause, nebst allen, was darinnen Erd-, Wand-, Band-, Nied- und Nagelfest ist.« Der leicht abschüssige Garten wies zu einer weiten Wiesenfläche der Auenlandschaft und war in verwahrlostem Zustand.

Goethe hatte 600 Gulden zu zahlen. Die beglich Carl August über einen Strohmann. Am 19. Mai schlief Goethe zum ersten Mal in seinem neuen Refugium. Renovierungen und Einrichtung hatten noch mal so viel gekostet. Auch das bezahlte Carl August.

Bislang hatten der junge Herzog und Goethe vor allem durch Jungmänner-Eskapaden von sich Reden gemacht. Nun aber schien sich Carl August doch dem Regieren zuwenden zu wollen. Helfen sollte ihm dabei sein Dichterfreund. Der übernahm auch sofort erste Aufgaben. Am 3. Mai war Goethe zum ersten Mal im Bergbaustädtchen Ilmenau im Thüringer Wald eingetroffen. Auf Geheiß von Carl August sollte er ein Brandunglück klären, des Unwesens von Räubern in den Wäldern der Umgebung Herr werden und sich der verfallenen Kupfer- und Silberbergwerksanlagen annehmen.

Dann, am 25. Juni, trat der 26-jährige Goethe als Geheimer Legationsrat in den Staatsdienst des erst 18-jährigen Herzogs ein. Goethe erhielt 1200 Gulden Gehalt, das seinerzeit zweithöchste im Herzogtum, sowie Sitz und Stimme in der Landesregierung, dem »Geheimen Concil«. Es gab Widerstand, etwa von des Herzogs bislang engstem Ratgeber Friedrich von Fritsch. Alle Kritik aber bügelte Carl August ab mit den Worten: »Einen Mann von Genie nicht an dem Ort gebrauchen, wo er seine außerordentlichen Talente nicht gebrauchen kann, heißt, denselben missbrauchen [...].«

Charlotte von Stein reiste am gleichen Tag zu ihrer jährlichen Kur in Bad Pyrmont. Der nunmehr in Verwaltungspflichten eingespannte Goethe vermisste sie und kümmerte sich zuweilen um ihre drei Söhne, die »Grasaffen«, wie er sie gerne nannte. Während Charlottes Rückreise hielt Goethe sich in Ilmenau auf. Sie besuchte ihn dort am 5. August. Gemeinsam erwanderten sie am nächsten Tag den Hermannstein. Er hielt ihre Hand. Tage später meißelte er ein S in die Höhlenwand.

In Nordamerika nahmen die Dinge ihren Lauf. Am 12. Juni verabschiedete der Konvent von Virginia einstimmig die *Virginia Declaration of Rights*. Die darin festgelegten Bürgerrechte stellten einen entscheidenden Schritt zu einer künftig anderen Gesellschaft dar. Aber noch ging es in der Praxis bei den dort beschriebenen Menschenrechten um die Rechte von Bürgern im Verhältnis zum Adel, nicht aber um gleiche Rechte für die indigenen Völker, Frauen oder um die Abschaffung der Sklaverei.

Etwa zur gleichen Zeit nahm man nun, trotz eines noch weit verbreiteten Zögerns, im Kontinentalkongress die Abfassung einer Unabhängigkeitserklärung in Angriff. Am 11. Juni hatte der Kongress in Philadelphia dazu ein »Komitee der Fünf« einberufen. Neben John Adams und Benjamin Franklin gehörte auch der erst 33-jährige Thomas Jefferson dazu, einer der jüngsten Delegierten des gesamten Kongresses. Er wurde zum Vorsitzenden gewählt. Als es darum ging, wer einen ersten Entwurf verfassen sollte, schied der 70-jährige Franklin aus. Er war gerade von seiner Reise nach Kanada zurückgekehrt, auf der er in der Furcht, sie nicht zu überleben, bereits Abschiedsbriefe an seine Familie geschickt hatte. Er hatte sich noch nicht erholt und litt an Gicht.

Als Verfasser kam auch John Adams in Frage. Er gehörte zu den wichtigsten Taktgebern der Unabhängigkeitsbewegung, war vom Kongress gerade mit der Führung des »Board of War« betraut worden und damit eine Art Kriegsminister. Der Sohn eines Farmers und späteren Armeeoffiziers hatte selbst Farmer werden wollen, aber von den Eltern gedrängt dann in Harvard studiert, wo er schließlich doch Interesse an Wissenschaft und Literatur gefunden, zum Broterwerb aber den Anwaltsberuf ergriffen hatte. Seine Frau Abigail, eine Frauenrechtlerin, begleitete ihn bei seinen politischen Aktivitäten, beriet und unterstützte ihn. Adams forderte häufige Wahlen, die Begrenzung von Amtszeiten und eine starke unabhängige Gerichtsbarkeit, kurzum eine Balance starker und unabhängiger Gewalten. Dies aber tat er immer mit Strenge, einer gewissen Prinzipienreiterei und meist einem verdrießlichen Gesicht. Auch verwies Adams gerne auf die Schwächen jener, die ihm an Beliebtheit voraus waren; und das waren ihm aufgrund seines launischen Wesens einige.

Trotz all dieser Nachteile half Adams seine gute Selbsteinschätzung. Er war sich seiner wenig gewinnenden Art bewusst, auch als Jefferson ihm die Aufgabe der Formulierung einer Unabhängigkeitserklärung antrug. Adams lehnte ab. Statt seiner schlug er Jefferson selbst vor. Dies aus klugem Kalkül. Ein Mann wie Jefferson, aus der wichtigsten Kolonie Virginia stammend, müsse federführend an der Spitze dieses Unternehmens stehen, argumentierte Adams. Zudem sei Jefferson, anders als Adams, beliebt und könne, ebenfalls anders als Adams, gut formulieren. Kurzum, er sei die erste Wahl.

Jefferson, ein Anwalt und wohlhabender Pflanzer wie sein Vater und wie Washington Großgrundbesitzer und Sklavenhalter, gehörte als Abgeordneter seiner Heimat Virginia dem Kontinentalkongress seit dem ersten Tag an. Von seinem Wesen ruhig und von aristokratischer Ausstrahlung, drängelte sich der hochgewachsene junge Mann als Redner nicht vor, hatte aber bald in verschiedenen Ausschüssen durch seine vermittelnde, zugleich aber zielstrebige Art tiefen Eindruck hinterlassen. Jefferson setzte sich in seiner Unterkunft, einem Backsteinhaus, in dem er im zweiten Stock mit seinen Bediensteten zur Miete wohnte, an das von ihm selbst erfundene portable Pult. Nach einigen Tagen gab er den ersten Entwurf an Adams und Franklin zur Durchsicht. Am 28. Juni überreichten sie das Papier dem Kongress.

Am 3. Juli teilte John Adams seiner Frau Abigail in Massachusetts mit: »Gestern ist die wichtigste Frage entschieden worden, die je in Amerika verhandelt wurde, und eine größere ist vielleicht nie oder wird nie wieder unter Menschen entschieden werden.« Der Kontinentalkongress hatte auf der Basis des vor allem von Jefferson erarbeiteten Papiers die Unabhängigkeit der 13 britischen Kolonien Nordamerikas erklärt. Sie bildeten nun einen eigenen Staatenbund: die Vereinigten Staaten von Amerika. Am 4. Juli folgte nach einigen kleinen Änderungen die endgültige Annahme der Erklärung.

Als erste Zeitung überhaupt berichtete am 5. Juli in Philadelphia der deutschsprachige *Pennsylvanische Staatsbote*. In dessen deutscher Übersetzung der Unabhängigkeitserklärung standen die berühmten Worte: »Wir halten diese Wahrheiten für ausgemacht, dass alle Menschen gleich erschaffen worden, dass sie von ihrem Schöpfer mit gewissen unveräußerlichen Rechten begabt worden, worunter sind Leben, Freiheit und das Bestreben nach Glückseligkeit.«

In Frankreich stieß die Unabhängigkeitserklärung auf großes Interesse. Dort hatte der bereits erwähnte Jacques Turgot, gelehriger Schüler des Physiokraten Quesnay, kurz nach Regierungsantritt Louis' XVI. auf Betreiben von dessen Minister und Mentor Malesherbes das Amt des Generalkontrolleurs der Finanzen übernommen. Sowohl Malesherbes als auch Turgot erkannten die Verkrustungen des französischen Absolutismus und versuchten Reformen in Gang zu bringen. Welche Aufgabe Turgot bewältigen musste, ahnte bereits Friedrich der Große im fernen Potsdam. Der schrieb am 20. April an Voltaire: »In Frankreich sieht man, wie wenig diese Gesellschaft an das Wohl des Staates denkt. Herr Türgot hat in den Papieren seiner Vorgänger sogar die Summen gefunden, die es Ludwig XV. gekostet hat, seine Parlamentsräte zu bestechen, damit er, ich weiß nicht welche Edicte, registriert bekäme.«

Der 49-jährige Turgot, aufrichtig, geradlinig, aber mit einem Hang zur Schulmeisterei, ahnte, mit Blick auf die Vorgänge jenseits des Atlantiks, den bevorstehenden Wandel. Er hatte prophezeit, solch reiche Kolonien wie Amerika würden den Europäern einst abhandenkommen. Sie seien »wie Früchte, die nur so lange am Baum hängen bleiben, bis sie ihre Reife erreicht haben.«

Zu Turgots Freundeskreis gehörte seit Jahren ein Mann, der die Vorgänge in Amerika mit Sympathie verfolgte, aber auch die Schwächen einer Republik sah und diese verringern wollte. Der 16 Jahre jüngere Nicolas de Caritat, Marquis de Condorcet, trat ein für die gleichen Rechte der Frauen und für die Abschaffung der Sklaverei. Er war eine der herausragenden und – was die Gedanken über die Gestaltung einer gerechten Gesellschaft angeht – eine der visionärsten Persönlichkeiten dieser an Persönlichkeiten nicht gerade armen Zeit. Von der großartigen Salonière Julie de Lespinasse stammt eine geradezu hymnische Beschreibung seiner Person. Condorcets Gesichtsausdruck sei sanft und zeige seine Güte, was Porträts von ihm in der Tat nahelegen. Sein Auftreten sei schlicht, aber auch nachlässig, sein Geist, wie der Gottes, unendlich, aufgeschlossen, scharf und fein. Wer ihm begegne, müsse »hundertmal am Tage« sagen, es sei der erstaunlichste Mensch, den er je traf.

Zwar waren Condorcet und Julie de Lespinasse wohl nie ein Liebespaar, doch ihre Briefe an ihn verraten ihre Nähe zueinander. Sie mahnte ihn, nicht auf den Lippen oder an den Fingernägeln zu kauen, und nicht allzu linkisch herumzustehen.

Im Jesuitenkolleg in Reims, in dem Condorcet ausgebildet worden war, hatte man einst sein herausragendes mathematisches Talent entdeckt. Der Enzyklopädist Jean-Baptiste le Rond d'Alembert, selbst Mathematiker, nahm den 16-Jährigen unter seine Fittiche. Rasch lieferte Condorcet mehrere mathematische Aufsätze ab und wurde bekannt. Mit 26 Jahren nahm ihn die Académie royale des sciences auf. Condorcet korrespondierte mit Voltaire, lernte Turgot kennen, und als dieser 1774 Generalkontrolleur der Finanzen wurde, ernannte er Condorcet zum Generalinspekteur der staatlichen Münze. Condorcet beschäftigte sich zunehmend mit aufklärerischen Fragen. Vor allem das Bildungswesen lag ihm am Herzen. Bildung würde die Menschen besser und gerechter machen.

Condorcets Hoffnung, unter der Leitung des reformeifrigen Turgot Frankreich in eine neue Zeit zu führen, erlitt kurz bevor die verheißungsvollen Nachrichten aus Amerika eintrafen, einen schweren Rückschlag. Turgot hatte im Januar mit den *Six Édits* seine Reformvorhaben vorgelegt. Von diesen Edikten stießen die beiden zentralen – das zur Beseitigung der Frondienste und das zur Aufhebung des Zunftzwangs – auf großen Widerstand des Adels, worauf man am 12. Mai Turgot aufforderte, seinen Rücktritt einzureichen.

Während Amerika also aufbrach, schob Frankreich die dringend benötigten Reformen wieder einmal auf. Auch Condorcet bot seinen Rücktritt an, der aber abgelehnt wurde. Widerwillig blieb er im Amt, mit der leisen Hoffnung, die Dinge würden sich vielleicht doch zum Besseren wenden.

Es kursierten Gerüchte, gerade Marie Antoinette habe Turgots Entlassung betrieben. Die junge Königin, erst 20 Jahre alt, gab zunehmend der Unart nach, sich, wie es eine Laune oder Einflüsterung gebot, in Regierungsgeschäfte einzumischen. Tatsächliches Einlesen, längeres Zuhören oder Nachdenken aber wollte ihr dabei nicht gelingen.

Ansonsten ergab sie sich die meiste Zeit einer dubios tändelnden Freiheit, die ihr teils zugefallen, teils von ihr erkämpft worden war. Sie schlief am Tag und genoss die Nächte, trieb durch eine bunte Welt des Vergnügens mit Kartenspiel, Bällen und Schauspielen. In ihrem Schlepptau: junge Prinzen und Grafen, darunter der jüngste Bruder des Königs, Charles Philippe, Graf von Artois, berüchtigt und in Paris verhasst für seine Ausschweifungen. Sie alle betrachteten ihren Platz in der Welt und ihren Reichtum als selbstverständlich und von Gott gegeben. Keiner von ihnen empfand eine andere Pflicht, außer der, sich nicht zu langweilen.

Zu diesen Selbstbezogenen von Geburt gesellten sich in Marie Antoinettes Umfeld die Gierigen. In ihrem Zentrum stand die Gräfin und spätere Herzogin Gabrielle de Polignac. Jung, schön, von reizvoller, lieblicher Ausstrahlung, hatte sie im Vorjahr rasch Marie Antoinettes Herz gewonnen. Bald verdrängte sie Marie-Louise, Fürstin von Lamballe, aus der Position der Ersten Kammerdame der Königin. Marie Antoinette ließ ihrer neuen Favoritin und deren großer Familie, ohne Zögern ihres ebenfalls von der Polignac eingenommenen Gatten, riesige Summen und Pfründe angedeihen. Die Familie Polignac legte sich wie eine abschottende Blase um Marie Antoinette. Im derart ausgeschlossenen Rest des Hofes keimte neuer Klatsch aus Neid und Missgunst; mit dem Verrat als Waffe und dem gewollt geistreichen Wort als Klinge.

Am 12. Juli brach James Cook zu seiner nunmehr dritten großen Reise auf. Die Resolution war im Februar wieder in Dienst gestellt worden. Die neue Expedition sollte die Nordwestpassage finden, also eine Route vom Pazifik in den Atlantik entlang des äußersten Nordens von Amerika. Cook war mit seiner zweiten Reise endgültig berühmt geworden und hatte lange gezögert, das Kommando zu übernehmen. Zunächst überwachte er nur die Vorbereitungen, ließ aber nicht die Akkuratesse von einst walten. Noch immer litt er unter den gesundheitlichen Problemen der letzten Reise, vor allem unter Koliken. Er spürte das nahende Alter. Seine Frau war schwanger. Doch die Admiralität wollte niemand anderen als ihn für das Kommando. Während eines Abendessens bei seinem Förderer, dem Earl of Sandwich, sagte er schließlich zu.

Cooks Karriere stand beispielhaft für den zaghaften Beginn einer Entwicklung, wonach große Führungsgestalten nicht mehr nur den oberen Gesellschaftsschichten entstammten. In einer Hütte als Sohn eines Tagelöhners in Yorkshire geboren, hatte er zuerst in einem Laden gearbeitet, um sich als junger Mann auf Kohletransportschiffen als Matrose zu verdingen. Seine Härte, sein Pflichtbewusstsein und seine Disziplin brachten ihn voran. Cook galt als streng, aber gerecht. Aus seinem zerklüfteten Gesicht mit schmalem Mund funkelte ein stechender Blick. Gefühlen ließ er kaum einen Raum, nur seine Wutausbrüche waren berüchtigt. Bei allem Erfolg vergaß er nie seine Herkunft, weshalb er das von ihm Erreichte auch immer ein wenig bedroht sah. Von Statur schlank, breitschultrig und mit etwa 1,83 Meter für seine Zeit überdurchschnittlich groß, fiel er durch seinen gebeugten Gang auf, den er in all den Jahren auf Schiffen angenommen hatte, um nicht ständig mit seinem Kopf an Balken zu stoßen.

Cooks pflichtgeneigtem Wesen kam ein junger Unteroffizier entgegen, der für die Reise neu auf die Resolution berufen worden war. Zart, mittelgroß, vielleicht sogar etwas kleiner als der Durchschnitt, mit schwarzen Haaren und heller glatter Haut. Ein in jenen Tagen, vielleicht kurz vor der Abreise angefertigtes Porträt zeigt einen jungen Mann in der Uniform eines Masters – mit weichen Zügen, einem runden Gesicht und einem melancholischen Blick, der offen lässt, ob er sich nach innen oder in die Ferne richtet. Eine Hand ruht, einen Zirkel haltend, auf einer Karte. Im Hintergrund nimmt ein Schiff unter Segeln Kurs auf den Horizont.

Dieser junge Mann hieß William Bligh. Er stammte aus einer Seefahrerfamilie. Nicht ungewöhnlich für die Zeit, fuhr der nun 22-Jährige schon seit seinem 8. Lebensjahr zur See. Längst zeigte er großes Talent als Navigator und Kartograph. Wie Cook war er diszipliniert und unerbittlich genau, doch Untergebene lobte er noch seltener, neigte zu Wutausbrüchen und erteilte rasch Verweise. Das bekam auch bald ein weiteres junges Mannschaftsmitglied zu spüren: der spätere Entdecker George Vancouver. Auf der zweiten Reise Cooks noch der Jüngste der Mannschaft, war er diesmal als Fähnrich zur See dabei.

Cook wählte die Südroute um Südafrika herum, um sich dann über den Pazifik der erhofften Passage zu nähern und sie von West nach Ost zu erforschen. Zunächst segelte die Resolution allein bis Kapstadt. Am 10. November stieß das Begleitschiff Discovery zu ihr. Dann nahm man Kurs in den südlichen Indischen Ozean, in Richtung eines Archipels, der noch immer keinen festgeschriebenen Namen trug. Von dort wollte Cook nach Tasmanien segeln.

An der Küste der Ostsee lebte derweil ein Mann von ähnlicher Statur wie Lichtenberg: zart gegliedert und etwas zerbrechlich. Mit ungefähr 1,57 Meter war er dennoch mit etwas mehr Körpergröße beschenkt als sein noch nicht einmal 1,50 Meter kleiner Professorenkollege in Göttingen.

Immanuel Kant, von dem hier die Rede ist, wusste schon immer um seine fragile Gesundheit und lebte danach. Er ahnte, anstrengende Reisen sollte er besser meiden. Zudem fühlte er sich im ostpreußischen Königsberg pudelwohl. Die Stadt war nicht mehr politische Hauptstadt Preußens, verstand sich aber noch immer als geistiges Zentrum. Die Krönungsfeierlichkeiten fanden nach wie vor hier statt.

Am 22. April war Kant 52 Jahre alt geworden. Er stammte aus der pietistischen und in bescheidenen Verhältnissen lebenden Familie eines Sattlers. Kants fromme Eltern schätzten eine gute Geistes- und Herzensbildung und förderten diese bei ihren Kindern. Vier ihrer acht Kinder erreichten das Erwachsenenalter, unter ihnen der begabte, auf den Namen Emanuel getaufte Sohn, der sich später Immanuel nennen sollte. Er finanzierte sein Studium neben Privatstunden auch mit Kartenspiel und Billard, das er brillant beherrschte. Im Vorwort seiner ersten, in seiner Studienzeit entstandenen Schrift hatte der damals 22-Jährige selbstbewusst erklärt: »Ich habe mir die Bahn schon vorgezeichnet, die ich halten will. Ich werde meinen Lauf antreten, und nichts soll mich hindern, ihn fortzusetzen.«

Nach dem frühen Tod des Vaters musste Kant sehen, wie er Mutter und Geschwister unterstützen konnte. Er verdingte sich als Hauslehrer, bemühte sich aber weiter um eine Professur und erhielt diese 1770 mit 46 Jahren. Seitdem lehrte er Logik und Metaphysik. Seine Vorlesungen waren geistreich, lebendig, und die Studenten, deren Beiträge sein Einkommen ausmachten, strömten in Scharen zu ihm.

Als Kant die für die Professur vorzulegende Dissertation überarbeiten wollte, hatte er in seinem Kopf eine Reise angetreten, die er auf Papiere zu bannen versuchte und die andere Grenzen überschritt als Reisen in der tatsächlichen Welt. In diesen Tagen widmete er sich mehr und mehr seinen immer komplexer werdenden Gedankenwelten. Er hatte die Zahl seiner Vorlesungen verringert, veröffentlichte nicht mehr und glaubte immer mal wieder, bald fertig zu sein. Nun, am 24. November, ließ er Marcus Herz per Brief wissen, »vor Ostern nicht fertig zu werden«.

Seit dem Sommersemester amtierte Kant als Dekan der Philosophischen Fakultät von Königsberg. Das Amt belastete ihn. Zu seinen Aufgaben gehörte es, die neuen Studenten zu prüfen, und bald warf man ihm vor, dies allzu nachlässig zu tun. Auch gebe er ihnen zu viel Freiheit. »Ich empfange von allen Seiten Vorwürfe, wegen der Untätigkeit, darin ich seit langer Zeit zu sein scheine und bin doch wirklich niemals systematischer und anhaltender beschäftigt gewesen«, klagte er.

Magnifique! Der menschgewordene Geist einer neuen Gesellschaft traf ein. Am 3. Dezember betrat Benjamin Franklin französischen Boden. Einen Monat zuvor hatte er, gerade vom Kontinentalkongress zum Botschafter am Hof König Louis' XVI. bestellt, in Amerika ein Schiff bestiegen. Er ließ sich in Passy, einem Ort nahe Paris, nieder, mietete eine Villa auf einer Anhöhe mit weitläufigem Garten und genoss den Umgang mit den Damen der örtlichen Gesellschaft. Besonders oft besuchte er den Salon der Witwe des Philosophen Helvétius im benachbarten Auteuil.

In Frankreich schlug Franklin sofort nahezu grenzenlose Verehrung entgegen, und bald war sein Gesicht »fast genauso bekannt wie das des Mondes«, wie er seiner Schwester nach Hause berichtete.

Während Franklin jetzt in Europa versuchte, auf diplomatischem Wege die amerikanische Sache voranzubringen, versuchte sein Schützling Thomas Paine auf der anderen Seite des Atlantik, den Bürgern der Kolonien mit einfachen, ermutigenden und sogar aufrüttelnden Worten den Sinn des Kampfes nahezubringen, den immer mehr von ihnen unter Einsatz ihres Lebens führten. Er verfasste zwölf Pamphlete. Sie erschienen nacheinander mit dem Titel *American Crisis*. Der erste Text, veröffentlicht am 19. Dezember im *Pennsylvannia Journal*, begann mit dem berühmt gewordenen Satz »Dies sind die Zeiten, die die Seelen der Menschen auf die Probe stellen« (»These are the times that try men's souls«). Denn an der Front stand es schlecht. Er wusste es genau, denn seit wenigen Monaten gehörte er als Mitarbeiter zum Stab George Washingtons.

Seit der Einnahme von Boston war für George Washington und seine Männer Niederlage auf Niederlage gefolgt. Ende August konnte der britische General William Howe durch den Sieg in der Schlacht auf Long Island den Zugriff auf den Hafen von New York erringen. Mangelnde Erfahrung, zahlenmäßige Unterlegenheit der Truppen und unklare Befehlswege in Washingtons Stab hatten zu einer demütigenden Niederlage geführt.

Am 8. September hatte Washington an den Kontinentalkongress geschrieben: »Wir sollten in jedem Fall einer großen Entscheidungsschlacht aus dem Weg gehen«, was er bald zu seiner Taktik machte. Nach weiteren Niederlagen in den Schlachten von White Plains und Fort Washington, dem Verlust nicht nur Manhattans, sondern ganz New Yorks war Washington dem Feind fast nur noch ausgewichen und hatte sich schließlich nach Süden zurückgezogen. Immer wieder attackiert von den Briten, ging es nach New Jersey und schließlich über den Grenzfluss Delaware nach Pennsylvania. Die Männer waren entkräftet, demoralisiert und litten Hunger. Die Mannschaftsstärke nahm dramatisch ab. Jetzt, vor Weihnachten, desertierten viele. Bei anderen endete die Dienstzeit ganz regulär. Sie würden in den nächsten Tagen nach Hause gehen. Unter Washingtons Generälen, von denen einige sich sowieso für die besseren Befehlshaber hielten, wie etwa Horatio Gates und Charles Lee, schwand das Vertrauen in ihren Oberbefehlshaber. Mancher zeigte offen seine Missbilligung.

In der Nacht zum zweiten Weihnachtstag tat George Washington das, womit weder Freund noch Feind rechneten: er entschloss sich zum Angriff. Er und seine Männer bestiegen mehrere Boote und überquerten den Delaware. Auf der anderen Seite des Flusses wollte er im Morgengrauen den Feind überraschen und das Dörfchen Trenton einnehmen.

Die Überquerung des Flusses wurde zu einem logistischen Meisterstück. In zehn Stunden gelang es, fast 2500 Kämpfer überzusetzen. Danach mussten die Männer, unzureichend bekleidet und häufig nur mit um die Füße gewickelten Lumpen, noch einen vierstündigen Fußmarsch durch die Winterkälte nach Trenton bewältigen, einem Flecken mit zwei Straßen und wenigen Dutzend Häusern. Dort hatten sich drei Regimenter »Hessians« einquartiert, die bei den Amerikanern wegen ihrer effektiven und rücksichtslosen Kriegsführung mit weit besserer Ausrüstung gefürchtet waren. Der Landgraf von Hessen-Kassel hatte zum Teil zwangsrekrutierte Soldaten aus seinem Land gegen Geld an den britischen König verliehen.

Um 8 Uhr in der Frühe gelang Washington der Überraschungsangriff. Nach kurzem Straßenkampf gehörte ihm der Sieg. 22 Hessen waren tot. Washington musste nur zwei Tote beklagen. Sie waren auf dem Weg nach Trenton erfroren. Noch am gleichen Tag setzte er mit seinen Truppen, den erbeuteten Waffen und den gefangenen Söldnern wieder über den Eisschollen tragenden Delaware. Im etwa 30 Meilen südwestlich gelegenen Philadelphia ließ er die Gefangenen durch die Straßen laufen, um den Sieg zur Schau zu stellen. Allerdings rechnete er mit einem Gegenangriff der Briten, und in der Tat näherte sich schon General Charles Cornwallis mit eilig aus den Winterlagern geholten Truppen. Einem Angriff wollte sich Washington erneut in Trenton entgegenstellen. Am 30. Dezember überquerte er abermals den Delaware, zog mit seiner Armee wieder in die Stadt und begann sich an deren Rändern zu verschanzen.

Im südlichen Indischen Ozean erreichte Cook zu Weihnachten den besagten Archipel ohne festgelegten Namen. Schon auf der Reise zuvor hatte er hier mit Reinhold und Georg Forster Station gemacht. In einem Logbucheintrag bezeichnete er diesmal den Archipel, eine große schroffe Hauptinsel mit zahlreichen verstreuten Eilanden, als die »Inseln der Trostlosigkeit« (»Islands of Desolation«), nannte sie dann aber Kerguelen-Inseln, nach ihrem vermutlichen Entdecker, dem französischen Kapitän Yves Joseph de Kerguelen de Trémarec.

In London lebte währenddessen Cooks ehemaliger Reisebegleiter Georg Forster auf seiner eigenen selbstgewählten Insel der Trostlosigkeit. Das hatte noch immer mit den Buchprojekten zu Cooks letzter Reise zu tun. Nachdem die endgültige Absage des Earls of Sandwich an Vater Forster vorlag, hatte Georg Forster im Spätsommer angesichts der nach wie vor großen Geldnot der Familie damit begonnen, selbst ein Buch über die Südseereise zu verfassen.

Seitdem arbeitete er Tag und Nacht in nahezu jedem wachen Moment, verließ kaum das Zimmer und litt unter Kopfschmerzen, Durchfall und Erkältung. Am letzten Tag des Jahres klagte er seinem Freund Vollpracht: »Ich habe mich krank gearbeitet und bin diese zwei letzten Monate November und Dezember höchst elend […] fast zum Skelett geworden«.

1777

Anstrengungen

In Gräben geduckt und hinter Böschungen verborgen warteten George Washington und seine Männer um den Jahreswechsel vor Trenton auf den Feind. Die Kälte krallte sich in ihnen fest und betäubte fast ihre Angst. Dank Spionen und Boten wusste Washington von drei Regimentern, die das Hauptquartier der Briten im 11 Meilen nordöstlich gelegenen Princeton im Morgengrauen des 2. Januar verlassen hatten. Weitere Truppen stießen hinzu. Schließlich griffen etwa 6000 Briten und Hessen die etwa 5000 verschanzten Amerikaner an.

Der Ausgang dieser zweiten Schlacht von Trenton stand lange auf Messers Schneide. Als die Reihen seiner Männer schwankten, preschte Washington auf seinem Schimmel in die vorderste Linie und begann, sie lautstark zu ordnen. Der Feind nahm ihn unter Beschuss. Zahlreiche Männer um ihn herum fielen, doch er blieb wie durch ein Wunder verschont. »Der Tag ist der unsere!«, rief er. Die Briten zogen sich zurück. Washington konnte einen strategischen Sieg verbuchen.

In der Nacht entschied er, mit seiner Armee nach Princeton weiterzuziehen. Schon am Morgen des 3. Januar erreichte er die Stadt. Nach kurzem Gefecht konnte er die britische Garnison einnehmen und die meisten britischen Soldaten gefangen nehmen.

Die britische Armee zog sich nach dieser dritten Niederlage binnen 10 Tagen aus New Jersey nach New York zurück. In der Kontinentalarmee hingegen stieg die Zuversicht. 8000 neue Freiwillige meldeten sich. Sie wollten für die Freiheit kämpfen.

Was die Deutschen für die Freiheit zu tun bereit seien, darüber machte sich der junge Goethe derweil in einem Theaterstück lustig: »beim Glase Wein« sprächen sie mutig für die Freiheit, doch »wenn der Morgen kam, ging eben keiner hin«. So heißt es im Lustspiel *Die Mitschuldigen*, das in Weimar am 9. Januar erstmals auf die Bühne kam. Goethe hatte es bereits 1768 im Alter von 19 Jahren geschrieben.

Nun in Weimar hatte er das Angebot der Herzogin Anna Amalia, in ihrem Liebhabertheater mitzuwirken, nicht abschlagen können. Zuerst spielte er nur mit, bald aber schon leitete er die höfische Laienspielgruppe, in der neben den Hofbeamten und Hofdamen sogar der Herzog und sein Bruder auftraten.

Liebhabertheater waren zwar en vogue, aber üblicherweise eben nur eine Tätigkeit zur Unterhaltung und Zerstreuung nebenbei. In Weimar allerdings gestaltete sich die Situation speziell. Dort hatte der Brand des Schlosses zwei Jahre zuvor das Hoftheater zerstört, und so bestand das Programm seitdem im Wesentlichen nur aus eigenen Auftritten des Hofes, also aus jenem Liebhabertheater. Das war doppelt bitter, da es im Trend der Zeit lag, mit Theaterbauten und mit professionellen Ensembles zu protzen.

Um das Niveau zu heben, kam also Goethe gerade recht. Der wählte leicht einzuübende Stücke aus eigener Feder. Neben bereits vorhandenen wie *Die Mitschuldigen* verfasste er bald weitere heitere Einakter. Oft übernahm er selbst eine Rolle. An diesem Abend notierte er in sein Tagebuch: »*Die Mitschuldigen*, schlecht gespielt« – er selbst hatte die Hauptrolle übernommen.

In Thomas Paines Mitte Januar erschienenem zweiten *Crisis*-Pamphlet hatte der junge Staat einen Namen: Vereinigte Staaten von Amerika. Das ließ später viele vermuten, Paine habe den Begriff erfunden. Zweifellos hat er zu dessen Popularisierung beigetragen.

Das früheste bekannte Dokument, in dem der Begriff »Vereinigte Staaten von Amerika« erscheint, ist ein Brief vom 2. Januar des Vorjahres, von einem Angehörigen des Stabes von George Washington. Ein gewisser Stephen Moylan teilte seinem Stabskameraden Joseph Reed mit, er wolle »mit umfassenden Vollmachten von den Vereinigten Staaten nach Spanien gehen, um fremde Hilfe für die Sache zu suchen.«

Womöglich war der Begriff lange zuvor in irgendeiner Gesprächsrunde geboren worden, vielleicht sogar als Idee George Washingtons, wie es manche gerne glauben.

Nach der Fahrt durch einen schweren Sturm, bei der ein Mast gebrochen war, traf James Cook am 24. Januar weit im Süden des Erdballs in Tasmanien ein. Zahlreiche Reparaturen standen an. Cook blieb zwei Wochen. Längst hatte er dem jungen William Bligh die Vermessung zahlreicher Küsten anvertraut. Angetan von dessen kartographischen und navigatorischen Fähigkeiten, erwähnte ihn Cook, der wie Bligh Autodidakt im Kartenzeichnen war, oft im Logbuch. Nach Instandsetzung der Schiffe nahm Cook Kurs auf Neuseeland.

Ende Januar berief George Washington den jungen Alexander Hamilton in seinen Stab, so teilte es der *Pennsylvania Evening Post* vom 25. Januar der Leserschaft mit. Washington weilte mit seinen Truppen in New Jersey in dem strategisch günstig gelegenen Örtchen Morristown im ersten Winterlager des Krieges.

Brillant, jung, ehrgeizig – Hamilton erfüllte genau die Anforderungen, die Washington an seine jungen Stabsoffiziere stellte. Ob Hamilton in jenen Tagen 20 oder 22 Jahre alt war, wusste man nicht so recht. Geboren als unehelicher Sohn eines verarmten Adeligen aus Schottland und einer verheirateten Frau auf der karibischen Insel Nevis, hatte er, als Kind allein nach New York gekommen, schon als etwa 12-Jähriger im Büro eines Reeders gearbeitet und dort bereits drei Jahre später die Frachtrouten geplant. Gleich nach den Gefechten von Lexington und Concord war er einer Artillerieeinheit der Milizen beigetreten und rasch durch seine Tatkraft aufgefallen. Nahezu alle Porträts aus seinen verschiedenen Lebensaltern zeigen einen Mann mit festem selbstbewusstem Blick, schmalen Gesicht, energischem Mund, ausgeprägtem Kinn und einer hohen Stirn, Letztere vermutlich, im Wissen um die eigenen Talente, voll hochmütiger Gedanken.

Cook traf am 12. Februar in Neuseeland ein und war überrascht, wie sehr die Maori erschraken. Sie vermuteten, er komme, um Rache zu nehmen, denn während Cooks zweiter Reise hatten zehn Männer des Begleitschiffs Adventure, das damals zwischenzeitlich von der Resolution getrennt segelte, bei Kämpfen ihr Leben verloren. Ein Matrose der Adventure hatte damals wohl eine Regel der Kultur gebrochen. »Tabu«, das polynesische Wort für derlei Verbote, gelangte durch die Reisen Cooks nach Europa. Nun versuchten die Maori, Cook dazu zu bewegen, andere Dörfer anzugreifen und zu vernichten. Der zeigte sich befremdet und wunderte sich über diese Abgründe des Menschseins der vermeintlich »edlen Wilden«.

Als Cook Ende Februar wieder aufbrach, blieb die Reise beschwerlich. Es herrschte Flaute, Cook kam nur langsam voran. Er musste die Rationen kürzen. Die Mannschaft murrte. Zudem zog die Resolution bedenklich Wasser. Schon kurz nach der Abreise aus England hatte sich herausgestellt, dass man vor allem beim Kalfatern, dem Abdichten der Fugen zwischen den Schiffsplanken, geschlampt hatte.

Cook beschloss, das heutige Tonga anzulaufen, das er auf der zweiten Reise »Friendly Islands« genannt hatte. Anfang Mai erreichte er Nomuka. Auf Tongatapu blieb er dann einen Monat. Man gab ihm Hinweise auf weitere größere Inseln, auf Samoa und die Fidschi-Inseln. Doch anders als zuvor ging er ihnen nicht nach. Cook war erschöpft und unter Zeitdruck. Auf Diebereien der Einwohner antwortete er mit teils überzogener Grausamkeit, und so steckte hinter dem, was Cook selbst im Logbuch »einige nebensächliche Differenzen« nannte, manch grauenvolle von ihm angeordnete Bestrafung – wie das Abschneiden von Ohren oder das Einstechen auf davonschwimmende Diebe. Gerne nahm er Häuptlinge als Geiseln, um seinen Forderungen Nachdruck zu verleihen. Mitte Juli setzte er Segel. Das Ziel war Tahiti.

In Morristown ordnete Washington im März an, alle seine Soldaten gegen die Pocken impfen zu lassen. Die Krankheit dezimierte seine Armee unablässig. In diesen Tagen führte man die Impfung noch über die Methode der Variolation durch. Man ritzte abgeschwächte Erreger aus den Pusteln Infizierter, um damit eine Immunität zu erzeugen. Dies konnte zwar erhebliche Nebenwirkungen haben, doch schien das besser zu sein, als nichts zu unternehmen. In der Tat hatte Washington Erfolg mit der Maßnahme, obwohl einige Soldaten an den Nebenwirkungen verstarben. Manche Stimmen meinen bis heute, mit seiner Impfmaßnahme habe Washington mehr bewirkt als mit seinen militärischen Leistungen.

Da Georg Forster mit seinem Buch über Cooks vorherige Reise der Erste sein wollte und musste, war neben Sorgfalt auch Eile geboten. Nach acht Monaten des Raubbaus an allen seinen Kräften erschien am 17. März die englischsprachige Ausgabe von *Eine Reise um die Welt*; ein Monument von über 1000 eng bedruckten Seiten.

Parallel hatte Forster schon mit der deutschen Übersetzung begonnen. Da seine Deutschkenntnisse nach Jahren der Abwesenheit ein wenig eingerostet waren, kam ihm die Hilfe des nach England geflohenen Bibliothekars Rudolf Erich Raspe gerade recht. Raspe kam später als Bearbeiter der Münchhausen-Abenteuer zu einem gewissen Ruhm. Derweil aber suchte man ihn in Deutschland steckbrieflich wegen Unterschlagung.

Der deutschen Ausgabe stellte Forster eine Widmung an Friedrich II. von Preußen voran, die zu einer Huldigung des Aufklärers auf dem Thron geriet; vermutlich auch mit der Absicht, so einen Weg für eine künftige Anstellung in Preußen zu ebnen. Nach Abschluss der Arbeit an der deutschen Ausgabe fiel Forster in ein Loch. Er las den *Werther* erneut; gleich zwei, drei Mal hintereinander.

Wenn Louis seine Frau im Petit Trianon besuchen wollte, musste er sich zuvor anmelden. Im Versailler Schloss schliefen er und Marie Antoinette in getrennten Gemächern. Wollte er sie besuchen, was ihm selten einfiel, setzte er sich auf dem Weg durch lange Gänge den Blicken der Hofschranzen aus. Die sahen dann meist, wie er rasch unverrichteter Dinge zurückkehrte, da die Gattin ihren Vergnügungen außer Haus nachging; bei einem Ball, in der Oper oder beim Kartenspiel.

In Wien verfolgte man schon zu lange aus der Ferne die eheliche Unbedarftheit des Königspaars. Bislang hatte es Maria Theresia trotz der Besorgnis erregenden Berichte ihres »Spions«, des Grafen von Mercy-Argenteau, der in Versailles für Österreich Augen und Ohren offenhielt, bei brieflichen Ermahnungen an die Tochter belassen, zumal sie nicht wusste, ob Mercy übertrieb, um seine eigene Bedeutung zu betonen. Nun aber schien konkrete Gefahr in Verzug: Die junge, hübsche Herrscherin umgab sich zunehmend mit leichtsinnigen Jünglingen. Die Neckereien, wie man berichtete, nahmen zu. Sie errötete, erbleichte und lachte nun auffällig oft. Und die Briefe der Tochter nach Wien und ihre Taubheit für alle Mahnungen der Mutter dämpften die Sorgen keinen Deut.

Es schien also ratsam, dass Marie Antoinettes großer Bruder, als Joseph II. seit Jahren Mitregent Maria Theresias, nach seiner Schwester sah. Der hielt sie für ein liebenswertes Spatzenhirn und hatte sie bereits dafür gerüffelt, sich in die französischen Regierungsangelegenheiten eingemischt zu haben. Joseph brach auf. Im besten Falle könnte er seinem Schwager einige Ratschläge bezüglich seiner ehelichen Pflichten geben. Denn noch immer war die Ehe nicht vollzogen.

Am 19. April traf Joseph in Versailles ein, 14 Jahre älter als seine Schwester. Energisch seiner selbst gewiss, doch permanent darunter leidend, im Schatten seiner übergroßen Mutter zu stehen, kam ihm die Reise gerade recht, um sich selbst mal wieder ins beste Licht zu stellen. Er hatte seit langem das Inkognito als Propagandawaffe entdeckt und feilte damit an seinem Ruf als bescheidener und sich kümmernder Herrscher. Gerne mischte er sich unerkannt unter das Volk, erschien plötzlich in Armenküchen oder auf dem Feld bei einem Bauern. Auch jetzt, für seine Reise nach Frankreich, hatte er sich einen falschen Namen zugelegt. Doch Schillers Landesvater Carl Eugen bekam davon Wind und spielte ihm einen Streich. Er ließ alle Schilder der Gasthäuser abhängen, so dass Joseph schließlich doch bei ihm im Schloss Logis nehmen musste.

In Frankreich blieb Joseph etwa fünf Wochen und beeindruckte am Hofe, anders als seine Schwester, durch seine weltläufige und leutselige Art. Joseph tat sich um, beobachtete und besichtigte und sah so in seiner kurzen Zeit in Frankreich vielleicht mehr von Land und Leuten als seine Schwester und sein Schwager, die an ihrer Spitze standen.

Viel Zeit widmete Joseph jener Aufklärung, die seine Schwester und sein Schwager bislang in zu geringem Maße genossen hatten. Was den Akt der Liebe betraf, hörte er zu, gab Ratschläge; und er drängte. An seinen Bruder Leopold berichtete er am 9. Juni freimütig die intimsten Details, wie sich Louis, der sich ihm anvertraut hatte, im Bett mit seiner Frau verhielt: »Was meine Schwester betrifft, ist sie auch nicht gerade sinnlich veranlagt, und beide zusammen sind ein Paar von ausgemachten Stümpern.«

In Versailles selbst wusste man wenig, aber tratschte viel. Manche meinten, es liege an Louis, er habe ein körperliches Problem, andere glaubten, er sei zu schüchtern. Viele meinten, es liege an der lieblosen Marie Antoinette, die ihm gar nicht erst die Gelegenheit zur Intimität gebe. Ihre zahlreichen nächtlichen Vergnügungen, so tuschelten einige, beschränkten sich bestimmt nicht nur auf Kartenspiel und Bälle. Sie entziehe sich.

Louis und Marie Antoinette waren über die konkreten Schwierigkeiten beim Ehevollzug hinaus im wahrsten Sinne des Wortes so verschieden wie Tag und Nacht. Louis liebte den Tag, vor allem die Jagd, die oft am frühen Morgen begann. Marie Antoinette die Nacht. Zudem ließen sie jene Dinge kalt, die ihren oft so behäbig erscheinenden Gatten mit Leidenschaft und Energie erfassten. In der Tat widmete sich Louis mit großer Freude vor allem der Jagd und allerlei handwerklichen Arbeiten. Seine Gattin kommentierte nur, sie werde wohl kaum eine gute Figur in seiner Schmiede, in der er sich in Versailles oft aufhielt, abgeben.

Louis' Schwager Joseph, der gerne jeden um sich herum herabsetzte, kam nach den gemeinsamen Gesprächen immerhin zu dem Urteil, Louis sei träge und schwach, aber nicht dumm. Josephs eheliche Ratschläge schienen schon bald zum Erfolg zu führen. Mitte August berichtete Marie Antoinette ihrer Mutter, ihr Gatte werde zärtlicher, was für ihn viel heiße. Dann am 30. August in einem weiteren Brief an die Mutter: »Ich bin im größten Glück meines Lebens. Es ist schon mehr als acht Tage her, dass meine Ehe perfekt vollzogen wurde; das Ereignis ist wiederholt worden, gestern vollständiger als das erste Mal.«

Während Louis und Marie Antoinette in Versailles immer entschlossener versuchten, eine Schwangerschaft herbeizuführen, ließ Louis' Landsmann, der 19-jährige Kavallerieoffizier Gilbert du Motier, Marquis de Lafayette, seine schwangere Frau Adrienne zurück und machte sich auf den Weg nach Amerika. Mit einer selbst zusammengestellten kleinen Freiwilligentruppe bestieg er ein auf eigene Kosten ausgerüstetes Schiff. Das ausdrückliche Verbot Louis' XVI., der Verwicklungen mit Großbritannien fürchtete, schlug er in den Wind.

Obwohl er noch nicht die geringste Gefechtserfahrung hatte, wollte Lafayette mit George Washington für die Freiheit kämpfen. Es war, als würde Washington, der nie selbst Vater wurde, nach und nach Ersatzsöhne um sich scharen. Hamilton hatte im Februar den Anfang gemacht. Mit Lafayette trat ein zweiter auf die Bühne; nicht minder schillernd.

Hätten Schiller oder Goethe in der Politik ihrer Zeit einen Helden für ein Bühnenstück des Sturm und Drang gesucht, sie wären in Lafayette fündig geworden. Der aus altem französischem Adel stammende hochgewachsene Rotschopf mit durchdringenden Augen erwies sich, obwohl belesen und redegewandt, schon früh weit weniger als ein Mann der Worte und Bücher als einer der Gesten und Taten. Er übertrug seine Leidenschaften in die Politik und gab ihr etwas Schwärmerisches.

Früh Vollwaise geworden, hatte Lafayette ein solch großes Vermögen geerbt, dass er nun als einer der reichsten Männer Frankreichs galt. Schon mit 14 Jahren wurde er der zwei Jahre jüngeren Bankierstochter Adrienne de Noailles durch Arrangement der Familien für die Ehe versprochen. Daraufhin hatte er zwei Jahre im Stadtpalais der Noailles gewohnt, wo der Bräutigam in spe schicklich weit entfernt von der künftigen Braut untergebracht wurde und Mutter Noailles auch ansonsten auf den gebotenen Anstand achtete. Mit 16 Jahren nahm er schließlich die 14-jährige Adrienne zur Frau.

Die Familien führten die Kinder in Versailles ein. Dort tummelte sich Lafayette bald in einer Kartenspielgemeinschaft, der auch die junge Königin angehörte. Während sich Adrienne mit Marie Antoinette anfreundete, gab Lafayette den Versuch, bei Hof zu reüssieren, rasch auf. Seine Freiheit bedeutete ihm weit mehr.

Lafayette wollte in den Kampf gegen England ziehen. Sein Vater hatte einst in der Schlacht von Minden gegen die Engländer sein Leben gelassen; wie zuvor auch andere Familienangehörige in der Generationen überdauernden Fehde der beiden Nationen. Lafayette hoffte zudem, wie viele junge französische Adelige, den Aufbruch in eine neue Gesellschaft zu erkämpfen – und dies am besten in Amerika, wo es zugleich gegen den Erzfeind England ging. Seiner Frau Adrienne hatte er zum Abschied geschrieben, das Wohl Amerikas sei verbunden mit dem Wohl der Menschheit. »Adieu!«.

Nicht nur Washington schaute skeptisch auf die eintreffenden jungen französischen Adeligen, die oft glaubten, die vermeintlichen amerikanischen Bauern in allem belehren und sofort General werden zu können. Viele der Amerikaner nannten sie Söldner oder Friseure. Mit Lafayette aber kam ein anderer. Ihm ging es um den Kampf. Der Rang bedeutete ihm wenig.

Zum ersten Mal begegneten sich George Washington und

Lafayette, der seine Reise über den Atlantik mit schwerer Seekrankheit hatte bezahlen müssen, am 31. Juli. Sie wurden sich bei einem Dinner in der City Tavern in Philadelphia vorgestellt, einem zweistöckigen Gasthaus aus rotem Backstein, in dem Thomas Jefferson oft speiste und das John Adams »das vornehmste in Amerika« nannte.

Der in der Runde etwas verloren herumstehende junge Mann war tief beeindruckt, als er Washington zum ersten Mal sah. Noch höher gewachsen als er selbst, überragte der die Uniformierten, die ihn umgaben. Aber nicht nur durch Körpergröße, sondern auch durch seine majestätische Ausstrahlung stach er heraus. Washington lud Lafayette ein, gleich am nächsten Tag sein Hauptquartier zu besuchen und mit ihm die Stellungen am Delaware zu inspizieren. Als der am nächsten Morgen den zerlumpten Haufen zu Gesicht bekam, machte Washington die Bemerkung, sich im Grunde schämen zu müssen, diese Truppe einem Mann zu präsentieren, der aus der französischen Armee komme. Lafayette entgegnete: »Ich bin nicht hier, um zu belehren, sondern um zu lernen.«

Das war ein anderer Tonfall als der, den Washington und seine Männer von Außenstehenden aus Europa kannten. Schon bald machte das Wort von Lafayettes Bescheidenheit in der Truppe die Runde.

Am 12. August erreichte James Cooks Expedition Tahiti. Wenige Tage zuvor hatten er und seine Männer als erste Europäer das Atoll Tubuai entdeckt, waren aber nicht an Land gegangen. Zwölf Jahre später sollte dieses Fleckchen Land für die Meuterer der Bounty eine wichtige Rolle spielen. Dies auch und gerade, weil William Bligh in diesen Tagen mit Cook dessen Lage notierte. Bligh zeigte sich mittlerweile so oft an der Seite seines Kapitäns, dass die Einwohner die beiden für Vater und Sohn hielten.

Auf Tahiti setzte Cook einen jungen Tahitianer ab, der in England die Reise mit angetreten hatte. Omai, Sohn eines Landbesitzers auf einer Nachbarinsel, war nach dem Tod seines Vaters nach Tahiti geflohen. Im September 1773 hatte ihn Cook auf seiner zweiten Reise an Bord der Adventure genommen, wo er die Bekanntschaft der beiden Forsters machte, bald ein vollwertiges Besatzungsmitglied wurde und mit nach England reiste. Dort nahm sich Joseph Banks seiner an und reichte ihn in höchsten Kreisen als »Prinz« herum. Mit seiner guten Erscheinung, seinem freundlichen, aufgeschlossenen Wesen und seiner schnellen Auffassungsgabe galt Omai als Sinnbild des zugleich unschuldigen und vornehmen »edlen Wilden«, wie ihn Joshua Reynolds, der neben Thomas Gainsborough große Porträtmaler im England dieser Zeit, auch in Öl festhielt. Omai dinierte in der Royal Society, bei Lord Sandwich und wurde sogar von König George empfangen. Nun zurück in seiner Heimat, ließ er sich auf Huahine nieder, wo ihm die Engländer ein Haus bauten.

Im Sommer reiste James Watt zu der Chacewater Mine in Cornwall. Was er sah, entsetzte ihn. Er blickte über eine trostlose Wüste aus Abraumhalden. Kaum ein Baum stand noch. Hier und da standen Schuppen und Verschläge verloren herum, oder es ragten schwarze Maschinenhäuser in den grauen Himmel. Immer tiefer trieb man die Schächte in die Erde, warf allen Unrat und Abraum in die Landschaft. Die Arbeiter schufteten unter grausamen Bedingungen und lebten in erbärmlichen Verhältnissen. Die einen gruben in die Tiefe und erhielten ihren kargen Lohn nach den erreichten Längen. Die anderen holten Zinn und das noch tiefer zu findende Kupfer aus der Erde. Auch sie erhielten ihr Geld von den Grubenbetreibern nur nach ihrer Ausbeute. Ihre Ausrüstungen mussten die Arbeiter zudem selbst bezahlen.

Hier in dieser frühen Hölle der Industrialisierung, in der schon seit den 1720er Jahren Newcomen-Maschinen arbeiteten, stellten Boulton und Watt nun ihre neuen Maschinen auf. Watt hoffte, dies könne auch zu besseren Bedingungen beitragen.

Bei der Einrichtung der Maschinen in Cornwall erwies sich der neue Mitarbeiter William Murdoch als Glücksgriff. Watt und Boulton hatten nach einem Mann gesucht, der Watt entlasten und im besten Falle auch neue Ideen beitragen konnte. Nachdem viele Bewerber Watts strengen Anforderungen nicht standgehalten hatten, fand man schließlich in Watts schottischem Landsmann Murdoch einen kongenialen Helfer, der Boulton bei der ersten Begegnung auch durch den selbst angefertigten Hut aus Holz beeindruckte, den er beständig in den Händen drehte. Murdoch entwickelte sich rasch zu der dritten treibenden Kraft des gesamten Unternehmens und bereicherte es mit zahlreichen Verbesserungen, aber auch mit völlig neuen Erfindungen.

In Versailles zeigte sich die Welt im satten Grün weiter Parks. Unter weißen Schirmen glitten Marie Antoinette und ihre Hofdamen über die Wege und ließen Licht und Schatten auf ihren Kleidern spielen. Doch hinter jedem Lächeln, in jedem wie beiläufig gesetzten Satz focht jede Seele einen höfischen Existenzkampf, der jedem anderen meist verborgen blieb. Kein Wunder, dass es oft an Kraft fehlte, den Blick noch auf die Welt dort draußen zu heften.

Joseph aber sah Gefahren. Er hatte seiner Schwester zum Abschied seitenlange Ratschläge übergeben, sie gedrängt, auf die Wirkung ihres Tuns zu achten, und gemahnt, sie werde älter und habe nicht mehr die Entschuldigung, ein Kind zu sein.

Ein Kind zu sein und sich zugleich behaupten zu müssen ist schwer. In Salzburg lebte derweil, wenn er nicht gerade reiste, ein junges Genie, das auch kein Kind mehr war, sich aber meist so gebärdete. Das sollte während seines kurzen Lebens auch nie aufhören. Wolfgang Amadeus Mozart, von dem die Rede ist, war 21 Jahre alt. Getauft als Joannes Chrysostomus Wolfgangus Theophilus Mozart, hatte er den Theophilus als 14-Jähriger während eines Aufenthalts in Italien in das italienische Amadeo übersetzt. Nun nannte er sich bevorzugt Amadé oder Wolfgang Amadé. In der Musik gelang ihm nahezu alles, im Leben aber blieb er weit mehr in der Rolle eines unbedarften Schülers stecken als andere Menschen.

Seine fünf Jahre ältere Schwester Maria Anna, das »Nannerl«, und er überlebten als einzige von sieben Kindern des Violinisten Leopold Mozart und seiner Frau Anna Maria die Kindheit. Früh beobachteten die Eltern, wie sehr es »das Wolferl« zur Musik zog und welch geradezu unheimliche Begabung das Kind dafür besaß. Das Klavier musste man ihm eher vorenthalten als ihn zum Üben zwingen. Als Sechsjähriger schuf er bereits Kompositionen. Unter der Obhut des Vaters sorgte er mit Nannerl, auch sie eine hochbegabte Pianistin, auf Konzertreisen im deutschsprachigen Raum und bald auch in Westeuropa für Aufsehen an den Höfen und in den Konzertsälen.

Der 14-jährige Goethe hatte dem siebenjährigen Mozart einst in Frankfurt am Main gelauscht und erinnerte sich später noch »des kleinen Mannes in seiner Frisur und Degen«. Der hatte mit 13 Jahren eine erste besoldete Stelle in der Hofkapelle des Fürsterzbischofs von Salzburg Hieronymus von Colloredo angetreten, in der Vater Leopold zum Vizehofkapellmeister befördert wurde. Salzburg aber erwies sich für die weiteren Ambitionen und das Auskommen der Familie bald als zu eng und zu klein.

Die zur Aufbesserung der Familienkasse ständig unternommenen Konzertreisen führten zu Konflikten mit dem Fürsterzbischof. Der sah weniger das Genie als den von sich selbst eingenommenen und immer überheblicheren jungen Mann und dessen Launen. Als Vater Leopold im März um mehr Gehalt bat, kam keine Antwort. Ein Gesuch, erneut reisen zu dürfen, wurde abgelehnt. Der Sohn aber dürfe sich gerne auf den Weg machen. Im August wandte sich dann Wolfgang selbst in einem Brief an den Dienstherrn und bat selbstbewusst um seine Entlassung. Er werde sein Glück in der Ferne suchen. Der Fürsterzbischof gewährte sie, entließ aber den Vater gleich mit. Die Mozarts standen unter Schock. Der Vater bat um Entschuldigung und Wiedereinstellung und wurde schließlich erhört. Doch Leopold wusste, er musste nun am Ort bleiben. Der unreife Sohn aber musste sein Glück in der Ferne suchen.

Während Marie Antoinette und Mozart, die einst im Schloss Schönbrunn als Kinder gemeinsam Klavier gespielt haben sollen, noch etwas kindlich Ungestümes auslebten, hatte in Württemberg ein 18-Jähriger nahezu alles abgestreift, was je in ihm Kind gewesen war. Vielleicht würde er auch deshalb später über den Zauber des Spielens nachdenken. Aber das lag noch in weiter Zukunft.

In Friedrich Schiller tobte das Sendungsbewusstsein eines Jugendlichen, der den Ernst des Erwachsenenlebens ahnte, aber vieles anders machen wollte als vorangegangene Generationen. Die Welt musste eine bessere werden. Mit diesem vielleicht ihm selbst noch nicht im ganzen Ausmaß bewussten Willen arbeitete der Medizinstudent insgeheim an den ersten Szenen eines Dramas. Umgeben von medizinischen Büchern, die er schnell greifen konnte, um die Blätter des Manuskripts zu verdecken, schuftete er die Nächte durch. Manchmal stellte er sich krank, um seine Zeit jener Arbeit widmen zu können, die ihm nun das Wichtigste schien.

Im September beendete Georg Forster die Arbeit an der deutschen Ausgabe seines Reiseberichts. Am 2. Oktober brach er nach Dieppe auf. Erstmals reiste er ohne den Vater. Zuerst nahm er die Postkutsche nach Brighthelmstone und durchlitt bei der Überfahrt nach Frankreich schreckliche Seekrankheit. Vier Tage später traf er in Paris ein, wo man ihn mit offenen Armen und großem Interesse empfing. Er lernte den ersten französischen Weltumsegler Louis Antoine de Bougainville kennen, dessen Reisebericht er, damals gerade 17-jährig, kurz vor der Abreise mit Cook übersetzt hatte. Er traf den Naturforscher Georges-Louis Leclerc de Buffon. Vor allem aber machte er Bekanntschaft mit dem von ihm tief verehrten, nun 70-jährigen Benjamin Franklin, der ihn nach Passy einlud, wo Georg mit ihm tafelte, Franklins umfangreiche Bibliothek durchstöberte und wohl mehrfach längere Zeit mit ihm plauschte.

In Franklins Heimat ein Wendepunkt! Und das nach einer Kette weiterer schwerer Rückschläge für Washington und seine Männer. Dazu gehörte auch die am 11. September verlorene Schlacht am Brandywine. Lafayette wurde von einer Kugel ins Bein getroffen. Doch bevor er seine Wunde versorgen ließ, hatte er noch die Truppen gesammelt und den geordneten Rückzug mitgeleitet, woraufhin der beeindruckte Washington Lafayette für das Kommando über eine Division vorsah.

Washingtons Gegner am Brandywine, General Howe, behauptete nach der Schlacht, nur die einbrechende Nacht habe seinen Gegner vor der vollkommenen Vernichtung bewahrt. Allerdings gehörten schnelle geordnete Rückzüge längst zu Washingtons Taktik, so auch diesmal. Davon abgesehen hatte sich aber wieder gezeigt, dass die britische Armee weit effektiver manövrierte und es Washington schwerfiel, eine Truppe in einer großen, fast unübersichtlichen Feldschlacht zu führen.

Den Wendepunkt dieser Tage, vielleicht des ganzen Krieges, führte nicht Washington selbst herbei, sondern sein General Horatio Gates. Der hatte es mit dem britischen General John Burgoyne zu tun bekommen, was in den zwei Schlachten von Saratoga etwa 200 Meilen nördlich von New York gipfelte, dem Höhepunkt des später so genannten Saratoga-Feldzugs der Briten. Burgoyne wollte mit einer Armee aus dem gerade gesicherten Kanada die amerikanische Streitmacht teilen und Neuengland vom Rest der Staaten abtrennen. Zunächst siegte er in der Schlacht von Ticonderoga am 5. und 6. Juli. Doch dann musste er nach zwei Schlachten am 19. September und am 17. Oktober vor Gates kapitulieren. Alle Waffen der Briten gerieten in die Hände des Feindes, fast 6000 Soldaten gingen in Gefangenschaft.

Washington gab indessen am 4. Oktober in der Schlacht von Germantown einen möglichen Sieg aus der Hand. Im aufkommenden Nebel schossen seine Männer aufeinander und ermöglichten damit den Briten, sich neu zu sammeln. Washington wollte danach die Schlappe überspielen, schönte in Berichten Gefallenenzahlen und schickte den Hund von Howe, einen Terrier, der kurz nach der Schlacht zu den Amerikanern gestromert war, gefüttert, gewaschen und gestriegelt mit großer Geste zurück zum Feind.

An dem Sieg von Saratoga störte Washington, ihn nicht selbst errungen zu haben und ausgerechnet Gates als Held der Stunde ertragen zu müssen. Der gehörte wie Washington und Charles Lee zu den Überlebenden der verheerenden Schlacht am Monongahela im Siebenjährigen Krieg. Gates, mit seinen 50 Jahren fünf Jahre älter als Washington, bemängelte wie Lee zunehmend Washingtons Taktik in diesem Krieg. Nach Washingtons Misserfolg von Germantown und Gates' Sieg von Saratoga stand erneut die Frage im Raum, ob tatsächlich der beste Mann den Oberbefehl führte.

Washington wusste um das Gerede im Kongress und unter einigen Offizieren. Zudem darüber verstimmt, dass Gates ihn nicht in einem persönlichen Bericht informiert hatte, handelte er nun machtsichernd. Er schickte Alexander Hamilton zu Gates nach Albany. Der holte einen großen Teil von dessen Truppe wieder zurück zu Washingtons Armee. Es gab keine Zweifel, wer der Oberbefehlshaber war.

In Salzburg hatte sich Mozart am 23. September in Begleitung seiner Mutter auf die Reise gemacht. Seine Eltern hätten ihn ungern allein losziehen lassen. Schweren Herzens blieb der gesundheitlich angeschlagene Vater, zudem in der Pflicht beim Erzbischof, mit Tochter Nannerl zurück. Die litt wie er. Für die Reise von Frau und Sohn hatte Vater Mozart Schulden bei einem Freund aufgenommen. Begleitet von mit Ratschlägen und Nachfragen vollgestopften Briefen des Vaters, reisten Mozart und Mutter zunächst nach München, danach nach Stuttgart. Doch ohne Erfolg. Am 30. Oktober trafen sie im 25 000 Einwohner zählenden Mannheim ein.

Mozart war kein Wunderkind mehr, aber auch noch kein Mann. Der Bartwuchs ließ zu wünschen übrig, besonders ansehnlich konnte man ihn auch nicht nennen. Aus dem einst hübschen Kind war ein klein gewachsener bleicher Jüngling geworden, mit großem Kopf, einem von Pockennarben übersäten Gesicht, einem fliehenden Kinn und einer breiten Nase, weshalb er sich lieber in Profil oder Halbprofil porträtieren ließ.

In Mannheim spielte, gefördert und finanziert von Kurfürst Carl Theodor, eines der besten Orchester der Zeit. Mozart würde im Jahr darauf als einer der Ersten von einer »Mannheimer Schule« sprechen. Er besuchte Proben und Konzerte des Hoforchesters und spielte am 6. November selbst bei der »Gala-Academie« vor Kurfürst Carl Theodor, vor dem er schon einst als siebenjähriges Wunderkind gespielt hatte. Der Kurfürst empfing Mozart tags darauf, vermittelt durch den Geiger Johann Christian Cannabich, den Kapellmeister des Mannheimer Hoforchesters.

Mozart durfte öfter für den Kurfürst spielen. Der setzte sich gerne neben ihn an das Klavier und bestaunte den Tastenzauber. Zu einer Anstellung des Musikus rang er sich aber nicht durch. Mozart spielte vor den unehelichen Kindern Carl Theodors, fertigte Klaviervariationen für ihren Unterricht an, doch auch die Stelle des Klavierlehrers bot ihm Carl Theodor nicht an. Der Kurfürst liebte das Flötenspiel. Mozart widmete ihm das später berühmte Flötenkonzert. Selbst das half nicht.

Dafür aber schloss Mozart in Mannheim Freundschaften, vor allem mit dem Flötisten Johann Baptist Wendling und mit dem schon erwähnten Cannabich, der ihn unablässig unterstützte und in dessen Töchter Rose (Rosine) und Liesl sich Mozart prompt verliebte. Rose, die sich schließlich zu einer anerkannten Pianistin entwickeln sollte, gab er Unterricht und widmete ihr eine Klaviersonate.

Am 17. Dezember erging Washingtons Befehl an seine Männer, an einem kleinen Ort in Pennsylvania namens Valley Forge Winterquartier zu beziehen. Er hatte alle wissen lassen, er selbst werde »alle Unannehmlichkeiten mit durchstehen«. Am 19. Dezember führte er seine Armee auf das vorgesehene Gelände, und man begann mit dem Aufbau des Lagers.

Einen Monat zuvor, am 15. November, hatte in Philadelphia der Zweite Kontinentalkongress die sogenannten Konföderationsartikel verabschiedet und damit den Bund der 13 Kolonien als für alle Zeiten geschlossen erklärt. Der Kontinentalkongress sei nun zuständig für Handelsverträge mit anderen Staaten, für Maße, Gewichte, das Postwesen, das Geld und die Fragen von Krieg und Frieden. Doch die Verhältnisse der Staaten untereinander blieben ungeregelt. Auch wie dieser Kontinentalkongress und seine Exekutive beschaffen sein sollten und welche Befugnisse ihnen in ihrem Verhältnis zu den Einzelstaaten des Bundes zu gewähren seien, blieb offen. Die nun beginnende Ratifizierung durch die 13 einzelnen Staaten sollte erst nach drei Jahren abgeschlossen werden, die Konföderationsartikel erst am 1. März 1781 in Kraft treten.

In Valley Forge baute man kleine Blockhütten. In jeder von ihnen drängten sich auf engstem Raum ein Dutzend Soldaten, vor allem junge Männer der ärmsten Teile der Bevölkerung: Landarbeiter, ehemalige Sklaven, Tagelöhner, junge, soeben eingetroffene Einwanderer. Die Söhne von Kaufleuten, Farmern und Handwerkern, kurzum die Männer der unteren bis mittleren Mittelschicht, waren hingegen nach Hause zurückgekehrt.

Es fehlten Schuhwerk und Kleidung. Im Schnee der Umgebung leuchteten bald die roten Spuren des Blutes barfüßiger Soldaten, die nach Essbarem suchten. Pferde starben an Hunger und Frost. Der Gestank der Kadaver hing in der Luft. Nicht nur Washington vergaß diese Eindrücke sein Leben lang nicht. Besucher berichteten entsetzt, Soldaten sängen unablässig das eintönige Lied »War and Washington« und böten ein Bild geistiger Zerrüttung.

In diesem Grauen aber entwickelte sich Washington endgültig zu der großen, alle zusammenführenden Vaterfigur. Unablässig schlichtete er zwischen Offizieren und Mannschaften, denn anders als in Europa mussten die Offiziere in dieser Armee ihren Rang und Respekt bei den Soldaten erkämpfen. Und so bildeten sich trotz – oder vielleicht gerade wegen – allen Streits und allen Leids in Valley Forge allmählich Korpsgeist und ein einheitliches Selbstverständnis, dies vor allem unter den Offizieren. Sie schmiedeten Freundschaften, Kameradschaften und gewannen Vertrauen zueinander. Denn sie wussten und betonten es: Sie stritten für das Ideal der amerikanischen Revolution an vorderster Front. Auch das Verhältnis Washingtons zu dem nun 20-jährigen Lafayette, der noch immer seine Schusswunde von der Schlacht am Brandywine auskurieren musste, vertiefte sich.

In Valley Forge begründete ein neben Lafayette weiterer illustrer Helfer aus dem alten Europa seinen Ruhm. Der in jenen Tagen 47-jährige Baron Friedrich Wilhelm von Steuben hatte im Heer Friedrichs des Großen in verschiedenen Funktionen gedient und kannte sich vor allem aus in Fragen der Organisation und Führung leichter Infanterie sowie in der Taktik überraschender Angriffe. In Paris hatte er in diesem Jahr auf einer Dienstreise die Bekanntschaft Benjamin Franklins gemacht. Der großzügige alte Mann stellte geschwind ein Empfehlungsschreiben aus, und Steuben brach damit im Gepäck nach Amerika auf, um der Kontinentalarmee zu helfen. Es wird vermutet, er wollte einer Anklage wegen Homosexualität entfliehen.

Auf jeden Fall hinterließ abermals eine Empfehlung Franklins – wie schon bei Small und bei Paine – Spuren in der Geschichte. Steuben schulte die Truppe, in radebrechendem Englisch und mit deutschen Flüchen, entscheidend in Disziplin und Bewegung im Feld – was in der Kriegsführung dieser Tage von wesentlicher Bedeutung für den Erfolg war, da sich Feuerkraft in einer Schlacht nur in akkurat durchgehaltener Linienformation entfalten konnte. Das von Steuben verfasste Regelbuch, das sogenannte *Blue Book*, wurde zum Standardwerk in der Armee.

In Königsberg zog Immanuel Kant gegen Ende des Jahres um und nahm eine Wohnung am Ochsenmarkt. Aus der alten Bleibe hatte ihn das laute Krähen eines Hahns in der Nachbarschaft vertrieben, das sein Nachdenken – oder wie er es ausdrückte – sein

Meditieren störte. Kants Angebot, das Tier zu kaufen, lehnte der Nachbar wohlweislich ab.

Kant arbeitete weiter an seinem großen Ideengebäude und tat in immer neuen Briefen seine Ansicht kund, er sei mit der Arbeit so gut wie fertig.

Anschauung und Verstandeswelt. Auf Tahiti blieb Cook seiner strengen Linie beim Vorgehen gegen Diebereien treu. Teilweise geriet sie ihm aber nun zu blinder Prinzipienreiterei. Der Mann, der zuvor nicht müde wurde, fasziniert die Eigenarten fremder Völker zu beobachten, saß zunehmend Missverständnissen auf, die unter Fremden schnell entstehen können. Statt sie, wie einst, friedlich auflösen zu wollen, wählte er jetzt immer öfter die Gewalt. Eine gestohlene Ziege etwa nahm er zum Anlass, auf einer Nachbarinsel Tahitis Häuser und Boote in Brand zu setzen.

Die Zeit ging dahin. Für die geplante Erkundung der nordamerikanischen Küste war es in diesem Jahr zu spät. Daher beschloss Cook, eine ausgedehnte Entdeckungsreise durch den Pazifik anzutreten. Am 7. Dezember ließ er die Segel setzen. Am 24. Dezember entdeckte er im Zentralpazifik ein unbewohntes Atoll. Er gab ihm den Namen Christmas Island, Weihnachtsinsel, und verbrachte dort mit seinen Männern die Festtage. Dessen Bewohner übertrugen den Namen später in ihre Sprache, wo er zu Kiritimati wurde.

Goethe hatte Anfang Dezember den Harz bereist, in seiner amtlichen Verantwortung für den Bergbau Gruben besichtigt, und als Privatmann – doch was war bei ihm schon nur privat? – den Brocken bestiegen. Die Schatten in der Abendsonne ließen ihn über das Wesen und die Ursachen von Farben nachdenken. Und es ließ ihn nicht los. Es ging zurück nach Weimar. Dort riefen andere Aufgaben. Am 30. Dezember notierte er dort in seinem Tagebuch: »*Die Mitschuldigen* glücklich gespielt.«

1778
Namen geben, Zeichen setzen

Am 17. Januar ertränkte sich in Weimar ein Mädchen in der Ilm. Ihren Leichnam fand man, wie es hieß, nahe des Hauses von Josias von Stein, dem Gatten von Goethes Charlotte. In der Tasche des Kleides der jungen Toten steckte eine Ausgabe von *Die Leiden des jungen Werther*.

Goethe suchte noch am gleichen Abend die Eltern auf.

Am gleichen Tag berichtete Mozart dem Vater zum ersten Mal von der Mannheimer Familie Weber, deren Bekanntschaft er bereits im Spätherbst gemacht hatte. Er werde, ließ er wissen, mit einem »gewisse(n) H. weber« eine Konzertreise nach Kirchheimbolanden unternehmen. Bei besagtem H. Weber handelte es sich um den 45-jährigen Fridolin Weber, den jüngeren Bruder des Komponisten Franz Anton Weber. Letzterer wurde später Vater des weit berühmteren Komponisten Carl Maria von Weber.

Als Vorstand einer großen Familie verdiente Fridolin Weber das immer knappe Geld als Basssänger, Souffleur und Notenkopist für den Mannheimer Hof. Aloisia, eine von Webers vier Töchtern, die alle eine Ausbildung als Sängerinnen erfuhren, erwähnte Mozart in dem Brief ebenfalls: »sie singt halt recht vortrefflich, und hat eine schöne reine Stimm«.

Kurzum, Mozart hatte sich wieder mal verliebt.

Am 18. Januar erreichte James Cook Kaua'i, eine der Hauptinseln des heutigen Hawaii, und nahm als erster Europäer Kontakt mit den Bewohnern auf. Erstaunt bemerkte er die Verwandtschaft der Kultur und Sprache der Hawaiianer mit der von den Bewohnern des weit entfernten Tahiti. Er nannte die Inselgruppe aus üppigem Grün und mit leuchtend weißen Stränden Sandwich-Inseln und gab damit doch noch einer hübscheren Inselgruppe als den schroffen Eilanden im Südatlantik den Namen seines Förderers. Cook blieb bis zum 2. Februar. Dann setzte er Segel und nahm Kurs auf die Nordwestküste von Amerika.

Im Februar veröffentlichte Georg Forster in London auf Drängen seines Vaters einen Appell an die Öffentlichkeit. Damit wollte er auf den Earl of Sandwich und den König Druck ausüben, die Jahre der Cook-Reise doch noch mit Geld zu entlohnen. Die finanziellen Verhältnisse der Familie hatten sich weiter verschlimmert. Reinhold durfte wegen seiner Schulden England nicht verlassen, und die Schwestern trauten sich wegen ihrer zerschlissenen Kleider nicht mehr aus dem Haus.

Georgs Appell brachte nichts ein außer Literaturkritik. Man bescheinigte ihm einen herausragenden Stil, aber auch zuweilen überbordendes Pathos. Sandwich und George III. plagten derweil andere Sorgen. Am 6. Februar hatten Frankreich und die Vereinigten Staaten eine Allianz geschlossen. Um die Sache Großbritanniens in Nordamerika stand es immer schlechter.

Mit seinen Sympathien für die Amerikaner hielt Georg Forster nicht hinter dem Berg. Die Idee einer Gesellschaft in Freiheit und Gleichheit begeisterte ihn, und er fühlte sich und seine Familie von England nicht angenommen. Vielleicht, so überlegte er mehr und mehr, lag seine Zukunft doch im Land seiner Herkunft: in Deutschland. Er nannte sich nun mit klarem Bekenntnis einen Deutschen. Seinen Vornamen schrieb er immer öfter »Georg« statt »George«.

Mozart hatte in Mannheim noch wenig erreicht. Das Leben war teuer, das Geld knapp. Maßhalten aber kam nicht in Frage. Während der Vater zu Hause weitere Kredite aufnehmen musste, gab der Sohn jeden Kreuzer sofort aus. Seine Unterkunft im Pfälzischen Hof hatte er Ende des Vorjahres aufgeben müssen und ein Zimmer bei dem Hofkammerrat Serrarius bezogen. Seinen neuen Vermieter hielt er schadlos, indem er dessen 15-jährige Stieftochter Therese unterrichtete. Er widmete ihr eine Sonate für

Violine und Klavier, die er, wie die meisten seiner Mannheimer Werke, in der kleinen kalten Unterkunft zu Papier brachte.

Vater Leopold versuchte, aus Salzburg auf den Sohn einzuwirken. Er solle nach Paris gehen. Dort sei jetzt der Erfolg zu suchen. Zumal Kurfürst Carl Theodor nun nicht mehr in Mannheim residierte. Der hatte während des Silvester-Gottesdienstes in der Schlosskirche vom Tod seines Vetters Maximilian III. erfahren und sich, um dessen Erbe als Kurfürst von Bayern anzutreten, sofort auf den Weg nach München gemacht. Womit Mannheims goldene Zeit jäh am letzten Tag des Jahres 1777 beendet war.

Mit dem Rat des Vaters traf sich, dass Mozarts Freund und Helfer Wendling für den Februar eine Reise nach Paris geplant hatte. Er wollte dort gemeinsam mit einigen anderen Musikern der Mannheimer Hofkapelle sein Glück suchen. Mozart solle unbedingt mitkommen. Doch Mitte Februar reiste Wendling ohne ihn ab. Mozart plante, währenddessen gemeinsam mit Weber und zweien seiner Töchter eine Konzertreise durch Europa anzutreten. Ziel: Italien. Er sah die Webers mittlerweile als eine zweite Familie. Sie taten ihm gut, und er ihnen auch. Doch von seinen anderen Freunden zog er sich zurück, und er vernachlässigte Aufträge. Lieber arbeitete er mit der angebeteten Aloisia. Er komponierte Arien für sie.

Der Vater bestand aber weiter auf Paris. Er schickte erneut Geld. Diesmal opferte man die Ersparnisse von Schwester Nannerl. Derart bedrängt, wurde Sohn Wolfgang in seiner Verzweiflung krank und legte sich mit Grippe und Fieber ins Bett.

Kant wollte so gar nicht reisen – und von Königsberg wegziehen erst recht nicht. Am 28. Februar bot ihm Karl Abraham Freiherr von Zedlitz, seines Zeichens Minister für Kirchen- und Unterrichtsangelegenheiten des preußischen Königs Friedrich II., eine Professur in Halle zum nahezu Dreifachen seiner bisherigen Bezüge. Die viel größere Universität der Stadt an der Saale genoss ein weit besseres Renommee als die von Königsberg. Zudem lag Halle nicht derart fernab wie Kants am östlichsten Rand des Reiches gelegene Heimatstadt. Doch selbst als Zedlitz das Gehaltsangebot nachbesserte und Kant noch die Ernennung zum Hofrat in Aussicht stellte, winkte der ab. Er hatte schon mehrere Rufe abgelehnt. Als Begründung nannte er den nur »kleine(n) Anteil von Lebenskraft«, der ihm »zugemessen« sei.

Kants neue Phase in der Entwicklung und Darlegung seines Denkens machte sich auch längst in einem Wandel der Art seiner Vorlesungen bemerkbar. Der spät zum Professor Ernannte, der anfangs seine Vorlesungen lebendig und anschaulich gestaltet hatte – auch weil er von den Zahlungen der Zuhörer leben musste –, ließ seit Jahren seine Gedanken immer unverständlicher, verstiegener und dunkler ins Uferlose schweifen. Doch viele der Studenten und Gasthörer ahnten, dass es da etwas zu entdecken gab, vielleicht sogar etwas Großes. Was das war, wusste allerdings niemand zu benennen. Manche Studenten schlugen sich Nächte um die Ohren, um das Mitgeschriebene zu erfassen, anderen wiederum reichte es, sagen zu können, Vorlesungen des dunklen Kant zu besuchen.

In der Tat: Kant zu hören war Mode. Ihm selbst jedoch ging es nur um die Erkenntnis – und um sonst gar nichts. Als man ihn irgendwann in diesem Jahr bat, zur Erläuterung seiner Gedanken doch eine kleine schriftliche Zusammenfassung herauszugeben, lehnte er ab. Was in der Vorlesung vielleicht noch verständlich sei, meinte er, könne man in einer verkürzten Niederschrift nicht festhalten. Über manche Studenten beschwerte er sich. Sie notierten zu wenig, klagte er, und dann würden sie aus der Beschäftigung mit diesem Zuwenig heraus die eigentlichen Gedanken missverstehen.

Im Grunde hatte Kant sich innerlich davon verabschiedet, Lehrer zu sein. Er war nun reiner Denker auf der Suche nach dem System für die Vielfalt und Wucht seiner Überlegungen.

Am 6. März landete James Cook an der heutigen Küste von Oregon. Am Ende des Monats ging er im Westen von Vancouver Island in einem dreiarmigen Meeresfjord, dem heutigen Nootka

Sound, vor Anker. Dort blieb er den nächsten Monat und ließ die beiden Schiffe überholen. Er nannte den Fjord »King George Sound«. Die Insel im Fjord, in der Cook den ersten Kontakt mit den Einheimischen aufnahm, benannte er nach William Bligh. Cook segelte die Küste entlang weiter Richtung Norden, durchfuhr die Inselkette der Aleuten und erreichte die Beringstraße.

Nach längerem Schriftwechsel und letztlich vergeblicher Auflehnung fügte sich Mozart dem Wunsch des Vaters. Am 14. März nahm er schweren Herzens Abschied von Aloisia und machte sich mit der Mutter auf den Weg nach Paris. Nach neun Tagen Reise trafen sie dort ein. Mozarts Hoffnung, von Marie Antoinette empfangen zu werden, erfüllte sich nicht. Enttäuscht glaubte er, sie habe ihn vergessen. Aber sie hatte andere Dinge im Kopf und im Herzen – *unter* dem Herzen. Sie erwartete ein Kind.

In Mozarts und Marie Antoinettes gemeinsamer Heimat Österreich erfuhr Maria Theresia einige Tage später von der Schwangerschaft ihrer Tochter. Noch wollte sie es nicht glauben. Am 5. Mai bestätigte es aber ihr Spion, der Graf von Mercy-Argenteau, und drei Monate später gab es der französische Hof der Welt bekannt. Die werdende Mutter hatte erste Bewegungen des Kindes gespürt.

Als Staatsdiener hatte Goethe seinen Herzog in politischer Mission zu begleiten. Daher ging es mit Carl August im Mai nach Preußen. Auf dem Prachtboulevard Unter den Linden waren sie am 17. des Monats zum Mittagstisch im Palais von Friedrichs Bruder Prinz Heinrich geladen. Der große König hielt sich gerade im Feldlager in Schlesien auf, für Goethe vermutlich eine glückliche Fügung, denn Friedrich hielt Goethes *Götz von Berlichingen* für »eine scheußliche Nachahmung der schlechten englischen Stücke«, zu denen er im Übrigen auch und gerade die von Shakespeare zählte.

Carl August wollte im Streit zwischen Preußen und Österreich um die bayrische Erbfolge, aus dem ein Krieg zu werden drohte, die Lage eruieren. Er neigte Preußen zu, seine Mutter Anna Amalia hingegen der österreichischen Seite.

Goethe fremdelte in dieser Umgebung. Graf Ernst Ahasverus Heinrich von Lehndorff, Goethes Nachbar bei Tisch, schilderte ihn später als hochmütig und kurz angebunden. Goethe hingegen berichtete entsetzt an Charlotte von Stein: »So viel kann ich sagen, je größer die Welt, desto garstiger wird die Farce, und ich schwöre, keine Zote und Eselei der Hanswurstiaden ist so ekelhaft als das Wesen der Großen, Mittleren und Kleinen durcheinander.«

Der Wendepunkt von Saratoga hatte Frankreich zunehmend offen an die Seite der USA treten lassen, was im Februar nicht nur zur französischen Anerkennung der USA als Staat führte, sondern in Paris zur Unterzeichnung eines Freundschafts- und Handelsvertrages und Militärbündnisses – ausgehandelt mit Benjamin Franklin als amerikanischem Vertreter, vorangetrieben vor allem von Louis' Außenminister Charles Gravier, Graf von Vergennes, der die Briten hasste und Revanche für den verlorenen Siebenjährigen Krieg nehmen wollte und seinen zögerlichen König nach und nach überredete. Die Regierung in London erklärte daraufhin am 17. März Frankreich den Krieg.

Washington verließ erst im Mai mit seinen Männern das Winterquartier von Valley Forge. Trotz aller Schwierigkeiten, dem Hunger, den vielen durch Krankheiten zu beklagenden Toten, standen ihm nun dank vieler Neuverpflichtungen 12 000 Mann zur Verfügung, ausgebildet von Steuben.

Der Oberbefehlshaber der Briten in Amerika General Howe übergab ebenfalls im Mai sein Kommando an Sir Henry Clinton. Der erwartete französische Truppen zur Unterstützung seines Gegners und zog sich im gleichen Monat aus Philadelphia zurück, um seine Kräfte in New York zu konzentrieren. Ein verheerender Fehler. Denn diejenigen Bewohner der Kolonien, die dort bislang noch loyal zur Krone gestanden hatten, fühlten sich verraten. Washington wollte nun gegen die abrückenden Briten gemäß seiner alten Taktik nicht den großen Kampf wagen, sondern nadelstichartig deren Nachhut attackieren. So kam es ungewollt zur Schlacht von Monmouth.

Das Thermometer zeigte am 28. Juni, einem der heißesten Tage dieses Jahres, etwa 35 Grad. Den Angriff der Amerikaner bei Monmouth führte Washington-Kritiker General Charles Lee: zögerlich, lustlos. Die Briten reagierten mit einer Gegenattacke auf seine Flanke. Lee befahl den Rückzug, der in eine kopflose Flucht überging. Nun griff Washington ein. Laut fluchend enthob er Lee noch auf dem Schlachtfeld des Kommandos, sammelte mit Steuben die Truppen neu und ging zum Gegenangriff über. In der drückenden Hitze ließen die Kampfhandlungen bald nach. Am Abend zogen sich beide Seiten zurück. Der Tag hatte keinen Sieger.

Kurz nacheinander starben Voltaire und Rousseau.

Voltaire tat am 30. Mai in Paris in einem abgedunkelten Zimmer des Stadthauses Hôtel de Villette seinen letzten Atemzug. Erst im Februar hatte er noch, 83 Jahre alt und geschwächt nach fast drei Jahrzehnten des Exils in seine Heimat zurückgekehrt, mit letzter Kraft und diebischer Freude die späten Huldigungen seiner Landsleute entgegengenommen. Der herbeigerufene Priester wollte ihm ein Bekenntnis zu Gott abringen. Voltaire soll ihm zugezischt haben: »Lassen Sie mich doch in Frieden sterben!«

Vor diesem dreisten Versuch eines Seelenfangs im Angesicht des Todes hatte schon ein anderer Priester den sterbenden Philosophen und berüchtigten Kirchenkritiker besucht. Dies allerdings zu Voltaires Vergnügen, da dieser Priester kam, um dem alten Atheisten zu huldigen.

Der gerade ordinierte 24-jährige Charles-Maurice Talleyrand hatte als Zweitgeborener des Grafen Talleyrand-Périgord, wie viele junge Zweitgeborene seines Standes, die Priesterlaufbahn einschlagen müssen. Talleyrand litt von früher Kindheit unter einem verkrüppelten Fuß, der ihn schwer hinken ließ. Vermutlich war es Kinderlähmung. Da er aber die Wahrheit gern zu seinen Gunsten bog, behauptete er, eine Amme habe ihn als Kleinkind vom Tisch fallen lassen und der entstandene Bruch sei schlecht verheilt. Als sein ältester Bruder starb, erfuhr Talleyrand die Demütigung, als Zweitgeborener bei der Vererbung der Adelsrechte übergangen zu werden. Man billigte sie seinem jüngeren Bruder zu.

So hatte Charles-Maurice Talleyrand bei der kirchlichen Laufbahn bleiben müssen, die er aus tiefstem Herzen verabscheute. Er litt unter der Zucht im Collège, doch er begann sich im Innern zu befreien. Er las Rousseau und Voltaire und legte eine pornografische Sammlung an. Schwerpunkt: Ausschweifungen von Priestern und Nonnen. Dann, zum Entsetzen vieler Zeugen, bot er eines Tages einer Schauspielerin, wegen ihrer jüdischen Herkunft zusätzlich verachtet, im strömenden Regen an, sie mit seinem Schirm zu begleiten.

Aus dem Besuch bei dem in den Tod gleitenden Voltaire schöpfte Talleyrand nun womöglich Mut für ein Leben, das noch viele verschlungene Wege und zu brechende Tabus für ihn bereithielt. Ergriffen soll er am Bett des alten Philosophen gesessen haben, gleich einem Betenden.

Rousseau starb nur einen Monat nach Voltaire am 2. Juli in Ermenonville, nordöstlich von Paris. Er war gerade 66 Jahre alt geworden. Auch er hatte in seinen letzten Tagen noch einen jungen Verehrer empfangen, den 20-jährigen Jurastudenten Maximilien de Robespierre. Als Schüler durch einen Bischof mit einem Stipendium gefördert, hatte er einige Preise gewonnen, so etwa in Rhetorik.

Seine letzte Zuflucht Ermenonville verdankte Rousseau der Einladung seines Bewunderers, des Marquis René de Girardin. Der wollte dem Philosophen und seiner jahrelangen und in jenen Tagen kranken Gefährtin Thérèse Levasseur auf seinem Besitz einen Platz zur Erholung bieten. Das Paar nahm Quartier in einem Häuschen des Landschaftsparks, den Girardin um sein Schloss hatte anlegen lassen, eines der ersten Landschaftsparks auf dem europäischen Festland nach englischem Vorbild. Die Anregungen hatte Girardin in Rousseaus Briefroman *Julie ou La nouvelle Héloïse* gefunden. Doch wie jeder Garten war auch Girardins Garten, obwohl er der Idee sich selbst überlassener Natur entsprang, Menschenwerk. Die Gestaltung entsprang nur einem anderen neuen Geist als die barocken Gärten und Parks, die das Natürliche in Zirkel und Geometrie zwangen.

Girardin ließ Rousseau im Park auf einer mit Pappeln bepflanzten Teichinsel begraben. Den neuen Wallfahrtsort besuchten in den nächsten Jahren Benjamin Franklin, Thomas Jefferson, Danton, Robespierre und auch Napoleon Bonaparte. Und aus Versailles, vielleicht direkt aus ihrem eigenen »Zurück zur Natur«-Park des Petit Trianon, kam auch Marie Antoinette.

Am 3. Juli, einen Tag nach Rousseau, starb Mozarts Mutter Anna Maria vermutlich an Typhus in Paris. Nur ein Freund begleitete den erschütterten Sohn bei der Bestattung. Mozart gab die alte Bleibe auf und fand Unterkunft bei seinem alten Förderer Friedrich Melchior Grimm. Der aber unterließ es nicht, Mozart zu mehr Disziplin und mehr Bemühen um Aufträge zu mahnen, worauf der klagte, Grimm sei in der Lage »Kindern zu helfen, aber nicht erwachsenen Leuten«.

Mozart reiste wieder nach Mannheim. Er schwärmte vom Orchester mit seiner erweiterten Besetzung, die sich in jenen Tagen durchsetzte, und den neuen Instrumentierungsmöglichkeiten, etwa bei den Bläsern. Mannheim stand bei den musikalischen Neuerungen des Orchesters an vorderster Front. Der Vater wollte nun den Sohn wieder in Salzburg sehen. Der aber fand immerzu Gründe, dem nicht nachzugeben. Denn da war auch noch – und vor allem – Aloisia! Er hatte ihr aus Paris unablässig sehnsüchtige Briefe geschrieben, insbesondere nach dem Tod der Mutter. Als Sängerin lief es für Aloisia derweil hervorragend. In München hatte sie mittlerweile eine Anstellung mit einem dreifach höheren Gehalt als dem von Vater Mozart in Salzburg. Wolfgang Amadé wollte nach München.

Von April bis Juli fuhr James Cook die amerikanische Nordwestküste hinauf und suchte nach möglichen Einfahrten zur Nordwestpassage. Am 18. August stieß er im Norden an die sommerliche Eisgrenze. Zehn Tage lang segelte er mit seinen beiden Schiffen daran entlang, trat in Kontakt mit einigen der dort lebenden Volksgruppen und kartierte mit der Hilfe Blighs die Küstenlinien. Danach nahm er Kurs gen Westen, fuhr die Nordküste Sibiriens entlang und dann südöstlich in die Beringstraße zurück, die er im frühen September wieder erreichte. Cook wollte wieder in die Wärme Hawaiis. Er war krank. Der Magen schmerzte fürchterlich.

Lichtenberg schrieb am 27. August an seinen Freund Schernhagen: »Gestern war ich mit dem Drachen auf der Masch; der Wind war heftig und der Drachen über 1000, wo nicht 1100 Fuß hoch; er schien sich in den Wolken zu verlieren. Der Wind feucht und daher die Elektrizität schwach.« Der Drache stürzte ab, und ganz Göttingen sprach wieder über die Tollheiten des »lüttjen Professors«.

Seit dem Vorjahr widmete sich Lichtenberg der Elektrizität, jenem Gebiet, auf dem Benjamin Franklin in den letzten Jahrzehnten so viel Aufsehen erregt hatte. Am 5. Februar hatte er Schernhagen berichtet, er habe »mit einem einzigen Schlag eine Menge konzentrischer Zirkel hervorgebracht«. Beim Abschleifen der Harzplatte seines Elektrophors, eines einfachen frühen Gerätes zur Erzeugung elektrischer Spannung, waren Lichtenberg im Staub verästelte Muster aufgefallen, die den Namen Lichtenberg-Figuren erhalten sollten. Aus weiterem Experimentieren und Nachdenken folgerte er, dass Elektrizität, wie von Franklin bereits vermutet, eine einheitliche Kraft darstellte. Die Lichtenberg-Figuren ermöglichten es, positive und negative Elektrizität zu zeigen; und Lichtenberg selbst war es, der für elektrische Pole und Ladungen die Zeichen »plus +« und »minus -« vergab.

Am Nachmittag des 23. Oktober machte sich Georg Forster erneut von England aus auf den Weg zum Festland. Er bestieg ein Schiff in Harwich und überquerte den Ärmelkanal. Sein Ziel war Deutschland. Dort kannte man ihn längst über wissenschaftliche Kreise hinaus. Christoph Martin Wieland – Übersetzer, Dichter, Herausgeber und in Weimar Erzieher der Söhne von Herzogin Anna Amalia – hatte im ersten Quartal in seiner einflussreichen Zeitschrift *Der Teutsche Merkur* Auszüge aus Forsters Reisebeschreibung gedruckt und gleich eine überschwängliche Rezension beigefügt. Mittlerweile befand sich Forster im Gespräch mit Joseph Banks über die Übersetzungsrechte für den Bericht von Cooks dritter großer Reise, und in Berlin wollte er mit seinem Verleger Johann Karl Philipp Spener künftige Projekte erörtern. Zudem hoffte er, in Deutschland für seinen Vater eine Stelle zu finden.

Auf dem Festland angekommen, reiste Forster in einem Treidelboot nach Delft, von dort weiter nach Rotterdam, schwer atmend im Qualm der Pfeifen von vierzig Holländern, die mit ihm in der Kabine saßen. Anschließend verbrachte er einige Tage in Den Haag, wo er sich mit mehreren Gelehrten traf. Am 21. November erreichte er Düsseldorf, die erste deutsche Stadt, die er seit 13 Jahren sah. Erleichtert teilte er Spener per Brief mit, er fühle sich wie ein neuer Mensch.

In Düsseldorf sprach sich Forsters Ankunft schnell herum, und schon bald traf eine Einladung des Dichters und Philosophen Friedrich Jacobi in seiner Unterkunft ein. Jacobi kannte die Geistesgrößen seiner Zeit und war ein enger Freund Goethes. Bei einer Abendgesellschaft las Jacobi nun unveröffentlichte Gedichte Goethes vor, darunter *Prometheus*. Forster war tief beeindruckt.

Am 1. Dezember, eine halbe Woche nachdem er 24 Jahre alt geworden war, traf Georg Forster in Kassel ein, wo ihm Landgraf Friedrich II. eine Audienz gewährte. Forster musste nun gute Miene vor dem Mann machen, den er wegen dessen Soldatenhandels verachtete. Sein Versuch, dem Vater eine Professorenstelle in Kassel zu verschaffen, scheiterte. Der Landgraf wollte stattdessen den Sohn und bot ihm für einen Lehrstuhl ein weit besseres Gehalt als üblich. Georg Forster war hin- und hergerissen. Sollte er als Sohn annehmen, was der Vater so dringend brauchte? Noch einmal brachte er den Vater ins Spiel. Doch der Landgraf wollte ihn partout nicht. So nahm Georg also selbst die Stelle. Er ahnte die Reaktion des Vaters, der das als Demütigung auffassen musste.

Bis zum endgültigen Antritt der Professur gewährte der Landgraf großzügigen Urlaub, und so reiste Forster weiter. Ziel: das nahe Göttingen.

In der Nacht zum 19. Dezember begannen bei Marie Antoinette die Wehen. Man rief allen laut Protokoll befugten und verpflichteten Adel herbei, denn die Geburt eines Kindes der Königin musste am Hof vor den Augen eines ausgewählten Kreises stattfinden. Man stellte Reihen von Stühlen und Sesseln um das Bett, tuschelnd und Fächer wedelnd wurden die Qualen der Gebärenden verfolgt. Nach sieben Stunden brachte sie am 19. Dezember nach 11 Uhr das Kind zur Welt. Man klatschte. Als man der jungen Mutter sagte, es sei ein Mädchen, brach sie in Tränen aus. Danach fiel sie in Ohnmacht. Die Tochter erhielt den Namen Marie-Thérèse Charlotte, man nannte sie Madame Royale. Wie üblich gab man sie in die Hände einer Erzieherin. Für Madame Royale hatte man Marie Louise de la Tour d'Auvergne, Prinzessin von Guémené, vorgesehen.

Das ganze Land atmete auf, feierte Feste und brannte Feuerwerke ab. Das Königspaar gewährte Begnadigungen und verteilte großzügige Geschenke. Auch an das Volk.

Mozart traf zu Weihnachten in München ein. Er nahm Quartier bei den Webers. Die hatten in ihrem Antwortbrief auf seine Nachricht vom Tod der Mutter vor allem über ihre eigene angeblich schlechte Lage geklagt. Ob er nicht Geld senden könne. Daraufhin wandte Mozart sich an den Vater in Salzburg und gab vor, Auftraggeber hätten nicht gezahlt.

Wolfgang Amadé wollte nun um Aloisias Hand anhalten, die erfolgreich als Sängerin an der kurfürstlichen Oper auftrat. Sie wies den Antrag des unansehnlichen Gescheiterten kalt und herablassend ab. Mozart war erschüttert. Aus Salzburg rief weiterhin der Vater.

Kurz vor Weihnachten empfing Lichtenberg in Göttingen seinen Gast Georg Forster. Er hatte darauf bestanden, ihn zu beherbergen. Es gab viel zu erzählen, und Forster blieb 14 Tage. Lichtenberg liebte Forsters Bericht von der Reise mit Cook, und er selbst gab seinem breit interessierten Gast womöglich Auskunft über seine in jenen Tagen begonnenen Vorlesungen zur Experimentalphysik, mit denen er in ganz Europa berühmt werden und die er bis an sein Lebensende halten sollte.

Am 30. Dezember verlieh die Universität Georg Forster den Magistertitel. Er lernte zahlreiche Göttinger Gelehrte kennen, wie den Anthropologen Johann Friedrich Blumenbach, den Orientalisten Johann David Michaelis und den Altphilologen Christian Gottlob Heyne. Mit ihnen allen sollte Forster noch auf die eine oder andere Weise zu tun bekommen, mal wissenschaftlich, mal sehr persönlich.

Zunächst trat vor allem Heyne in sein Leben. In *Die Leiden des jungen Werthers* hatte Goethe Werther berichten lassen, er besitze ein Manuskript Heynes über das Studium der Antike. Heyne hatte Forster im November des Vorjahres zum korrespondierenden Mitglied der Göttinger Akademie gemacht, und Therese, eine seiner Töchter, sollte eine bedeutende Rolle in Georg Forsters Leben spielen. Die 14-jährige Therese Heyne zählte man wie ihre Freundin Caroline Michaelis zu den Göttinger Professorentöchtern in heiratsfähigem Alter. Man sprach von ihnen als den Universitätsmamsellen. Georg Forster begegnete Therese vermutlich kurz nach Silvester zum ersten Mal. Doch wir greifen vor.

1779

Eisen, Strand und Sterne

Mozart wollte eisern bleiben. Dem Vater hatte er in einem Brief zugerufen: »Doch wenn mich die Salzburger haben wollen, dann müssen sie mich und alle meine Wünsche befriedigen, sonst bekommen sie mich gewiss nicht.«

Mitte Januar, vier Monate nach der Abreise aus Paris, ließ Wolfgang Amadé München und die ihn so demütigend verschmähenden Aloisa zurück und traf wieder in Salzburg ein. Als ihn der Fürstbischof am 17. Januar zum Hoforganisten ernannte, nahm er an. Die Lage der Finanzen mahnte dazu. Das unermüdliche Einwirken des Vaters auf den widerwilligen Fürsterzbischof und den noch widerwilligeren Sohn waren belohnt worden.

Als Cook einst 1768 zu seiner ersten Reise aufgebrochen war, hatten die Europäer ein Drittel des Globus noch nicht gekannt. Nun war er in seinen Landumrissen nahezu vollständig erfasst. Und Cook war erschöpft.

Am 17. Januar tauchte er mit seinen Schiffen erstmals am Horizont der Hauptinsel von Hawaii auf. Zuvor hatte er nur Nebeninseln besucht. Von Cook mit der Suche nach einem guten Ankerplatz beauftragt, fand William Bligh die Kealakekua Bay. Die Einheimischen waren über das Erscheinen der fremdartigen Meeresgefährte nicht überrascht. In ihrem Jahreszyklus feierten sie gerade die Zeit des Makahiki, in der laut hawaiianischem Mythos der Fruchtbarkeits-, Regen- und Friedensgott Lono eintreffen sollte. Cook selbst und die beeindruckenden weißen Segel schienen Zeichen und Bestätigung dafür zu sein.

Die somit gastfreundlich empfangenen Fremden blieben einige Wochen. In dieser Zeit aber bewiesen sie, dass ihnen mitnichten Göttliches innewohnte und sie Kultur, Riten und Tabus der Hawaiianer wenig achteten. Als die Resolution und die Discovery die Anker lichteten, hatten die Männer auf den beiden Schiffen nahezu jeden Nimbus verloren. Erleichtert sahen die Hawaiianer die Segel am Horizont verschwinden. Doch bald gerieten Cooks Schiffe in einen Sturm. Ein Fockmast brach und zwang zur Umkehr nach Hawaii. Dort schlug Cook und seinen Männern nun Feindseligkeit entgegen.

So kam es zu den tragischen Ereignissen des 14. Februar. An diesem Tag fehlte ein Beiboot der Discovery. Cook war überzeugt, die Hawaiianer hätten es gestohlen, worauf er nun, wie oft erfolgreich praktiziert, Angehörige der Herrscherfamilie als Geiseln nehmen und damit die Rückgabe des Bootes erzwingen wollte. Mit einigen Männern setzte er in Booten zum Strand über, während William Bligh an Bord der Resolution durch ein Fernrohr die Ereignisse beobachtete.

Am Strand drängte Cook den Häuptling Kalaniopu'u, ein Boot zu besteigen. Der ließ es zunächst zu, doch dann hielten ihn einige seiner Leute zurück. Ein Handgemenge entstand. Cook feuerte einen Warnschuss ab. Doch der führte zum Gegenteil des Gewollten. Daher schoss Cook erneut. Einer der Häuptlinge sackte tödlich getroffen zusammen. Ein offener Kampf brach aus. Die Keule eines Kriegers traf Cook am Hinterkopf, ein zweiter Krieger rammte ihm einen Dolch, der erst vor kurzem durch ein Tauschgeschäft mit den Briten in den Besitz der Einheimischen gelangt war, in den Rücken. Cook sank zu Boden. Der dichte Pulk um ihn schlug mit Keulen auf ihn ein, und schließlich rissen die Angreifer seinen Körper regelrecht in Stücke.

Die Nachricht vom Tod des berühmten Seefahrers eilte bald, ausgehend von einem Außenposten Russlands auf Kamtschatka, den die beiden Schiffe anliefen, voraus. Sie sollten nur mit einigen wenigen Körperteilen Cooks zurückkehren.

In Boston hatte Lafayette ein »farewell, my most beloved General« und »adieu; my dear and forever belov'd friend, adieu« an George Washington geschrieben und dann im Januar ein Schiff bestiegen. Anfang Februar wurde er von seinen Landsleuten enthusiastisch in seiner alten Heimat empfangen.

Da Lafayette einst trotz eines Verbots von König Louis nach Amerika aufgebrochen war, teilte ihm der Staatsminister Comte de Maurepas mit, er habe sich zunächst mit Familie in Hausarrest zu begeben. Notgedrungen sagte Lafayette ein geplantes Treffen mit Benjamin Franklin ab und entschuldigte sich umgehend bei Louis für seinen Ungehorsam. Es sei ihm bei seinem Tun ausschließlich um die Demütigung der Feinde des Landes gegangen.

Darauf gewährte der Hof Lafayette die Huld, am Lever, dem zeremoniellen »Aufstehen« des Königs am Morgen, beizuwohnen. Eine große Ehre, die er keineswegs ausschlagen durfte. So musste er Benjamin Franklin ein erneut verabredetes Treffen absagen: »In unseren königlichen Landen haben wir ein närrisches Gesetz, genannt Etikette.« Doch ebendiese wirkte: Bald lud Louis Lafayette zur Jagd ein, und Marie-Antoinette erreichte, dass der erst 21-Jährige zum Oberbefehlshaber der königlichen Dragoner ernannt wurde.

Lafayette aber beschäftigte sich schon mit neuen Zielen. Er drängte auf eine Invasion Großbritanniens durch Frankreich und sah sich selbst an der Spitze des Kommandos. Als man die Pläne im Herbst aufgab, wandte Lafayette seinen Blick wieder gen Amerika und arbeitete mit Franklin daran, eine große Eingreiftruppe zusammenzustellen. Später, im Dezember, gebar seine Frau einen Sohn. Er erhielt den Namen George Washington Lafayette.

Benjamin Franklin erfreute sich derweil in Frankreich seiner nicht nachlassenden Popularität. In seinem Wohnort Passy vor den Toren von Paris musste er nur das Haus verlassen, und schon scharten sich die Menschen um ihn. Becher, Teller, Puppen zierten sein Antlitz. Louis, dem die Franklin-Manie am Hof etwas zu weit ging, ließ einer Hofdame einen Nachttopf schenken, auf dessen Boden Franklins Gesicht gemalt war.

Franklin war der Mann der Stunde. Bewusst trug er bei Hofe seinen schlichten braunen Rock und bediente somit das Bild eines weniger von Statussymbolen, sondern eher von Werten geleiteten Menschen, und zugleich das eines Farmers und ländlichen Amerikaners. Erneut grüßte das »Zurück zur Natur!«, was alle Welt aus Rousseaus Werken herauslas und dessen Popularität Franklin geschickt variierte. Er ließ sich auf Porträtdrucken mit Pelzmütze abbilden und verwies damit auf die armenische Tracht, in die sich der kauzige Philosoph gekleidet hatte.

Die maßgebliche Leistung Franklins war, dass es ihm gelang, jenes Bedürfnis nach Einfachheit, welches nun auch an dem des leichtsinnigen Rokoko überdrüssigen Hof wuchs, mit den Verheißungen eines Fortschritts zu vereinen, der wie ein schemenhafter, doch konkreter werdender Traum allmählich die Menschen erfasste; ein Traum von einer besseren Welt, der vor allem durch die Anwendung der Wissenschaften, wie etwa der Elektrizität, wahr werden könnte.

Franklin verwies seit jeher auf bislang unbekannte Kräfte in der Natur. Als der gefeierte Erfinder des Blitzableiters hatte er gezeigt, wie diese Kräfte zu bändigen waren. Lichtenberg zeigte bei seiner Arbeit in Göttingen, welche Wege sich dadurch öffneten, Watt tat es in England. Es schien vieles möglich zu sein zwischen Himmel und Erde.

Im Februar befand sich ein noch im Vorjahr fertiggestelltes Porträt auf dem Weg nach Wien. Das monumentale Werk *Marie Antoinette in Hofkleidung* von knapp 3 × 2 Metern Größe. Darauf stand die junge Königin in Lebensgröße in pompösem ausladendem weißem Kleid mit goldenem Zierrat. Weißer Federputz schmückte ihre hochgetürmten braunen Haare. In der Hand ihres herabhängenden Arms hielt sie eine rosafarbene Rose. Rechts auf einem Tisch auf ein Kissen drapiert war die Krone zu sehen, darüber, auf einem hohen Podest, über die Szenerie hinweg blickend eine Büste Louis'. Marie Antoinette stand halb zu-, halb abgewandt da, mit einem zarten, fast nur geahnten Lächeln. Sie schaute in eine unbestimmte Ferne, den Blick aller Betrachtenden duldend. Unverkennbar konnte man in den Gesichtszügen – mit den großen hervortretenden Augen, dem leicht hängenden Kinn und der bei ihr weit geringer vortretenden dicklichen Unterlippe – eine Frau aus dem Hause Habsburg erkennen.

Das Gemälde litt unter den Gesetzen der Bildsprache der Macht, die am französischen Hof besonders streng beachtet wurden. Auch die junge Malerin des Bildes selbst hatte die Aufgabe offensichtlich beeindruckt und gehemmt. Daher atmete das Porträt bei weitem nicht die Lebendigkeit ihrer anderen Arbeiten, ja das Gesicht der Königin wirkte trotz aller Anmut eher steif und maskenhaft. Dennoch wurde das Bild ein großer Erfolg, und auch Marie Antoinette war entzückt.

Rasch verbreitete es sich durch Repliken an anderen Höfen, sogar der amerikanische Kongress erwarb eine. Der Name seiner 23-jährigen Malerin: Élisabeth Vigée-Lebrun. Sie sollte in ihrer Karriere schließlich etwa 30 Porträts von Marie Antoinette malen und damit auch allerlei auslösen: Furore, Skandal, Mode!

Als Versailles nach ihr gerufen hatte, fertigte Vigée-Lebrun in Paris schon seit Jahren mit großem Erfolg Porträts des Adels an, die vor allem durch die Frische der Dargestellten beeindruckten. Ihr Vater, der im gehobenen Bürgertum hochgeschätzte Porträtmaler Louis Vigée, hatte das Talent seiner Tochter früh erkannt und begonnen, Lisette, wie sie genannt wurde, ab ihrem 11. Lebensjahr in seinem Atelier in Neuilly zur Malerin auszubilden.

Doch dann, nach nur einem Jahr, starb der geliebte Vater. Die Mutter heiratete in ihrer finanziellen Not einen Pariser Goldschmied, den Élisabeth verabscheute. Die Mutter förderte ihre Tochter weiter. Die studierte in Paris Malerei und wuchs zu einer jungen Frau heran. Viele nannten sie die Schönste der Stadt. Sie fand Aufnahme in höheren Kreisen, besuchte Ateliers, Salons und Gesellschaften.

Für eine Frau, die mit dem Malen Geld verdienen wollte, war es angeraten, sich auf Porträts zu spezialisieren. Andere Genres enthielt man Frauen mehr oder minder vor. So porträtierte Élisabeth Vigée-Lebrun das wohlhabende Bürgertum. Saßen ihr

Männer Modell, wachte ihre Mutter im Atelier, um etwaige Avancen im Keim zu ersticken.

Seit fünf Jahren lebte die Familie in einem Apartment im Hôtel de Lubert, das dem Kunsthändler Jean-Baptiste Pierre Lebrun gehörte. Élisabeth war seinem Charme erlegen und vor zwei Jahren seine Ehefrau geworden, auch um sich von ihrem Stiefvater zu emanzipieren.

Dennoch blieben die finanziellen Sorgen. Lisettes Mann kaufte unersättlich Bilder und brachte das Paar unablässig in neue Geldnöte. Allerdings gelang es den beiden, kongenial zusammenzuarbeiten. Élisabeths Mann pries fortan die Bilder seiner Frau an und konnte außergewöhnlich gute Preise erzielen, Élisabeths Bruder Étienne Vigée, ein erfolgreicher Komödiendichter, vermittelte ihnen weitere Kontakte in den höheren Kreisen.

Schließlich also der Ruf aus Versailles: Élisabeth Vigée-Lebrun sollte keine geringere Person als Königin Marie Antoinette porträtieren, die ihrer Mutter das Porträt schenken wollte, das diese sich im Vorjahr von ihrer Tochter gewünscht hatte.

Das Auftreten der Königin, die ein halbes Jahr jünger war als sie selbst, beeindruckte Élisabeth. In ihren Memoiren, in denen sie die Jahresdaten mehr als einmal durcheinanderbrachte, berichtete sie, Marie Antoinettes Gang sei schöner als der jeder anderen Frau in Frankreich. Sie halte den Kopf sehr gerade, und das Majestätische ihrer Erscheinung hebe sie aus jeder Gruppe heraus. Sie beschrieb auch das Gesicht der Königin. Das sei sehr lang mit blauen Augen, der Mund mit seinen dicken Lippen hingegen eher klein. Besonders aber hob die Malerin Marie Antoinettes helle Haut hervor: so hell und wundervoll, dass sie im Gemälde kein Umbra benutzte.

Georg Forster war Anfang des Jahres von Göttingen weiter nach Braunschweig, Wolfenbüttel und schließlich nach Berlin gereist. Die Hauptstadt Preußens schickte sich mit mittlerweile etwa 100 000 Einwohnern an, eine europäische Metropole zu werden.

Georg Forster aber war abgestoßen. Die Stadt stand im Ruf, ein Ort des Lasters zu sein. In der Tat gab es in Berlin in jenen Tagen außergewöhnlich viele Bordelle. Georg selbst beobachtete Prasserei und Dünkel. Doch er machte auf Empfängen fleißig Diener und gab pflichtschuldigst Antwort auf die immer wieder gleichen Fragen. Mit Erfolg. Friedrichs Minister Zedlitz, der im Jahr zuvor vergeblich versucht hatte, Kant nach Halle zu locken, bot nun Georgs Vater Reinhold Forster an der gleichen Universität eine Stelle als ordentlicher Professor für Naturgeschichte und Mineralogie an. Begeistert berichtete es Georg sofort nach London.

Statt, wie geplant nach Weimar, reiste Georg zum Fürstenpaar von Anhalt-Dessau. Am 14. März traf er in Schloss Wörlitz ein. Vor erst sechs Jahren vollendet, war es das erste Schloss Deutschlands in dem neuen klassizistischen, von Andrea Palladio beeinflussten Baustil.

Einst von den Forsters in London mit Mitbringseln ihrer Reise reich beschenkt, überwältigten Fürst Leopold III. und seine Gattin nun Georg mit ihrer Gastfreundschaft. So blieb er länger als geplant. Zum Abschied erhielt er ein großzügiges Geldgeschenk, das er sofort an den Vater und die Familie in London weiterschickte. Die geplante Reise nach Weimar ließ er ausfallen. Wohl auch, weil er sich nicht traute, den berühmten Goethe zu besuchen.

Am 31. März begann Georg seine Naturkundevorlesungen in Kassel. Erst von hier sandte er im April das Empfehlungsschreiben, das einst Jacobi für ihn an Goethe ausgestellt hatte, nach Weimar. Vielleicht würde er Goethe doch noch treffen.

In Kassel verschaffte Georg Forster seinem Freund Soemmerring eine Professur für Anatomie, die dieser Ende Mai antrat. Samuel Thomas Soemmerring war nur zwei Monate nach Georg Forster und nicht weit von dessen Geburtsort Nassenhuben in Thorn geboren worden. Der Sohn eines Arztes hatte nach dem Erwerb des Doktortitels der Medizin mit einer Arbeit über die zwölf Hirnnerven eine ausgedehnte Studienreise zu bedeutenden Medizinern durch die Niederlande, England und Schottland angetreten. In London hatte er die Forsters aufgesucht und schnell mit Georg enge Freundschaft geschlossen. Der war gerade den Freimaurern beigetreten und führte Soemmerring prompt dort ein.

Die Freundschaft zwischen den beiden Männern wurde so eng, dass es zu Gerede kam. In Kassel traten Forster und Soemmerring der Freimaurerloge »Zum gekrönten Löwen« bei, einer Loge der »strikten Observanz«, was hieß, es galt absolute Geheimhaltung und absoluter Gehorsam gegenüber den Logenoberen.

Forster zog es immer wieder in das von Kassel nur einen Ritt von etwa drei Stunden entfernte Göttingen. Er suchte Professor Michaelis auf, traf dort oft auf dessen 15-jährige Tochter Caroline, klopfte bei Professor Heyne und begegnete dort auch dessen Tochter, der 14-jährigen Therese, einer Freundin von Caroline. Jede von ihnen kokett, lebhaft, wissensdurstig.

Goethes Pflichten drängten seine Beschäftigung mit der Kunst immer mehr an den Rand. Im Januar hatte er die Leitung der Kriegs- und Wegebaukommission übernommen und bereiste häufig dienstlich das Herzogtum. Im Februar und März musste er in mehreren Orten die wenig zimperlichen Rekrutierungen des Herzogtums überwachen, was ihm sehr unangenehm war. Eine Zeichnung, die er in Apolda von der »Menschenklauberei« anfertigte, wie er es nannte, zeigt einige der Umstände in einer Amtsstube: Einflüsterung, das Vermessen der jungen Männer, Versuche Rekrutierter, ihre Untauglichkeit zu beweisen, eine klagende Mutter, ein junger Mann in Ketten.

Während er außerdem tagsüber den Zustand von Straßen überprüfte, schrieb er in der freien Zeit die erste Fassung von *Iphigenie auf Tauris*. Das Stück spiegelte auch seine Situation, den Konflikt zwischen Pflicht und Neigung. Und er beschrieb mit seiner Heldin Iphigenie das klassische Vorbild eines Menschen, der sich letztlich für eine eigene, bewusst individuell geprägte Humanität entscheidet.

Am 6. April führte das Weimarer Liebhabertheater die Prosafassung auf. Goethe gab den Orest, Corona Schröter die Iphigenie. Die junge Sopranistin war im Herbst vor drei Jahren auf Goethes Vorschlag als Sängerin an den Weimarer Hof geholt worden. Da sie auch schauspielerisch begabt war, half sie außerdem beim Liebhabertheater aus.

Mitte Mai traf der noch nicht mal zehnjährige Napoleone Buonaparte, den seine Mutter auch später immer mit der korsischen Version seines Namens »Nabulione« rufen sollte, in der gerade erst eingerichteten Militärschule in Brienne ein. Sein Vater Carlo Buonaparte, ein Advokat aus niederem Adel, hatte als Sekretär für den korsischen Freiheitskämpfer Pasquale Paoli gearbeitet und mit ihm gekämpft. Doch nach der Niederlage Paolis arrangierte sich Carlo mit der französischen Besatzung, auch weil er das Überleben seiner immer kinderreicher werdenden Familie sichern wollte. Er erhielt die Landgüter der Familie zurück und tat alles, um als französischer Adliger anerkannt zu werden, was die Voraussetzung war, um königliche Stipendien für seine beiden ältesten Söhne Giuseppe und Napoleone zu bekommen. Beides gelang ihm.

Für Giuseppe, der später Joseph genannt werden wollte, wollten die Eltern eine Priesterlaufbahn, für Napoleone die eines Soldaten. Das passte wohl. Denn der von früher Kindheit an eigensinnige Napoleone ging keinem Streit aus dem Weg. Selbst sein älterer Bruder fürchtete ihn. Weil Napoleone klein war und mit schleppendem, eher dem Italienischen als dem Französischen ähnelnden korsischen Akzent sprach, hänselten ihn seine Mitschüler. Er wehrte sich mit großem Selbstbewusstsein. Ansonsten hielt er sich abseits, las viel, machte sich Notizen und erwies sich als begabter Schüler. Seine Leistungen fielen auf, obwohl er der französischen Rechtschreibung nie ganz mächtig wurde.

An Georg Forsters Tür in Kassel klopften am Abend des 14. September zwei Fremde. Sie stellten sich als Oberforstmeister von Wedel und als ein Kammerherr vor, und sie luden ihn zum Essen ein. Forster war es gewohnt, dass man ihn kennenlernen wollte. Die beiden Fremden waren freundlich, und da er nach wie vor kaum Geld für ein gutes Essen besaß, nahm er die Einladung gerne an. Als die beiden Männer erwähnten, sie kämen aus Weimar, fragte Forster den, der sich als Kammerherr ausgab, nach Goethe. Der antwortete, das sei er selber.

Gerade erst hatte ihn Carl August am 5. September in Weimar zum Geheimen Rat ernannt. Nun war der junge Herzog, als der sich der andere Fremde herausstellte, mit Goethe auf dem Weg in die Schweiz. Man plauderte angeregt, und Forster erzählte seinen interessiert lauschenden Gastgebern von der Südsee.

Die Sterne. An einem Dezemberabend wurde Dr. William Watson in dem Badeort Bath, einem Zentrum der Kultur Englands jener Tage, auf seltsame große Spiegel aufmerksam. Sie standen vor dem Haus eines gewissen William Herschel. Der arbeitete seit mittlerweile 13 Jahren als Kirchenorganist in Bath. In Hannover als Friedrich Wilhelm Herschel geboren und aufgewachsen, war er wie sein Vater Militärmusiker geworden und hatte schließlich Arbeit auf der britischen Insel gefunden, auch in Edinburgh, wo er David Hume kennenlernte.

Mittlerweile fühlte sich der nun 40-jährige Herschel als Engländer und nannte sich William. Von seinem Vater hatte er den Wissensdurst geerbt und die Liebe zur Astronomie. Bald nahm er sich nichts Geringeres zum Ziel, als alle Planeten, Sterne und Kometen, die am Himmel zu sehen waren, zu katalogisieren und zu benennen. Dieses Vorhaben war im Grunde noch ungeheuerlicher als die Unternehmungen eines Entdeckers wie Cook. Dieser wollte »nur« den Globus vermessen. Herschels Vorhaben barg jedoch sehr viel geringere Gefahren. Er machte seine Entdeckungen von seinem sicheren Zuhause aus. Damit diese aber immer besser gelangen, galt es, die Hilfsmittel, vor allem die dafür benötigte Technik, immer weiter zu verbessern.

Da ihm die verfügbaren Fernrohre nicht genügten, hatte Herschel begonnen, Spiegelteleskope zu entwerfen und zu bauen. Mit der Hilfe zweier seiner Geschwister, die seit einigen Jahren bei ihm wohnten, konstruierte er immer bessere Teleskope. Sein jüngerer Bruder Alexander, ein guter Cellist, erwies sich als außergewöhnlich begabter Spiegelschleifer. Auch seine weit jüngere, nun 29-jährige Schwester Caroline, die William zur Sängerin ausbildete, unterstützte seine astronomischen Arbeiten mit großer Sorgfalt und Leidenschaft.

Seit vier Jahren beobachtete Herschel nun intensiv den Nachthimmel. Anfangs geschah das noch unsystematisch, denn er testete vor allem die Teleskope. Doch je besser die Geräte wurden, desto mehr gingen William und seine Geschwister dazu über, das zu dokumentieren, was sie am Sternenhimmel alles sahen.

Dr. Watson, der nun in diesem Dezember auf Herschels Spiegelteleskope stieß, gehörte der Royal Society an und hatte in Bath gerade eine Philosophical Society gegründet. Zu dieser lud er Herschel ein. Der nahm begeistert an, hielt bald Vorträge, legte Abhandlungen vor und bekam Zuspruch. Watson leitete Papiere des »Hobby-Astronomen« an die Royal Society weiter. Die ganz großen Dinge sollten noch kommen.

Am 14. Dezember wurde im Neuen Schloss in Stuttgart das Stiftungsfest der Carlsschule gefeiert. Herzog Carl Eugen überreichte Preise für besondere Leistungen des vergangenen Schuljahres. Auch der junge Friedrich Schiller gehörte zu den Ausgezeichneten. Er erhielt Silbermedaillen und Diplome im Fach Medizin. Wie alle anderen Ausgezeichneten musste er vortreten, niederknien und den Rockzipfel des Landesvaters küssen.

An diesem Tag nahmen an der Preisverleihung außergewöhnliche Gäste teil. Zur Rechten von Carl Eugen stand der junge Weimarer Herzog Carl August und verfolgte das Zeremoniell.

Er hatte auf der Rückreise aus der Schweiz einen Zwischenstopp eingelegt. Doch die eigentliche Sensation für die Anwesenden war sein Begleiter Goethe. Der ließ, neben dem württembergischen Herzog und Carl August stehend, seinen Blick betont würdevoll über die Schüler schweifen.

Da stand also der eine, der Bewunderte, für alle Bild geworden im Korsett seiner Pflichten. Und der andere, der den Bewunderten zu gerne angesprochen hätte. Zehn Lebensjahre trennten Goethe von Schiller, doch Welten trennten sie in ihrer Lebenswirklichkeit. Goethe schien sich in seinem Auftreten vom Stürmen und Drängen weit entfernt zu haben. Schiller aber stand erst am Anfang von alldem.

1780
Theater und Oper

Für das Winterlager hatte George Washington zum zweiten Mal weitläufige Wiesen und Wälder beim Städtchen Morristown gewählt. Über wie viele Kämpfer er verfügte, als er das Lager im Dezember bezogen hatte, wusste er nicht. Waren es 10 000?

Wieder endeten zahlreiche Dienstverpflichtungen am Jahresende. Über den Winter schrumpfte die Truppe weiter. Die Männer litten noch schlimmer als damals in Valley Forge. Der Hunger quälte sie, Krankheiten grassierten. Viele starben, viele desertierten. Um zu überleben, aßen die Soldaten ihre Pferde und machten sich bei der Bevölkerung im Umland, für die sie ja kämpften, durch Plünderungen zutiefst verhasst. Bald befehligte Washington kaum mehr als 5000 einsatzfähige Männer.

Im Januar kehrte Goethe von der Schweiz-Reise mit Carl August zurück. Er fand sich immer besser in seine zahlreichen Verpflichtungen im Herzogtum ein. Weil er seine Sache gut machte, kamen weitere Aufgaben hinzu. Längst hatte er seinem Tagebuch anvertraut, er könne es zunehmend gelassen nehmen, wenn plötzliche Herausforderungen im Rahmen seiner Pflichten seine Pläne durchkreuzten.

Dennoch wuchs in ihm das Gefühl, gefangen zu sein. So viele Einfälle wollten umgesetzt werden. Im Februar hatte er die Idee zu dem Schauspiel *Torquato Tasso* und begann Ende März mit der Arbeit. Dies tat er in der Stimmung, von der Wissenschaft und den Künsten, »wozu ich geboren bin«, durch Politik und Verwaltung im Herzogtum abgehalten zu werden, wie er Charlotte von Stein klagte. Goethe sollte den Sinn von *Torquato Tasso* später als die »Disproportion des Talents mit dem Leben« bezeichnen.

Das Reine, dem er in *Iphigenie auf Tauris* nachgespürt hatte, ergänzte er nun durch einen Blick für Ordnung. Ordnung war gut. Aber irgendwie musste auch wieder Bewegung, Fortschritt, in alles kommen; vor allem in sein eigenes Leben. So findet sich, wie als Kommentar seiner Situation dieser Tage, im erst nach vielen Jahren fertiggestellten *Torquato Tasso* folgerichtig das berühmte Zitat: »Es bildet ein Talent sich in der Stille, / Sich ein Charakter in dem Strom der Welt.«

Goethe begann mit mineralogischen Studien.

Man musste sie drängen, ihre Arbeit im Atelier einzustellen, das Kind würde nicht länger auf sich warten lassen. Am 12. Februar brachte Élisabeth Vigée-Lebrun ihre Tochter Jeanne Julie Louise zur Welt. Von allen wurde sie bald Brunette genannt.

Das Wohlwollen, das Marie Antoinette ihrer Porträtistin entgegenbrachte, zeigte sich in einer Begebenheit während dieser Schwangerschaft. Aufgrund einer Unpässlichkeit hatte Vigée-Lebrun eine verabredete Sitzung nicht wahrnehmen können. Als sie sich besser fühlte, stand sie beim nächsten Termin mit weichen Knien vor der Königin und wollte sich entschuldigen. Dabei fiel ihr Farbkasten zu Boden. Die Königin selbst soll sich gebückt und ihn aufgehoben waren. Danach habe sie geduldig für ihr Porträt Modell gestanden.

Der Krieg in Amerika schleppte sich dahin. Wie in vielen Kriegen schien es auch hier so, als wären beide Seiten zu stark und zu entschlossen, um zu verlieren, doch ebenso zu schwach, um zu gewinnen. Ein Hoffnungsschimmer erreichte Washington durch Lafayette. Der traf am 24. April an Bord der Fregatte Hermione aus Frankreich wieder in Boston ein, besuchte ihn im Lager und teilte mit, Frankreich sende Schiffe mit etwa 6000 Soldaten.

Was die innere Verfasstheit des jungen Staates anging, wuchsen Washingtons Sorgen. Das Fehlen einer zentralen politischen Führung machte es unmöglich, die stetig widerstrebenden Interessen der 13 jungen Staaten auszubalancieren. Außerdem erschwerte es nach wie vor die Versorgung, Ausstattung und Führung der Armee. Letztlich sah er die weitere Kriegsführung gefährdet, zumal sich nach dem harten Winter die Lage der Armee in Morristown auch im Frühjahr nicht verbesserte.

Am 31. Mai gab er seinen Sorgen in einem Brief an Joseph Jones, einen Delegierten Virginias im Kontinentalkongress, Ausdruck. Er sehe nicht nur eine Armee in 13 Armeen zerfallen, sondern auch die Macht des Kongresses erodieren, wenn nicht diese 13 Staaten bereit seien, an diesen Kompetenzen abzutreten. Andernfalls: »Ich befürchte die Konsequenzen.« Washington ahnte, wie wichtig die Kompetenzverteilung von örtlicher Macht und Zentralmacht für die Zukunft der Vereinigten Staaten sein konnte.

Wenn Forster Göttingen besuchte, nächtigte er meist bei Lichtenberg. Der hatte nach Ostern, vermutlich kurz nach ihrer Konfirmation, Maria Dorothea Stechard, die »Stechardin« mit Einverständnis ihrer Eltern zu sich genommen. Sie war nun 15.

Wenige Jahre zuvor hatte er sie bei einem Spaziergang mit seinen Schülern zum ersten Mal erblickt und sofort eine tiefe Zuneigung zu dem damals elfjährigen Blumenmädchen verspürt. Schon bald unterrichtete er sie mit dem Einverständnis ihrer Eltern. Bereits nach kurzer Zeit machte sie ihm den Haushalt und reinigte die Geräte in seinem Laboratorium. Und nun teilte sie mit Lichtenberg nicht nur den Tisch, sondern auch das Bett. Ja, er lebte mit dem Mädchen, wie er gestand, wie Mann und Frau. Forster allerdings erwähnte die junge Gefährtin des kleinen Gelehrten nie.

Im Frühjahr erreichte die Nachricht von James Cooks Tod Göttingen. Sie hatte ihren Weg von Kamtschatka, wo Cooks Nachfolger Captain Clerke mit der Expedition schließlich angelandet war, über Sibirien, den Ural und Moskau in die kleine Universitätsstadt genommen. Obwohl es auf der Hand gelegen hätte, lieferte Forster für die bald anstehende zweite Ausgabe des *Göttingischen Magazins der Wissenschaften und Litteratur* kein Wort zu Cooks Tod.

Das junge Magazin gehörte zu den vielen in dieser Epoche gegründeten Zeitschriften, stach aber auch deshalb heraus, weil Lichtenberg als dessen Redakteur fungierte. Der redigierte und edierte seit 1777 bereits den jährlichen *Göttinger Taschen Calender*, einen der beliebten Almanache. Er tat das für seinen engen Freund, den Verleger Johann Christian Dieterich, bei dem er wohnte und der ihn für die Arbeit an dem Periodikum mietfrei wohnen ließ. Nun investierte er also zusätzlich viel Arbeit und Mühe in diese Zeitschrift, die er als anspruchsvolles Magazin konzipiert hatte.

Lichtenberg sah in Forster wegen dessen Namens und universellen Wissens den idealen Mitherausgeber und hatte ihn zudem mit dem Versprechen gewinnen können, so gut wie keine Verpflichtungen einzugehen. Lediglich ein Beitrag hie und da würde genügen.

In der Tat nahm Forster Lichtenberg beim Wort und riss sich für das Heft nicht gerade ein Bein aus. Zum ersten Heft hatte er nur die Übersetzung eines Aufsatzes über Tahiti beigetragen, und weil nun von Forster zum Tod Cooks nichts kam, druckte Lichtenberg einen eigenen Artikel zum Leben des Seefahrers ab und beklagte sich, Forster schwärme zu sehr und kümmere sich zu wenig um das Magazin. Forster hingegen sagte über Lichtenberg: »Ich wollte lieber, er schwärmte ein ganz klein wenig.«

Doch Lichtenberg schwärmte. Er schwärmte nur anders. Das Wesen und die Sanftmut der kleinen Stechardin, die längst größer und stärker war als er, verzauberten ihn. Und er schwärmte von den Segnungen der Wissenschaft für den Alltag. In Göttingen stattete er die Haushalte mit Blitzableitern aus. Am 15. Juni schrieb er an ein Fräulein Koch: »Unter allen Personen, aus deren Nachbarschaft ich mit Gottes Hilfe den Blitz verbannt habe, sind Sie die erste, die mich dafür belohnt hat, und zwar mit den herrlichsten Früchten des Sommers. Die andern, zumal die, die in den kleinen Häusern wohnen, haben mir statt Rosen Flüche zugesandt.«

Georg Forsters Vater verließ mit der Familie am 18. Juli London, um die vom Sohn vermittelte Professur in Halle anzutreten, die er erst nach erneutem langem Hin und Her angenommen hatte. Auf der Reise von Friedrich II. empfangen, verhielt sich Reinhold, wie es heißt, mal wieder nicht den Höflichkeitsformen angemessen und nahm sich das Urteil heraus: »Sire, ich habe bereits fünf Könige gesehen, drei wilde, zwei zahme, aber wie Eure Majestät *keinen.*«

Forsters Freund Soemmerring war derweil in Kassel Direktor des geheimen Freimaurerbundes der Rosenkreuzer geworden und führte Georg Forster dort ein. Die Rosenkreuzer betrieben eine noch strengere Form des Freimaurertums als die ohnehin schon strenge Freimaurerloge »Zum gekrönten Löwen«. Sie beriefen sich auf einen Kreuzritter namens Rosicrucius, der sein geheimes Wissen im Heiligen Land erfahren haben und so an das Wissen Gottes herangeführt worden sein soll.

Nun experimentierten die beiden Freunde im Labor der Rosenkreuzer in Göttingen. Forster, der sich Antworten über die Zusammenhänge seiner Erfahrungen und des Wissens erhoffte, die er in der Wissenschaft nicht fand, verlor sich bald als »Bruder Amadeus« in diesem Kult. So suchte er im Spätsommer etwa in den Wiesen an den Ufern der Weser nach der »Sternschnuppensubstanz«.

Der Bau eines eigenen Theaters und auch das eigene Auftreten bei Aufführungen gehörte bei Aristokraten zu den Moden der Zeit. Doch als Marie Antoinette eine Bühnenrolle übernahm, hielt man ihr das vor.

Auf dem Gelände des Petit Trianon weihte sie am 1. Juni ihr Privattheater ein. In zwei Jahren Arbeit war ein von außen schmuckloser Bau mit einem gemütlich anmutenden Zuschauerraum entstanden. Wertvolle Tapeten leuchteten in hellem Blau, ein weißer Balkon, verziert mit Gold, umlief die Sitze im Parkett. Vor der kleinen Bühne, auf der Kulissen auf Schienen rasch durch Hin- und Herschieben verändert werden konnten, hatte man sogar einen kleinen Orchestergraben eingerichtet. Der Zauber des Theaters nahm Marie Antoinette so gefangen, dass sie von Louis die Erlaubnis erbat, an ihrem kleinen Spielort vor handverlesenem Publikum selbst auftreten zu dürfen.

Am Abend des 1. August kamen im Petit Théâtre de la Reine zwei Stücke von Michel-Jean Sedaine zur Aufführung: Die komische Oper *Le Roi et le Fermier* zur Musik von Pierre-Alexandre Monsigny und *La Gageure imprévue*. In letzterem spielte Marie Antoinette eine »einfachere« Frau. Sie schlüpfte in die Rolle einer Marquise. Nur die Mitglieder der Königsfamilie durften der Aufführung beiwohnen, was am Hof erneut für Verärgerung sorgte.

Bei Ilmenau übernachtete Goethe in den ersten Tagen des Septembers mit einem Diener in der Jagdaufseherhütte auf dem Kickelhahn, einem Berg am Nordrand des Thüringer Waldes. Er wollte sich eine Auszeit nehmen, und er dachte an Charlotte von Stein. Im Tagebuch hatte er am 3. des Monats notiert: »Nachts Missverständnis mit …«. Das Zeichen dahinter, ein Kreis mit einem Punkt, ist jenes, das er für Charlotte von Stein benutzte. Wahrscheinlich am Abend des 6. schrieb er mit Bleistift das Gedicht »Über allen Gipfeln ist Ruh« an die Holzwand der Hütte. So mochte es gewesen sein. In der weiten Luft lag kaum ein Hauch.

Das Besondere in der Luft. Der Sauerstoff. Der Engländer Joseph Priestley gehörte zu seinen Entdeckern. Er konnte so viel durch den Sauerstoff erkennen und erklären – und irrte sich doch gewaltig.

Priestley zog in diesem September nach Birmingham und trat damit in den Kreis der Lunar Society. Über den ganzen Sommer war er krank gewesen. Gallensteine. Kaum in Birmingham angekommen, begann er sich sofort ein Labor einzurichten, und er machte sich bei den Kindern der Nachbarschaft beliebt. Sie durften mit seinem Luftgewehr auf seine auf einem Block aufgepflanzte Perücke schießen.

Priestley stammte aus bescheidenen Verhältnissen in West Yorkshire und bahnte sich den Weg, um ein bedeutender Natur- und Sprachwissenschaftler, Staatsdenker, Philosoph und – aufgrund seines theologischen Studiums – Geistlicher zu werden. Er gründete in England die Gemeinschaft der Unitarier, die wie andere der sogenannten Dissenter-Gemeinden in Opposition zu der anglikanischen Staatskirche stand.

Priestleys Auftreten und Erscheinung waren die eines Sonderlings. Wegen seines unduldsamen Wesens musste er oft die Kirchengemeinde wechseln. Er hatte eine lange Nase, hervorstehende Augen. Priestley sprach laut, schnell ratternd und glitt zuweilen ins Stottern. Das tat er, seit er in jungen Jahren lebensgefährlich erkrankt gewesen war.

Dieses Erlebnis hatte ihn, den calvinistisch Erzogenen, dann an den Lehren der Prädestination zweifeln lassen. Er entwickelte sich zu einem Verfechter einer praktischen, zum Nutzen der Gesellschaft und des Fortschritts betriebenen Wissenschaft. Es war schließlich Benjamin Franklin – erneut als Spiritus rector –, der ihn zur Abfassung einer Geschichte der Elektrizitätslehre ermutigte. Diese stieß, 1767 erschienen, auf großes Interesse und brachte Priestley, erneut unterstützt von Franklin, die Aufnahme in die Royal Society ein.

Dann 1774, vor sechs Jahren, hatte Priestley den Sauerstoff in einem Labor des Anwesens Bowood House entdeckt. Priestley arbeitete in dieser Zeit als Hauslehrer der Kinder von William Petty, dem 2. Earl of Shelburne, und als dessen persönlicher Assistent. Auch diese Stelle hatte ihm Benjamin Franklin vermittelt.

Unabhängig von Priestley war kurz zuvor auch der deutsch-schwedische Apotheker und Chemiker Carl Wilhelm Scheele auf den Sauerstoff gestoßen, veröffentlichte das aber erst später.

Als Anhänger der seinerzeit allgemein anerkannten Phlogistontheorie nannte Priestley das entdeckte Gas »dephlogistierte Luft«. Nach dieser Theorie sollte allem, was brannte, eine Substanz namens Phlogiston entweichen, und in alles, was man erhitzte, Phlogiston eindringen. Viele chemische Beobachtungen und Prozesse ließen sich so erklären. Für Priestley bewies der Sauerstoff die Phlogistontheorie.

Kurz nach seiner Entdeckung, hatte Priestley bei einer Reise mit dem Earl of Shelburne nach Paris dort Antoine de Lavoisier vom Sauerstoff erzählt. Lavoisier zog aus Priestleys Schilderungen andere Schlüsse, begann zu experimentieren und sollte dadurch in den nächsten Jahren zu Ergebnissen kommen, die die Phlogistontheorie widerlegen und die moderne wissenschaftliche Chemie begründen sollten.

So befand sich die Welt, wie Priestley sie sah, längst in Auflösung. Er wusste es nur noch nicht. Und später sollte er es nicht wahrhaben wollen. Doch derlei kümmerte die Welt und die Wissenschaft nicht; was sich auch hier zeigen sollte.

Dann im Spätsommer eine glückliche Begegnung in Salzburg. Wie sich später noch zeigen sollte, nicht nur für Mozart eine glückliche Begegnung, sondern für die ganze Welt. Der erst 29-jährige Impresario Emanuel Schikaneder fiel mit seiner Schauspieltruppe in die kleine Residenzstadt ein. Das vierwöchige Probevorspielen seines Ensembles, das von Mitte Juli bis Mitte August huldvoll gewährt worden war, hatte Obrigkeit und Publikum zufriedengestellt, und nun feierte Schikaneder am 17. September mit seinem Lieblingsstück *Die Gunst der Fürsten* die erste Aufführung der Winterspielzeit. Schikaneder, elegant, gut gekleidet, wusste gut zu leben. Er trug Kleider aus Seide und besaß einen eigenen Wagen und eigene Pferde. Die Hauptrollen in seinen Inszenierungen spielte er selbst. Seine Paraderolle war Hamlet. Er besaß ein Gespür für das Publikum, verfasste eigene Stücke, wusste um Effekte und verschmähte nicht den derben Spaß. Der Erfolg ermutigte ihn, nicht anders weiter zu machen als so.

Was Musikaufführungen betraf, hielt Schikaneder nichts von Opern. Man könne diese ewig langen italienischen Arien nicht verstehen, meinte er, und Künsteleien wie den Einsatz von Kastraten lehnte er ab. Schikaneder bevorzugte einfache Singspiele.

In Salzburg verkehrte Schikaneder schon bald bei den Mozarts im Tanzmeisterhaus am Hannibalplatz, fehlte kaum beim beliebten Zeitvertreib des Bölzlschießens, und mit Wolfgang Amadé knüpfte er rasch Freundschaft. Der lernte über den Theatermann, mit dem ihn die Neigung zur Direktheit und zum Unmittelbaren verband, die Stücke Goethes kennen und die Tiefe Shakespeares zu schätzen.

Mozart drängte es nach wie vor heraus aus Salzburg. In diesem Sommer erhielt er endlich einen großen Auftrag von außerhalb, wenngleich er seine Honorarvorstellungen erheblich zurückschrauben musste. Der Auftrag kam vom Münchener Hofmusik-Intendanten Graf Seeau, mit dem Mozart bereits zusammengearbeitet hatte. Endlich hatte Mozart ein Ziel: eine Oper zum Fest des nächsten Karneval in München zu schaffen, wo er auf das Musikensemble von Kurfürst Carl Theodor zurückgreifen konnte, das der bei seiner Übersiedlung von Mannheim nach München mitgebracht hatte.

Am 5. November brach Mozart nach München auf, im Gepäck die begonnene Partitur der Oper, die *Idomeneo* heißen sollte. Am 8. November berichtete er in einem Brief an den Vater: »Glücklich und vergnügt war meine Ankunft! – glücklich, weil uns auf der Reise nichts Widriges zugestoßen, und vergnügt, weil wir kaum den Augenblick, an Ort und Ende zu kommen, erwarten konnten, wegen der obwohl kurzen, doch sehr beschwerlichen Reise; – denn, ich versichere Sie, dass keinem von uns möglich war, nur eine Minute die Nacht durch zu schlafen – Dieser Wagen stößt einem doch die Seele heraus!«

Mozart glaubte an eine spätere Festanstellung, genoss – vermutlich durch Seeau arrangiert – in mehreren Gasthäusern »freie Tafel« und wurde von der Begeisterung der Musiker für seine Arbeit getragen. Zwar stritt er mit Seeau und wurde dabei wiederholt ausfallend, was seine Chance einer Festanstellung minderte, doch seine Aufgabe erfüllte ihn. Anders als sonst brauchte er kaum Geld.

Während Mozart in diesem Jahr in München endlich eine große Oper vorbereiten konnte, stieg William Herschel in Bath vom Kirchenorganisten zum Direktor des Orchesters auf. Sofort ergriff er die Gelegenheit und führte seine eigenen Kompositionen der letzten Jahre auf, darunter ein Violin-, ein Oboen- und ein Cembalo-Konzert. Seine oft als Sopransolistin auftretende Schwester Caroline probte mit den Sängerinnen und schränkte ihre eigenen Auftritte zunehmend ein. Wie ihrem Bruder ging es ihr längst um etwas anderes: den Sternenhimmel.

Am 4. Oktober traf die Resolution wieder in England ein. An Bord nur einzelne Teile von Cooks Körper.

Am 29. November starb Maria Theresia an einer Lungenentzündung. Ihr Wunsch, noch die Geburt des französischen Thronfolgers zu erleben, blieb unerfüllt. Marie Antoinette hatte sich schon nach der Geburt ihrer Tochter vom Hofleben mehr und mehr zurückgezogen, nun tat sie dies noch konsequenter. Erschüttert vertraute sie sich in einem Brief ihrem Bruder Joseph II. an, dem nunmehr alleinigen Regenten des Kaiserreichs. Sie könne nicht aufhören zu weinen. Sie habe jetzt nur noch ihn. Sie beschwor ihn, sie sollten Verbündete bleiben.

Am 14. Dezember heiratete Alexander Hamilton die 23-jährige Elizabeth Schuyler, Tochter von Philip Schuyler, seines Zeichens General der amerikanischen Armee und einer der reichsten Männer New Yorks. Sie – beide von vorpreschendem Wesen – waren sich zuvor schon begegnet, doch richtig kennengelernt hatten sie sich im Frühjahr des Jahres in Morristown. Hamilton war dort als Stabsangehöriger im Winterlager Washingtons. Sie hatte eine Tante im Ort besucht.

Mitte Dezember verließ Schiller die Akademie. Der Herzog bestimmte ihn zu einem der Ärzte eines weniger angesehenen Grenadierregiments, des Regiments Augé in Stuttgart, eines armseligen Haufens von kaum noch kampffähigen und meist heruntergekommenen Veteranen. Viele von ihnen bettelten auf den Straßen. Auch Schillers Sold fiel kläglich aus. Zudem wurde er weiterhin gegängelt. Selbst außerhalb des Dienstes hatte er Uniform zu tragen. Die Bitte von Schillers Vater, dem Sohn zu gestatten, Zivilkleidung zu tragen, um eine private Arztpraxis zu betreiben, schlug der Herzog ab.

Schiller lebte in einem kärglichen Zimmer, das er sich noch mit einem anderen teilen musste, und hatte den Spott seiner Freunde über die Uniform zu ertragen. Doch er dichtete. Einige Zeilen wurden herumgereicht. Und die verstörten die braven Schwaben.

Auch an dem Text, der *Die Räuber* werden sollte, arbeitete er wieder. Ende 1777 hatte er das Stück beiseitegelegt und es sich erst in diesem Jahr wieder vorgenommen, dann aber intensiv vorangetrieben. Um die Wirkung der Szenen zu überprüfen, las er seinen Freunden immer wieder daraus vor. Er näherte sich der Fertigstellung.

Als Regimentsarzt gab Schiller sich Mühe. Doch im Grunde fehlte ihm das Zeug dazu. Sein Vorgesetzter erkannte das und achtete bald in der Aufgabenverteilung darauf, dass der junge Mann, der sein Herz längst an die Literatur verloren hatte, möglichst wenig Schaden anrichtete.

1781

Kant zermalmt und baut

Mozart kämpfte sich am 27. Januar, der zugleich sein 25. Geburtstag war, mit Orchester und Sängern durch die Generalprobe von *Idomeneo.* Zwei Tage später fand die Premiere statt. Der Erfolg war groß! Kurfürst Carl Theodor lobte die »Magnifique Musick«. Doch eine Anstellung bot er Mozart nicht.

Georg Forster veröffentlichte im Januar in der neuen Ausgabe des von ihm und Lichtenberg gemeinsam herausgegebenen *Göttingischen Magazin der Wissenschaften und Litteratur* nun doch einen Aufsatz über Cooks Tod. Er griff dabei auf seine Gespräche mit den beiden deutschen Matrosen Barthold Lohmann und Heinrich Zimmermann zurück, zwei Mannschaftsangehörigen von Cooks letzter Reise.

Ein anderer der Zeugen heiratete derweil. William Bligh kannte seine Braut schon aus der Zeit vor seiner Reise mit Cook. Die erste Begegnung lag sechs Jahre zurück. Damals hatte Bligh zu der Mannschaft eines kleinen Marineschiffes gehört, das Jagd auf Schmuggler in der Irischen See machte. Bei einem Landgang traf er auf der Isle of Man zum ersten Mal auf Elizabeth Betham, eine hübsche und zarte Frau aus wohlhabendem Haus. Ihr Vater Richard, ein gebildeter Mann, wie Blighs eigener Vater von Beruf Beamter des Zolls, zählte David Hume und Adam Smith zu seinen Freunden. Mit Letzterem, der in Schottland mittlerweile auch für den Zoll arbeitete und dort gegen Branntweinschmuggler vorging, hatte er studiert. Bligh blieb mit Elizabeth in Verbindung.

Nun, am 4. Februar, heiratete er sie. Sie litt unter schwacher Gesundheit und lag oft tagelang bei zugezogenen Vorhängen im Bett. Bligh kümmerte sich dann hingebungsvoll um seine »Betsy«, und Betsy besaß Kraft genug, um im November die erste Tochter Harriet zur Welt zu bringen. Zwei Jahre später sollte noch eine kleine Betsy folgen.

Am 14. Februar, zehn Tage nach seiner Hochzeit, erhielt Bligh die Ernennung zum Navigator auf der HMS Belle Poule. Das ursprünglich französische Schiff, knapp drei Jahre zuvor berühmt geworden durch ein Duell mit einem britischen Schiff während des Amerikanischen Unabhängigkeitskriegs, fuhr nun, nachdem es die Briten erbeutet hatten, mit unverändertem Namen unter britischer Flagge.

Seit 1779 hatte sich die Zahl der Feinde Großbritanniens unter den europäischen Staaten vergrößert. Spanien hatte sich Frankreich im Krieg gegen Großbritannien angeschlossen. Im Jahr darauf hatte Großbritannien den Niederlanden den Krieg erklärt, das der sogenannten »bewaffneten Neutralität« von Schweden, Russland und Dänemark beigetreten war, einem Bündnis gegen die unablässige Verletzung der freien Schifffahrt durch die Briten. Im August nahm Bligh an Bord der Belle Poule an der Schlacht auf der Doggerbank gegen ein niederländisches Geschwader teil.

Am 19. Februar veröffentlichte Jacques Necker, dem seit 1776 die Pflichten des Finanzministers oblagen, mit Zustimmung von Louis XVI. einen Rechenschaftsbericht über die königlichen Finanzen: den *Compte rendu au Roi*.

Diese Offenlegung sollte möglichen Geldgebern Transparenz bieten. Necker musste den Amerikanischen Unabhängigkeitskrieg finanzieren, hatte sich an Reformen versucht und Einsparungen vorgenommen, aber der Staat brauchte weiterhin Geld. Die plötzliche Offenheit überraschte, denn bislang hatten die Landesfinanzen zu den Staatsgeheimnissen gehört.

Necker verdankte seinen politischen Aufstieg auch dem Salon seiner Frau Suzanne. Beide waren von Geburt Schweizer. Von seinem Vater, einem in die Schweiz berufenen preußischen Professor der Rechte, ins Bankgeschäft vermittelt, war Jacques Necker nach Paris übergesiedelt, gründete eine eigene Bank und wurde, während Missernten für Preisanstiege und Hunger sorgten, vor allem mit Getreidespekulationen reich. Suzanne, Tochter eines Dorfgeistlichen, hatte eine umfassende Bildung erfahren, war Erzieherin geworden und kurze Zeit mit dem Historiker Edward Gibbon verlobt gewesen. Als Gesellschafterin einer vermögenden Pariser Witwe lernte sie den ehrgeizigen Necker kennen, der eigentlich ihre Dienstherrin umwarb, dann aber sein Herz Suzanne zuwandte.

Gemeinsam arbeiteten sie fortan an ihrem gesellschaftlichen Aufstieg: Jacques mit der Macht seines Geldes, Suzanne mit ihrem Geist und ihrem Charme und den Beziehungen ihres Salons. In solchen gesellschaftlichen Zusammenkünften von Bürgertum und Adel konnten Karrieren befördert werden oder straucheln. Während dies in England eher in Clubs und Societies mit überwiegend rein männlicher Beteiligung geschah, waren es in Frankreich und in Deutschland eher die Salons – ausgerichtet von Frauen, die es trotz ihrer gesellschaftlich von jeglicher Gleichberechtigung fernen Stellung oft verstanden, so zu Macht und Einfluss zu kommen.

Die Salons spiegelten das wachsende Bedürfnis der aufstrebenden und wohlhabenden Bürger nach Austausch und nach Mitgestaltung. Hier führte man das Wort der Zukunft, beschäftigte sich mit Fortschritt und gewagten Ideen, sehnte gesellschaftlichen Aufbruch herbei. Frauen konnten sich auf dieser Bühne als charmante vermittelnde Gastgeberin beweisen. Je geschickter eine Salonière in ihren Räumlichkeiten für allzeit geistreiche Gespräche und eine Atmosphäre des Willkommens für eine klug ausgewählte Gästeschar sorgte, die in ihrem Zusammenspiel möglichst trefflich Kultur, Geist, Kunst und Macht repräsentierte, desto größer wurde ihr Einfluss.

Auch an den Freitagen bei Madame Necker gaben sich namhafte Köpfe der Gesellschaft die Klinke in die Hand. Diderot und D'Alembert kamen, der Naturforscher Buffon schaute vorbei. Und zwischen allen Gästen lief die aufgeweckte, in diesen Tagen zehnjährige Germaine, einzige Tochter der Neckers, hin und her und begeisterte. Die Mutter ließ sie mit calvinistischer Disziplin und eisernem Willen zum weiteren Aufstieg erziehen. Tatsächlich sollte die Welt noch von Germaine hören: als Madame de Staël.

William Herschel hatte im Sternbild der Zwillinge einen Himmelskörper entdeckt, am »Dienstag, dem 13. März, abends zwischen 10 und 11 Uhr«. Er sprach von einem hell leuchtenden »Kometen«. Er irrte sich. Seine Entdeckung war weit größer als ein Komet.

Sein Aufsatz *Account of a Comet*, den er über seine Beobachtung verfasste und der am 26. April in der Royal Society verlesen wurde, enthielt bereits im Titel Herschels Irrtum. Tatsächlich gab es unter den Fachleuten, die er informiert hatte, erste Vermutungen, er könnte einen bislang unbekannten Planeten entdeckt haben. Auch ihm selbst waren nach weiteren Betrachtungen Anfang April Zweifel gekommen. Schließlich ergaben Untersuchungen, unter anderen von Lalande und Laplace, dass es sich um einen Planeten handeln musste, der um die Sonne kreiste, also um einen weiteren Planeten des Sonnensystems.

Die Sensation raubte manchem den Atem, denn seit der Antike war man überzeugt, Größe und Anzahl der Planeten des Sonnensystems, in dem sich die Erde befand, zu kennen. Und nun, mit der Entdeckung des neuen Planeten, hatte sich zudem mit einem Schlag dessen räumlicher Umfang verdoppelt. Darüber hinaus wurde diese Entdeckung eines Engländers – wenn auch nicht eines gebürtigen – ausgerechnet durch die feindlichen Franzosen bestätigt, die wie die Engländer selbst mit der Anerkennung neuer wissenschaftlicher Erkenntnisse der Gegenseite zögerten. Herschel wurde berühmt. Die Franzosen schlugen für den neuen Planeten sogar den Namen Herschel vor. Der wiederum empfahl in einem Brief an Joseph Banks, den Präsidenten der Royal Society, den Planeten zu Ehren des englischen Königs *Georgium Sidus* (Georgs Gestirn) zu nennen. Da man aber üblicherweise – auch hier grüßte die Antike – Planeten einen lateinischen Namen aus der griechisch-römischen Mythologie gab, nannte man den neuen Planeten schließlich Uranus.

Im Dezember nahm die Royal Society Herschel in ihre Reihen auf. Und auch der König war auf ihn aufmerksam geworden.

Schon 26 Jahre vor der Entdeckung des Uranus hatte Kant seine erste größere Arbeit veröffentlicht. Ein Werk über Astronomie: die *Allgemeine Naturgeschichte und Theorie des Himmels.* Seine darin formulierte Theorie über die Entstehung des Universums und des Planetensystems fasste man später mit einer ähnlichen Theorie von Laplace, der gerade Herschels Kometen als Planeten identifiziert hatte, zur Kant-Laplace-Theorie zusammen.

Doch Kant kämpfte längst mit anderen Gedanken. Im Mai veröffentlichte er endlich, nach etwa zwölf Jahren Arbeit, das voluminöse Werk *Kritik der reinen Vernunft.* Zuletzt war ihm die Niederschrift in »etwa 4 bis 5 Monaten, gleichsam im Fluge« von der Hand gegangen.

Die Sprache, derer sich Kant in seinen Ausführungen bediente – abwägende Formulierungen und endlos mäandernde Sätze –, trug ihm schon bald Kritik ein. Er nahm sie an, entschuldigte sie aber. Er habe seine Darlegungen nicht so ausfeilen können, wie er es sich gewünscht hätte, da ihm die Zeit dafür fehle. Er ging auf die 60 zu und traute noch weniger als je zuvor dem nächsten Jahr.

Wem es gelang, sich durch das Werk zu kämpfen, dem wurde bald klar: Kant hatte in der *Kritik der reinen Vernunft* etwas Ungeheuerliches getan. Er bestimmte den Rahmen und die Gesetzmäßigkeiten menschlicher Erkenntnis neu.

Schon lange wies er in seinen Vorlesungen auf drei Fragen hin, um die es in der Philosophie letztlich gehe: Was können wir wissen? Was sollen wir tun? Was dürfen wir hoffen? Diese liefen auf eine vierte hinaus: Was ist der Mensch? Während die Antwort auf die erste dieser vier »kantischen Fragen« in der Metaphysik zu suchen sei, »in welche«, wie Kant gestand, »ich das Schicksal habe, verliebt zu sein«, sei die zweite Frage »Was können wir tun?« eine an die Moral. Die dritte Frage, danach, was wir hoffen dürfen, könne nur die Religion beantworten. Die Antwort auf die vierte Frage »Was ist der Mensch?« sei bei der Anthropologie zu suchen.

In der *Kritik der reinen Vernunft* spürte Kant vor allem der ersten Frage »Was können wir wissen?« nach und stürzte sich in das Durchdenken der Metaphysik, des Feldes, das den Versuch unternimmt, das menschliche Denken, Fühlen und Erkennen zu durchdringen, und daher von der Aufklärung nicht zu trennen ist. Kant gelang es, die Gedanken großer Vorgänger zu ordnen, zu vereinen, zum Teil zu verwerfen und dann ein neues großartiges Ideengebäude zu bauen, mit dem auf gewisse Weise die französische, britische und deutsche Philosophie Hochzeit feierten.

In der *Kritik der reinen Vernunft* überwand Kant nichts Geringeres als Descartes' Dualismus – die Trennung von Geist und Körper. Dies gelang ihm, indem er die Ideen Jean-Jacques Rousseaus und David Humes, des zweiten Denkers, der ihn tief beeinflusste, kongenial zu verbinden wusste.

Rousseaus Denken hatte Kant tief beeindruckt. Bei der Lektüre von dessen *Émile ou De l'éducation* soll er seinen berühmten Spaziergang vergessen haben, den er an jedem Tag zur gleichen Zeit antrat und nach dem angeblich die Königsberger ihre Uhren stellten. Ein Porträt Rousseaus war das einzige Bild in Kants Haus. Er hatte es über seinen Schreibtisch hängen lassen. »Rousseau hat mich zurecht gebracht«, sagte er. Wie Rousseau bezweifelte Kant Descartes' Ansicht, alle Gewissheit sei im Verstand des Menschen zu finden.

Über Hume sagte Kant, dieser habe ihn aus seinem »dogmatischen Schlummer« geweckt. Für Hume hatte es keine Erkenntnis ohne Erfahrung gegeben. Daher hatte er die Sinne und somit die Wahrnehmung über den Verstand gesetzt. Descartes' Rationalismus hingegen hatte dem Verstand die größte Bedeutung beigemessen.

Kant benannte drei Einflussgrößen für die Erkenntnisfähigkeit des Menschen: Wahrnehmung, Verstand, Vernunft. Wahrnehmung und Verstand würden in Wechselwirkung zueinander Erkenntnis produzieren. Die Vernunft versuche daraufhin, die Erkenntnis noch zu erweitern. Allerdings führe das den Menschen immer wieder dazu, diese Erkenntnis überschreiten zu wollen. Denn die Vernunft stelle auch Fragen, die nie endgültig zu beantworten seien: etwa nach Gott – oder was Freiheit sei.

Mit zwei Begriffen führte Kant durch die *Kritik der reinen Vernunft.* »Transzendent« nannte er alles, was der Mensch nicht sicher erkennen konnte. »Transzendental« waren die Werkzeuge und Begriffe, die der Mensch nutzte, um die Welt verstehen zu lernen. Diese bestanden aus »Kategorien«: Verstandesbegriffe, die für den Menschen von vornherein existierten, wie etwa Kausalität oder Dasein und Nichtsein. Kant fragte nun aber, ob diese dem Verstand ebenso gegeben seien wie der Naturwissenschaft und der Mathematik Raum und Zeit oder die Logik der Zahlen. Er verneinte es.

Kant kam zu dem Schluss, der Mensch könne nur wenig erkennen. Sein Verstand reiche nicht über die Erfahrung hinaus. Nur indem er, angetrieben von seiner Vernunft, durch Wahrnehmung und Verstand eine Erkenntnis konstruiere, erschaffe er diese. Dies sei allerdings eine, wie er selbst sagte, »Erscheinungswelt«, in der Eindrücke auf unseren Ordnungswillen treffen. Wir erkennen eine Welt aus uns selbst heraus. Wie die Welt aber tatsächlich ist, werden wir nie erfahren oder wissen.

Die »Dinge an sich« erkennen wir nie tatsächlich, schloss er. Das war ein erschütterndes Fazit, dass allen Glauben zunichtemachte, die Vernunft könne die großen Fragen klären. Kant, der »Alleszermalmer«, wie ihn Moses Mendelssohn nannte, hatte nichts anderes getan, als die Grenzen von Verstand und Anschauung zu benennen und die Menschen mit dem Streben der Vernunft allein zu lassen. Als Trost verwies Kant auf den Verstand. Er helfe uns, die ewige Gewissheit von der Ungewissheit zu ertragen – und zu hoffen. Was außerdem blieb, war die Freiheit. Und mit ihr, und der nie zu beantwortenden Frage, wie diese endgültig beschaffen sei, standen die Menschen nun da.

Nach seiner Zeit in München reiste Mozart im März auf Geheiß von Fürsterzbischof Hieronymus von Colloredo nach Wien, um sich dort dessen Gefolge anzuschließen. Joseph II. regierte seit kurzem als alleiniger Kaiser, und Colloredo wollte etwas für den eigenen Rang in den neuen Konstellationen am Hof tun.

In Wien musizierte Mozart in mehreren Adelshäusern. Es gab dort etwa 300 oft prächtige Palais, einige mit eigenem Orchester und Privat-Theatern. Man konkurrierte und verwöhnte das Publikum. Die berühmtesten Sängerinnen, Sänger und Instrumentalvirtuosen Europas gaben sich die Klinken in die Hand und präsentierten die neuesten Werke ihrer Zeitgenossen Haydn, Gluck und Salieri.

Anfang Mai ordnete Fürsterzbischof Colloredo die Heimreise seines Trosses nach Salzburg an. Die Kutschen setzten sich in mehreren Gruppen über Tage verteilt in Bewegung. Mozart schob seine Abreise auf. Er wollte bei den Webers bleiben, zu denen er, kaum in Wien eingetroffen, Kontakt aufgenommen hatte. Die Webers wohnten nun seit bald zwei Jahren in der Stadt. Vater Fridolin war im Herbst 1779 nach einem Schlaganfall verstorben, die umschwärmte Aloisia seit letztem Herbst mit dem berühmten Schauspieler Joseph Lange vermählt.

Nun bezog Mozart eine Stube bei Mutter Weber und verlor sein Herz an Aloisias jüngere Schwester Constanze. Er versäumte mehrere Abreisetermine. Fürsterzbischof Colloredo zitierte ihn zu sich. Es wurde laut. Mozart geriet, wie er selbst berichtete, in Raserei. Der entsetzte Colloredo nannte Mozart kindisch und arrogant. Mozart sagte, er kündige. Der Fürsterzbischof nahm die Kündigung nicht an. Dann aber, am 8. Juni, entließ ihn Graf Arco, der wütende Oberkämmerer Colloredos, laut Mozarts eigener Aussage »mit einem Fußtritt«.

Mozart blieb in Wien und versuchte Geld mit Konzerten, Unterricht und Kompositionen zu verdienen. Es gelang.

Schiller hatte keinen Verleger für *Die Räuber* finden können, sich daher Geld geliehen und das Werk gegen Ende Mai, Mitte Juni anonym selbst verlegt und die Kosten durch ständiges Umarbeiten immer weiter in die Höhe geschraubt. Die Schulden sollten ihn noch über die nächsten Jahre belasten.

Im ersten Druck führte Schiller *Die Räuber* als Lesedrama aus. Eine solche Version berücksichtigte nicht die Ausstattung und Szenerie auf einer Bühne. Gedrängt vom Mannheimer Intendanten Wolfgang Heribert von Dalberg, der ihm Anfang Juli den Auftrag dafür erteilte, arbeitete er das Stück nun für die Bühne um. Als Dalberg auch noch die Verlegung des Stückes in eine Zeit ähnlich der des *Götz von Berlichingen* wünschte, lehnte Schiller ab: »Alle Charaktere sind zu aufgeklärt, zu modern angelegt.« Dennoch, allein die Änderungen, die er vornahm, verwandelten das Stück in seinen Augen in »ein buntfärbiges Ding wie die Hosen des Harlekins«.

Währenddessen sprach sich hinter vorgehaltener Hand herum, wer der anonyme Autor des Stückes war, das sich das Publikum nach wie vor nur lesend erschloss und von dem einige sagten, *Die Räuber* lasse auf einen deutschen Shakespeare hoffen.

Im Frühjahr begegneten sich erstmals Lafayette und Jefferson. Es begann eine lange Freundschaft zweier vollkommen gegensätzlicher Charaktere. Hier Lafayette, der als aristokratischer Tatmensch in bürgerlich gewandetem Pathos agierte, dort der bürgerliche Verstandesmensch Jefferson, Freund der aristokratischen Pose. Jefferson amtierte seit dem 1. Juni 1779 als Gouverneur von Virginia und versuchte sowohl Verteidigung als auch die Unabhängigkeit der zivilen Gesellschaft vom Militär zu gewährleisten. Lafayette sollte Jefferson nun gegen die Briten helfen.

Die Lage in Virginia gab Anlass zu großer Sorge. Die Briten wollten hier den Krieg entscheiden, und unter den Führern der Amerikaner gab es Streit. Jefferson lag mit General Friedrich Wilhelm von Steuben im Zwist, und allgemein hieß es, Gouverneur Jefferson tue zu wenig. Im Januar musste die Regierung von Williamsburg nach Richmond verlegt werden, im Mai musste Jefferson aus seinem Landgut Monticello fliehen, um der Gefangennahme durch die Briten zu entgehen.

Élisabeth Vigée-Lebrun ging von Mai bis Juni mit ihrem Mann auf eine Reise durch Flandern und die Niederlande und porträtierte einige Adelige. Das Paar besuchte unter anderem Brüssel und Antwerpen, wo die Werke der flämischen Meister, vor allem die darin angewandten Maltechniken, großen Eindruck auf Élisabeth machten. Ein Porträt, das Peter Paul Rubens von seiner Schwägerin gefertigt hatte, blieb ihr besonders im Gedächtnis. Mit Folgen.

Am 21. Juni 1781 gab Matthew Boulton auf seine übliche freundlich drängelnde Art Watt in einem Brief zu verstehen: »Die Leute in Manchester und Birmingham sind verrückt nach Dampfmühlen. Ich habe nicht vor, Sie zur Eile zu drängen, doch ich denke […], wir sollten uns darauf festlegen, ein Patent für verschiedene Methoden für rotierende Bewegungen zu erlangen.«

Watt ließ sich nicht lange bitten. Bald schon präsentierte er als Ergebnis eine Dampfmaschine mit einem an die Schubkurbel angeschlossenen Planetengetriebe, dessen umlaufende Zahnräder exakt den gewünschten Effekt erbrachten. Dampfmaschinen konnten nicht mehr nur Auf- und Ab-Bewegungen, sondern auch rotierende ausführen und somit Wasserräder ersetzen. Ein weiterer entscheidender Schritt. Nun war es möglich, an nahezu jedem beliebigen Standort eine Manufaktur oder Fabrik zu errichten.

Im Sommer kam Joseph II. noch einmal nach Versailles. Seine Schwester veranstaltete zu seinen Ehren ein großes Fest. Und es gab einen weiteren Grund zur Feier: Marie Antoinette war wieder schwanger.

Dann der Herbst. Die Belagerung von Yorktown dauerte seit dem 28. September. An diesem Tag hatten George Washington und die verbündeten Franzosen unter dem Comte de Rochambeau den britischen General Cornwallis mit dessen Truppen eingekesselt.

Kurz vor den Tagen von Yorktown hatten manche Wege wieder zueinander gefunden. Thomas Paine war am 25. August aus Frankreich in Boston eingetroffen. Er war mit Oberstleutnant John Laurens, einem engen Freund Alexander Hamiltons und Lafayettes, dorthin gereist, hatte Benjamin Franklin unterstützt und am französischen Hof um materielle Unterstützung geworben. Mit Erfolg. Auf ihrem Schiff brachten sie zweieinhalb Millionen Pfund in Silber und zahlreiche Waffen mit.

George Washington hatte auf dem Weg nach Yorktown kurz Halt in Mount Vernon gemacht. Es sollte eines der wenigen Male in den Jahren des Unabhängigkeitskrieges sein, dass er sein Zuhause besuchte.

Am 19. Oktober der Durchbruch: Alexander Hamilton, der im März den Stab Washingtons nach einem Streit verlassen hatte, gehörte wieder dazu. Er befehligte nun auf Washingtons Geheiß ein leichtes Infanteriebataillon in der Division Lafayettes. Bei den Kämpfen um Yorktown führte Hamilton nun, nachdem er dies bei Lafayette vehement eingefordert hatte, die entscheidende Attacke auf die britische Feldschanze Redoubt 10. Der Widerstand war gebrochen, Cornwallis kapitulierte.

Goethe notierte am 15. Oktober in sein Tagebuch: »Täglich mehr Ordnung, Bestimmtheit und Konsequenz in allem.«

Marie Antoinette gebar am 22. Oktober den Thronfolger Louis Joseph Xavier François, Herzog der Bretagne. Diesmal durfte nur die engere Familie dabei sein. Aber auch so verlief diese zweite Geburt leichter als die erste. Nach seinem ersten Schrei trug man das Kind zum Waschen heraus. Kurze Zeit später trat Louis an das Bett seiner Frau und sagte mit Tränen in den Augen, der Thronfolger wünsche einzutreten.

Doch auch die Geburt des Dauphins sollte bald zu Gift gemacht werden. Draußen im Land kursierte der in diesem Jahr erstmals erschienene *Essai historique sur la vie privée de Marie-Antoinette d'Autriche*, eine Klatsch- und Schmähschrift übelster Art. Das Machwerk sollte von da an über die Jahre als eine Art

Chronik aller möglichen vermeintlichen Schandtaten Marie-Antoinettes aktualisiert erscheinen. Neben anderen Pamphleten und Hetzschriften, die immer offensiver Marie Antoinettes Ruf zu ruinieren versuchten.

Im November besuchte Schiller das bekannteste Opfer der Willkür von Herzog Carl Eugen: den Dichter, Musiker und Journalisten Christian Friedrich Daniel Schubart. Der schmorte seit bald vier Jahren ohne Urteil und Prozess in einem feuchten Turmverlies auf der Festung Hohenasperg. Weder schreiben noch lesen durfte er dort. Schubarts Vergehen: Er hatte den Herzog wegen des Verkaufs junger württembergischer Männer als Soldaten für England angegriffen und dessen Mätresse verspottet. Es sollten zehn Jahre Haft werden, die den einst lebens- und sinnenfrohen Schubart körperlich und geistig brachen.

In Mannheim stand die Uraufführung von *Die Räuber* bevor. Eine Erzählung Schubarts hatte Schiller einst dazu angeregt. Trotz berechtigter Furcht vor Festung und herzoglicher Willkürjustiz: Es war für Schiller an der Zeit, sein Drama vom Kampf um Freiheit in die Welt zu setzen.

Zu Weihnachten besuchte Georg Forster zum ersten Mal die Familie in Halle, wo der Vater nun lehrte. Georg war völlig verfangen im Rosenkreuzerorden und in der Suche nach absoluter Wahrheit. Da er diese absolute Wahrheit aber nicht fand, immer aufs Neue in Widersprüche geriet, warf er sich vor, noch immer nicht genug danach zu streben. Er genügte keinem seiner Ansprüche und verzehrte sich in einer Mischung aus Selbstvorwürfen und Selbstmitleid. Wer denkt, ihm hätte nun Kants *Kritik der reinen Vernunft* aus seiner Not heraushelfen können, irrt. Forster las Kant; später. Aber eine Nähe zu dessen Gedankenwelt gewann er nie, was sich Jahre später noch handfest zeigen sollte.

Nun jedoch waren Freunde, wie vor allem der Verleger Spener, angesichts von Georgs Seelenzustand besorgt. Fast überflüssig zu erwähnen, dass er auch bei seinem Vater in Halle auf keinerlei Verständnis stieß.

1782

Stürmen und Drängen

Am Nachmittag des 13. Januar wollte das Ensemble des Nationaltheaters in Mannheim Friedrich Schillers Drama *Die Räuber* uraufführen. Der Hauptrolle des Franz Moor hatte sich der gerade einmal 22-jährige August Wilhelm Iffland angenommen. Um 17 Uhr sollte die Vorstellung beginnen. Das Interesse war groß. Schon kurz nach Mittag begann sich der Zuschauerraum zu füllen. Schiller saß im Publikum. Er hatte sich über das von seinem Herzog ausgesprochene Reiseverbot hinweggesetzt und sich mit seinem Freund Petersen auf den Weg gemacht. Fast hätten sie sich verspätet. Während einer Rast in Schwetzingen kam bei einem Schwatz mit einem Schankmädchen einfach der Sinn für die Zeit abhanden.

Doch nun Stille! Der Vorhang hob sich. Das Stück begann. Die fünfstündige Aufführung wurde ein überwältigender Erfolg und sogar eine der denkwürdigsten und wirkmächtigsten Uraufführungen der Theatergeschichte. Nachdem das Publikum den ersten beiden Akten noch schweigend gefolgt war, reagierte es bald so heftig auf das Bühnengeschehen und die leidenschaftliche Sprache, dass es selbst zum Akteur wurde. Tumult wogte durch den Zuschauerraum. Rufe und Schreie! Männer ballten die Fäuste und stampften auf. Frauen waren der Ohnmacht nahe. Ein ungestümer Aufbruch hatte die sonst beschaulich-biedere Welt deutscher Theatergänger erfasst. »Ich fühle eine Armee in meiner Faust – Tod oder Freiheit!«, hieß es im zweiten Akt.

Besonders Iffland begeisterte. Schiller meinte in einem Brief vom 15. Januar: »Herr Iffland, der den Franz vorstellte, hat mir am vorzüglichsten gefallen«, doch – schob er streng nach – er verschlinge die Worte und überstürze das Deklamieren. Huldvoll aber beschloss er sein Urteil über den Schauspieler, der nur wenige Monate älter war als er selbst: »Deutschland wird in diesem jungen Mann noch einen Meister finden.«

Mit von dem Theaterintendanten Dalberg an ihn herangetragenen Aussichten auf weitere Arbeit – wie wäre es mit *Fiesco*? – kehrte Schiller nach Stuttgart zurück. Dort aber sagte man ihm, er habe nun im Fach der Medizin zu promovieren. Der Herzog wünsche es. Die Carlsschule, die jetzt zur Universität erhoben worden war, sollte Doktoren hervorbringen.

Ja, der Traum der Freiheit! Aber wie hieß es noch in *Die Räuber*? »Träume kommen ja aus dem Bauch, und Träume bedeuten nichts.«

In Amerika brachen sich weitere Zweifel an der Lebensfähigkeit einer Republik Bahn. Im Mai forderte daher der junge Offizier Lewis Nicola in einem Papier, George Washington solle sich zum König erklären. Wenn allerdings der Titel allzu großen öffentlichen Anstoß errege, sei der selbstverständlich verhandelbar. Jedoch, es müsse eine Position ähnlicher Art sein, sonst bräche Unheil über Amerika herein.

In einem auch für die Öffentlichkeit bestimmten Antwortbrief wies Washington das Ansinnen empört zurück und nannte Nicolas Überlegungen »eine Idee, die ich nur verabscheuen kann«. Er ergänzte: »Es ist mir ganz unbegreiflich, wie mein Verhalten in irgendeiner Weise solch einem Anerbieten hat Vorschub leisten können«, was im Übrigen »das größte Unglück bedeuten würde, das unser Land befallen könnte.«

Dadurch, dass er sich selbst hintanstellte – und er in diesen Tagen die vermutlich überragende Person überhaupt war –, stellte Washington letztlich jeden Handelnden hinter die Sache: die Sache der Republik. Diese besaß Priorität vor jeder Einzelperson. Gerade damit machte er nun die Republik stark.

Das Frühjahr verging für Goethe mit Reisen an die Höfe Thüringens. Am 2. Juni – eine Woche zuvor war sein Vater in Frankfurt am Main verstorben – zog er in Weimar in ein großes Haus am Frauenplan. Tags darauf erhielt er sein Adelsdiplom, ausgestellt von Kaiser Joseph II.

Nach wie vor musste Goethe sich in Weimar auch als Laienspielintendant betätigen. In der Nacht vom 22. auf den 23. Juli brachte er im Rahmen des Liebhabertheaters der Fürstin sein Stück *Die Fischerin* zur Aufführung. Die Hauptrolle übernahm Corona Schröter. Als Ort der Aufführung diente der Park von Schloss Tiefurt. Im Vorjahr hatte die Herzogin das Schlösschen vier Kilometer außerhalb Weimars als Sommersitz gewählt. Sie bewohnte mit zwei Dienern das Obergeschoss des vergleichsweise kleinen, aber gemütlichen Baus. Ihre Erste Hofdame, Luise von Göchhausen, wohnte im Nebengebäude.

Als »Wald- und Wasserdrama« entfaltete Goethes Stück seine Handlung am Ufer der Ilm, die in einem Bogen den Park durchfloss. Eine von Zuschauern dichtbesetzte Brücke brach zwar dabei zusammen und verhalf zu einem unfreiwilligen Bad, doch dem Erfolg tat es keinen Abbruch, und Luise von Göchhausen bemerkte, das Wetter sei dem Fest ganz besonders hold gewesen.

Im Juli erkrankte Maria Dorothea Stechard. Am 4. August starb sie mit nur 17 Jahren an einer schmerzhaften Kopfrose. Lichtenberg erlitt den wahrscheinlich schmerzlichsten Verlust seines Lebens.

An jenem gleichen 4. August heiratete Mozart Constanze Weber in Wien, allerdings zum Entsetzen seines Vaters.

Wolfgang Amadé hatte in diesen Tagen eine Glückssträhne. Joseph II. hatte bei ihm eine Oper in Auftrag gegeben, und wenige Wochen vor der Hochzeit war das Singspiel am 16. Juli in Wien uraufgeführt worden. Mit *Die Entführung aus dem Serail*, dessen weibliche Hauptfigur nicht zufällig den Namen Konstanze trug, gelang Mozart ein beeindruckend reifes Werk, in dem er, auch um türkische Musik zu simulieren, das Orchester um weitere Instrumente bereicherte. Er machte einen bedeutenden Schritt in Richtung seines Ziels, als unabhängiger Künstler arbeiten zu können.

Der Herzog verurteilte Schiller wegen einer zweiten unerlaubten Reise zu Dalberg nach Mannheim zu 14 Tagen Arrest bis Mitte Juli. Jeglichen Kontakt mit Mannheim verbot er. Schiller war dieses Mal mit zwei Frauen gereist: mit seiner Zimmerwirtin Louise Fischer und mit Henriette von Wolzogen, der Mutter seines ihn bewundernden Kommilitonen Wilhelm von Wolzogen. Die hatte sich Schillers nun fördernd angenommen.

Schiller arbeitete an *Fiesco*. Per Brief drängte er Dalberg, der Schiller zuletzt in Mannheim versprochen hatte, sich für ihn bei seinem Landesvater einzusetzen, genauer: bei Herzog Carl Eugen um seine Freigabe zu bitten. Gleichzeitig begann er, von Dalberg angeregt, an *Don Carlos* zu arbeiten. Schillers Verhältnis zum Herzog spitzte sich zu. Der verweigerte die Annahme eines Bittschreibens, in dem Schiller »treugehorsamst« darum bat, weiter literarisch arbeiten zu dürfen. Ende August verbot der Herzog Schiller endgültig jedwede weitere dichterische Tätigkeit. So entschloss Schiller sich zur Flucht.

Von Mai bis Juli weilte William Herschel in Greenwich und hielt sich an vielen Tagen am Hof von König George III. auf. George ernannte ihn zum königlichen Hofastronomen. Herschels einzige Pflicht war es, die königliche Familie gelegentlich mit astronomischen Instrumenten zu begeistern. Zudem bestellte der König mehrere Teleskope, die er großzügig bezahlte, und gewährte Herschel ein Jahressalär von 200 Pfund.

Herschels Freund Watson war empört: das Jahresgehalt sei bei weitem zu wenig. Herschel aber freute sich, denn es reichte, um seinen musikalischen Broterwerb aufzugeben und sich fortan nur noch der Astronomie widmen zu können. Bruder Alexander zog nun in die Nähe der Geschwister nach Bath, und Schwester Caroline gab endgültig den Gesang auf, denn auch sie erhielt als künftige Gehilfin ihres Bruders vom Hof ein Gehalt von 50 Pfund im Jahr. Sie begann selbst, mit einem von William für sie gebauten Teleskop den Sternenhimmel abzusuchen und zu dokumentieren. Am 28. August notierte sie die ersten Einträge in ihrem Dokumentationsbuch.

Am Abend des 22. September wollten zwei junge Männer in einer Kutsche am Esslinger Tor, einem der Stuttgarter Stadttore, die Stadt verlassen, im Gepäck zwei schwere Koffer und ein kleines Klavier. Sie nannten sich Dr. Ritter und Dr. Wolf. Hinter Ritter verbarg sich Friedrich Schiller, und hinter Wolf steckte Schillers Freund Andreas Streicher, ein Klavierbauer und angehender Musikstudent. Er wollte im nächsten Jahr sein Studium bei Carl Philipp Emanuel Bach in Hamburg aufnehmen. Der zwei Jahre jüngere Streicher bewunderte den jungen Dichter und hatte ihm Geld vorgestreckt.

Als Streicher Schiller für die Flucht abgeholt hatte, war der noch nicht reisefertig gewesen. Er hatte sich an Oden von Klopstock festgelesen und seinerseits eine Ode verfasst, die sich Streicher erstmal anhören musste, bevor Schiller sich der Flucht zuwandte.

Obwohl das Tor im Grunde schon geschlossen wurde, ließ sie der eingeweihte Wachoffizier passieren. Die Kutsche fuhr in die Nacht und in die Freiheit, und die beiden Männer schauten hinauf zum hell erleuchteten Schloss Solitude. Herzog Carl Eugen feierte dort ein über sechs Tage dauerndes Fest zu Ehren des Großfürsten von Russland. Es sollte das letzte große Fest während der Herrschaft des Herzogs sein. Schiller dachte an seine Eltern. Den Vater hatte er nicht eingeweiht, denn er wollte, dass dieser Carl Eugen ehrlich sagen konnte, er habe nichts gewusst. Nur die Schwester Christophine hatte er ins Vertrauen gezogen und zuletzt, ganz zuletzt, auch die Mutter. Nun seufzte er: »Meine Mutter!«

In Mannheim fiel der Empfang eher kühl aus. Man beherbergte nun einen gesuchten Flüchtling. Schiller war erst wenige Tage vor Ort, als Ende September die erste Lesung von *Fiesco* vor den Schauspielern im Haus des Regisseurs Wilhelm Christian Meyer stattfand. Schiller las selbst. Schweigen. Meyer nahm den anwesenden Streicher beiseite und fragte, ob *Die Räuber* tatsächlich von Schiller seien, denn hier habe man es mit dem Schlechtesten zu tun, was er je gehört habe. Streicher aber gab Meyer den Text des *Fiesco.* Er solle ihn noch mal lesen. Der tat es über Nacht und änderte seine Meinung. In der Tat geschah es nicht zum ersten und nicht zum letzten Mal, dass Schillers Vortragsstil seinem eigenen Werk nichts Gutes tat. Pathetisch, übertrieben, fuchtelnd augenrollend – und das mit schwäbischem Zungenschlag. Er selbst sah das anders, meinte sogar, es wäre gut, wenn er selbst auftreten würde, da die anderen nicht verstünden, wie seine Sätze zu deklamieren seien.

Die Verschwörung des Fiesco zu Genua – so der volle Titel des Werks, eines »republikanischen Trauerspiels« – hielt Schiller für weit gelungener als *Die Räuber.* »Meine *Räuber* mögen untergehen, mein *Fiesco* soll bleiben«, sagte er einmal. Es ist ein Stück über die Freiheit und über ihre Ungewissheit, basierend auf dem historischen Giovanni Luigi de Fieschi, der im 16. Jahrhundert in Genua den Dogen Andrea Doria stürzen wollte.

Das Faszinierende sowohl an der historischen als auch an Schillers Figur und dramatischer Umsetzung war, dass offen blieb, wie weit Fiesco als Kämpfer für die Freiheit tatsächlich für diese eintrat. Hinein in Schillers Charakterzeichnung des Fiesco spielte die Verehrung Schillers und seiner Zeit für das Genie, für den außergewöhnlichen Menschen, und damit die Verachtung für das Mittelmaß.

Schillers Freund, der Maler Philipp Friedrich Hetsch, schuf in diesem oder dem Jahr zuvor ein Ölporträt des jungen Dichters. Es entstand ein Bild lebendiger Jugend, ohne jede Steifheit. Der junge Regimentsarzt schaut dem Betrachter mit zugewandtem Gesicht direkt in die Augen. Jung und optimistisch sieht er aus. Ein Mensch im Aufbruch, mit dem einladenden Blick an jeden anderen jungen Menschen, sich ihm anzuschließen, Grenzen zu überschreiten. Freiheit!

Schillers *Fiesco* oszilliert in einer weiten Zwischenwelt aus Hoffen, Wagen und Scheitern. Der echte Fiesco starb durch einen Unfall. Er ertrank. Schiller aber wollte sein Stück weit dramatischer enden lassen, und so endete es mit einer Verschwörung in der Verschwörung.

Im Februar hatte das britische Unterhaus gegen eine Fortsetzung des Krieges in Amerika gestimmt und kurz darauf die Regierung ermächtigt, Friedensverhandlungen zu führen. In Amerika flauten die Kämpfe ab. Gefechte lieferten sich die Amerikaner nun vor allem mit den ursprünglichen Bewohnern des Landes, den »Indianern«. Beide Seiten verübten Gräueltaten. Vor allem aber schreckten amerikanische Milizen nicht selten vor Massakern an Frauen und Kindern zurück.

Im April begannen in Paris die Verhandlungen. Für die Vereinigten Staaten verhandelten Benjamin Franklin, John Jay und John Adams. Sowohl Adams als auch Jay bestanden auf der Anerkennung der amerikanischen Unabhängigkeit im Vertragstext, und entgegen der Instruktion des Konföderationskongresses weigerten sie sich, sich dem Vorgehen des alternden französischen Außenministers Vergennes bei den Verhandlungen unterzuordnen, der noch immer Revanche für den Siebenjährigen Krieg wollte. So begannen sie mit dem Einverständnis Franklins, ohne Vergennes hinzugezogen zu haben, ab dem 30. Oktober eigene Verhandlungen mit den Briten.

Am 30. November unterzeichneten die Vertreter Großbritanniens und der Vereinigten Staaten einen Vorfriedensvertrag. Großbritannien akzeptierte die Unabhängigkeit der Vereinigten Staaten.

Schiller verließ Mannheim. Zu groß schien mittlerweile die Gefahr eines Zugriffs des Herzogs auf ihn. Womöglich waren, wie einst im Falle Schubarts, Häscher auf dem Weg. Da Schiller das Geld für eine Reise mit der Postkutsche fehlte, machte er sich mit Freund Streicher zu Fuß auf den Weg. Anderthalb Monate verbargen sie sich ab Mitte Oktober in einem Landgasthaus in Oggersheim. Schiller nannte sich Schmidt und schlief mit Streicher in einem Bett. Aus Angst, entdeckt zu werden, verließ er kaum das Zimmer, arbeitete an *Fiesco* und ging oft ruhelos im Dunkeln auf und ab. Streicher spielte Klavier. Manchmal hielt Schiller plötzlich inne und rief dann begeistert einen jähen Gedanken heraus.

Es gelang Schiller, *Fiesco* an seinen Mannheimer Freund und Gönner, den Buchhändler Schwan, zu verkaufen, die Gasthausrechnung zu begleichen und die nächste Reise anzutreten. In Worms trennte sich Streicher von ihm. Er musste schweren Herzens weiter nach Hamburg. Schiller wollte nach Bauerbach. Dort hatte ihm seine Förderin Henriette von Wolzogen in einem kleinen Gutshaus, das sie nur selten selbst nutzte, Zuflucht angeboten.

Am 7. Dezember traf er als Dr. Ritter in Bauerbach ein, einem kleinen thüringischen Dorf mitten im Wald. Der Ort lag tief verschneit. Hier arbeitete er an seinem nächsten Stück *Luise Millerin*. Bald fiel ihm auch im Exil in Bauerbach die Decke auf den Kopf. Er rannte im Zimmer auf und ab und schlug gegen Wände. Im nahegelegenen Gasthof suchte er Gesprächspartner, fand sie aber kaum. Er trank. Der zwei Jahrzehnte ältere Bibliothekar und Junggeselle Wilhelm Reinwald leistete ihm gelegentlich Gesellschaft und besorgte ihm Zeitungen. Schiller verschlang die Meldungen aus der sich immer schneller drehenden Welt. »Wenn ich meinen Namen in der Zeitung lese, so erfahre ich doch, dass ich noch lebe«, notierte er.

Goethe verbrachte die Weihnachtstage in Leipzig. Die Stadt bot ihm eine Abwechslung zu Weimar. Doch erst plagte ihn Zahnweh, dann Langeweile. Am 24. Dezember schrieb er an Charlotte: »Du gute, du einziger Anker meines Wesens, wie freue ich mich, dich wiederzusehen.« Und »O liebe Lotte, wenn ich Dich nicht hätte, ich ginge in die weite Welt.«

Aber noch blieb er.

1783

In die Luft

Als am Neujahrstag Henriette von Wolzogen auf ihrem Gut in Bauerbach eintraf, wo Schiller sich weiterhin vor dem Zugriff seines Herzogs verbarg, brachte sie ihre 16-jährige Tochter Charlotte mit. Schiller kannte »Lottchen« von einer früheren Begegnung. Schon damals hatte sie ihn beeindruckt. Nun aber verliebte er sich im ersten Moment des Wiedersehens in sie.

Er begleitete Mutter und Tochter ins nahe Walldorf, wo Henriettes Bruder lebte. Am Abend des 4. Januar kehrte er zu Fuß nach Bauerbach zurück. Noch in der Nacht schrieb er einen Brief an Henriette mit schwärmerischen Zeilen: »seit Ihrer Abwesenheit bin ich mir selbst gestohlen«. Vielleicht aber klang vor allem der Eindruck durch, den die Tochter auf ihn gemacht hatte.

Währenddessen plagte sich Henriette mit anderen Sorgen. Sie fürchtete um die Folgen, sollte ans Licht kommen, wen sie gerade verbarg. So bat sie Schiller, ihr einen Brief zu schicken, mit dem man seine Spuren verwischen könne. Schiller verfasste einen solchen am 8. Januar, in dem er berichtete, er habe das Gerücht gestreut, er sei in Bauerbach, in Wahrheit aber auf dem Weg nach Berlin. Und er setzte noch einen drauf: »Wenn Nordamerika frei wird, so ist es ausgemacht, dass ich hingehe.«

Was das Schreiben betraf: Die Arbeit an *Luise Millerin* ging voran. Zugleich aber schrieb er schon an *Don Carlos* und an einem Stück namens *Maria Stuart*. Am 11. Januar wurde *Fiesco* im Bonner Hoftheater uraufgeführt.

Freund Streicher gestand er am 17. Januar in einem Brief seine Ungeduld: »Hören Sie, Freund, wenn ich nicht dieses Jahr als ein Dichter vom ersten Rang figuriere, so erscheine ich wenigstens als Narr, und nunmehr ist das für mich eins.«

Am 12. Januar sandte Lichtenberg einen Brief nach England an William Herschel. Lichtenberg bat, da »jetzt alle Augen auf Sie gerichtet sind«, um die Ehre, dass sich Herschel im *Göttingischen Magazin der Wissenschaften und Litteratur* vorstelle. Herausgeber des Magazins seien er, Lichtenberg und der »jüngere Forster, der mit Captain Cook die Reise machte«. »Mein Gott«, fügte Lichtenberg an, »wenn ich doch im Oktober 1775, da ich mich einige Tage in Bath aufhielt, gewusst hätte, dass ein solcher Mann dort lebte!«

Über Bath zeigte sich der Nachthimmel am 26. Februar weit und klar. Caroline Herschel machte ihre erste große Entdeckung. Sie fand einen Galaxiennebel.

Gegen Mitte März erkannte George Washington eine weitere der vielen Gefahren für den dauerhaften Bestand der jungen Republik. Seit ein paar Tagen machten im Armeelager von Newburgh am Hudson Gerüchte die Runde. Auch einige Papiere kursierten. Es hieß, Offiziere der unzufriedenen Armee würden Putschpläne schmieden und hätten vor, eine Militärregierung zu errichten. Sie hofften, hieß es zudem, Washington werde sich an ihre Spitze stellen.

In der Tat war die Wut auf die politischen Institutionen groß. Immer wieder schienen diese die Kämpfenden nicht nur im Stich zu lassen, sondern ihnen sogar in den Rücken zu fallen. Nach Unterzeichnung des Vorfriedensvertrags am 30. November des Vorjahres verhandelte man in Paris über einen endgültigen Friedensvertrag; der endgültige Frieden ließ also noch auf sich warten. Man blieb auf der Hut. Und in Waffen. In dem nun schon so lange andauernden Krieg litt die Armee noch immer unter Hunger, schlechter Ausrüstung und ausbleibender Munition. Vom ausbleibenden Sold ganz zu schweigen.

Am 15. März berief Washington in Newburgh im Temple, einem größeren Holzbau für Versammlungen, den gesamten Offiziersstab ein. Die Versammelten wurden zunächst über den Anlass im Unklaren gelassen und darüber, ob Washington überhaupt erscheine. Dann aber betrat er in Begleitung seines engeren Stabes den Raum. Die Atmosphäre war angespannt. Washington stellte sich auf das kleine Podium, hielt ein Papier in der Hand und wartete auf Ruhe. Dann griff er in eine Tasche seiner Uniformjacke und holte eine Brille heraus. Er sagte, der Krieg habe nicht nur sein Haar grau gemacht, sondern seine Augen fast blind. Einige der Männer begannen daraufhin zu weinen. Nun erklärte er, er habe acht Jahre diese Armee befehligt und werde sie nie im Stich lassen. Es werde für die Armee, für die Soldaten nicht leicht sein, das zu bekommen, was ihnen zustehe, doch es gebe keinerlei Grund, das in Frage zu stellen, wofür man gekämpft habe. Der Kongress – und damit auch der junge Staat – sei nicht wie eine Armee zu führen.

Dadurch, dass Washington dem Vertrauen auf eine zivile Führung das Wort führte, erstickte er die sogenannte Newburgh-Verschwörung im Keim. Der Krieg um die Unabhängigkeit war zwar gewonnen, doch nun hieß es, den Sieg für die ausgerufene Freiheit zu nutzen und gemeinsam den jungen Staat zu festigen.

Seit ihrer endgültigen Ratifizierung im März zwei Jahre zuvor galten die Konföderationsartikel (*Articles of Confederation*) als eine erste Verfassung. Doch bereits deren ewig lang andauernder Ratifizierungsprozess hatte gezeigt: Gemeinsamkeit der 13 Staaten herzustellen, vor allem wenn dies Einzelinteressen tangierte, fiel weiterhin schwer.

Im Mai kündigte Henriette von Wolzogen bei Schiller in Bauerbach einen erneuten Besuch mit Charlotte an und teilte zudem mit, Charlottes Verlobter komme nach. Schiller raste vor Eifersucht. Die beiden Frauen kamen schließlich allein. Dennoch spielten sich dramatische Szenen ab, alle von Schiller in Gang gesetzt. Schließlich hielt er in seinem selbst ausgelebten Liebesdrama um Charlottes Hand an. Doch die, obwohl die Verlobung nunmehr wieder in der Schwebe war, liebte ihn nicht und wies ihn ab.

Im französischen Arras sorgte im Frühjahr ein seit Jahren schwelender Rechtsstreit für Aufsehen und machte landesweit auf einen jungen Mann aufmerksam. Maximilien de Robespierre, der Rousseau in dessen letzten Tagen besucht hatte, war nun 23 Jahre alt und praktizierte seit zwei Jahren als Anwalt in seiner Heimatstadt. Er war schmächtig, hatte ein pockennarbiges Gesicht und wirkte wegen seines großen Kopfes, umrahmt von gepuderten und ausladend gewellten perückenartigen Haaren, noch kleiner, als er tatsächlich war. Er trug immer einen feinen Anzug und sprach mit einer hellen, im Ton kaum variierenden Stimme.

Gefördert vom örtlichen Bischof und einigen einflussreichen Anwaltskollegen, waren dem Sohn eines angesehenen Anwalts in seiner Geburtsstadt nach dem Studium der Rechte in Paris bereits einige Fälle anvertraut worden. Dieser Fall nun, obwohl auf den ersten Blick unspektakulär, brachte den Durchbruch. Robespierre vertrat die Interessen eines Mannes, ebenfalls ein Anwalt, der 1780 auf seinem Haus in dem Ort Saint-Omer einen Blitzableiter angebracht hatte, doch wegen abergläubischer und wissenschaftsferner Bedenken der Bevölkerung aufgefordert worden war, diesen wieder abzubauen. Das aber verweigerte er. In dem jahrelangen Streit wurden prominente Expertenmeinungen eingeholt. Nun im Mai trug Robespierre zwei Plädoyers vor. Das Gericht beriet und sprach in seinem Urteil Robespierres Mandanten das uneingeschränkte Recht zu, den Blitzableiter zu installieren. Für sein Plädoyer erntete Robespierre viel Lob.

Doch das reichte ihm nicht. Robespierre ließ das Plädoyer drucken und versandte es an zahlreiche Persönlichkeiten. Auch Benjamin Franklin bekam eines, dem Robespierre ein unterwürfiges Anschreiben beifügte, inklusive Lobpreisung des ausdrücklich als Erfinder des Blitzableiters Angesprochenen. Auf die Nennung seines Anwaltskollegen, der im Grunde alle Vorarbeit gemacht und dessen Plädoyer Robespierre im Grunde nur vorgelesen hatte, verzichtete er.

Am 4. Juni schwebte in Annonay südlich von Lyon ein mit Papier ausgekleideter Leinensack von 12 Metern Durchmesser dank erhitzter Luft zehn Minuten durch die Frühsommerluft. Der fast 43-jährige Joseph Montgolfier und sein fünf Jahre jüngerer Bruder Étienne führten mit diesem Heißluftballon ihren Mitbürgern erstmals vor, womit sie sich schon seit Jahren beschäftigten.

Die beiden gehörten zu 16 Kindern einer ortsansässigen Papierfabrikantenfamilie, deren Manufaktur vor allem der bedächtigere und kaufmännisch sorgfältige Étienne leitete. Joseph war eher der Waghalsige und der Erfinder. Und so ergänzten sie sich. Joseph hatte irgendwann entdeckt, dass sich Papier und auch Stoffe über Feuer bauschten und nach oben stiegen, und er hatte Schriften von Priestley zum Sauerstoff und von Henry Cavendish, dem Entdecker des Wasserstoffs, studiert. Joseph meinte, im Rauch stecke die Auftriebskraft und fragte sich, was nun daraus zu entwickeln sei. Ob man die schon seit Jahren von Franzosen und Spaniern erfolglos belagerte britische Festung von Gibraltar aus der Luft attackieren konnte?

Wege durch die Luft und in die Luft bestimmten den Sommer in Europa. Auch die Beschaffenheit der Luft, die sich in diesem dramatischen Sommer schlagartig veränderte. In Island brachen am 8. Juni die Laki-Krater aus. In der Hitze verdunstete der Fluss Skaftá in wenigen Tagen. Danach füllte ein Lavastrom das ausgetrocknete Flussbett binnen sechs Wochen über 27 Kilometer Länge auf. Millionen Tonnen giftiger Gase wurden in die Atmosphäre geschleudert und fielen zu einem großen Teil in einem Gemisch aus Asche und Regen wieder herab. Pflanzen starben ab, 80 Prozent der Schafe und die Hälfte der Pferde verendeten. Eine Hungersnot folgte, bei der Island ein Viertel seiner Bevölkerung verlor.

Als die Nachrichten aus Island nach Europa drangen, beflügelten sie Weltuntergangsphantasien. Manche fragten sich, ob es einen Zusammenhang mit den Erdbeben gab, die im Februar in Sizilien und Kalabrien zu schweren Zerstörungen geführt hatten. Deren Ursachen aber waren, was man noch nicht wissen konnte, Vorgänge in der Tektonik. Aller beunruhigenden Vorgänge nicht genug, erschien eines Tages am Nachthimmel ein Meteor. Bei Radburn in England wurde Erasmus Darwin am 18. August zu einem der vielen Zeugen des Schauspiels.

Am 24. Juli machte sich Schiller erneut auf den Weg nach Mannheim. Drei Tage später traf er dort ein. Er wollte nur einige Wochen bleiben und hoffte vor allem, endlich von Dalberg eine Anstellung als Theaterdichter zu bekommen. Die Dinge zogen sich hin, dann am ersten Septembertag erkrankte Schiller schwer. Bis Mitte November suchten ihn schlimme Fieberschübe heim.

Während die Montgolfiers ihren Ballons mit Heißluft Auftrieb verliehen, ging einer ihrer ehemaligen Mitarbeiter, der Physiker Jacques Charles, der sich, seit er von den Ideen Benjamin Franklins wusste, auch mit der Elektrizitätslehre beschäftigte, einen anderen Weg. Zwei Monate nach der kleinen Vorführung der Montgolfiers ließ Charles in Paris auf dem Marsfeld einen Ballon mit Wasserstoff füllen. Das Gas gewann er, indem er Schwefelsäure auf Eisenspäne goss. Damit der Wasserstoff nicht entweichen konnte, hatte er den Seidenstoff des Ballons mit einer dünnen Gummilösung beschichtet.

Das Füllen des Ballons dauerte mehrere Tage. Dann am 27. August hob die pralle Hülle ab, schwebte 45 Minuten hoch durch die Luft und landete nach einem Flug von 25 Kilometern nahe dem Städtchen Gonesse. Dort waren die Einwohner so verschreckt, dass sie die kaum gelandete Hülle mit Heugabeln und Dreschflegeln unter Führung der örtlichen Geistlichen in Fetzen rissen.

Louis XVI. erfuhr von allen diesen Luftfahrtversuchen. Da er sich für Handwerk und Wissenschaft sowieso weit stärker begeisterte als für Politik, wollte er eine große öffentliche Vorführung. Die wurde für den 19. September angesetzt. Auf dem weiten Platz vor dem Schloss von Versailles errichtete man eine Tribüne, und aus Paris kamen in Scharen Wagen und Fußvolk und verstopften die Straßen. Über hunderttausend Menschen sollen es schließlich gewesen sein, die das Ereignis bestaunen wollten. Das Neue und Besondere: Die Montgolfiers wollten beweisen, dass Lebewesen wohlbehalten durch die Luft transportiert werden konnten. Louis war begeistert. Seinen Vorschlag, Strafgefangene als Besatzung einzusetzen, lehnten die Montgolfiers allerdings ab. Stattdessen setzten sie einen Hahn, eine Ente und ein Schaf namens Montauciel (Himmelssteiger) in die Gondel.

Gegen 1 Uhr mittags löste sich die riesige Ballonkugel vom Boden. Begleitet von Trommelwirbeln stieg sie auf. Der darunter baumelnde Korb mit den Tieren schwankte bedenklich. Nach acht Minuten Flug landete der Ballon in einem nahegelegenen Wald. Die Tiere lebten. Schaf Montauciel stand im Gras und kaute einige Halme, Hahn und Ente saßen nahebei.

Auch wenn viele von dem Ereignis einfach nur überwältigt waren, dachten andere schon weiter. Die einen sahen entsetzt eine neue Selbsterhöhung des Menschen, der sich nun wohl auch noch anmaße, den Himmel erobern zu wollen – und damit jene Sphäre, die doch nur Gott allein zustand. Andere erkannten darin den erneuten Beweis, welche Möglichkeiten sich für die Aneignung der Welt eröffneten, wenn man durch Vernunft und Aufklärung die durch die Religion gesetzten Grenzen abstreifte und die gewonnene Freiheit für Wissenschaft und Fortschritt nutzte, um die Welt besser zu machen.

Die Neugestalter der Welt standen bereit. Es waren nicht Adelige, nicht Priester, sondern die bürgerlichen Montgolfiers: Wissenschaftler, Unternehmer, Erfinder. Gekleidet in bescheidenes Schwarz und Grau, das Gegenteil der bunten Geckenhaftigkeit der Höflinge und des Klerus. Sie erkämpften ihre Gestaltungskraft und Macht aus Leistung, nicht durch pure Herkunft oder die Berufung auf einen Gott. Man brauchte keine Obrigkeit, um die Welt neu zu beginnen.

Das Ballonfieber griff schnell nach Deutschland über. Als Goethe auf seiner zweiten Harzreise am 30. September in Kassel eintraf, erfuhr er, dass Soemmerring neben seiner anatomischen Arbeit nun auch mit Ballonversuchen beschäftigt war, dazu gemeinsam mit Forster tüftelte und die beiden darüber in Kontakt mit Lichtenberg in Göttingen standen.

Goethe war zwar sofort fasziniert, doch er stand im Bann einer anderen Sache. Längst hatte er sich, der wenig anregenden Verwaltungsarbeit überdrüssig, in die Naturwissenschaften vertieft. Denn sein Geist brauchte Neuland. Und das fand er zu Hause am Ende eines Arbeitstages in Büchern, Karten und bei Betrachtungen von Pflanzen, Mineralien und Knochen. Er suchte Soemmerring in Kassel häufig in den Räumlichkeiten der anatomischen Sammlung der Universität auf. Der Skelettschädel eines Elefanten, der sieben Jahre in der fürstlichen Menagerie gelebt hatte und vor drei Jahren verstorben war, faszinierte ihn besonders. Die Begegnungen mit Forster in diesen Tagen in Kassel blieben rar. Wochen später, am 13. November berichtete Goethe an Jacobi über Forster: »Er schien mir ernsthafter, zurückhaltender, verschlossener, kälter, magerer und blässer als sonst«.

Forster hatte die Rosenkreuzerei endgültig hinter sich gelassen. Sein Sektierertum, in dem er Widersprüche immerzu nur seiner Unvollkommenheit angelastet, nicht aber als Fehler der Geheimlehre selbst erkannt hatte, war er losgeworden. Im Grunde war Forster nur ein Opfer des weit verbreiteten Okkultismus seiner Zeit geworden. Die Wissenschaft begann sich auf der Basis der Vernunft zu etablieren. Auch gegen die Kirche, gegen Glauben und Aberglauben. Zugleich führte der Hang des Menschen zum Mystischen und das Bedürfnis nach einfachen Erklärungen zu vielfältigen Gegenreaktionen. Alchemisten, Trickbetrüger, Abenteurer, Wunderheiler machten Furore, Hochstapler wurden berühmt und scheffelten Geld. Wie Casanova, Cagliostro, der Graf von Saint Germain, der angeblich unsterblich war.

Mit Forster hatte sich auch Soemmerring vom Rosenkreuzertum abgewandt. Im Oktober besuchten die Freunde Lichtenberg in Göttingen. Die drei diskutierten vor allem über die Ballonfahrerei und begannen gemeinsam, kleine Ballons zu bauen. Am 1. November füllte Soemmerring eine präparierte Schweinsblase mit Wasserstoff. Dann, am 18. November, gelang ihm in Kassel der erste Aufstieg eines unbemannten Freiballons in Deutschland.

Derweil warf eine abermalige Wendung in Forsters unstetem Leben bereits ihre Schatten voraus. Das polnische Königshaus hatte seinen Vater Reinhold in Halle gefragt, ob er und Georg nicht gemeinsam an die Universität von Wilna kommen und dort zwei Professuren übernehmen wollten. Bald aber waren es nur noch Verhandlungen mit Georg, da sein Vater mal wieder mit seinen Forderungen und seinem Umgangston verstört hatte.

Mitte August eröffnete im Louvre der *Salon de l'Académie royale de peinture et de sculpture*, die Ausstellung neuer Gemälde und Skulpturen ausgesuchter französischer Künstler. Seinerzeit fand sie alle zwei Jahre statt. Jene, die ausstellen durften, mussten der königlichen Akademie angehören. Die Zahl der weiblichen Mitglieder hatte man auf vier begrenzt. Im Mai nahm die Akademie Élisabeth Vigée-Lebrun aufgrund der ausdrücklichen Intervention von Marie Antoinette und Louis XVI. als Vollmitglied auf. Nun gehörte sie zu den wenigen Frauen unter den 550 ausstellenden Künstlern. Die Akademie hatte verschnupft betont, diese Ausnahme sei »mit tiefem Respekt vor den Anordnungen ihres Herrschers« geschehen.

Im Salon Carré hingen die Gemälde an den mit grünem Stoff abgehängten Wänden bis hoch hinauf zur Decke. Unter den 14 Werken, die Vigée-Lebrun ausstellte, war auch ihr Selbstporträt. Es begeisterte. Selbstbewusst freundlich schaute sie in ihrer ganzen jugendlichen Schönheit jedem, der sie betrachtete, unter einem breitkrempigen Strohhut direkt ins Auge. In ihrem Selbstporträt variierte sie das Gemälde *Le Chapeau de paille* von Peter Paul Rubens, das Porträt seiner Schwägerin, das sie auf ihrer Flandernreise gesehen und studiert hatte.

Zu den weiteren Gemälden Vigée-Lebruns in der Ausstellung gehörte das in diesem Jahr entstandene Porträt *Marie Antoinette en chemise.* Es zeigte die Königin in einem einfachen Baumwollkleid, einer Robe de Gaulle, ein Gewand jener Art, das sie und ihre Hofdamen im Petit Trianon, dort die Hofetikette im wahrsten Sinne des Wortes ablegend, längst zu tragen pflegten.

Auch Élisabeth Vigée-Lebrun kleidete sich gerne schlicht. Andere Frauen in Paris griffen das auf. Die Einfachheit ließ Vigée-Lebrun auch in ihre Porträts einfließen. So drapierte sie ihre Modelle oft mit einem schlichten Stoff. Auch das kam dem Zeitgeist, der zurück zur Antike strebte, entgegen, wie dem Drang zum ländlich Einfachen in dem »Zurück zur Natur!«, das man bei Rousseau herauslas.

In diesem Jahr hatten in einem Teil des Parks des Petit Trianon die Arbeiten an einem Dorf, dem *Hameau de la Reine*, dem Weiler der Königin, begonnen. Leidenschaft und Geld steckte Marie Antoinette in dieses neue Lieblingsprojekt. Die Kosten wuchsen ins Phantastische. Auch die Nachricht dieser Narretei verbreitete sich. Ihre Unbeliebtheit nahm zu.

In Marie Antoinettes Weiler gruppierten sich um einen künstlichen Teich mehrere Häuschen, nachempfunden den Refugien und Arbeitsstätten von Bauern und Handwerkern. Das kleine Dorf bot eine ländliche Scheinwelt. Marie Antoinettes Kinder konnten dort tollen, Tiere und Pflanzen kennenlernen und sie selbst weiter der Welt entfliehen. Somit wandte sich die junge Königin abermals nicht dem Volk zu, sondern erneut von ihm ab.

Und nun dieses Porträt: Marie Antoinette war nicht die erste, die sich mit einem einfachen Baumwollkleid abbilden ließ. Doch dass sie als Königin dies tat, führte zu einem Aufschrei. Präsentierte sich die Königin gar im Morgenrock? Unschicklich! Zudem gebe sich die Königin nicht klassenbewusst, sie breche die Barrieren zum gemeinen Volk nieder. Baumwolle, woraus derlei Kleider gemacht waren, galt zudem als britisch. Die Königin zeigte sich also unpatriotisch. Womöglich wolle die Österreicherin, l'Autrichienne (der Ausdruck war vor allem beliebt, da er auch als »l'autre chienne«, »die andere Hündin«, verstanden werden konnte), Frankreich andere Moden aufzwingen. Ja, sie gefährde letztlich die Seidenindustrie Frankreichs, die ohnehin von der zunehmenden Nachfrage nach Baumwolle bedroht wurde.

Hastig entfernte Vigée-Lebrun das Gemälde und ersetzte es durch das Gemälde *Marie Antoinette à la rose*, auf dem die Königin in einem blauen Kleid aus Musselin und mit einem Federputz statt Strohhut zu sehen war. Doch der Schaden für die Königin war längst angerichtet.

Vigée-Lebrun hingegen stand auf dem Höhepunkt ihrer Karriere und ihres gesellschaftlichen Ansehens. Die Salons der Lebruns erfreuten sich großer Beliebtheit. Auch Malerkollege Jacques-Louis David erschien oft und knüpfte wichtige Kontakte. David gehörte zu den wenigen, die ohne Akademiemitglied zu sein, schon zwei Jahre zuvor hatte ausstellen dürfen, das nahezu 3 × 3 Meter große Monumentalgemälde *Belisar um Almosen bettelnd*. Es griff die historisch nicht belegte Legende des römischen Feldherrn auf, der als blinder Bettler sein Ende gefunden haben soll, und erinnerte, den Zeitgeist bedienend, an Werte des antiken Rom, wie den von dem Einzelnen, der sich in den Dienst des großen Ganzen stellte. Nun am 23. August, während die Besucher seit einigen Tagen in den aktuellen Salon strömten, hatte man auch Jacques-Louis David in die Akademie aufgenommen. Er stellte mit großem Erfolg sein Gemälde *Andromache, Hektor beweinend* aus. Ein antikes Motiv. Was sonst?

Am 21. November gelang der erste bemannte Flug. Zu den Augenzeugen gehörte der alte Benjamin Franklin. Von seinem Wohnsitz in Passy verfolgte er, wie der 26-jährige Arzt Jean-Francois Pilâtre de Rozier in Begleitung des Offiziers François d'Arlandes im Garten des Schlosses von La Muette am Stadtrand von Paris in einem in nur zehn Minuten mit Heißluft befüllten Ballon der Brüder Montgolfier aufstiegen. Die kunstvoll verzierte Hülle maß 15 Meter im Durchmesser und 22 Meter in der Höhe. Die beiden Männer blieben etwa 23 Minuten in der Luft, flogen 9 Kilometer und landeten an der Straße nach Fontainebleau.

Pilâtre de Rozier war ein Enthusiast, er strotzte vor Wagemut und Leidenschaft für die Anwendung von Wissenschaft. Er wollte alle Menschen für ihre Anwendung begeistern und hatte zwei Jahre zuvor in Paris ein Musée des Sciences eröffnet, in dem er Vorlesungen hielt und Debatten führte, an denen auch Frauen teilnehmen durften. Bei seiner Suche nach neuen Wegen für den Menschen beschäftigte sich Pilâtre de Rozier auch mit der dem Menschen noch immer verborgenen Tiefe der Meere und stieg bei einer Vorführung in einem Tauchanzug in einen sechs Fuß tiefen Wasserzuber. Pilâtre de Rozier debattierte und referierte über alle erdenklichen Wissenschaftsgebiete. Auch die Elektrizität gehörte zu seinen Themen.

Manchen Menschen allerdings fehlt die Phantasie, in Neuem das Gute der Zukunft zu entdecken. Als Franklin Pilâtre de Roziers Flug von seinem Haus in Passy beobachtete, stellte ihm einer der Anwesenden die Frage, wozu das alles nutze sei. Franklin gab angeblich die berühmt gewordene Antwort: »Wozu ist ein neugeborenes Kind nutze?«

Nicht mal zwei Wochen nach diesem Tag wurde Franklin Zeuge eines weiteren Schritts in der Luftfahrt: des ersten bemannten Fluges eines Gasballons. Am 1. Dezember um 13:45 Uhr starteten Jacques Charles und Nicolas-Louis Robert mit einer *Charlière* im Garten der Tuilerien. Über 400 000 Menschen sollen zugesehen haben, unter ihnen Joseph Montgolfier. Der Ballon stieg auf eine Höhe von 550 Metern und flog zwei Stunden und fünf Minuten über das Land. Als Charles und Robert, kurz bevor die Sonne unterging, in Nesles-la Vallée landeten, hatten sie 36 Kilometer zurückgelegt, eine Strecke, die in der gleichen Zeit zu Lande schwer zu bewältigen war. Kaum gelandet, beschloss Charles, sofort noch einmal allein aufzusteigen. Er erreichte schnell die Höhe von etwa 3000 Metern, sah die am Boden bereits untergegangene Sonne noch einmal und erlebte so einen zweiten Sonnenuntergang. Er bekam Schmerzen in den Ohren und landete. Charles sollte noch nahezu 30 Jahre leben. Aber einen Ballon bestieg er, dem nicht nur die Luftfahrt, sondern auch die Chemie durch seinen Einsatz von Gasen viel zu verdanken hat, nie wieder.

Ob die Chemie nun Kunst oder Wissenschaft zu nennen sei, darüber gab es noch keine Einigkeit. In dem Artikel unter dem Eintrag »Chymie« im 1753 erschienenen dritten Band von Diderots und D'Alemberts Enzyklopädie hieß es noch »Die Chemie wird bei uns wenig gepflegt«, »Die Chimisten bilden noch ein Volk für sich« und »... dass die Leistungen der Chimisten, zumal die der Meister ihrer Kunst fast völlig unbekannt sind.«

In der Tat vermischten sich Erklärungen und Ansichten über das Zusammenwirken der Elemente noch mit Aberglauben und Mythen, bei denen man sich nicht die Mühe machte, sie zu beweisen. Überhaupt, ein Kern aller Wissenschaftlichkeit – Annahme, Versuch und Beweisführung – begann sich erst in diesen Tagen durchzusetzen, dies in heftigem Kampf gegen Kirche und alchemistischen Glauben.

An vorderster Spitze derer, die in diesen Jahren wesentlich zur Verwissenschaftlichung beitrugen, stand Antoine de Lavoisier. Zeitweise gewann er einen solch großen Nimbus, dass man dank ihm die Chemie sogar eine französische Wissenschaft nannte.

Lavoisier stammte aus einer wohlhabenden, aus dem Bauernstand ins Großbürgertum aufgestiegenen Familie. 1770 hatte er 28-jährig die erst 13-jährige Marie geheiratet. Die Ehe wurde, obwohl sie kinderlos blieb, sehr glücklich. Im Jahr nach der Hochzeit zog das Paar in ein großes Haus in Paris, einem Geschenk von Maries Vater Jacques Paulze, der es als Hauptsteuerpächter in der sehr einträglichen Ferme générale zu großem Reichtum gebracht hatte. Auch Antoine de Lavoisier trat der Ferme bei. Dieser kleine Kreis zahlte eine Pacht an den Staat, zog ausgestattet mit allerlei staatlichen Vollmachten die Steuern ein und erhielt davon einen erklecklichen Anteil. Manche in der Académie des sciences, die ihn mit gerade erst 25 Jahren aufgenommen hatte, verstanden diesen Schritt des schon zuvor sehr reichen Lavoisier nicht, der nun zu den reichsten Bürgern Frankreichs gehörte und sich durch Großzügigkeit um Beliebtheit bemühte.

In Paris wohnte das junge Paar seit Lavoisiers Ernennung zum Inspekteur für die Schießpulverproduktion vor acht Jahren in einem großen Apartment im Arsenal, einem weitläufigen Munitionsdepot und Waffenlager. Es gelang Lavoisier, die Qualität und das Beschaffungswesen der Schießpulverproduktion entscheidend zu verbessern, und so verdankte die französische Armee viele ihrer künftigen Erfolge auch ihm.

Im Arsenal richteten die Lavoisiers ein Labor ein, das zu den modernsten und am besten ausgestatteten jener Tage zählte. Lavoisiers Frau Marie arbeitete immer an seiner Seite. Sie dokumentierte die Versuche und experimentierte mit. Sie übersetzte Fachliteratur aus dem Englischen, sie zeichnete Szenen im Labor und Darstellungen der Experimente. Als ihr Zeichenlehrer fungierte kein Geringerer als Jacques-Louis David. Sie war begabt. Auch als Gastgeberin hatte sie einen hervorragenden Ruf, obwohl sie andere gerne ihren eigenen sozialen Rang spüren ließ.

Lavoisier teilte seinen Tag minutiös ein und verschaffte sich so nahezu täglich die Gelegenheit, zwei mal drei Stunden wissenschaftlich zu arbeiten. Er ging streng nach dem Ablauf »Experiment, Ergebnis, Betrachtung« vor und brachte so System in die wissenschaftliche Arbeit. Besonderen Wert legte er auf die Präzision seiner Waagen. Auf diese Weise machte er sein Zeitalter zu dem des Wiegens; und auch dadurch zu dem der Revolution in der Chemie.

Diese Revolution drehte sich im Kern um das Verständnis des Verbrennungsprozesses und um die Elemente Wasserstoff und Sauerstoff. Dies alles verband sich mit einer Theorie, die von den schlauesten Köpfen der Zeit für unumstößlich gehalten wurde, da sie vieles erklärte. Bei dieser Theorie handelte es sich um die bereits erwähnte und nicht nur von Joseph Priestley leidenschaftlich vertretene Phlogistontheorie. Seit Priestley unabhängig von Carl Wilhelm Scheele den Sauerstoff entdeckt hatte, spekulierten die Anhänger der Phlogistontheorie, ob der Sauerstoff oder der Wasserstoff identisch mit dem geheimnisvollen Phlogiston seien, das angeblich allen brennenden Stoffen entwich und in alle erwärmten eindrang.

Priestley hatte 1774 Lavoisier in Paris besucht und ihm von seinen Beobachtungen mit dem Sauerstoff berichtet. Lavoisier vermutete nach Priestleys Ausführungen jedoch andere Vorgänge. Durch Messen und Wiegen fand er nun in jahrelangen Experimenten heraus, dass bei der Verbrennung nicht Phlogiston entwich, sondern Sauerstoff gebunden wurde. Gerade das Wiegen bestätigte ihm, dass ein Stoff nach der Verbrennung nicht leichter, sondern wegen eines im Verbrennungsprozess aufgenommenen Stoffes schwerer wurde.

Was den Wasserstoff betraf, war Lavoisier überzeugt, musste dieser, nicht, wie Cavendish annahm, aus dem Metall stammen, das man mit Säure in Kontakt gebracht hatte, sondern aus der Säure selbst. Seine Versuche aber brachten ihn nicht weiter. Im Juni hatte Lavoisier von neuen Experimenten Priestleys und Cavendishs erfahren. Lavoisier stellte die Versuche nach und gewann aus Sauerstoff und Wasserstoff tatsächlich Wasser. Im November trat er vor die Akademie. Sein Schluss: »Die Verbrennung der beiden Luftarten und ihre Umwandlung zu Wasser, Gewichtsteil für Gewichtsteil, erlaubt kaum noch Zweifel daran, dass diese Substanz, die bislang als Element betrachtet wurde, ein zusammengesetzter Stoff ist.«

Mit dieser Feststellung brachte Lavoisier die seit Aristoteles herrschende Auffassung von Luft und Wasser als unzerteilbare Elemente zum Einsturz. Nun wankte auch die Phlogistontheorie, die er sogleich mit der Veröffentlichung einer Schrift attackierte. Er erwartete nicht, dass seine Ideen sofort aufgegriffen würden, denn: »Wer während eines großen Teils seiner Laufbahn die Natur unter einem bestimmten Gesichtspunkt betrachtet hat, kommt nur schwer zu neuen Ideen.«

Doch hier irrte er sich. Lavoisiers Erkenntnisse waren so bezwingend, dass sie rasch akzeptiert wurden. Wenn auch nicht von Priestley. Der hielt an der Phlogistontheorie fest. Seine Freunde von der Lunar Society waren ihm treu beigesprungen, doch mit diesem Kampf gegen die »französische Chemie« taten sie ihrer Reputation keinen Gefallen.

Tatsächlich ging es auch hier um die ewige Rivalität von England und Frankreich. Nicht nur in der Kultur, auch in der wissenschaftlichen Haltung. Priestley und seine Anhänger in England vertrauten eher ihrer Erfahrung, ihren Sinnen und Schlussfolgerungen, Lavoisier seinen genauen Experimenten und Messungen. Die Konkurrenz wissenschaftlicher Herangehensweisen schlug sich auch im Kampf um Begriffe nieder. Während Priestley zu mythischen Begriffen tendierte, wählte Lavoisier konkrete. Für das neu entdeckte Element, das ein wichtiger Bestandteil bei der Bildung von Säuren war, hatte er schon 1779 die Bezeichnung Oxygenium (Säurebildner) angeregt.

Am 25. November verabschiedete sich George Washington von seinen Offizieren. Er hatte sie in New York in die Fraunces Tavern geladen. Mit Tränen in den Augen gab er jedem die Hand, dankte ihm und küsste ihm die Wange. Mit einem gerührten wortlosen Winken verließ er seine Männer, bestieg ein Boot und entschwand.

Am 23. Dezember gab er in Annapolis die Kommandogewalt an den Kongress zurück und zeigte so erneut seine Überzeugung von der Vorherrschaft der Politik vor dem Militär und der Sache vor dem einzelnen Menschen. Damit setzte er ein Beispiel, das ihm weder in diesem noch in späteren Zeitaltern kaum ein Revolutionär nachmachen sollte. Aber er gab ein bedeutendes Signal für das politische Selbstverständnis des jungen Staates und für jede moderne republikanische Gesellschaftsordnung. Er ritt nach Hause.

Am nächsten Tag abends traf er rechtzeitig zum Beginn des Weihnachtsfests wieder auf Mount Vernon ein. An seinen

Freund Lafayette schrieb er: »Ich beneide niemanden und bin entschlossen, mit allem zufrieden zu sein.« Washington glaubte, nicht mehr viel Zeit zu haben.

In England schneite es am Weihnachtsabend heftig. Bis in den April hinein sollte der Schnee liegen bleiben. Am 26. Dezember gelang es dem unermüdlichen Erasmus Darwin in Derby, auch die Lunar Society zu Ballonpionieren werden zu lassen. Er war an diesem Tag der vermutlich erste Brite, der einen Wasserstoffballon fliegen ließ. Der Ballon maß 5 Fuß im Durchmesser. In Frankreich lächelte man vermutlich darüber.

Am zweitletzten Tag des Jahres kaufte Immanuel Kant für 5500 Gulden von der Witwe des Porträtmalers Johann Gottlieb Becker ein Haus am Prinzessinplatz. Das Haus, in dem er die nächsten zwanzig Jahre bis zu seinem Tod wohnen sollte. Es war ein bescheidenes Haus, das nach hinten, wo der Garten lag, zu einem kleinen Hang abfiel. Im Erdgeschoss befand sich ein Raum, den er als Hörsaal nutzte.

Margaretchen, Margaretchen!« In Göttingen fand Lichtenberg zu neuem Glück. Im Mai war Margarete Elisabeth Kellner, die 15-jährige Tochter eines Weißbinders, in seine Dienste getreten. Nun im Winter begannen die beiden ein Liebesverhältnis. Sie hielten es streng geheim.

1784
Asche und Schnee

In Mannheim schneite es tagelang, wie schon im Dezember, und Friedrich Schiller war bedrückt. In diesem kalten Winter schmerzte es vielleicht noch mehr, wenn man jemanden vermisste: Er solle doch bitte wieder zurück in die Heimat kommen, baten die Eltern. Der Vater wünschte die Rückkehr des Sohnes um nahezu jeden Preis. Jetzt, am Neujahrstag, schrieb Schiller seiner Schwester Christophine und teilte fest entschlossen mit: sollten seine Forderungen an den Herzog – vor allem die in dem abgewiesen Bittschreiben formulierte Forderung, in seiner Heimat wieder literarisch arbeiten zu dürfen – nicht erfüllt werden, könne er nie und nimmer zurückkehren. Er fürchtete auch nach wie vor seine Verhaftung und Einkerkerung.

Der niederländische Arzt und Wissenschaftler Jan Ingenhousz hatte Benjamin Franklin gefragt, welche Zukunft er für die Ballonluftfahrt sehe. Der schickte am 16. Januar, dem Tag vor seinem 78. Geburtstag, seinen Antwortbrief. Darin stellte er vor allem militärische Überlegungen an. 5000 Ballons, so sinnierte er, würden zusammen kaum so viel wie ein Linienschiff kosten. Selbst wenn jeder nur zwei bewaffnete Männer an Bord hätte, wer könnte sie abwehren?

Einen Tag später, am 17. Januar, berichtete Darwin in einem Brief an Matthew Boulton von dem Ballon, den er auf den Weg zu ihm geschickt hatte und der laut Berechnungen in Boultons Garten hätte landen sollen. Doch der Wind habe ihn in einen vollkommen anderen Garten getrieben. Ferner gab Darwin in diesem Brief seiner Hoffnung Ausdruck, dass »Philosophie und Feuermaschinen« weiterhin gut liefen. Auch in England schneite es weiterhin heftig.

Erst im Februar hörten die Eruptionen in Island auf. Die monatelang ausgestoßenen Aschewolken dämpften das Licht der Sonne. Doch mochte es so kalt und so dunkel sein, wie es wollte, was das Ballonfahren betraf, jagte ein Ereignis das andere.

Während Matthew Boulton in England vielleicht gerade Erasmus Darwins Brief in Händen hielt und von dessen Ballonversuchen las, startete in Lyon am 19. Januar ein Heißluftballon, den man nach dem Finanzier des Ballons den Namen Flesselles gegeben hatte. Mit an Bord war Joseph Montgolfier, der weit Wagemutigere der beiden Brüder und auch der einzige, der je flog. Der Ballon maß 50 Meter an Höhe und 30 Meter im Durchmesser und war damit das bisher größte je gebaute Luftgefährt. Sieben Personen bestiegen die Gondel. In nur einer Viertelstunde blies ein Strohfeuer den Ballon auf, der bis auf etwa 1000 Meter Höhe hinaufstieg und dort zwölf Minuten blieb.

Aus der Ballonluftfahrt schienen so viele Möglichkeiten zu erwachsen. Es lag auf der Hand, Geld mit Vorführungen zu verdienen. Seit Beginn zogen die Ballonfahrer Menschenmassen an, und schon bei den Vorführungen der Montgolfiers hatte das Publikum für Tribünenplätze bezahlt. Ja, es herrschte regelrecht eine Ballonmanie. Ballons zierten Tassen und Teller. Ballonrunde Lampenschirme wurden Mode.

Diese umfassende Begeisterung inspirierte Jean-Pierre Blanchard zu seinem eigenen Ballonvorhaben. Er hatte mit 16 Jahren ein Tretauto gebaut, einen Vorläufer des Fahrrads, und damit die verblüfften Blicke der Menschen auf der Landstraße von Rouen geerntet. Später hatte er nach einer Mechanikerlehre Wasserpumpen und hydraulische Maschinen konstruiert. Seine große Leidenschaft aber galt der Erfindung von Fluggeräten. Er hatte mit Flügeln experimentiert, die den Vogelflug nachahmen, und er behauptete, er sei früher geflogen als die Montgolfiers. Blanchard war eine Mischung aus Wissenschaftler und Aufschneider, ein kleiner Newton und ein kleiner Cagliostro in einem. Nun – er war jetzt 31 Jahre alt – wollte er die Ballonluftfahrt weiterentwickeln und damit den Lebensunterhalt für sich, seine Frau und seine vielen Kinder verdienen. Zumindest von seiner Gestalt schien Blanchard für die Luftfahrt geschaffen. Er war klein, und er wog nur wenig mehr als 50 Kilo.

Knapp einen Monat nach der spektakulären Ballonfahrt Joseph Montgolfiers wollte Blanchard am 14. Februar Aufsehen erregen, indem er einen Heißluftballon nach Art der Brüder Montgolfier mit einer Lenkgondel aufsteigen lassen und den Flug so steuern wollte. Dafür hatte er an der Gondel Flügel und eine Finne wie den Schwanz eines Vogels angebracht, was auch das Interesse des Militärs weckte. Ein Verrückter aber attackierte, weil er keinen Platz in der Gondel bekam, Blanchard mit einem Degen. Chaos brach aus, der Start scheiterte, und man hielt Blanchard für einen Scharlatan.

Da Blanchard daraufhin Startverbot in Paris bekam, wich er aus und stieg am 18. Juli mit Dominique Bertrand Joseph Boby im Norden Frankreichs bei Rouen auf und landete in der Ebene von Puissanval.

Am nächsten Tag startete er erneut. Diesmal überredeten ihn die Marquise de Brossard, die Comtesse de Bouban und Madame Dejean, mit ihm im Ballon aufsteigen zu dürfen. Blanchard willigte ein und ließ den an Seilen befestigten Ballon auf etwa 25 Meter Höhe steigen. Die Damen maßen, nacheinander aufsteigend, gewissenhaft Geschwindigkeit und Höhe. Die Comtesse de Bouban nahm auf ihrem Flug sogar noch ein Kind der Marquise de Brossard mit, und Blanchard entdeckte trotz starken Windes in ihren Gesichtern »selbst am höchsten Punkt« nicht die geringsten Anzeichen von Angst. Danach reiste er nach England. Er suchte Mäzene.

Es schien ungeheuerlich, doch womöglich waren Mensch und Affe verwandt. Goethe hatte sich unter anderem in Justus Christian Loders anatomischer Anstalt in Jena weiter mit der Anatomie beschäftigt. Ein bestimmter Knochen ging ihm nicht aus dem Kopf, das sogenannte »Os intermaxillare«, auch Zwischenkieferknochen genannt. Alle Säugetiere besaßen ihn. Daher musste er auch beim Menschen zu finden sein. Tatsächlich war er beim Menschen angelegt, bildete sich aber schon vor der Geburt zurück und zeigte sich nur noch als feine Nahtstelle. Goethe entdeckte diese kaum zu erkennenden Spuren am 27. März an dem Schädel eines menschlichen Embryos. Er wusste damals noch nicht, dass Johann Friedrich Blumenbach und der französische Arzt Félix Vicq d'Azyr dies schon zuvor beschrieben hatten.

»Ich habe eine solche Freude, dass sich mir alle Eingeweide bewegen«, berichtete er Charlotte von Stein. Johann Gottfried Herder ließ er wissen: »Ich habe gefunden – weder Gold noch Silber, aber was mir eine unsägliche Freude macht – das os intermaxillare beim Menschen. [...] Nun bitt' ich Dich, lass dich nichts merken, denn es muss geheim behandelt werden. Es soll Dich recht herzlich freuen, denn es ist wie ein Schlussstein zum Menschen [...].«

Goethe machte sich prompt an die Niederschrift eines kleinen Textes mit dem Titel *Über den Zwischenkiefer des Menschen und der Tiere.* Veröffentlichen sollte er den Text erst im übernächsten Jahr. Dort hieß es dann: »Welch eine Kluft zwischen den Osse intermaxillari der Schildkröte und des Elefanten! Und doch lässt sich eine Reihe Wesen dazwischen stellen, die beide verbindet.«

Zwei Theaterstücke sorgten kurz nacheinander in den beiden ungleichen Ländern ihrer Uraufführung für Aufsehen. Das, wovon sie erzählten, lief jedoch auf Ähnliches hinaus.

Am 13. April kam Schillers *Luise Millerin* unter dem Titel *Kabale und Liebe* in Frankfurt am Main zur Uraufführung. Beendet hatte er das Werk im Vorjahr im Stil des von Gotthold Ephraim Lessing begründeten neuen Genres des bürgerlichen Trauerspiels, welches vor allem Charaktere des Bürgertums in den Mittelpunkt rückte. Obwohl gerade die Einflüsse von Lessings dafür beispielhaftem Stück *Emilia Galotti* klar zu erkennen waren, war *Kabale und Liebe* zugleich ein Werk des Sturm und Drang, da vor allem die Gefühle der Handelnden die Geschehnisse vorantrieben.

Beherrschendes Motiv in *Kabale und Liebe* bildete der Konflikt zwischen Bürgertum und Adel. Schiller zeigte die Intrigen des Adels, seine von Versailles inspirierte Verschwendungssucht, deren Finanzierung durch den Soldatenhandel, die Willkürherrschaft, das Mätressenwesen. Alle erkannten: Schiller klagte indirekt seinen Herzog an.

In *Kabale und Liebe* konnte man auch die praktische Umsetzung von Schillers Sicht auf das Theater sehen, die er in seiner in diesem Jahr veröffentlichten theoretischen Schrift *Die Schaubühne als eine moralische Anstalt betrachtet* dargelegt hatte. Das Theater habe einen Erziehungsauftrag und müsse auf der Bühne die Gerechtigkeit der von Gott geschaffenen Ordnung der Welt wiederherstellen.

Zwei Wochen nach der Uraufführung von *Kabale und Liebe* in Frankfurt am Main kam in Paris am 27. April im Théatre Français *Die Hochzeit des Figaro* zur Uraufführung. Der nicht mehr ganz junge 52-jährige Verfasser Pierre-Augustin Caron de Beaumarchais gehörte zu den vielen Glücksrittern und Abenteurern der Epoche: hochintelligent, vielseitig begabt und skrupellos. Er hatte das Handwerk seines Vaters erlernt, es zum königlichen Uhrmacher gebracht und eine reiche Witwe geehelicht, die bald darauf verstorben war. Man tuschelte darüber, ob er nachgeholfen habe. Über die Pompadour hatte er einst ersten Zugang zum Hof bekommen und dort für adelige Liebhabertheater erste Stücke verfasst. Den Adelstitel führte Beaumarchais, seit er die lukrative Stelle eines königlichen Sekretärs ergattert hatte und dies prompt nutzte, um sich zu bereichern. Über Frankreichs Grenzen hinaus bekannt, war Beaumarchais' Privatleben selbst für Goethe interessant geworden. Goethes Stück *Clavigo* von 1774 – besagter Clavijo, wie er eigentlich hieß, hatte ein unklares Verhältnis mit Beaumarchais' Schwester – basierte auf einem Roman Beaumarchais' darüber.

Beaumarchais verlor zwischenzeitlich seine französischen Bürgerrechte, gewann sie aber wieder, indem er während des Amerikanischen Unabhängigkeitskrieges für Frankreich unter anderem in London spionierte und für die französische Regierung eine Schattenfirma gründete. Über diese besorgte er in großem Umfang Waffen, Material und auch Schiffe für Washingtons Kampf. General John Burgoynes Truppen bei Saratoga waren vor allem von Beaumarchais ausgerüstet worden.

Seit einiger Zeit bemühte sich Beaumarchais um die öffentliche Aufführung seines Stückes *Die Hochzeit des Figaro.* Wie dies schließlich gelang, ist eine besondere Geschichte zum Niedergang der absolutistischen Herrschaft in Frankreich: Drei Jahre zuvor hatte die Comédie-Française das Werk angenommen und die Zensur die Aufführung genehmigt. Doch als Louis XVI. und Marie Antoinette sich das Stück von einer Hofdame vorlesen ließen, war Louis entsetzt. Das dürfe niemals gespielt werden, rief er aus. Die angekündigte öffentliche Aufführung wurde abgesagt, nur eine Privatvorführung zu Ehren seines Bruders fand statt. Schließlich stimmte man Louis um, womöglich mit Marie Antoinettes Hilfe. Auch dies steckte voller Ironie. Denn Beaumarchais erwirtschaftete längst nebenher ein erkleckliches Einkommen mit dem Verfassen von Schmähschriften, die oft bezahlte Auftragsarbeiten waren. In Wien hatte er sich zudem einst bei Maria Theresia anheischig gemacht, eine Schmähschrift gegen Marie Antoinette, die vermutlich aus seiner eigenen Feder stammte, gegen Geld aus dem Verkehr zu ziehen – woraufhin man ihn kurzzeitig einkerkerte.

Nun, da man *Die Hochzeit des Figaro* öffentlich aufführte, wurde sie rasch populär, denn das Publikum erkannte darin, wie heiter-subversiv eine Rebellion gegen das Regime sein konnte. Die Figur des einstigen Barbiers Figaro, dessen Name als scherzhafte Bezeichnung für Friseure nicht nur in die französische Sprache einging, wurde zum Prototyp eines selbstbewussten Bürgers, der sich gegen die Privilegien des Adels zur Wehr setzt. Ein Bürger, der um seine Rechte weiß und sich mit Humor und

Intelligenz gegen seinen arrogant-dummen Herrn wehrt, der sein »Recht auf die erste Nacht« an der Verlobten des Figaro auszuüben gedenkt.

Georg Forster war sich in den Verhandlungen mit dem polnischen Königshaus tatsächlich einig geworden. Es ging also nach Wilna. Nicht nur ein gutes Gehalt war zugesagt, obendrein hatte man ihm zum Begleichen seiner Kasseler Schulden ein großzügiges Geldgeschenk gemacht. Forster gab seine Stellung in Kassel auf. Der Landgraf gewährte ihm einen ehrenvollen und freundlichen Abschied. Von den Rosenkreuzern verabschiedete sich Forster in der Hoffnung, sie endgültig aus seinem Leben zu verbannen. Doch seine Reise trat er am 23. April im Grunde auch mit dem Wunsch an, gar nicht anzukommen. Forster zog es nicht »zu den Bären«, wie er sich ausdrückte.

Zurück blieb das bekannteste Porträt von ihm. Freund Spener hatte es in Auftrag gegeben. Wir wissen nicht, ob es der ältere Tischbein – Onkel des späteren Goethe-Malers – oder Anton Graff gemalt hat. Das Porträt zeigt einen nachdenklich, verträumt bis forschend blickenden jungen Mann mit teigigem, leicht fülligem Gesicht und etwas femininen Zügen. Es verschweigt rücksichtsvoll die Pockennarben und die schlechten Zähne.

Seine über 1000 Kilometer lange Reise nach Wilna dehnte Forster aus, wie eben jemand, der im Grunde nicht ankommen will. Mit der Begründung, Studien treiben zu müssen, hatte er sich die Erlaubnis geholt, an mehreren Orten Halt machen zu dürfen. Im Mai wollte er in Weimar sein, wo ihm Goethe Logis anbot.

Freund Soemmerring begleitete ihn auf der ersten Etappe bis Hannoversch Münden, wo sie sich tief bewegt verabschiedeten. Als Forster in der Nacht Göttingen erreichte und am Haus Christian Gottlob Heynes vorbeifuhr, jenes Gelehrten, der ihm längst sehr nahestand, brannte dort im Arbeitszimmer noch Licht.

Forster bedrückte, welche Angelegenheit zwischen ihm und

den Menschen in diesem Haus gerade in der Schwebe lag. Vor kurzem war er noch dort gewesen. Heyne hatte ihn bestärkt, den Schritt nach Wilna zu wagen. Dann stellte ihm Forster eine überraschende Frage. Schon seit einiger Zeit wollte er eine Ehe eingehen. Nur hatte er nicht gewusst, welche Frau er wählen sollte. Schließlich war ihm Heynes lebhafte und frühreife Tochter Therese in den Sinn gekommen. Vieles passte für Forster bei der Idee zusammen. Therese schien mit ihrer Frische, Neugier und Stärke die perfekte Kameradin. Sie könnte ihn, den oft zaudernden Grübler ermutigen und stützen. Und ihr Vater war ohnehin längst eine Vaterfigur für ihn. Er bat Heyne um dessen Einwilligung. In der Tat zeigte Therese sich nicht abgeneigt, Forster als dessen Frau nach Wilna zu folgen. Das Abenteuer lockte. Der verblüffte Heyne beriet sich mit seiner Frau und stimmte dann weder zu, noch lehnte er ab. Die Zeit sollte es fügen, und er erlaubte, dass sie sich schrieben. Die Briefe allerdings sollten durch seine Hand gehen.

Jetzt, auf der Reise nach Wilna, übernachtete Forster in Göttingen im Dieterich'schen Haus bei Lichtenberg. Nach einem bewegten Abschied am nächsten Morgen reiste Forster durch die grüne Landschaft weiter, betrachtete den Fluss, der »so nahe bey dem Haus vorbey« fließt, »wo mein Herz begraben liegt«.

Am 12. Mai traf er in Leipzig ein, wo gerade die Buchmesse stattfand. Bei seinem alten Freund Spener bezog er Quartier und bestellte bei ihm Bücher für die Einsamkeit von Wilna. Werke von Goethe, Wieland und Herder. Die Bücher sollten auch für seine Frau sein, die er »bald, bald haben« wollte. Dann reiste er weiter. Weimar ließ er aus. Vielleicht traute er sich nach wie vor nicht zu Goethe. Zu den nächsten Zielen gehörten Wien, Krakau und Warschau.

Neue Reize griffen nach Schillers Herz und Seele. Am 9. Mai lernte er in Mannheim Heinrich und Charlotte von Kalb kennen. Die hübsche, üppige und umtriebig selbstbewusste Charlotte war nur zwei Jahre jünger als Schiller und wie ihre Tante Henriette von Wolzogen eine geborene Marschalk von Ostheim. Schiller fand sie sofort geistreich und bezaubernd.

Charlotte liebte ihren Mann nicht, mit dem sie die Ehe im Vorjahr aus finanziellen Gründen geschlossen hatte. Heinrich von Kalb, einst Offizier eines französischen Fremdenregiments im Amerikanischen Unabhängigkeitskrieg und von George Washington persönlich ausgezeichnet, war weltläufig, aber etwas brav.

Als Schiller und Charlotte sich begegneten, erwartete sie das erste Kind. Im August zog sie nach Mannheim. Am 8. September kam der Sohn zur Welt. Bei der Geburt traten Komplikationen auf. Schiller besorgte einen Arzt und wachte am Krankenbett. Ihren Sohn nannte Charlotte Friedrich und rief ihn Fritz.

Schiller und Charlotte von Kalb wurden enge Vertraute, vermutlich auch ein Liebespaar. In Adelskreisen knüpfte sie nun Verbindungen für ihn. Zugleich hatte sich noch eine andere Tür für Schiller geöffnet. Und durch diese sollte er bald schreiten. Ende Mai hatten Christian Gottfried Körner, seine Frau Minna, deren Schwester Dora und ihr Verlobter, der Schriftsteller Ludwig Ferdinand Huber, einen Brief nach Mannheim geschickt und Schiller in aller Form ihre Freundschaft angetragen. Sie hatten gemeinsam Schillers *Die Räuber* gelesen und waren davon überwältigt gewesen. Freundschaftsbünde weihevoll zu schließen gehörte zu den Moden der Zeit. Und verbunden mit dem Antrag der Freundschaft luden sie ihn nach Leipzig ein.

Goethe konnte indes von seinen Knochenstudien nicht lassen. Er entsann sich des Elefantenschädels, den er im Jahr zuvor bei Soemmerring in Kassel gesehen hatte. Am 14. Mai fragte er in einem Brief an: »Die Zoologie macht mir manche angenehme Stunde und Sie könnten dieselben sehr vermehren, wenn Sie mir den Schädel Ihres Elefanten-Skelettes nur auf vier Wochen borgen wollten, er sollte auf das gewissenhafteste verwahrt werden.«

In den ersten Junitagen dieses Sommers, der weit kälter und kürzer werden sollte als andere, schickte Soemmerring den großen Schädel nach Eisenach, wo Goethe einige Wochen dienstlich zu tun hatte. Goethe dankte: »Ich halte ihn im innersten Zimmergen versteckt, damit man mich nicht für toll halte. Meine Hauswirtin glaubt, es sei Porzellan in der ungeheuren Kiste.«

Thomas Jeffersons Frau Martha war zwei Jahre zuvor nach der Geburt des sechsten Kindes verstorben. Tief erschüttert hatte er sich monatelang aus der Öffentlichkeit zurückgezogen. Nun traf er am 6. August in Paris ein, um Benjamin Franklin als Botschafter der jungen Vereinigten Staaten von Amerika abzulösen. Zwar verbreitete er nicht den Charme und Witz seines Vorgängers, doch die Franzosen empfingen den Verfasser der Unabhängigkeitserklärung mit Begeisterung.

Jefferson bezog Quartier im Hôtel de Langeac. Kaum jemand wusste in Frankreich, dass seinerzeit in Jeffersons Heimat Virginia ein Drittel der Bevölkerung Sklaven waren. Jefferson selbst besaß hunderte Männer und Frauen. Es fiel nicht sonderlich auf, dass Jefferson die Tatsache der Sklaverei leibhaftig mit nach Paris brachte. Er wurde begleitet von seiner elfjährigen Tochter Martha und seinem Sklaven James Hemings. Mit Blick auf die beiden und ihr Verhältnis zu Jefferson entfaltete sich eine Konstellation wie aus der griechischen Götterwelt, die jedoch die allzu menschlichen Abgründe der Zeit aufzeigte.

Bei dem 19-jährigen James Hemings handelte es sich um den Sohn von Jeffersons Schwiegervater, der ihn und weitere fünf Kinder mit einer seiner Sklavinnen gezeugt hatte. Als Jeffersons Schwiegervater starb, gingen die Sklavin und ihre Kinder in den Besitz von Jeffersons Frau über und durch die Heirat dann in Jeffersons Besitz. Damit arbeiteten also Halbbrüder und Halbschwestern von Jeffersons Ehefrau als deren Haussklaven.

In Paris würde Jefferson bald seine jüngere Tochter Mary nachkommen lassen. In ihrer Begleitung Hemings' 13-jährige

Schwester Sally, hübsch und von etwas hellerer Hautfarbe. Mit Jeffersons Verhältnis zu ihr sollten sich die Dinge auf ihre merkwürdige Art noch weiter entwickeln.

Am 29. Juli traf Georg Forster in Wien ein. Für den Abend darauf waren im Prater der Aufstieg einer Montgolfiere und ein anschließendes Feuerwerk angekündigt. Wegen widriger Winde musste das Ballonschauspiel entfallen, aber das krachende Farb- und Lichtspektakel des Feuerwerks beeindruckte Forster. In Wien schloss er nun neue Freundschaften, besuchte Abendgesellschaften, tanzte Menuett, flirtete. Therese wurde in Göttingen aufgrund seiner Berichte, obwohl ihrer Gefühle für ihn noch immer nicht sicher, eifersüchtig.

Am 23. August besuchte Forster eine Oper. Im Publikum saß auch Mozart. Kennengelernt haben sie sich wohl nicht. Am nächsten Vormittag ging Georg Forster zum Empfang bei Kaiser Joseph II. Zehn Minuten dauerte das Gespräch, das eher einem Verhör durch den Kaiser glich. Forster will nach Polen? Zu den Halbwilden? Joseph schüttelte den Kopf. »Was wollen Sie denn da machen?«, fragte er weiter. »Naturgeschichte lehren«, erwiderte Forster. »Ich dächte, anstatt Wissenschaften, müsste man ihnen erst das ABC lehren«, spöttelte Joseph. »Nun, Sie werden nicht in Polen bleiben«, prophezeite er ihm. Dann fragte Joseph nach Banks und Cook, aber ein Angebot machte der Kaiser Forster nicht. Nur sein »Ich denke, ich sehe Sie bald einmal wieder«, im Zusammenhang mit Polen, könnte er vielleicht später einmal für eine Bewerbung aufgreifen.

Am 14. September verließ Georg Forster Wien, am 22. September notierte er in sein Tagebuch: »Was man glücklich nennt, war ich nie.«

Am 31. August war Schillers Theatervertrag in Mannheim ausgelaufen. Dalberg riet ihm, weiter Medizin zu studieren. Ein versteckter Hinweis und Tadel. Gründe lagen sicher in Schillers schroffem Benehmen und in seinem Umgang mit den Schauspielern. Aber auch sein Ruf, er sei ein Revoluzzer, machten es für Dalberg schwierig, ihn auf seine Lohnliste zu setzen. Kurfürst Carl Theodor, Dalbergs Dienstherr, hatte von seinem Theatermeister Auskunft über Schiller angefordert.

Schillers Geldnot wurde schlimmer. In einem Brief an Henriette von Wolzogen am 8. Oktober erklärte er sich. Er wusste auch um ihre finanzielle Not und versprach, im Laufe des nächsten Jahres seine Schulden zu zahlen. Aber: »Jetzt gleich kann ich Ihnen unmöglich etwas von meiner Schuld bezahlen. Es ist schrecklich, dass ich das sagen muss, aber schämen darf ich mich nicht, denn es ist Schicksal. Man ist nicht deswegen strafbar, weil man unglücklich ist. Ich bin fast das ganze verflossene Jahr krank gewesen. Ewig nagender Gram, Ungewissheit meiner Aussichten kämpfte gegen meine Wiedergenesung.«

In einem anderen Teil seiner Lande sah Kurfürst Carl Theodor derweil die neue Zeit ankommen. In Ratingen hatte der Fabrikant Johann Gottfried Brügelmann eine Fabrik errichtet. Ermöglicht hatte ihm das hartnäckige Industriespionage, unter anderem in den Fabriken des Erfinders und Unternehmers Richard Arkwright in England. Nun im Sommer nahm Brügelmanns Spinnerei als erstes Werk dieser Art auf dem europäischen Festland seine Arbeit auf und läutete auch hier das Fabrikzeitalter ein; mit Maschinen, die Brügelmann aus England hatte schmuggeln lassen, und mit Arbeitern, die er zum Teil aus England abgeworben hatte. Von Carl Theodor erhielt Brügelmann das alleinige Recht auf Betreiben einer Produktion dieser Art auf zwölf Jahre; gerne hätte er 40 Jahre gewährt bekommen, nun fürchtete er selbst Industriespionage und Nachahmer.

Am 17. Oktober endete die viereinhalbjährige Schulzeit Napoleon Bonapartes an der Militäranstalt von Brienne. Der Inspizient der Schule hob die Kenntnisse des Eleven in Geschichte und Geografie, vor allem seine Begabung für Mathematik hervor, bemängelte jedoch: »Er ist sehr schlecht im Tanzen und Zeichnen.«

Dementgegen: »Er wird einen vortrefflichen Seemann abgeben.« Napoleon Bonaparte wollte tatsächlich zur Marine, doch Plätze waren gerade keine frei. Und aufgrund seiner mathematischen Fähigkeiten und Begabung teilte man ihn an der École militaire in Paris in die Klasse für die Artillerie ein.

Während der zeichnerisch begabte Napoleon Bonaparte zur Artillerie ging, setzte in Rom ein anderer ein entscheidendes und nachhaltiges Zeichen; und zwar in Form eines monumentalen Gemäldes. Es hieß *Der Schwur der Horatier* und maß mehr als 3 × 4 Meter.

Jacques-Louis David war, um Studien für dieses Auftragswerk des französischen Königs zu betreiben, erneut in die Ewige Stadt gereist, in der er zuvor schon wichtige Lehrjahre verbracht hatte. Nach dem Gewinn des Prix de Rome für Malerei, verbunden mit einem mehrjährigen Stipendium für das Studium vor Ort, hatte der Sohn aus wohlhabendem Haus in Rom Caravaggio und Poussin studiert, die Antike und die Renaissance inhaliert. Vor allem die Werke Raffaels prägten sich ihm tief ein. Damals meinte er noch, die Antike würde ihn nicht verführen können. Sie sei zu statisch. Nach Paris zurückgekehrt, nahm ihn die Académie auf, und er heiratete die Tochter des Superintendenten der königlichen Bauten. Nun war er richtig reich. Und bald auch noch Vater von vier Kindern.

Den Auftrag für das Gemälde hatte ihm das französische Königshaus erteilt und ihm die Wahl des Motivs überlassen. David entschied sich für die altrömische Geschichte vom Kampf dreier Söhne der Familie der Horatier gegen drei Söhne der Familie der Curiatier. Sie sollten stellvertretend den Streit ihrer Heimatstädte ausfechten. Die Horatier kämpften für Rom, die Curiatier für die feindliche Nachbarstadt Alba Longa.

David sagte, nur in Rom könne er Römer malen, und reiste mit seiner Frau und einigen seiner Schüler wieder in die Ewige Stadt. Das Bild, das die drei Söhne der Horatier mit erhobenen Armen zum Schwur vor den vom Vater entgegengestreckten

Schwertern zeigt, ist von einer strengen, in den Fluchtlinien geradezu geometrischen Komposition. Auch in dieser klaren und bezwingenden Strenge erkannte das Publikum die Ideale der Aufklärung, vor allem aber sah es im Schwur der Söhne die bildgewordene republikanische Idee Rousseaus vom Gesellschaftsvertrag: Der Einzelne unterstellt sich dem als gut erkannten Großen und Ganzen.

Für David bedeutete dieses Gemälde einen entscheidenden Schritt zum Ruhm. Bereits in Rom, wo er es nach der Fertigstellung ausstellte, bewunderte das Publikum das Werk in Scharen. Es traf, ohne dass es Davids unmittelbare Absicht war, den unruhigen Zeitgeist, brach in der Malerei mit dem Rokoko und gilt als ein stilbildendes Werk des Klassizismus.

Die ersten Eindrücke von Polen waren für Georg Forster enttäuschend. Schon hinter der Grenze nur baufällige Häuser und dreckige Straßen. So blieb es auch in Grodno, wo er Station machte, um während des Reichstages dem König Stanislaus II. vorgestellt zu werden.

Am Donnerstag, dem 18. November traf Forster in Wilna ein. Auch hier Dreck und Verfall. Die ihm zugewiesenen Wohnräume in einem Teil der Universität waren klein, niedrig, heruntergekommen und spärlich möbliert. Die Ausstattung der Universität stellte sich als jämmerlich heraus, das Budget ebenso. Auch gab es kaum Studenten, die Vorlesungen wurden eher von Bürgern der Stadt besucht, die Zerstreuung suchten. Forster verglich die Polen bald mit den Einwohnern Feuerlands, die ihn einst auf der Reise mit Cook so entsetzt hatten.

Doch er beschloss, durchzuhalten. Immerhin hatte man ihm seine Schulden bezahlt. Nun versuchte er Therese nach Wilna zu locken. Er brauchte Gesellschaft. Und da, so gestand er Freund Soemmerring »ich Dich nicht haben kann«, sei »Therese von dieser Seite die zweite auf der Liste«. Obendrein würde eine Frau ihn zur Sparsamkeit verpflichten. Zudem wisse er nunmehr »eine volle feste Brust, ein schönes Auge, einen Mund« zu schätzen.

Thereses Vater gab nun tatsächlich sein Einverständnis. Georg Forster wollte daher im Sommer nach Göttingen kommen, Therese heiraten und sie dann mit nach Wilna nehmen. Therese ließ er wissen: »Ich glaube nicht, dass Sie sich je über den zu feurigen Liebhaber beklagen werden, aber den treuen, den gutmeinenden, den dankbaren, den zärtlichen, [...] den hoffe ich, werden Sie nicht an mir vermissen.«

Während Forster in Wilna damit begann, Ehebett, Schränke und Kommoden zu erstehen, veröffentlichte im Dezember im etwa 350 Kilometer weiter westlich gelegenen Königsberg sein Professorenkollege Immanuel Kant einen Text, der berühmt werden sollte.

In der *Berlinischen Monatsschrift*, die Kants kurzen Aufsatz druckte, war zuvor die Frage gestellt worden, ob eine religiöse Hochzeitszeremonie noch mit dem Geist der Aufklärung zu vereinen sei. Als ein Pastor daraufhin in der Zeitschrift fragte, was Aufklärung denn sei, hatte Kant den Text *Beantwortung der Frage: Was ist Aufklärung?* verfasst. Er begann mit den berühmt gewordenen Worten: »Aufklärung ist der Ausgang des Menschen aus seiner selbstverschuldeten Unmündigkeit. Unmündigkeit ist das Unvermögen, sich seines Verstandes ohne Leitung eines anderen zu bedienen.« Kants Text endete mit: »Sapere aude! Habe Mut, dich deines eigenen Verstandes zu bedienen! ist also der Wahlspruch der Aufklärung [...].«

Lafayette hatte sich im Juli etwa zur gleichen Zeit, da sein Freund Jefferson nach Paris gereist war, wieder auf den Weg nach Amerika gemacht. Nun, Ende November, verbrachte er nach zahlreichen Treffen und Feierlichkeiten mehrere Tage bei George Washington in Mount Vernon und berichtete seiner Frau Adrienne, der General Washington im Ruhestand sei sogar noch größer als der der Revolution.

Washington selbst ahnte nicht, wie viel das Leben noch für ihn bereithielt. Er dachte eher an sein Ende. Die Männer in seiner

Familie waren selten älter als 50 Jahre geworden. Längst kümmerte er sich um sein Bild in der Geschichte, ließ seine Papiere der Kriegsjahre zusammentragen und dokumentieren, während er mal mehr, mal minder begeistert Bewunderer und Biographen empfing. Geduldig saß er Porträtisten, die sich die Klinke in die Hand gaben, für sein Konterfei Modell.

Eine einstige Besucherin Washingtons beschloss am 5. Dezember in Boston ihr Leben. Die Dichterin und ehemalige Sklavin Phillis Wheatley hatte während der Ehe mit einem freien schwarzen Lebensmittelhändler zwei Kinder bekommen, die aber als Kleinkinder verstarben. In diesem Jahr war ihr Mann in Schuldhaft geraten und hatte sie verlassen. Hochschwanger musste sie sich als Küchenhilfe niedersten Rangs in einem Boardinghouse durchschlagen und dabei alle niedrigen körperlichen Arbeiten verrichten.

Nun starb Phillis Wheatley, nur etwa 31 Jahre alt, im Wochenbett und ihr drittes Kind wenige Stunden nach ihr. Sie hatte an einem zweiten Gedichtband gearbeitet. Er wurde nie gedruckt. Nur 56 Gedichte und 22 Briefe sind von ihr erhalten.

1785
Dazwischen

Von England nach Frankreich durch die Luft. Keine schlechte Idee, um sich in aller Welt ins Gespräch zu bringen! Jean-Pierre Blanchard wollte als erster Mensch das Meer mit einem Ballon überqueren. Dafür hatte er sich den Ärmelkanal ausgesucht.

Am 7. Januar stieg er in Dover mit dem amerikanischen Arzt John Jeffries in einem Wasserstoffballon auf. Zweieinhalb Stunden brauchten sie bis zur Landung in Guînes in Frankreich, zuvor hatten sie allen Ballast abwerfen müssen einschließlich all ihrer Kleidung, bis auf die Unterhosen. Zuletzt mussten sie aus der Gondel hinauf in die Halteseile klettern.

Im nahen Calais bereitete man ihnen einen enthusiastischen Empfang. König Louis XVI. belohnte Blanchard mit einer jährlichen Zuwendung von 1200 Livres, Calais ernannte ihn zum Ehrenbürger. Der Traum der Luftfahrt lebte. Zwar sah man die Gefahr einer Luftmarine, wie Wieland meinte, aber man träumte auch von der Überwindung aller Kriege, Grenzen und Schranken.

In England bat Erasmus Darwin in diesem Januar Matthew Boulton, sich dafür einzusetzen, dass der bereits erwähnte Unternehmer Richard Arkwright sein 1781 verlorenes Patent wieder erhielt. Arkwright, eigentlich Perückenmacher, hatte zehn Jahre zuvor die erste Baumwollfabrik errichtet. Das Spinnen der Baumwolle erledigte die von ihm 1769 entwickelte Waterframe, eine Spinnmaschine, die nicht von Menschen, sondern von Wasserkraft angetrieben wurde. Anders als die kurz zuvor erfundene Spinning Jenny von James Hargreaves brauchte Arkwrights Waterframe nur einen Hilfsarbeiter, der Spindeln austauschte und neu ansetzte. Für diese Arbeit setzte Arkwright meist Kinder ein.

Arkwrights beeindruckende und weitläufige Fertigungsstätte, die Cromford Mills, stand im Städtchen Cromford in einem Tal am kleinen Fluss Derwent, umgeben von dichten Laubwäldern. Ebenso wie Boultons Fabrik und Watts Dampfmaschinen trug auch Arkwrights Fabrik zu dem großen Aufbruch bei, dessen Auswirkungen vermutlich noch immer wenige ahnten.

Es war kein Zufall, dass England an der Spitze der industriellen Entwicklung stand. Das Land und die Menschen hatten die besten Voraussetzungen – mit der Seeherrschaft, den Handelsrouten, den Kolonien, der wachsenden Bevölkerung, den Flüssen und immer besser ausgebauten Kanälen für die Handelsschifffahrt im Binnenland. Hinzu kamen die Kohle- und Erzvorkommen. England produzierte Schafswolle und verarbeitete Baumwolle. Und dann waren da die vielen ehrgeizigen Erfinder, die mit jedem ihrer Einfälle rasch kommerziellen Gewinn zu erwirtschaften hofften. Clubs wie die Lunar Society brachten sie zusammen. Tüftler, denen es wie Watt an kaufmännischem Geist fehlte, fanden dort kongeniale Unternehmer als Partner wie Boulton. Manchmal genügte auch, wie im Falle Arkwrights, wenn ein Tüftler selbst ein noch konsequenterer, sogar harter und unerbittlicher Unternehmer war.

In Arkwrights fünfstöckigem nüchternen Hauptgebäude aus Backstein arbeiteten die Maschinen rund um die Uhr in zwei 12-Stunden-Schichten. Weil er 200 Arbeiter brauchte, mehr als im Ort vorhanden, baute er Häuser, um weitere mit ihren Familien anzusiedeln. Deren billiger Arbeitskraft bediente er sich besonders gerne, und so waren viele seiner Beschäftigten Frauen und Kinder. Die jüngsten erst sieben Jahre alt. Später erhöhte er das Mindestalter auf zehn Jahre und gewährte den Kindern sechs Stunden Unterricht in der Woche.

Der tollkühne erste Mensch in der Luft, Pilâtre de Rozier, hatte inzwischen einen eigenen Ballon entwickelt, die nach ihm benannte *Rozière*, eine Verbindung von Heißluft- und Wasserstoffballon. Am 15. Juni stieg Pilâtre de Rozier mit seinem Mitfahrer Pierre Romain von Boulogne-sur-Mer aus auf. Er wollte wie einst Blanchard den Ärmelkanal überqueren, dies nur in entgegengesetzter Richtung. Nach wenigen Kilometern Flug entflammte in etwa 450 Metern Höhe der Wasserstoff. Der Ballon stürzte brennend auf die Klippen von Croy, und Pilâtre de Rozier und Romain wurden zu den ersten Todesopfern der Luftfahrt. Ganz Europa trauerte. Louis XVI. ließ eine Gedenkmünze prägen.

Am 22. Juli trat Benjamin Franklin die Heimreise in die Vereinigten Staaten an. Er hatte fast neun Jahre als amerikanischer Gesandter in Frankreich gelebt und war nun 79 Jahre alt. Thomas Jefferson machte für ihn weiter. Franklin spürte das Alter. Kutschfahrten wurden wegen seiner Nieren- und Blasensteine zur Tortur. Für die Reise bis zum Schiff lieh ihm daher Marie Antoinette zu seiner Erleichterung ihre von Maultieren getragene Sänfte.

In seiner wirtschaftlichen Not entsann sich Schiller in Mannheim der Einladung der Körners, Dora Stocks und ihres Verlobten Huber aus dem Vorjahr und nahm sie nun wahr. Im Februar hatte er bereits zurückgeschrieben, wie sehr ihn ein Freundschaftsbund reize. Er wollte seinen Gläubigern entfliehen.

Neun Tage dauerte die Reise nach Leipzig. Er hatte Körner dafür um Geld bitten müssen. Am 17. April traf er ein. »Endlich bin ich hier«, teilte er Huber noch am gleichen Tag in einem Billett mit. Vom 7. Mai bis 11. September wohnte er in einem umgebauten Bauernhaus in Gohlis nahe Leipzig. Der Verleger Georg Joachim Göschen, der Schiller das Quartier vermittelt hatte, wohnte im ehemaligen Stallteil des Gebäudes.

»Freude schöner Götterfunken«: In Gohlis verfasste Schiller im Sommer die erste Fassung von *An die Freude*, eine Reminiszenz an die Freundschaft mit den beiden Paaren, die ihn nach Sachsen gelockt hatten. Außerdem arbeitete er an *Don Carlos* und an *Fiesco*. Ab dem 13. September wohnte er in dem Weinberghaus seines Freundes Christian Gottfried Körner in Loschwitz bei Dresden. Hier gelang ihm im November die Endfassung von *An die Freude*.

Der Krieg war vorbei. Doch in der eingetretenen Kampfesstille, die noch lange nicht die Sicherheit eines funktionierenden Gemeinwesens aufwies, traten immer mehr Amerikaner auf George Washington zu und baten ihn, in die Politik zurückzukehren. Die junge Nation brauche ihn. Er lehnte ab.

Die Inflation erreichte in diesem Jahr neue Höhepunkte, der Kontinental-Dollar verlor an Wert. Am 6. Juli autorisierte der Kontinentalkongress die Schaffung einer neuen gemeinsamen Währung. Der US-Dollar war geboren, und der politische Einigungsprozess bekam neue Kraft, denn die einheitliche Währung zog den Wunsch nach deren Stabilität nach sich. Das musste in der Konsequenz auf ein einheitliches wirtschaftliches Vorgehen der Staaten hinauslaufen. Doch allzu schnell wollte der Prozess nicht in Gang kommen.

Washington schaute, lauschte, tat aber nichts, außer sich feiern und preisen zu lassen. Er traute sich den großen Auftritt nicht mehr zu. Aus Frankreich kam der Bildhauer Jean-Antoine Houdon mit drei Assistenten, um eine Statue von ihm für den Staat Virginia zu fertigen, und legte Washington in gipserne Leintücher, um einen Abdruck zu machen.

Die Macht des Konföderationskongresses, in dem jeder Staat, egal wie groß oder klein, eine Stimme hatte, blieb schwach. Weder durfte er Gesetze erlassen noch Steuern erheben. Zudem kamen die Staaten ihren finanziellen Verpflichtungen an die Konföderationskasse nur zögerlich nach. Die Unabhängigkeit in einem gedeihlichen Gemeinwesen konnte in Washingtons Augen nur von Dauer sein, wenn das Land zu einer Nation würde, die sich konsequenterweise auch in staatlichen Institutionen niederschlug. Eine echte politische Union musste geschaffen werden, da die jetzige mehr oder minder lose Konföderation im Falle der Bedrohung, ob von außen oder von innen, immer schwerfällig bliebe.

In Frankreich war von einer Demokratie noch nichts zu ahnen. Doch Nicolas de Condorcet wusste, welche Fragen mit ihr gelöst werden mussten. Im Kern ging es darum, die gleichen Rechte aller Menschen konsequent durchzusetzen. Die Sklaverei musste abgeschafft werden, Frauen mussten die gleichen Rechte wie Männer bekommen.

Vier Jahre zuvor hatte er unter dem vielsagenden Pseudonym Joachim Schwartz im preußisch-schweizerischen Neuchâtel seine *Réflexions sur l'esclavage des nègres* (*Überlegungen zur Negersklaverei*) veröffentlicht und darin davon gesprochen, dass Sklaverei gegen alle Ziele einer freien Gesellschaft verstieß: »Politische Gesellschaften können keinen anderen Zweck haben als den Schutz der Rechte ihrer Mitglieder. Daher ist jedes Gesetz, das dem Recht eines Bürgers oder eines Fremden entgegensteht, ein ungerechtes Gesetz.«

In Paris trat währenddessen zum ersten Mal eine gewisse Olympe de Gouges in die Öffentlichkeit. Schon elf Jahre zuvor hatte sie eine Schrift gegen die Sklaverei verfasst, sie jedoch nicht veröffentlicht. Um 1768 war sie, knapp 20-jährig, nach dem Tod ihres Ehemannes, des Gastwirts Louis-Yves Aubry, nach Paris gegangen. Ohne je eine Schulausbildung erfahren zu haben, bildete sie sich im Selbststudium weiter. Ihre langjährige Verbindung mit einem wohlhabenden Gönner verschaffte der hübschen, intelligenten, selbstbewussten und keiner Kontroverse ausweichenden Frau Zutritt zu den Salons, wo sie auch Condorcet kennenlernte. Die beiden sollten sich, bewusst oder unbewusst, in den nächsten turbulenten Jahren manche Bälle zuspielen, mit denen sie für die umfassende Freiheit aller Menschen kämpften.

In diesem Jahr machte sich Olympe de Gouges in Paris zunächst als Dramatikerin bekannt. Ihr Theaterstück *Zamore und Mirza oder Der glückliche Schiffbruch* wurde von der Comédie-Française angenommen.

Condorcet wiederum veröffentlichte einen Aufsatz, in dem er das nach ihm benannte Condorcet-Paradoxon beschrieb. Dieses zeigte, wie eine Demokratie durch ihre eigenen Instrumente ausgehebelt werden konnte. Anhand des im Grunde kerndemokratischen Verfahrens der Abstimmung legte Condorcet dar, wie bei nacheinander abgehaltenen Abstimmungen zu mehr als zwei zur Wahl gestellten Alternativen nicht unbedingt jene Alternative gewählt wird, die die Mehrheit bevorzugt. Denn auch die Reihenfolge der Abstimmung kann das Verhalten bei einer Wahl bestimmen.

Marie Antoinette ging es in den ersten Wochen des August vor allem um eine geplante Aufführung in ihrem Theater im Petit Trianon. Die Komödie *Der Barbier von Sevilla* von Beaumarchais, dessen *Hochzeit des Figaro* schon zur Aufführung gekommen war, sollte nun im kleinen Privattheater der Königin auf die Bühne gebracht werden. Marie Antoinette selbst wollte die weibliche Hauptrolle der umworbenen Rosina übernehmen. Die männliche Hauptrolle spielte kein geringerer als der Graf von Artois, der jüngere Bruder ihres Gemahls Louis. Am 19. August ging das Stück dann über die Bühne.

Die erwartbaren gehässigen Reaktionen auf diese Vergnügung der von der realen Welt abgewandten Königin waren, wie der im Adel kursierende Klatsch, mittlerweile Marie Antoinettes geringstes Problem. Zu einem tatsächlichen entwickelten sich die Vorgänge um ein Schmuckstück. Eine Gruppe von Betrügern, an ihrer Spitze die gerissene Jeanne de La Motte, im Hintergrund ihr Mann, ein verarmter Adeliger, verhandelte mit dem Kardinal Louis-René de Rohan, Fürstbischof von Straßburg, über ein wertvolles Halsband, das die Königin angeblich begehrte.

Rohan – leichtlebig, naiv, ungeschickt – hoffte, wieder Zugang zu Marie Antoinette zu erhalten, sogar Minister zu werden. Einst war er als Gesandter in Wien in Ungnade bei deren Mutter gefallen und abberufen worden. Marie Antoinette verachtete ihn. Rohan versuchte, das ihm angebotene Halsband nun zu erwerben, um es Marie Antoinette, die von den Vorgängen nichts wusste, zu schenken.

Die Betrüger, in ihrem Dunstkreis auch der italienische Glücksritter Giuseppe Balsamo, der sich Graf Cagliostro nannte, täuschten Rohan mit gefälschten Briefen der Königin und gaben vor, für ihn ein geheimes Treffen mit ihr zu arrangieren. In der Tat traf er eines Nachts zu verabredeter Zeit in einem Park auf eine Frau und dachte, sie sei Marie Antoinette. Tatsächlich aber handelte es sich um eine von den Betrügern engagierte Prostituierte, die der Königin ähnlich sah und die ihn in ihrer Rolle nun glauben machte, für den Erwerb des Halsbands sogar einige persönliche Gunsterweisungen zu erbringen.

Im Februar hatte sich dann Rohan dafür verbürgt, dass der Hof das Halsband kaufe. Er erhielt es von den Juwelieren und händigte es Jeanne de La Motte aus. Die gab es ihrem Gatten, der sich damit auf den Weg nach London machte. Zuvor brach sie einige Steine heraus, um damit Schulden zu begleichen.

Als die Vorgänge an die Öffentlichkeit drangen, kamen sofort Gerüchte auf, Marie Antoinette habe tatsächlich das Halsband haben wollen und dafür sogar ihre Liebesdienste angeboten. Die war empört und beging prompt gemeinsam mit ihrem Gatten einen erneuten schweren Fehler. Trotz des Anratens des Justizministers, die Sache möglichst geräuschlos zu beenden, ordnete Louis XVI. in Einklang mit seiner Gattin die Verhaftung von Rohan an. Was dann am 15. August geschah. Das Volk war aufgebracht, der Klerus, der bislang noch zum Königspaar gestanden hatte, verprellt. Der Papst intervenierte: Einen solch hohen Mann der Kirche verhafte man nicht.

Drei Tage nach Rohan wurde in ihrem Haus in Bar-sur-Aube auch Jeanne de La Motte verhaftet und wie zuvor schon Rohan in der Bastille eingekerkert. Nun wartete man auf den Prozess. Das aber dauerte, und so ging genug Zeit ins Land, um weiter öffentlich zu spekulieren.

Der Konsum von Nachrichten und die Gier nach Neuigkeiten erreichten neue Höhepunkte. Erfolg hatten vor allem jene, die Ungeheuerliches und Empörendes berichteten. Bestätigten sie zudem bei den Lesern die eigene Ansicht, schien es egal, ob sie der Wahrheit entsprachen.

Die Schmähschriften über Marie Antoinette nahmen zu, die Karikaturen wurden hässlicher, unter der Hand weitergereichte

Pamphlete schürten die Wut; und weil sie auf solch große Resonanz stießen, bildeten sie eine immer schärfere Waffe der Zukurzgekommenen und der Ehrgeizlinge. Es hieß sogar, auch der jüngste Bruder des Königs, der Graf von Artois, Marie Antoinettes Bühnenpartner, dulde die Verbreitung von Schmähschriften.

Die Macht der Worte, die Macht der Bilder. Am 12. September erhielt Élisabeth Vigée-Lebrun den königlichen Auftrag, Marie Antoinette erneut zu malen. Nun aber nicht, wie die vielen Male zuvor allein, sondern mit ihren Kindern. Das in Auftrag gegebene Gemälde wünschte man als Monumentalbild, das der angeschlagenen Reputation der Königin wieder neuen Glanz geben sollte. Lebrun machte sich an die Arbeit.

Georg Forster war von Wilna nach Göttingen aufgebrochen, um dort zu heiraten. Da er auf der Reise erkrankte, traf er einen Monat später als geplant erst am 21. August ein. Als er erfuhr, Therese sei in der Zwischenzeit anderen Männern durchaus zugeneigt gewesen, sah er darüber hinweg. Er bot sogar an, mit dem Nebenbuhler Friedrich Ludwig Wilhelm Meyer, den Therese nicht aus ihrem Leben verbannen mochte, eine Freundschaft zu dritt zu schließen. Es sollte nicht das letzte Mal sein, dass er so reagierte.

Am 3. September heirateten Georg und Therese, und vier Tage später – Meyer nun doch zurücklassend – befanden sie sich schon mit einer Magd in der Kutsche auf dem Weg nach Wilna. Bis Kassel begleitete sie Trauzeuge Soemmerring. Lichtenberg fand derweil kritische Worte zu Forsters Ehewagnis: »Ich wünsche dem guten Forster viel Glück dazu, glaube aber nicht, dass er es finden wird. Forster ist für die Liebe im eigentlichen Verstand«, Therese allerdings stehe »für die à la Grenadière«.

Hatte sich Forster einst noch gedrückt, vielleicht wegen seiner Unsicherheiten auch in Bezug auf Goethe, besuchte das Paar nun Weimar. Womöglich von Therese gedrängt, die sich gerne als Braut zeigen wollte. Außerdem hatte sie die Stadt schon zwei Jahre zuvor besucht und damals »unter den Büschen ein simples

Haus mit gebleichten Schindeln« ausgespäht: Goethes Gartenhaus.

Forster notierte später: »Ich fand beide, Herder und Goethe, weit besser, als ich sie erwartet hatte.« Am ersten Abend tafelten sie bei Herder, am zweiten bei Goethe zu einem »Griechischen Abendmahl«.

Sie reisten weiter nach Halle. Vater Reinhold benahm sich diesmal. Dann nach Potsdam. Vielleicht würde ihn der große König Friedrich empfangen. Doch der empfing nicht, er litt mal wieder an Gicht. Das junge Paar reiste weiter über Berlin, wo sie bei den Speners wohnten, Richtung Wilna. Am 8. November trafen sie dort ein. Im grauen Herbst. Was würde Therese sagen?

Einen Monat zuvor, am 3. Oktober hatte Blanchard mit seinem Ballon anlässlich der Herbstmesse in Frankfurt am Main von der Bornheimer Heide abgehoben und war bis Weilburg an der Lahn geflogen. In der Menge Fritz von Stein, Charlottes Sohn. Goethe hatte ihn in seine Heimatstadt geschickt und erwartete nun ungeduldig Bericht.

Blanchard hatte auch seinen Hund an einem Fallschirm zur Erde schweben lassen. Die Erfindung des Fallschirms reklamierte Blanchard für sich, war allerdings nicht der Erste. Schon Joseph Montgolfier hatte Jahre zuvor an der Entwicklung eines Fallschirms gearbeitet und mit einem Sprung vom Dach seines Hauses einen Selbstversuch unternommen, der glimpflich ausging. Seine Familie bat ihn daraufhin, von weiteren Experimenten dieser Art Abstand zu nehmen.

Am 21. November rettete sein Fallschirm Blanchards Leben. Der Ballon drohte in großer Höhe zu platzen. Blanchard stach Löcher in die Hülle. Der Ballon verlor dramatisch an Höhe und drohte abzustürzen. In seiner Not griff Blanchard zu seinem Fallschirm und sprang. Er landete wohlbehalten. Die erste erfolgreiche Luftrettung konnte Blanchard nun mit Recht für sich reklamieren.

In letzter Minute reichte Jacques-Louis David sein Gemälde *Der Schwur der Horatier* für den Pariser Salon dieses Jahres ein. Wie zuvor in Rom wurde die Ausstellung des Gemäldes erneut ein großer Erfolg!

Nicht nur George Washington zerbrach sich über die Widersprüche der jungen und so hoffnungsvollen Nation den Kopf. Da war das Wahlrecht: In den jüngeren Staaten galt es für alle freien Männer, unabhängig von ihrem Vermögen. In den alten Staaten durften hingegen meist nur Männer mit Eigentum wählen, während Frauen in keinem der amerikanischen Staaten das Wahlrecht hatten.

Zum größten Problem aber wuchs die Sklaverei. In den Staaten des Südens war sie gestattet und bildete sogar einen wesentlichen Kern der Gesellschaftsordnung. Viele Staaten des Nordens hingegen hatten die Sklaverei verboten. Mit jedem neuen Staat, der zu der wachsenden, sich ausdehnenden Nation hinzukam, wurde dieses Thema neu verhandelt. Denn die meisten neuen Staaten, etwa die an den Großen Seen, verboten sie. Die alten Staaten wie Washingtons Heimat Virginia, von denen so viel Wesentliches im Kampf um die Unabhängigkeit ausgegangen war, hielten an der Sklaverei fest. Auch Washington selbst tat es. Sein Landsmann Jefferson, Künder des Satzes, dass alle Menschen gleich geschaffen seien, tat es ebenso. Beide besaßen Sklaven und dachten nicht an deren Befreiung.

In die unablässigen Debatten spielten die oft konträren Interessen einflussreicher Gruppen der einzelnen Staaten hinein. Da waren die Kaufleute in New York und Boston, dort die Plantagenbesitzer im Süden. Und es gab die vielen religiösen Gemeinschaften, die die Sklaverei aus ihrem Glauben heraus ablehnten, wie Methodisten, Baptisten und Quäker.

Im Dezember schickte der Quäker und Plantagenbesitzer Robert Pleasants seinem Landsmann Washington einen Brief. Pleasants hatte gerade seine 60 Sklaven freigelassen und forderte nun Washington auf, es ihm gleichzutun. Er verwies auf die

Gleichheitsaussage in der Unabhängigkeitserklärung und machte Washington darauf aufmerksam, es sei nun dessen letzte wichtige Aufgabe, diese in die Tat umzusetzen. Nehme Washington diese nicht wahr, werde ihn das durch die Geschichte verfolgen und seinen Ruf für immer beschädigen.

Washington antwortete ihm nicht.

1786

Höher! Weiter! Tiefer!

In Wilna kam es nicht so schlimm, wie von Georg Forster befürchtet. Therese war keinesfalls entsetzt über die angetroffenen Verhältnisse. Sie meinte sogar, Georg habe Haus, Stadt und Menschen in viel zu schlechtem Licht geschildert. Sie begann das gemeinsame Refugium einzurichten.

In dieser ersten Zeit ihrer Ehe waren sie glücklich. Sie genügten sich selbst. Gemeinsam lernten sie Polnisch und lasen *Ideen zur Philosophie der Geschichte der Menschheit* von Johann Gottfried Herder. Die ersten beiden Bände waren kürzlich erschienen, zwei weitere sollten noch folgen. Herder vertrat darin eine sehr eigenwillige, von seinem Glauben geprägte Geschichtsphilosophie. Zehn Jahre zuvor war er durch Vermittlung Goethes von Carl August nach Weimar geholt worden, wo er die hohe kirchliche Stelle des Generalsuperintendenten erhalten hatte.

Obwohl leidenschaftlicher Aufklärer, gehörte Herder zu den frühen Kritikern Kants. Als Theologe hielt er dem Philosophen in Königsberg vor, die Sprache als Erkenntnisquelle ausgelassen zu haben, und wies, anders als Kant, dem Glauben und der Religion eine zentrale Rolle bei Wahrnehmung und Erkenntnis zu. Er sah sie sogar als Gipfel der Humanität.

Herder hatte sich mit Goethe in Weimar während der Arbeit an seinem Buch häufig ausgetauscht. In seinem Urteil, Kant habe sich allzu sehr der reinen Vernunft verschrieben, wusste Herder sich mit Goethe einig, der Kants Werk zwar bewunderte, aber emotionale Leerstellen sah. Kant – wen wundert es? – mochte Herders *Ideen zur Philosophie* nicht und verwarf diese zu Herders Entsetzen in einer Rezension. Georg Forster aber liebte Herders Buch. Oft las er Therese abends daraus vor. An Freund Soemmerring berichtete er: »wir genießen unsere Liebe, und wissen, dass alles übrige nichts wert ist.«

Therese war schwanger.

Kant hatte im Wintersemester das Gesuch eines seiner Studenten unterstützt, an der Universität orientalische Sprachen lehren zu dürfen. Er wusste um die Begabung von Isaak Abraham Euchel. Das Gesuch wurde jedoch abgelehnt. Denn Euchel war Jude.

Am 4. Januar war der große jüdische Denker und »Wegbereiter der jüdischen Aufklärung« Moses Mendelssohn verstorben. Kant hatte ihn zutiefst bewundert. Als er nun im April an einer Tischgesellschaft bei seinem Freund Hippel teilnahm, zog ein Gast Mendelssohns Genie in Zweifel. Kant widersprach vehement. Die Diskussion wurde hitzig. Kant stand verärgert auf und ging.

So hell blieb die Nacht selbst nahe London noch nicht, dass man nicht auch dort den Himmel nach Sternen absuchen konnte. Daher zogen am 3. April Wilhelm und Caroline Herschel ohne große Bedenken in das nahegelegene Städtchen Slough, wo Wilhelm mit dem Bau eines 40 Fuß großen Riesenteleskops begann. König George III. gab zweimal einen beträchtlichen Zuschuss von 2000 Pfund und trug jährlich 200 Pfund zur Begleichung der laufenden Kosten bei. Wenn William abwesend war, arbeitete Caroline allein vor Ort mit einem eigens von ihm für sie konstruierten Kometensucher weiter.

In Frankreich griff der noch nicht 17-jährige Napoleon Bonaparte, der sich aber noch Buonaparte nannte, bereits nach Höherem. Er verfasste eine seiner ersten Schriften. Am 26. April legte er in *Über Korsika* seine Gedanken zur Befreiung seiner Heimat dar und argumentierte mit dem »Gesellschaftsvertrag« Rousseaus.

Er schwärmte, und er fühlte die Einsamkeit der Jugend wohl stärker als viele andere. Im Mai notierte er in einem Essay-Entwurf über Selbstmord: »Mein Dasein ist mir zur Last, da ich keinerlei Freude genieße und alles mir nur Schmerz verursacht [...].« Warum? Weil die Menschen »so ganz anders sind als ich.« – Er hatte Goethes *Werther* gelesen.

James Watt baute die Möglichkeiten der Dampfmaschine immer weiter aus, unablässig gedrängt von Boulton. Seit dem Vorjahr kamen dank Boulton & Watt Maschinen in der Baumwollverarbeitung zum Einsatz, drei Jahre zuvor hatten zwei Brauereien schon mit dem maschinellem Mahlen begonnen. Nun kam im März eine eindrucksvolle Getreidemühle hinzu, die nach drei Jahren Bau unter Boultons und Watts eigener Ägide eröffnete: Albion Mill am Südufer der Themse in London. Watt hatte die Effizienz der Maschinen verdoppelt. Der Dampf wirkte nun auf beide Seiten des Kolbens. Die Investitionen vieler Jahre in Arbeit und Kapital zahlten sich allmählich aus.

Zunehmend fürchtete sich Watt vor Industriespionage. Permanent ging er gegen patentwidrige Nachbauten vor. Besuchern zeigte er daher nur sehr zurückhaltend das Innere der Albion Mill. Boulton hingegen zögerte beispielsweise nicht, Adeligen, die behaupteten, sie würden womöglich die eine oder andere Maschine kaufen, sofort eine Führung zu gewähren. Es machte ihm aber auch einfach Freude, zu zeigen, was er geschaffen hatte. Watt ertappte eines Tages einen Marquis, der sich während einer Führung abgesetzt hatte und einige Skizzen von den Maschinen auf sein Taschentuch kritzelte.

Beaumarchais' Komödie *Die Hochzeit des Figaro* hatte wegen der Angriffe auf den Adel und des Feierns des pfiffigen Bürgers auch in Österreich zunächst Probleme mit der Zensur bekommen. Doch gedruckt werden durfte das Stück. Joseph II. hatte Pressefreiheit gewährt. So erschien *Die Hochzeit des Figaro* in Österreich sogar noch vor der französischen Erstfassung. Aufführungen blieben allerdings verboten.

Der findige Lorenzo da Ponte, Dichter und Librettist am kaiserlichen Hof Josephs II., sah allerdings eine Möglichkeit, das Verbot zu umgehen, und hatte sich schon im Vorjahr dafür stark gemacht, das Stück als Oper aufzuführen. Die Musik dazu sollte Wolfgang Amadeus Mozart liefern. Vermutlich stammte sogar die Idee einer Opernversion von ihm. Mozart trug dem Kaiser am Klavier erste Ideen vor. Dem geschickten da Ponte gelang es, Bedenken zu zerstreuen, und so durften er und Mozart sich an die Arbeit machen.

Da Ponte verfasste das Libretto und glättete das ursprüngliche Stück in seiner Aussage. Die Handlung vereinfachte er. Mozart hatte im Herbst die Arbeit an der Musik aufgenommen und trug am 29. April die Oper in sein Werkverzeichnis ein. Die Uraufführung am 1. Mai im Burgtheater am Michaelerplatz durch die Wiener Hofoper leitete Mozart selbst. Der Erfolg hielt sich in Grenzen. Erst in Prag sollte die Oper im späteren Verlauf des Jahres zu einem Erfolg werden.

Wenn schon viele nachgeborene Söhne von Adeligen Geistliche wurden, lag es auf der Hand, dass auch der nachgeborene Sohn eines Pastors dies werden sollte. Am 3. Mai immatrikulierte sich der 18-jährige Wilhelm August Schlegel, vierter Sohn von zehn Kindern des auch als Dichter hervorgetretenen Hannoveraner Pastors Johann Adolf Schlegel, in Göttingen in dem Fach Theologie. Doch eigentlich wollte er sich dieser gar nicht widmen. Schon am 4. Mai berichtete er seinem Bruder Carl, er habe den Altertumswissenschaftler und Philologen Heyne aufgesucht, Georg Forsters Schwiegervater. Denn Schlegels eigentliches Interesse galt den Sprachen.

Am 31. Mai endete der Prozess zur Halsbandaffäre. Der oberste Gerichtshof, Parlement genannt, verurteilte Jeanne de La Motte zu einer Prügelstrafe und zu lebenslanger Kerkerhaft. Zudem sollte sie auf beiden Schultern gebrandmarkt werden. Ihr Ehemann erhielt in Abwesenheit eine lebenslange Galeerenstrafe. Andere Mitglieder der Betrügergruppe wurden verbannt. Cagliostro und seine Frau sprach man frei, nach stundenlangen Beratungen und mit 26 gegen 22 Stimmen auch Rohan. Er musste allerdings den Juwelieren den Preis des Halsbandes entrichten.

Die Reaktion in den Straßen von Paris markierte einen neuen

Höhepunkt der Entfremdung des Volkes von König und Königin. Hochrufe auf das Gericht und auf Kardinal Rohan schallten durch die Straßen. Zum Zeichen der Solidarität mit dem Kardinal trugen viele Männer und Frauen rote Kopfbedeckungen. Tausende Menschen begleiteten Rohan zur Bastille, wo er eine letzte Nacht verbringen musste.

Erneut reagierte Louis XVI. so, dass ihm Unverständnis und Ablehnung gewiss waren. Er verbannte den Kardinal nach dem Urteil in die Abtei La Chaise-Dieu in der Auvergne, was beim Volk den Eindruck erweckte, der König setze sich über den Freispruch des Gerichts hinweg. Mit dem Ausgang der Halsbandaffäre stand aber vor allem Marie Antoinette, die ursprünglich an allen Machenschaften Unbeteiligte, als Gedemütigte da. Sie hatte den Fehler gemacht, den Prozess entschieden mitangestrengt zu haben. Ihre Unbeliebtheit stieg weiter. Marie Antoinette war längst Projektionsfläche, und sie vermochte nicht, diese Rolle abzustreifen.

Am 21. Juni sollte der Henker die Brandmarkung Jeanne de La Mottes durchführen. Sie wehrte sich. Vier Männer mussten sie festhalten. Dennoch verrutschte das Eisen und brandmarkte statt der Schulter die Brust.

Am 10. August wurden Georg und Therese Forster Eltern. Das Mädchen erhielt den Namen ihrer Mutter. Die mochte es keiner Amme anvertrauen und stillte es selbst. Aus Göttingen ließen sie aber ein zweites Dienstmädchen kommen.

Am 17. August verstarb Friedrich der Große in Schloss Sanssouci nach einigen Stunden Kampf im Sessel.

Schiller verfasste während dieses Sommers in Dresden den Fortsetzungsroman *Der Geisterseher* und unterbrach dafür die Arbeit an *Don Carlos*. Inspiriert zu der Geschichte hatte ihn die Halsbandaffäre, vor allem aber das Leben des darin verwickelten Hochstaplers Giuseppe Balsamo, Sohn eines sizilianischen

Handwerkers, der als Graf Cagliostro die Adelshäuser Europas mit seinen Kunststückchen beeindruckte, vor allem seinen Séancen, in denen er Geister heraufbeschwor. Auch in den auf verblüffende Neuigkeiten aus der Adelswelt erpichten Kreisen des Bürgertums sprach man angeregt über ihn.

Schiller veröffentlichte in diesem Jahr auch die Geschichte *Der Verbrecher aus verlorener Ehre*; und so bediente er Genres, die vor allem im nachfolgenden Jahrhundert zu extrem populären Gattungen werden sollten: den Fortsetzungsroman und das Kriminalstück.

Die Menschen erklommen auch ohne Ballons immer neue Höhen. Längst versuchte man, nun auch die höchsten Berggipfel zu erreichen. 1745 hatten Forscher den mit 4808 Metern Höhe höchsten Berg Zentraleuropas, gelegen bei Chamonix in den Alpen an der Grenze von Frankreich und Italien, ausgemessen. Und der Genfer Naturforscher Horace Bénédict de Saussure hatte 15 Jahre später nach einem Besuch des Montblanc eine Belohnung für dessen Erstbesteigung ausgesetzt. Es gab Erkundungstouren, doch ernsthafte Versuche, den »verfluchten Berg« zu besteigen, blieben aus. Sagen warnten vor Drachen und Geistern.

Im Herbst 1779 hatte sich Goethe auf seiner zweiten Schweizer Reise in Genf mit Saussure getroffen. Der riet, den Berg unbedingt zu besuchen. So berichtete Goethe am 4. November 1779 an Charlotte von Stein, wie er den Montblanc in der Nacht erblickte. Wie eine Pyramide aus Licht erhob er sich vor dem klaren Nachthimmel: »Es war die Schönheit dieses Anblicks ganz außerordentlich; denn da er mit den Sternen, die um ihn herumstunden, zwar nicht in gleich raschem Licht, doch in einer breiteren zusammenhängenden Masse leuchtete, so schien er den Augen zu einer höheren Sphäre zu gehören und man hatte Müh, in Gedanken seine Wurzeln wieder an die Erde zu befestigen.«

Saussure selbst hatte sich vergeblich an einer Erstbesteigung versucht. Auch andere scheiterten. Doch gerade die Beschreibungen ebendieser Versuche machten den Berg immer bekannter. Nun, am 7. August, brachen der Jäger und Bergführer Jacques Balmat und der Arzt Michel-Gabriel Paccard von Chamonix aus auf. Sie übernachteten auf etwa 2300 Metern Höhe. Am nächsten Tag stiegen sie weiter und erreichten am Abend den Gipfel. Europa lag zu ihren Füßen. Die Macht der Geister und Sagen schien gebrochen.

Saussure hatte das Glück, am 3. August des nachfolgenden Jahres im Zuge einer dritten Besteigung durch Balmat zur Seilschaft zu gehören. Er führte Experimente durch und nahm so den Berg auch für die Wissenschaft in Besitz.

Am 3. September machte Goethe in Karlsbad einen nächsten wichtigen Schritt in seinem Leben. Er hatte ihn von langer Hand geplant und ihn geheim gehalten. Selbst seinem Freund Herzog Carl August und auch Charlotte von Stein hatte er verschwiegen, was er nun tat.

Er nannte sich Johann Philipp Möller und begann inkognito seine berühmte Italienische Reise. Sein in Weimar gebliebener Diener Philipp Seidel, der als einziger eingeweiht war, sollte als Nachrichtenscharnier in der Heimat fungieren.

»Früh drei Uhr stahl ich mich aus dem Karlsbad …« – diese berühmten Worte stehen am Beginn seines späteren Reiseberichts *Italienische Reise*. Ein Aufbruch still und heimlich wie einst aus Frankfurt am Main nach Weimar – »… weil man mich sonst nicht fortgelassen hätte.«

Italien! Damals, als er beschlossen hatte, nach Weimar zu gehen, war er ja eigentlich schon auf dem Weg dorthin gewesen. »Ich warf mich ganz allein, nur einen Mantelsack und Dachsranzen aufpackend, in eine Postchaise und gelangte halb acht Uhr nach Zwota, an einem schönen stillen Nebelmorgen.«

Von Anfang an reiste er mit dem Blick eines reifen Mannes, der das genaue Beobachten eines Wissenschaftlers verinnerlicht hatte. Er versuchte, objektiv zu sein und seine Beobachtungen nicht von seinen Gefühlen beherrschen zu lassen.

Während Goethe über München und Innsbruck in Richtung Brenner reiste, trafen sich Mitte September in Maryland zwölf Delegierte aus fünf US-Staaten, darunter James Madison und Alexander Hamilton. Auf der sogenannten *Annapolis Convention* beratschlagten sie, wie sich der Handel zwischen den Einzelstaaten verbessern ließen. George Washington ließ sich aus der Ferne berichten.

Madison und Hamilton verfochten die Idee einer stärkeren Bundesregierung, und Hamilton erließ den Aufruf, am zweiten Montag im Mai des nächsten Jahres in Philadelphia einen »Generalkonvent mit erweiterter Vollmacht« abzuhalten. Dort wollte man nicht nur Handelsfragen, sondern auch Fragen von Änderungen an den Konföderationsartikeln behandeln und im besten Falle lösen.

Über Triest und Vincenza, wo er die Palastbauten Palladios bewunderte, die die Architektur dieser Tage in Europa und den USA so tief beeinflussten, traf Goethe am 28. September in Venedig ein; »in die Lagunen einfahrend« habe er »diese wunderbare Inselstadt, diese Biberrepublik betreten«. Er durchstreifte die Gassen, freute sich über die Irrwege, die er einschlug, und über die Anonymität.

Nach zwei Wochen reiste er weiter und widmete dabei Florenz nur einen flüchtigen Blick, da es ihn nach Rom zog: »Ich habe keinen Genuss an nichts, bis jenes erste Bedürfnis gestillt ist«.

Am 29. Oktober erreichte er endlich sein Ziel: »Nun bin hier und ruhig und, wie es scheint, auf mein ganzes Leben beruhigt«, notierte er. Noch am Tag der Ankunft traf er sich mit dem Maler Johann Heinrich Wilhelm Tischbein. Mit ihm hatte er noch aus Weimar verabredet, in der Casa Moscatelli in der Via del Corso 18 ein Zimmer zu beziehen. Und so quartierte er sich dort ein, wo neben Tischbein bereits die beiden Maler Friedrich Bury und Johann Georg Schütz wohnten. Goethe ließ sich italienisiert als »Maler Filippo Miller, 32 Jahre alt« eintragen und machte sich so nebenbei sechs Jahre jünger. Er genoss die Anonymität seiner

Person und der großen Stadt, arbeitete intensiv an seinen Manuskripten und erkundete zahllose Straßen und Winkel. »Ich habe endlich das Ziel meiner Wünsche erreicht und lebe hier mit einer Klarheit und Ruhe, die Ihr Euch denkt, weil Ihr mich kennt«, berichtete er am 10. und 11. November an Herder. Wer ihm antworten wollte, wandte sich in Weimar an Diener Seidel. Der expedierte den Brief dann in einem zweiten Umschlag an »Al signor Tischbein Pittore Tedesco al Corso, incontro del Palazzo Rondanini, Roma«.

Im Herbst veröffentlichte Georg Forster in Wielands *Der Teutsche Merkur* den Essay *Noch etwas über Menschenraßen.* Er reagierte damit auf Immanuel Kants Texte *Bestimmung des Begriffs einer Menschenrasse* von 1785 und *Mutmaßlicher Anfang der Menschengeschichte* aus diesem Jahr. Eine Kontroverse begann, in der es nicht nur um die Verschiedenheit und den Ursprung der Menschen ging. Man stritt auch über wissenschaftliche Methoden.

Forster lag der empirisch-induktive Ansatz der Engländer näher, Kant hingegen hatte sich dem deduktiv-spekulierenden verschrieben. Nun brachte Forster diese gegeneinander in Stellung. Was Kant wunderte. Denn die beiden Methoden mussten sich in seinen Augen nicht ausschließen. Gerade für ihn gab es viele Wege zur Erkenntnis. Forster griff Kant vor allem an, weil der in seinem ostpreußischen Universitätsstädtchen saß und sich erlaubte, über die Verschiedenheit der Menschen zu referieren, während Forster seine Erkenntnisse aus der Anschauung während seiner Reise mit Cook gewonnen hatte.

Kant war über die Angriffe Forsters auch deshalb ein wenig überrascht, weil zwischen beiden kein Dissens darüber herrschte, dass Sklaverei nicht gerechtfertigt sei und somit auch die Herkunft eines Menschen Versklavung nicht legitimiere. Aber genau über die Herkunft der Menschheit begann nun ein Streit, im Speziellen darüber, ob die Menschen sich aus verschiedenen Wurzeln entwickelt hatten – so sah es Forster –, oder ob die Menschheit einen gemeinsamen Ursprung hat, was Kant meinte.

Weder Kant noch Forster wussten um die Genetik, nur um die großen Unterschiede im Aussehen der Menschen und ihrer Kulturen auf dem ganzen Erdball. Überhaupt begann man erst in dieser Epoche, die Natur umfassend zu systematisieren. Der Schwede Carl von Linné hatte Mitte des Jahrhunderts begonnen, die Tier- und Pflanzenwelt zu ordnen. Womit auch die Frage, ob Menschen in Rassen zu unterteilen seien, im Raum stand.

Was die Herkunft und Gleichheit der Menschen betraf, stocherte man im Nebel. Forsters Freund Soemmerring war durch das Sezieren der Leichen von Europäern und Afrikanern zu dem Schluss gekommen, Afrikaner seien »wahre Menschen, so gut wie wir«. Darüber hinaus vermutete er, »dass im Allgemeinen, im Durchschnitt, die afrikanischen Mohren doch in etwas näher ans Affengeschlecht, als die Europäer grenzen.« Forster berief sich auf diese Erkenntnisse seines Freundes, folgerte aber daraus nicht eine Unterlegenheit von Menschen aus Afrika. Er meinte: »unter den Schwarzen gibts einige, die ihren weißen Brüdern näher treten, und manche aus ihnen sogar an Verstande übertreffen.«

In Göttingen griff der bereits erwähnte Johann Friedrich Blumenbach Soemmerring für seine Schlussfolgerungen scharf an. Blumenbachs Interesse an Afrika ging über die reine Anthropologie hinaus. Er arbeitete eng mit Forschern wie Joseph Banks zusammen und hatte 1775 in seiner Dissertation *De generis humani varietate nativa* damals zeitgleich mit Immanuel Kants Schrift *Von den verschiedenen Rassen der Menschen* von vier »Varietäten« des Menschen gesprochen und den einheitlichen Ursprung der Menschheit aus einer »Gattung« angenommen. Für Blumenbach gab es nur Übergänge im Aussehen, aber keine Unterteilung an sich. Es sei unmöglich, feste Grenzen zu ziehen. In seiner Unterteilung der Menschen ging er letztlich nach rein optischen Gesichtspunkten vor.

Forster gestand später ein, er habe Kants Argumentation

nicht richtig durchdrungen, auch sei er zur Zeit der Abfassung seines Angriffes gesundheitlich nicht in bestem Zustand gewesen. Zwei bedeutende Wissenschaftler rangen mit dem Nichtwissen und zeigten damit beispielhaft, womit die Wissenschaft zu allen Zeiten zu kämpfen hat: mit der permanenten Suche nach der richtigen Methode, dem richtigen Auslegen von Beobachtetem und schließlich dem Wissen um letztlich immer noch Verborgenes.

Die Blickwinkel des seine Stadt kaum verlassenden Kant und des weitgereisten Forster entsprangen der Haltung jener, die entdecken; und das war die allgemeine Haltung der Europäer dieser Zeit. Wer entdeckt, fühlt sich oft dem Entdeckten überlegen. Hier war es so. Und es galt für beide.

Boulton und Watt reisten Mitte November auf Einladung der französischen Regierung nach Paris, wo sie bis zum späten Januar blieben. Dort trafen sie unter anderen Lavoisier und Laplace.

In Göttingen wurde Lichtenberg am 4. Dezember zum ersten Mal Vater. Margarethe Kellner gebar ihm einen Sohn. Sie nannten ihn nach dem Vater: Georg Christoph.

Nicolas de Condorcet heiratete im Dezember Sophie de Grouchy. Die 22-Jährige, nunmehr Madame de Condorcet, galt nicht nur als eine der schönsten Frauen des Landes, sie war gebildet und äußerst einnehmend. Ihre baldige große Bekanntheit und Beliebtheit in den Kreisen des Pariser Adels, des hohen Bürgertums und seiner Denker fußte auch auf den Salons, die sie kurz nach der Hochzeit gemeinsam mit ihrem Mann zu veranstalten begann. Auch dass sie ihren Salon als Paar veranstalteten, machte ihn außergewöhnlich. Denn üblicherweise waren es Frauen, die die Salons organisierten. Zu den Gästen der Condorcets gehörte Olympe de Gouges.

Am letzten Tag des Jahres kündigte Louis XVI. die Einberufung einer Notabelnversammlung an. Darin sollten hochrangige Vertreter von Adel und Klerus (das französische *notable* steht für ›beachtenswert‹) über die wachsenden Probleme des Landes beratschlagen und im besten Falle gemeinsam zu beschreitende Lösungswege finden.

1787
Auf Reisen

Wer Kontakt sucht, findet einen Anlass: »Seit gestern habe ich einen kolossalen Junokopf in dem Zimmer oder vielmehr nur den Vorderteil, die Maske davon«, berichtete Goethe am 6. Januar nach Weimar. Die Zeilen aus Italien richteten sich an Charlotte von Stein, die er ohne ein Wort zurückgelassen hatte. Sie berichten über Goethes beginnende Obsession, Plastiken des Kopfes der römischen Göttin Juno zu erwerben.

Vielleicht wollte Goethe zum neuen Jahr das Band wieder stärken, das nun so dünn geworden war. Heiteren Worten setzte er hintersinnige Andeutungen über den Kopf der römischen Göttin der Ehe, der Geburt und der Fürsorge hinzu: »Es war dieser meine erste Liebschaft in Rom und nun besitz ich diesen Wunsch. Stünd ich nur schon mit dir davor. Ich werde ihn gewiss nach Deutschland schaffen und wie wollen wir uns einer solchen Gegenwart erfreuen.« Er sagte noch immer »wir«.

Wenn sich die Umstände eines Wir ändern: In Frankreich geschah das mit dem ganzen Land. Nur bemerkten es die meisten nicht. Ahnungen gab es. Und die verlangten nach Handlungen.

Charles Alexandre de Calonne amtierte seit 1783 als Generalkontrolleur der Finanzen. Auch ihn hatte Élisabeth Vigée-Lebrun in Öl porträtiert, ein Jahr nach seiner Ernennung. Auf diesem Bild sitzt er gewandet in blauem Samt mit weißer Perücke an einem Arbeitstisch und blickt dem Betrachter selbstbewusst ins Auge: ein Mann, der sich seines Könnens bewusst ist. In seiner auf dem Tisch ruhenden Hand hält er einen Zettel mit den Worten »Au Roi« (»An den König«).

Am 14. Februar beorderte Calonne Charles-Maurice de Talleyrand nach Versailles und bat ihn um Hilfe bei den Vorbereitungen für die angekündigte Notabelnversammlung. Die Versammlung war Calonnes Idee gewesen. Dort wollte er offenlegen, wie dramatisch schlecht es um Frankreichs Finanzen stand, und den Beweis führen, dass die Maßnahmen seines Vorgängers Jacques Necker, der mittlerweile aus dem Exil zurückgekehrt war und zu seinen größten Kritikern gehörte, nichts gebracht hatten. So erhoffte sich Calonne einen Befreiungsschlag, nach dem endlich gemeinsam Reformen in Angriff genommen werden könnten.

Auf den nun 33 Jahre alten und damit 20 Jahre jüngeren Talleyrand war Calonne aufmerksam geworden, weil Talleyrand es verstanden hatte, die Finanzen der Kirche zu ordnen. Mittlerweile wohnte er als Vater eines Sohnes mit seiner Mätresse in deren Apartment im Louvre. Sein Haus in der Rue de Bellechasse nutzte er weiter vornehmlich für repräsentative Zwecke.

Erschrocken darüber, dass ihm Calonne nur eine Woche Zeit gab, machte sich Talleyrand an die Arbeit. Parallel holte er Honoré Gabriel de Riqueti, Comte de Mirabeau, zurück, dem er über Calonne eine Mission in Potsdam verschafft hatte. Mirabeau wollte bei der Notabelnversammlung unbedingt dabei sein und so dem tristen Preußen entfliehen. In der Tat sollte dieser Hasardeur zu einer wichtigen Figur der dramatischen Ereignisse werden, die bald folgten.

Auch Lafayette gehörte zu den Vertretern des Adels und der Kirche, die am 22. Februar in der Salle des Menus-Plaisirs zu Versailles zur Notabelnversammlung zusammentraten. Er forderte Reformen und eine »wahre Nationalversammlung«, die alle Franzosen repräsentieren sollte. Doch weder Lafayette drang durch, noch erreichte Calonne den erhofften Neuanfang. Adel und Klerus wollten auf ihre Steuerprivilegien nicht verzichten. Ende Mai entließ Louis daher die Versammlung.

Nun wurde die Forderung laut, die Generalstände einzuberufen, die seit 1614 nicht mehr zusammengetreten waren. Auch von den Notabeln kam Unterstützung dafür, denn sie erhofften sich, dort eine bessere Machtposition gegenüber dem König zu erreichen. Zunächst aber richtete man in den Regionen Versammlungen ein, in denen man Selbstverwaltung üben und Anregungen für Reformen sammeln wollte. Diese entwickelten nun eine besondere Dynamik.

Derweil kreuzten sich viele schicksalhafte Wege bei einem verschrobenen und brillanten Mann in England. Joseph Banks, einst wissenschaftlicher Leiter der ersten Reise von James Cook, auf der zweiten durch Reinhold Forster ersetzt, trug ein mindestens ebenso großes Ego durch die Welt wie Georg Forsters Vater. Doch während Reinhold Forster zu schroffer Konfrontation neigte, tendierte Banks zur Exzentrik, was einst zu Reibereien mit dem nüchternen Cook und der Admiralität geführt und Banks die Teilnahme an dessen zweiter Reise gekostet hatte.

Anders aber als der unleidliche Reinhold Forster pflegte der unermüdlich Tiere und Pflanzen aus aller Welt sammelnde Banks Bekanntschaften und Freundschaften zu Adeligen, zu Politikern und zu seinen Kollegen in der Wissenschaft – wie etwa zu Georg Forster und Benjamin Franklin. Der nun 44-jährige Banks hatte seine umfassende Ausbildung an den großen Wissensstätten Eton, Harrow und Oxford genossen und danach Karriere gemacht. Seit 1775 amtierte er als Direktor der Kew Gardens, seit 1778 war er Präsident der Royal Society, seit 1779 Baronet. Geld verdienen musste er seit seinem 18. Jahr nicht mehr. Sein Vater, ein wohlhabender Großgrundbesitzer, hatte ihm das größte seiner Güter vermacht.

Seit seiner Reise mit Cook setzte sich Banks für die britische Besiedelung Australiens ein. Die bereitete man nun mit einer großen Expedition vor. Man hoffte, am anderen Ende der Welt eine dauerhafte Unterstützung für alle globalen Interessen Großbritanniens zu etablieren und zugleich den Verlust Amerikas ein wenig kompensieren zu können. Angenehmer Nebeneffekt: Man konnte sich vieler Sträflinge entledigen, indem man sie zur Besiedlung einsetzte. In wenigen Wochen würde eine erste Flotte in See stechen. Die sogenannte First Fleet.

Banks hatte das Projekt mit einem anderen Vorhaben verbinden wollen. Schon lange gab es in der britischen Regierung den Plan, Setzlinge des Brotfruchtbaums aus der Südsee zu holen, um sie in der Karibik anzupflanzen und so die Ernährung der Sklaven in den britischen Besitzungen zu verbessern, die dort vor allem in den Zuckerrohrplantagen schufteten. Großbritannien verfügte seinerzeit über die größte Flotte an Sklavenschiffen, mit Liverpool als bedeutendstem Hafen des Sklavenhandels. Den Wert des Brotfruchtbaums hatten Banks und Cook 1769 während ihres Tahiti-Aufenthalts erkannt, und Georg Forster stellte später bei seiner Reise mit Cook dort fest: »drei solcher Bäume sind hinreichend, ihm [dem Tahitianer] drei Vierteile des Jahres hindurch Brot und Unterhalt zu geben!«

Zunächst wollte man also die Brotfruchtpflanzen mit Hilfe der First Fleet holen. Ein Schiff sollte nach der Ankunft einfach weitersegeln. Dann aber meinte man, eine eigene Expedition sei sinnvoller. Als Premierminister William Pitt ebendies im Februar ankündigte, kam bald William Bligh ins Spiel.

Im Februar brach Goethe zu einer viermonatigen Reise durch den Süden Italiens auf. Er besichtigte die Ausgrabungen in Pompeji und las die Schriften Johann Joachim Winckelmanns, die zu den Gründungswerken der wissenschaftlichen Archäologie und der klassizistisch inspirierten Kunstgeschichte gehören. Jahrelang hatte Winckelmann in der Mitte des Jahrhunderts in Rom gelebt.

Dreimal bestieg Goethe den Vesuv. Dann fuhr er mit dem Maler Christoph Heinrich Kniep nach Sizilien. Kniep unterwies ihn in der Aquarellmalerei. Goethe, der lieber das große Ganze in seinem Wesen erfassen wollte und auch in seinen Zeichnungen mit flinkem Strich das Gesehene eher skizzenhaft festhielt, war von Knieps detailgenauen Zeichnungen beeindruckt; von Knieps trägem Wesen hingegen weniger. In Taormina und Messina las er intensiv in Homers *Odyssee* und hatte die Idee zu einem Theaterstück um Odysseus und Nausikaa. Außerdem vertiefte Goethe sich in Naturstudien. Als er in Palermo den Botanischen Garten besuchte, dachte er plötzlich über eine mögliche

Urpflanze nach, von der alle Pflanzen abstammten. Herder berichtete er, »dem Geheimnis der Pflanzenzeugung und Organisation ganz nahe« zu sein.

In Sizilien besuchte Goethe im April die Familie Giuseppe Balsamos, des »Grafen« Cagliostro. Eine Handwerkerfamilie. Er gab sich als dessen Freund aus und hoffte, mit dieser Täuschung der Familie einige Geheimnisse zu entlocken. Wie zuvor Schiller plante er, die Abenteuer des Glücksritters zu Literatur zu machen. Er hatte bereits die Prozessakten aus Paris zur Halsbandaffäre studiert.

Am 9. April entließ Louis XVI. Calonne. Doch nicht nur das: Calonne wurde nach Lothringen verbannt. Louis handelte unter Druck des Adels, aber auch auf Wunsch Marie Antoinettes, die Calonne einst gefördert hatte. Das Volk freute sich, des »Monsieur Déficit« ledig zu sein. Calonne reiste aus Lothringen weiter nach England ins Exil. Dort begann er einen polemischen Briefwechsel mit seinem Rivalen Necker. Wegen seiner Angriffe auf Calonne hatte auch der auf Anordnung Louis' XVI. Paris verlassen müssen.

Marie Antoinette schien mittlerweile die Bedeutung und die Möglichkeiten von Politik erkannt zu haben. Sie zeigte jetzt ein gewisses Interesse. Sie nahm sogar an Treffen des Königlichen Rats teil, handfeste und strukturierte Politik aber betrieb sie nicht. Weder dem Studium von Dokumenten und Akten noch dem Einarbeiten in Themen und Sachlagen mochte sie sich widmen. Ihre mangelnde Ausdauer ließ das nicht zu. Entscheidungen traf sie trotzdem, allerdings weiterhin nach Einflüsterungen und Launen.

In diesem Frühjahr suchte Louis oft die Gemächer von Marie Antoinette auf. Die Diener sahen ihn oft weinen.

Georg Forster beendete seine deutsche Übersetzung des Berichts von Cooks letzter Reise. Er hatte sich gequält. »Was mir die Arbeit einzig angenehm machte, war die Gelegenheit, meine

Philosophie auszukramen«, erklärte er Anfang April in einem Brief. Besagte Philosophie hatte er in den Text »Cook, der Entdecker« einfließen lassen, der das Buch einleitete. Erneut betonte er, »dass die Natur des Menschen zwar überall klimatisch verschieden, aber im Ganzen sowohl der Organisation nach, als in Beziehung auf die Triebe und den Gang ihrer Entwicklung spezifisch dieselbe ist«.

Außerdem stellte er, seine methodische Auseinandersetzung mit Kant im Hinterkopf, Cook als Beispiel eines Menschen heraus, der sich Naturphänomene durch Beobachtungen und Experimentieren erklärt, nicht durch reines Spekulieren. Auf diese Weise – durch Ausprobieren – habe Cook Mittel gegen Skorbut gefunden und das Zwei-Schicht-System durch das die Mannschaft weniger belastende Drei-Schicht-System ersetzt.

Nach dem von Alexander Hamilton initiierten Aufruf von Annapolis im Vorjahr nahm endlich der Verfassungskonvent der Vereinigten Staaten am 25. Mai in Philadelphia seine Arbeit auf. Als Versammlungsort wählte man denselben Raum im State House, in dem man bereits die Unabhängigkeitserklärung verabschiedet hatte. Man hatte schon elf Tage zuvor beginnen wollen, doch für viele Abgeordnete gestaltete sich die Anreise beschwerlich. Man erreichte erst an diesem Tag die Beschlussfähigkeit. 55 Männer gehörten auf dem Papier dem Konvent an, vollzählig tagte er nie.

Wichtig vor allem aber: George Washington nahm teil. Am 9. Mai war er mit Kopfweh und Magenschmerzen in Mount Vernon aufgebrochen und vier Tage später unter Salutschüssen und Glockenläuten in Philadelphia eingetroffen. Man wählte ihn gleich am ersten Tag einstimmig zum Versammlungsvorsitzenden. Benjamin Franklin hatte das angeregt. Er hätte das Amt gerne selbst übernommen, doch seine Gesundheit war angeschlagen und er fühlte, dass er mit seinen 81 Jahren nicht mehr die Kraft haben würde. Auch an diesem ersten Tag fehlte er wegen Krankheit.

Zwei weitere bedeutende Akteure der jungen Nation, Thomas Jefferson und John Adams, fehlten ebenfalls. Jefferson hielt sich als Gesandter in Paris auf, Adams in London. Und vermutlich sollten sie gerade wegen ihrer Abwesenheit mit Kritik an dem Lauf der Dinge in Philadelphia nicht sparen.

Washington hatte, ganz nach dem Vorbild des römischen Politikers Cincinnatus, der zweimal in der Not zum Diktator berufen worden war und immer nach gebannter Gefahr auf sein Landgut zurückkehrte, ebenfalls keine politische Machtposition mehr einnehmen wollen. Doch der Druck war immer größer geworden und schließlich zu recht unverhohlener Kritik angewachsen. So von Benjamin Rush. Der meinte, diejenigen, die die Unabhängigkeit erkämpft hätten, dürften sich nicht schnöde abseits halten, wenn der Zusammenhalt des Gemeinwesens, das man hatte schaffen wollen, bedroht sei.

Die Bedrohung entstand vor allem im Innern. Staaten stritten sich um Flüsse und Grenzen, manche erhoben sogar schon erste Binnenzölle. Im Herbst des Vorjahres war es, auch als Folge des unsoliden Finanzsystems, zu Unruhen in Massachusetts gekommen, zur sogenannten Shays' Rebellion. Der Kriegsveteran Daniel Shays hatte bewaffnete Männer zusammengetrommelt, die gegen die Vertreibung Verschuldeter von ihrem Land protestierten. Die Schwächen bei der inneren Sicherheit des Landes lagen offen zutage, und die hingen zusammen mit der zu geringen Macht der Institutionen.

Der Aufruf von Annapolis zu der Versammlung in Philadelphia allein hatte Washington noch nicht wanken lassen. Als sich aber eine realistische Möglichkeit abzeichnete, tatsächlich eine Verfassung schmieden zu können, bekamen jene, die Washington zur Teilnahme drängten, Rückenwind. Sie wussten, sie brauchten ihn, um tatsächlich Erfolg zu haben. Seine Anwesenheit würde der Versammlung erst die endgültige Legitimität geben.

Vor allem James Madison überzeugte Washington schließlich mit seiner Expertise über das Erreichbare. Washington lenkte ein und wurde rasch tätig. Wie einst im Krieg wollte er hochkompetente Berater und Experten um sich wissen. Er rief, und sie kamen. Zu den wichtigsten gehörte neben Madison vor allem Hamilton. Beide veröffentlichten bald unter dem Pseudonym Publius die *Federalist Papers*, zahlreiche Essays, die großen Einfluss auf die Akzeptanz der Verfassung in der breiten Gesellschaft ausübten.

Manchmal gibt es den Deus ex Machina, jenes Auftreten einer Macht oder Person, die völlig aus dem Nichts, ohne besondere Verknüpfung mit dem bisher Geschehenen, den erwarteten Verlauf der weiteren Ereignisse verändert.

Am 2. Juni saß Therese Forster in Wilna gerade nähend am Fenster, als sie einen Mann in prächtiger Uniform auf ihr Haus zugehen sah. Der junge russische Offizier Kapitän Grigori Iwanowitsch Mulowski überreichte ihr höflichst einen Brief des Gesandten der Zarin, die Georg das Angebot unterbreitete, die wissenschaftliche Leitung einer Expedition zu übernehmen, die von England aus mit fünf Schiffen in den Pazifik reisen sollte. Die Belohnung sei fürstlich.

Sowohl für Georg als auch Therese bot sich damit die Gelegenheit, Wilna verlassen zu können. Therese riet zu. Längst war ihre Ehe in der Abgeschiedenheit in eine Krise geraten.

Goethe war seit Mitte Juni wieder in Rom. Tischbein zeichnete ihn beim Ordnen von Kissen in seinem Zimmer. Zwei Junoköpfe waren auch zu sehen.

Ende Juni 1787 erschien Friedrich Schillers *Don Carlos* in Leipzig bei Göschen. Schiller widmete das Werk seinem ehemaligen Lehrer Abel. Am 20. Juli verließ er Dresden. Ziel Weimar. Er suchte nach neuen Projekten und Geldquellen. Schiller machte kurz Zwischenstopp bei Göschen in Leipzig und verfehlte am 21. Juli Herzog Carl August an einer Station nur um eine Stunde. »Was hätte ich um diesen glücklichen Zufall gegeben!«. Am

Abend traf er in Weimar ein und nahm Quartier im Hotel »Zum Erbprinz«.

Der Mann, den Schiller in Weimar am liebsten getroffen hätte, weilte noch in Italien. Immerhin Wieland und Herder waren vor Ort. Am Morgen des 23. schickte Schiller mit Bitte um Einladung ein Billett an Wieland. Der, fast doppelt so alt wie Schiller, mochte *Die Räuber* nicht und hatte auf vorige Anfragen Schillers bislang eher zögerlich reagiert. Nun antwortete er prompt. Schon am Nachmittag stakste Schiller mit seinen langen Beinen durch Wielands große Kinderschar.

Der mittlerweile 33-jährige William Bligh hatte seit seiner Heirat und dem Ende des Unabhängigkeitskrieges als fünfter oder sechster Leutnant auf wechselnden Schiffen gedient, danach einige Zeit auf der Isle of Wight verbracht, dort viel gelesen und schließlich seinen bescheidenen Friedenssold mit Erlaubnis der Admiralität mit Rum- und Zuckerhandel aufgebessert.

Seit drei Jahren wohnte er mit seiner Frau in einem kleinen Haus in Lambeth, wo sie drei Jahrzehnte leben sollten. Es lag umgeben von Wäldern und Wiesen, nur wenige Minuten zu Fuß zur Westminster-Brücke. Am 16. August berief die Admiralität Bligh zum Kommandanten der Brotfruchtexpedition.

Derweil war die First Fleet, der die Beschaffung von Brotfruchtbaumsetzlingen ursprünglich hatte anvertraut werden sollen, am 13. Mai in Portsmouth aufgebrochen und seit Wochen auf hoher See. Die Reise der elf Schiffe – mit etwa 500 Mann Besatzung und 1000 Siedlern, darunter vor allem verurteilte Männer und Frauen und nur ein Viertel freie Siedler – sollte noch bis zum Januar des nächsten Jahres dauern und schließlich zur Gründung der Stadt Sydney führen.

Für die von Bligh durchzuführende Brotfruchtexpedition hatte die Admiralität das ehemalige Kohletransportschiff Bethia gekauft und in Bounty umbenannt. Wegen der vergleichsweise geringen Größe – knapp 30 Meter lang und nur wenig über 200 Tonnen Schiffsraum – stand Bligh als Kommandeur nur der

Rang des Kommandierenden Leutnants (Commanding Lieutenant) und nicht der eines Kapitäns zu. Neben ihm waren keine weiteren Schiffsoffiziere, nur Unteroffiziere vorgesehen. Die Aufgaben des Proviantmeisters übernahm er selbst.

Seit Ende Mai rüstete man nun das Schiff in den Docks der Admiralität von Deptford bei London für die Reise aus. Man beschlug den Schiffsrumpf mit Kupfer gegen den Schiffsbohrwurm und kürzte die Masten, um es stabiler gegen den Wind zu machen. Vor allem aber baute man die Bounty zu einer Art schwimmendem Gewächshaus um. Banks notierte: »Da die Regierung, indem sie dieses Schiff zu ganz erheblichen Kosten für unsere Zwecke chartert, allein das Ziel verfolgt, Westindien [die Westindischen Inseln in der Karibik] mit der Brotfrucht und anderen nützlichen Dingen zu beliefern, dürfen Kapitän und Besatzung es nicht als Anlass zur Klage betrachten, wenn ihre Räumlichkeiten zum größten Teil diesem Zweck geopfert werden«.

Als Bligh zuletzt Kommandant des Handelsschiffes Britannia gewesen war, hatte zur Mannschaft als *able seaman* ein junger Mann namens Fletcher Christian gehört, mit dem Bligh schon auf dem Linienschiff Cambridge gefahren war. Bligh diente damals als 6. Leutnant, Christian als Schiffsjunge.

Christian stammte aus einer verarmten, aber vornehmen Familie. Er hatte nicht wie seine Brüder in Cambridge studieren können, und so trat er wie viele Nachgeborene in die Kriegsmarine ein. In Friedenszeiten mussten die Seeleute, wie Bligh und Fletcher auf der Britannia, oft in der Handelsschifffahrt ihr Auskommen finden. Christian besaß ein charmantes Wesen, wusste Menschen zu gewinnen, er war intelligent und lernte schnell – ein Plus im Umgang mit Bligh und dessen Ungeduld. Nach der ersten etwa halbjährigen gemeinsamen Fahrt auf der Britannia sprach Christian in höchsten Tönen von Bligh. Er sei freundlich zu ihm gewesen und habe ihn sogar in Navigation unterrichtet. Allerdings hatte auch er Blighs jähzorniges Wesen erlebt. Während der nächsten Reise auf der Britannia diente Christian als

Geschützoffizier, und Bligh gab ihm zu verstehen, er behandele ihn nun wie einen Schiffsoffizier. Christian war zu einer Art Schützling geworden, Bligh zum Förderer.

Auf seiner Seereise zuvor auf einem Kriegsschiff vom Kadetten zum Steuermannsmaat befördert, hatte sich Fletcher Christian nun als Unteroffizier für die Bounty beworben, was Bligh aber zunächst abschlägig beantwortete. Alle Unteroffizierstellen seien besetzt. Daraufhin ließ Christian Bligh wissen, er würde zunächst auch als Matrose arbeiten. Von dieser Haltung beeindruckt, hatte Bligh Christian als Steuermannsmaat in seine Mannschaft aufgenommen.

Als am 25. August in Paris der Salon eröffnete, blieb der Platz an der Wand leer, an dem das große Bild Marie Antoinettes mit ihren Kindern hängen sollte. Élisabeth Vigée-Lebrun hatte sich nicht getraut, es auszustellen. Sie fürchtete sogar, Besucher könnten das Gemälde beschädigen. Die Zahl der Schmähschriften und Spottlieder im Land nahm längst überhand. Man spottete auch über den leeren Platz in der Ausstellung. »Hier ist das Defizit!«, sollen Besucher und Besucherinnen gerufen haben.

Zu jener Zeit zeigte sich Marie Antoinette außer am Hof lediglich noch im Salon in der Öffentlichkeit, hin und wieder mal im Theater, wo man sie mit Schweigen und vereinzelten Buhrufen empfing. Ihre Unbeliebtheit strahlte längst auf jene aus, die man ihrem Umfeld zuordnete. Auch Élisabeth Vigée-Lebrun bekam das zu spüren. Bereits im Vorjahr war sie Ziel einer Diffamierungskampagne in der Klatschpresse geworden. Man unterstellte ihr eine Liebesbeziehung zum unbeliebten Calonne. Sie wohnte nun mit ihrem Mann in dem neu erbauten Hôtel Lebrun, einem eleganten Haus im modernen klassizistischen Stil, dessen Mittelpunkt eine ausladende Galerie bildete, an deren beiden Enden die beiden Ehepartner ihre eigenen Apartments hatten.

Die Leitung des Salons konnte Élisabeth Vigée-Lebrun schließlich doch überreden, das Bild auszustellen. Es war nach zwei Jahren Arbeit gerade erst fertig geworden. Auf dem etwa 3 × 2 Meter großen Gemälde blickt die im Zentrum sitzende Königin, umgeben von ihren Kindern, nahezu lebensgroß auf die Betrachtenden. Alle sind vergleichsweise schlicht gekleidet. Ihr Kleid ist rot und die Umgebung in warmen Gelb- und Brauntönen gehalten. Marie Antoinette trägt einfachen Schmuck und wohlweislich kein Halsband. Der Dauphin zeigt auf eine leere Wiege in Erinnerung an die Schwester, die, während das Bild in Arbeit war, noch als Baby verstorben war.

Vigée-Lebruns Freund Jacques-Louis David hatte ihr für die Ausgestaltung des Bildes den Rat gegeben, von Bildern alter Meister der Renaissance im Louvre so viel zu übernehmen, wie sie könne. Ihre Furcht, des Plagiats bezichtigt zu werden, wischte David angeblich mit der Bemerkung beiseite, solange sie moderne Kleider nehme, werde sich niemand beschweren. So nahm sie sich vor allem an Giulio Romano ein Beispiel und schuf ein ähnliches Figurendreieck wie dieser; in der Renaissance ein Symbol für die heilige Familie.

Als das Bild schließlich hing, gab es immerhin keinen Skandal. Doch erneut drangen jene Stimmen durch, die dem Bild alles erdenklich Negative abrangen. Den einen zeigte sich Marie Antoinette darauf zu wenig als Königin, die anderen meinten, sie biedere sich zu sehr an.

In diesem heißen und schwülen Sommer präsidierte George Washington an sechs Tagen der Woche für meist sieben Stunden in dem engen Versammlungsraum, in dem selten mehr als 30 der 55 Delegierten anwesend waren. Er hörte zu, schwieg meist, ließ vor allem seine Persönlichkeit wirken. Nur selten ergriff er das Wort, doch wenn, dann um zu lenken, zu überzeugen oder Abwege zu beenden. Seine Gedanken waren immer auch in Mount Vernon, dem Gegenstand vieler seiner Sorgen. Das Anwesen hatte sich noch immer nicht von den finanziellen Folgen des Krieges erholt.

Unter den Delegierten tat sich der durch intensives Studium

in Verfassungsfragen beschlagene James Madison hervor, der auf eine festgelegte Gewaltenteilung drängte. Er war überzeugt, Macht müsse durch andere Mächte beschränkt werden, denn sonst könnte eine Demokratie, wie einst in Griechenland, zur Hegemonie oder gar Tyrannei der Mehrheit mutieren. Alexander Hamilton, der zunächst zurückhaltend agierte, preschte plötzlich vor und forderte die Errichtung einer Präsidentschaft auf Lebenszeit und das Recht für den Präsidenten, Veto einzulegen. Das war Wasser auf die Mühlen der Gegner einer stärkeren Union wie Jefferson, den Washington in langen Briefen nach Paris mühsam bei Laune zu halten versuchte.

Nach langen Debatten erstellte die Versammlung schließlich einen Verfassungsentwurf, der in seiner eleganten Zweideutigkeit den Handelnden der Exekutive einerseits mehr Macht gab, gleichzeitig aber auf kluge Weise einen weiten Raum zum Atmen und Nachjustieren ließ, vor allem angesichts aller Probleme, die in der Zukunft noch auftreten mochten. Washington allerdings hatte sich mehr Klarheit gewünscht.

Am 17. September wurde dann die Verfassung der Vereinigten Staaten von Amerika verabschiedet – die erste demokratische Verfassung der Neuzeit. Sie enthält weder das Wort »Demokratie« noch »demokratisch«, denn der Begriff Demokratie hatte für viele den Makel der Tyrannei des Mobs. Die Verfasser verstanden sich – in Reminiszenz an die alte römische Republik und in Abgrenzung von den Schrecken und Unsicherheiten der Demokratie des antiken Athen – als republikanisch.

Der künftige Präsident erhielt weitreichende Vollmachten und wurde für eine Amtszeit von vier Jahren gewählt. Kontrollieren sollten ihn der Kongress und das Oberste Bundesgericht. Benjamin Franklin hatte auf der letzten Sitzung sein Schlusswort verlesen lassen, in dem er erklärte, er könne Teile der Verfassung nicht billigen, wisse aber nicht, ob das immer der Fall bleibe. Doch man brauche eine Bundesregierung, und deshalb stimme er trotz etwaiger Fehler zu.

Gegen Ende der Verfassungsversammlung soll Elizabeth Willing Powel, eine Dame der Gesellschaft Philadelphias, Benjamin Franklin gefragt haben: »Nun gut, Doktor, was haben wir jetzt, eine Republik oder eine Monarchie?« »Eine Republik«, soll Franklin laut den Aufzeichnungen des Delegierten James McHenry geantwortet haben, »wenn ihr es vermögt, sie zu behalten.«

Jahre später ergänzte McHenry in einem erneuten Bericht von der Begebenheit, dass Powel daraufhin nachgefragt haben soll: »Warum sollten wir es nicht vermögen?«. Darauf soll Franklin erwidert haben: »Weil die Menschen, sobald sie die Speise gekostet haben, dazu neigen, mehr davon zu essen, als ihnen guttut.«

Das Problem der Sklaverei setzte sich auch mit der neuen Verfassung fort. Den sklavenhaltenden Staaten des Südens gelang es sogar, diese auf zynische Weise zur Stärkung ihrer Interessen zu instrumentalisieren: Nach der von ihnen durchgesetzten Drei-Fünftel-Klausel, bei der man jeden der zahlreichen in ihren Gebieten lebenden Sklaven zu drei Fünfteln als Einwohner zählte, konnten sie verhältnismäßig mehr Abgeordnete in den Kongress entsenden. Wählen durften die Sklaven aber nicht, sondern nur die Weißen.

Im Herbst reiste Mozart mit Konstanze und seinem Librettisten da Ponte nach Prag, um dort die neue Oper *Don Giovanni* abzuschließen und einzustudieren. Im Frühjahr war sein Vater Leopold Mozart verstorben, der ihn so lange begleitet und gefördert, zu dem sich aber das Verhältnis in den letzten Jahren zunehmend abgekühlt hatte.

Sie nahmen Quartier in zwei benachbarten Gasthöfen, die so eng aneinander lagen, dass Mozart und da Ponte sich von Fenster zu Fenster besprechen konnten und weiter an der Oper arbeiteten. Tagsüber ging Mozart oft hinaus in eine Vorstadt und besuchte das Häuschen der Sängerin Josepha Duschek in den Prager Weinbergen. Dort beteiligte er sich im Garten an den Gesellschaftsspielen und arbeitete weiter an *Don Giovanni*. War er beim Spiel an der Reihe, unterbrach er nur kurz das Notieren.

Oft kehrte er erst spät in der Nacht über die Karlsbrücke zurück. Dann weckte er einen Kaffeesieder und ließ sich ein starkes Gebräu machen, um weiter arbeiten zu können. Am frühen Morgen ging er dann zur Probe mit dem Prager Orchester.

Mozart probte detailversessen. Nicht nur die korrekte Aufführung der Musik lag ihm am Herzen, sondern auch die schauspielerische Darstellung. Die Proben zogen sich so lange hin, dass schließlich zu dem eigentlich bestimmten Termin *Die Hochzeit des Figaro* aufgeführt werden musste, statt des noch immer unfertigen *Don Giovanni*. Mit *Figaro* aber feierte Mozart hier, nach der einst eher lauen Aufnahme in Wien, einen großen Triumph.

Am 29. Oktober sollte die verschobene Premiere von *Don Giovanni* stattfinden. Erst in der Nacht davor schrieb Mozart die Ouvertüre. Im Kopf hatte er sie angeblich schon längst fertiggestellt. Am nächsten Tag arbeiteten die Kopisten auf Hochtouren, und rasch begann man zu proben.

Am 12. November absolvierte der jetzt vor allem durch Deutschland reisende Blanchard in Nürnberg bereits seine 28. Ballonfahrt. Über 50 000 Menschen sahen ihm zu und liefen dem aufsteigenden Ballon über die abgeernteten Felder hinterher.

In Weimar gab Schiller in diesem November seine Wohnung an der Esplanade auf und nahm Quartier im Gasthof »Zum weißen Schwan« in der Frauentorstraße, nur drei Häuser neben Goethes Domizil.

Schillers Beziehung zu Charlotte von Kalb bewegte sich im Ungefähren. Als Charlotte Weimar verließ, um auf ihr Gut zu fahren, brach am 21. November auch Schiller zu einer Reise auf. Er wollte in Meiningen seine Schwester Christophine besuchen, danach Henriette von Wolzogen in Bauerbach. Christophine war nun mit seinem alten Bekannten Reinwald aus Bauerbach verheiratet.

Er nahm ein Pferd und ritt bei Frost und Schneetreiben mit

dünnem Mantel durch den Thüringer Wald. Einen dicken Mantel konnte er sich nicht leisten, und womöglich war auch der dünne Fetzen an seinem Leib geborgt. Noch immer hatte er bei Henriette von Wolzogen Schulden, wie überhaupt bei vielen. Er sollte sie der Frau, der er viel verdankte und die er mit einer Mutter verglich, nie zurückzahlen.

Den alten Zauber, den er einst trotz aller Abgeschiedenheit in Bauerbach gefühlt hatte, spürte Schiller nicht mehr. Mit Wilhelm, dem ältesten von Henriettes Söhnen, trat er die Rückreise an. Der lud Schiller ein, auf dem Weg seine beiden klugen Cousinen Caroline und Charlotte von Lengefeld zu besuchen, die mit ihrer verwitweten Mutter in Rudolstadt wohnten. Schiller, immerfort interessiert an neuen Frauenbekanntschaften, stimmte zu – der Gedanke, zu heiraten, spukte ihm seit einiger Zeit immer konkreter durch den Kopf.

Am Nikolaustag sahen in Rudolstadt Caroline und Charlotte von Lengefeld zwei Männer auf Eseln die Straße hinabreiten. Der eine trug als Hut einen quer getragenen Zweispitz und verbarg zwischen diesem und dem Mantelkragen scherzhaft sein Gesicht. Sie erkannten ihn rasch als ihren Cousin. Den anderen großen, schlanken Mann mit dem breitkrempigen Hut aber kannten sie nicht. Er weckte sofort ihre Neugier. Die beiden Männer ritten vorbei und nahmen Quartier im besten Haus am Platz, dem Gasthof »Güldene Gabel«. Dann ging Wilhelm zum Haus der Lengefeld-Frauen und bat, seinen Begleiter am Abend mitbringen zu dürfen. Er durfte.

Am 8. Dezember zu Hause in Weimar berichtete Schiller an Körner: »Beide Geschöpfe sind, ohne schön zu sein, anziehend und gefallen mir sehr.« Er hatte am Abend bei den Lengefelds aus *Don Carlos* vorgelesen. Doch ahnten weder er noch Wilhelm von Wolzogen noch die beiden Schwestern, dass ihr weiteres Leben eine neue Richtung nahm.

Schiller haderte in jenen Tagen mit seinem Leben, zweifelte insbesondere an seiner Zukunft als Dramatiker. *Don Carlos* war schlecht aufgenommen worden. Seine Geldnot bedrückte ihn.

Er vermochte es nicht, sich als Schriftsteller zu ernähren, erst recht nicht noch eine Frau. Ob eine Festanstellung weiterhelfen würde? Oder doch eine Frau? Im besten Falle war seine künftige Frau reich. Er wusste aber nicht, wer als Braut in Frage kommen könnte. Vor allem aber musste sie für ihn, den Dichter da sein, sich ihm und seiner Arbeit unterordnen. Es war zum Verzweifeln.

Im Januar hatte er den ersten Teil von *Der Geisterseher* in seiner drei Jahre zuvor in Mannheim gegründeten Zeitschrift *Thalia* veröffentlicht. Auch diese publizistische Unternehmung hatte ihm zunächst kein Geld gebracht. Doch immerhin fesselte nun dieser Fortsetzungsroman das Lesepublikum, und es gierte nach mehr. Ausgerechnet sein einziger Roman, ein Werk aus Kolportage, eine Art Trivialliteratur, brachte Schiller nun wenigstens ein bisschen Geld. Bis 1789 lieferte er noch weitere Teile. Aber er sollte den Roman nie zu Ende bringen.

Dann hatte Schiller die Idee, sich der Geschichtswissenschaft zu widmen. Er wägte die Mühsale »poetischer Arbeit« mit denen historischer ab. Bei letzterer lerne er, während die erstere seine Seele auslauge. Körner war entsetzt, als Schiller ihm mitteilte, an einem Werk über die Geschichte der Niederlande zu arbeiten, das ihn, anders als *Don Carlos*, worauf er drei Jahre verwandt hatte, vielleicht fünf oder sechs Monate Arbeit kosten und ihn »vielleicht zu einem angesehenen Mann machen« werde. Das Ende des Dichters lag in der Luft.

Forster hatte zugesagt. Er wollte die große Expeditionsreise in den Pazifik für die Zarin leiten. Am 20. August verließen er, Therese und das kleine »Röschen« Wilna. Von Deutschland aus wollte er die Expedition vorbereiten und dann von dort nach London reisen. Zu denen, die ihn auf der Expedition begleiten sollten, gehörte auf jeden Fall Soemmerring. In Göttingen stieß sofort wieder der Hausfreund Meyer zu ihnen, der dort mittlerweile als Professor und Bibliothekar arbeitete. Georg Forster wollte sich wieder mit dieser *ménage à trois* arrangieren. Doch im Alltag gelang eine Harmonie zu dritt nicht. Als das Jahr zu Ende ging, hatte Forster seit Monaten nichts mehr von Mulowski gehört. Mehr und mehr fürchtete er eine Absage der Expedition. Im August hatte das Osmanische Reich Russland den Krieg erklärt.

Forster reiste nach Berlin und wohnte wochenlang bei den Speners, verbrachte dort das Weihnachtsfest und blieb bis weit ins neue Jahr. Fernab von Frau und Töchterchen. Die Ehe mit Therese steckte in einer tiefen Krise.

Die Menschen Europas waren neugierig, und sie waren gierig. Dieses Jahr hatte es besonders augenfällig gezeigt. Während sie in Amerika, wo sie nun schon lange lebten, neue Facetten ihrer Kultur entwickelten und eine neue Form der Gesellschaft schufen, siedelten sich Europäer mit der First Fleet am anderen Ende der Welt an, um auch dort neue Gemeinwesen zu schaffen. Und das Unternehmen der Bounty sollte Pflanzen um die Welt schiffen.

Schon am 9. Oktober hatte die Bounty die Werft in Deptford verlassen. Ein Lotse brachte sie zur Themsemündung. Von dort ging es die Küste entlang nach Portsmouth, wo sie am 4. November eintraf. Am 28. November versuchte Bligh einen ersten Aufbruch, doch ungünstige Winde und schlechtes Wetter zwangen zur Umkehr. So lag die Bounty am 3. Dezember wieder in Portsmouth.

Bligh war wütend. Verzögerungen durch die Admiralität hatten ihn von günstigeren Winden abgehalten. Nun musste er vermutlich den weiteren Weg über das Kap der Guten Hoffnung nehmen, statt wie geplant um Kap Hoorn. Statt sieben Monaten Reise waren jetzt zehn zu erwarten. Und man würde zur Regenzeit eintreffen. Am 23. Dezember setzte Bligh erneut die Segel. Trotz ungünstiger Winde erreichte er endlich das offene Meer und nahm Kurs auf Teneriffa, wo die Bounty weiteren Proviant und Wasser aufnahm.

1788
Abschied, Anfang, Rückkehr

Im Januar traf ein Brief von Mulowski an Georg Forster ein. Die Expedition war abgesagt.

Schiller teilte Freund Körner am 7. Januar mit: »noch einmal, mein Lieber, dabei bleibt es, dass ich heurate.« Und er ging weiter in sich. Elf Tage nach seiner Ankündigung von Heiratsplänen gestand er Körner ergänzend: »Ich bin in meiner jetzigen Lage nicht glücklich; ich habe seit vielen Jahren kein ganzes Glück gefühlt«, auch »weil ich die Freuden mehr naschte als genoss«.

Am 28. Januar traf Schiller auf einem Faschingsball Charlotte von Lengefeld wieder. Charlottes Mutter erhoffte sich für die 19-jährige Tochter eine Position als Hofdame. Das lag bei Charlottes Herkunft auf der Hand, und Verbindungen hatten die Lengefelds. Denn Charlotte war das Patenkind von Goethes alter Liebe Charlotte von Stein.

Von Beginn an reizten Goethe in Italien auch die jungen Frauen, und tatsächlich wechselte er von einer Tändelei zur nächsten. Im Januar lernte er die 23-jährige Tochter eines Gastwirts kennen. Wie er später im Alter berichtete, begegneten sie sich in einer Osteria in Begleitung ihres Onkels. Goethe und sie verabredeten sich heimlich, indem sie ihre Finger in den Rotwein tauchten und mit Strichen die Stunde des Treffens auf den Tisch schrieben. Vielleicht lernte die junge Frau die Kissen gut kennen, bei deren Ordnen Tischbein Goethe im Vorjahr gezeichnet hatte. Sie sollte auch später als Vorbild der Faustina in seine *Römischen Elegien* eingehen.

Goethe stürzte sich im Februar in den römischen Karneval. Für ihn mündeten nun die Spiele und Reize der Erotik in sexuelle Erfüllung. Mit Charlotte von Stein hatte sich alles vermutlich nur in der Verheißung der Möglichkeit erschöpft. Er fühlte sich wie neu geboren und genoss es, »täglich eine neue Schale abzuwerfen«. Seinem in körperlicher Liebe viel erfahreneren Dienstherrn Carl August sandte er einen Brief voller Anspielungen über die erlebten Abenteuer.

Im gleichen Monat erschien Schillers historische Abhandlung über den Spanisch-Niederländischen Krieg zwei Jahrhunderte zuvor. Wieland druckte einige Teile im *Teutschen Merkur* ab. Der Text mit dem Titel *Geschichte des Abfalls der vereinigten Niederlande von der spanischen Regierung* wurde ein Erfolg – und Schiller damit insofern Historiker, dass er seine Arbeit an dramatischen Werken in den nächsten Jahren ruhen ließ.

In der gleichen Ausgabe des *Teutschen Merkur* schloss sich an Schillers Text ein Aufsatz Immanuel Kants an: *Über den Gebrauch teleologischer Prinzipien in der Philosophie.* Darin antwortete Kant auf die Angriffe Georg Forsters. Er nutzte die Schrift zudem, um der Bitte von Georgs Vater Reinhold zu entsprechen, der gerade in Jena Professor für Philosophie geworden war und Kants Gedanken in die Welt trug. Forster hatte angefragt, ob denn Kant seine *Briefe über die Kantische Philosophie* öffentlich billigen könne, was der hiermit tat.

Die Einwürfe von Reinholds Sohn Georg nannte Kant als einem »Missverstande des Prinzips« entsprungen, von dem er ausgehe. Kant beharrte darauf, dass es nicht zwei »Rassen« beziehungsweise Typologien von Menschen gebe, sondern vier, und diese hätten einen einzigen gemeinsamen Ursprung – und nicht zwei Ursprünge, wie Georg Forster meinte. Kant sah alle Menschen gleich und gleichen Ursprungs. Forster sah sie gleich, aber verschiedenen Ursprungs, getrennt durch ihre Lebensbedingungen und Entwicklungen.

Kant alterte. Er war über sechzig, plagte sich mit den Augen und referierte vor Freunden allzu häufig über seine Verdauungsprobleme. Die Anzahl seiner öffentlichen und privaten Vorlesungen reduzierte er stark. Vor Studenten las er nur noch acht Stunden in der Woche, allerdings immer in einem berstend vollen Saal.

Kritik der praktischen Vernunft erschien, und damit Kants Darlegung seiner praktischen Philosophie. Darin war auch sein berühmter Kategorischer Imperativ zu lesen, den er schon drei Jahre zuvor in der *Grundlegung zur Metaphysik der Sitten* vorgestellt hatte, nun aber ausbaute. Der besagte: »Handle nur nach derjenigen Maxime, durch die du zugleich wollen kannst, dass sie ein allgemeines Gesetz werde.«

Diese Aufforderung, anderen kein Leid zuzufügen, um nicht Unrecht zu tun, betonte die dem Menschen innewohnende Freiheit, sich entscheiden zu können. Indem Kant diese Entscheidungsfreiheit mit Recht und Unrecht verknüpfte, machte er den Menschen für das eigene moralische Handeln verantwortlich und zugleich zu dessen Richter.

Am 5. Februar überquerte die Bounty den Äquator. Auch William Bligh setzte auf das von Cook eingeführte fortschrittliche Drei-Wachen-System. Seit dem 11. Januar oblag das Kommando der dritten Wache dem Steuermannsmaat Fletcher Christian. Der versah seinen Dienst zu Blighs allergrößter Zufriedenheit, weshalb er Christian am 2. März nach dem sonntäglichen Gottesdienst vor versammelter Mannschaft zum diensttuenden Leutnant beförderte. Fortan fungierte Christian im Grunde als Blighs Stellvertreter. Für den bisher diensttuenden Ersten Offizier John Fryer, Sailing Master und Navigationsoffizier der Bounty, bedeutete das eine Degradierung, was das ohnehin schon schlechte Verhältnis zwischen Fryer und Bligh zusätzlich belastete.

Bligh versuchte nun doch Kap Hoorn zu passieren, musste den Versuch aber wegen der ungünstigen See abbrechen. Am 25. April gab er Befehl, gen Osten Richtung Kap der Guten Hoffnung zu segeln, und nahm Kurs auf die längere Route, von der er zwischenzeitlich kurz gehofft hatte, sie doch nicht antreten zu müssen. Vom 24. Mai bis 29. Juni ankerte die Bounty in der westlich von Kapstadt gelegenen False Bay. Nomen est omen?

Georg Forster, Anfang März aus Berlin zurückgekehrt, verließ Göttingen wieder Anfang April und machte sich auf den Weg nach Mainz. Von Freund Soemmerring hatte er erfahren, dort sei die Stelle des Universitätsbibliothekars frei geworden. Soemmerring arbeitete seit dem Vorjahr als Hofrat und Leibarzt des Mainzer Kurfürsten Friedrich Karl Joseph von Erthal.

Die Ehe mit Therese erreichte neue Tiefpunkte, und Georg Forsters finanzielle Lage war nach Aufgabe der Professur in Wilna und dem Scheitern der Expedition für die Zarin prekär. Außerdem gelang es ihm ebenso wenig wie seinem Vater, bedacht und vorausschauend mit Geld umzugehen. Forsters Gespräch mit dem Kurfürsten verlief gut. Er erhielt die Stelle. Was erstaunlich war, da man Juden oder Protestanten wie Forster in Mainz, einem der konservativsten katholischen Fürstentümer, von öffentlichen Ämtern gewöhnlich ausschloss. Obendrein, das Gehalt war fürstlich. Doch auch das würde nicht reichen.

Von einer Unrast zur nächsten: Mitte Mai zog Schiller wieder fort aus Weimar. Charlotte von Lengefeld hatte ihm nahe Rudolstadt am Rande des Örtchens Volkstedt eine Wohnung besorgt. Von dort besuchte er die Lengefelds fast täglich. Er beschäftigte sich zunehmend mit der Antike und wanderte so auf Pfaden, die auch Goethe längst beschritt. Das Gedicht *Die Götter Griechenlands* entstand. Darin beklagte Schiller den Verlust der Nähe zur griechischen Götterwelt. Diese sei den Menschen näher gewesen als der vergleichsweise abstrakte und entrückte Gott des Christentums.

Schillers schon während der ersten Begegnung gefasste Zuneigung zu den ungleichen Lengefeld-Schwestern vertiefte sich. Die lebhafte ältere, unglücklich verheiratete Caroline führte schnell das Wort, war erfüllt von dichterischem Drang und überbordend an Gefühlen. Die jüngere Charlotte zeigte sich still und zurückhaltend. Sie beobachtete und dachte nach. Jede der beiden Schwestern faszinierte Schiller auf ihre Art.

Wenn er bei seinen Besuchen von Volkstedt mit Blick auf Felder und alte Bäume an der Saale entlang wanderte, kamen ihm Caroline und Charlotte oft entgegen. In weißen schlichten Kleidern warteten sie dann meist an einer kleinen Brücke auf ihn und nahmen ihn in ihre Mitte. »Empfang der Flussgöttinnen« nannten sie das. Schiller fühlte sich in eine neue, bessere Lebensphase eintreten. Er spüre seinen Genius wieder, berichtete er Körner im Juli.

Am 18. Juni kehrte Goethe vom »formenreichen Italien« nach Weimar ins »gestaltlose Deutschland« zurück. Schiller hielt sich gerade in Rudolstadt auf und konnte es kaum erwarten, ihn zu treffen. Doch er musste sich weiter in Geduld üben.

Charlotte von Stein eilte bei der Nachricht von Goethes Rückkehr von Schloss Kochberg rasch nach Weimar. Doch Goethe hatte sich verändert, und sie war in ihrer Verletzung die Gleiche geblieben. Das änderte sich auch nicht. Sobald er von seinen Erlebnissen berichtete, und das tat er gerne und oft, spürte er ihr Desinteresse und Unverständnis. Nach ihrem ersten Wiedersehen notierte sie: »nichts als Langeweile zwischen uns gewechselt worden«. Er spürte ihre Verstimmung und hielt fest: »es scheint nicht, dass etwas werden wird.«

Dann kam der 12. Juli, nach dem es zwischen Goethe und Frau von Stein endgültig nie mehr werden würde wie zuvor. Eine andere Frau trat in sein Leben. Jung, sinnenfroh, nicht von Stand, wenig gebildet, doch lebensklug. Goethe traf an diesem Sommertag auf Christiane Vulpius, vermutlich im Park an der Ilm. Sie wollte ihm ein Bittschreiben für ihren Bruder überreichen. Ihre braunen langen Haare, ihre Augen, ihr Lachen – sie wurden noch an diesem Tag, in dieser Nacht ein Liebespaar.

Nach einem mehrfach verlängerten Urlaub kehrte Napoleon Bonaparte endlich Anfang Juni zu seinem Regiment zurück, das mittlerweile in Auxonne in der Bourgogne sein Quartier hatte. Bonaparte ließ sich weiter im Einsatz der Artillerie ausbilden. Er lebte spartanisch, nur in einer Stube mit Bett, Tisch und Stuhl, und widmete sich von morgens 4 Uhr bis abends 10 Uhr dem Selbststudium. Über zwei Dutzend Notizhefte schrieb er voll: Militärtheorie, Geschichte, Geographie.

Am 5. Juli gab Louis XVI. den Forderungen, die Generalstände einzuberufen, nach. Diese Einrichtung stammte aus dem mittelalterlichen Ständewesen, das die Menschen ihrem jeweiligen Stand zuwies. Jeder Stand besaß Rechte und Pflichten, wobei die Rechte der beiden ersten Stände, Adel und Klerus, üppiger ausfielen als die des Dritten Standes, des Bürgertums. Bislang hatte die Delegiertenmehrheit von Adel und Klerus das Bürgertum immer überstimmen können. Nun verdoppelte man aufgrund der gewachsenen Bedeutung des Bürgertums die Zahl seiner Delegierten. Napoleon Bonaparte schrieb seiner Mutter, der Dritte Stand habe zwar die meisten Delegierten, was aber noch kein Sieg sei – »wenn er nicht die Abstimmung pro Kopf anstatt pro Stand erreicht.«

Am 8. August wurde der Termin für die Zusammenkunft der Generalstände für den 1. Mai des nächsten Jahres festgelegt. Zweieinhalb Wochen später setzte Louis XVI. erneut Jacques Necker mit nun erweiterten Vollmachten als Finanzminister ein. Das Volk feierte seine Rückkehr.

Necker, zu dessen erneuter Berufung wieder der Salon seiner Frau Suzanne beigetragen hatte, mischte sich seit seiner Entlassung sieben Jahre zuvor als Privatperson immer wieder in die französische Politik ein. Nebenbei hatte er sich der Erziehung seiner einzigen Tochter Germaine gewidmet, die zwei Jahre zuvor Hochzeit mit dem schwedischen Botschafter in Paris, Erik Magnus Staël von Holstein gefeiert hatte und nun am Hof und in der höheren Gesellschaft von Paris als Madame de Staël Furore zu machen begann.

In Amerika sammelte man bis zum Frühjahr aus den einzelnen Staaten die Ratifizierungsergebnisse für die neue Verfassung. Sollte Washington noch an Ausflüchte gedacht haben, wie er weiterer Verantwortung entkommen konnte, so stellte Alexander Hamilton in einem Brief an ihn am 13. August unmissverständlich klar: Er gehe davon aus, Washington werde sich »dem allgemeinen Ruf Ihres Landes im Hinblick auf die neue Regierung, wie er zweifellos erfolgen wird«, nicht entziehen. Es nütze nichts, fügte Hamilton an, ein neues System einzuführen und dann nicht zu Beginn gleich den größtmöglichen Einfluss zu seiner Sicherung auszuüben. Und er ließ nicht locker.

In England entdeckte Matthew Boulton unablässig neue lukrative Möglichkeiten für die von Watt stetig weiterentwickelten Maschinen. Er verfolgte eine geniale Idee, die ihn schon seit einigen Jahren nicht losließ: Er wollte Geld machen, indem er Geld machte. In England mangelte es an Kleingeld, und weil die Royal Mint auf veraltete Technik zurückgriff, kam sie dem Bedarf nicht hinterher. Zudem war das Prägen der Kleinmünzen defizitär.

Boulton hatte mit Watt beim gemeinsamen Besuch in Paris die dortigen Prägeanstalten besichtigt. Er glaubte, mit der Technik von Dampfmaschinen angetriebener Prägemaschinen die Probleme der Münzherstellung lösen zu können. Auf dem Gelände in Soho hatte er die sogenannte Soho Mint errichtet. In diesem Jahr nun nahm sie die Produktion auf. Die Dampfmaschinen arbeiteten mit Stempelkolben, die Medaillen aller Art prägten. Die weit geringeren Produktionskosten sorgten für Aufsehen und schienen die massenhafte Produktion von Münzen mit niedrigem Nennwert wirtschaftlich interessant zu machen. Boulton bot seine Dienste an. Der staatliche Auftrag ließ jedoch auf sich warten.

Am 20. August ankerte die Bounty nach der Durchquerung des Indischen Ozeans an der Südküste Tasmaniens in der Adventure Bay. Auf seiner zweiten Reise, bei der Bligh sein Navigator gewesen war, hatte Cook die Bucht nach seinem damaligen Begleitschiff benannt.

Im August siedelte Schiller nach Rudolstadt um und wohnte fortan bei einem Kantor. Jetzt war er den beiden Schwestern ganz nahe. Er arbeitete weiter an den letzten Teilen der *Geschichte des Abfalls der vereinigten Niederlande* und beendete das Werk schließlich.

Am 7. September fädelten die Lengefelds die Erfüllung eines langjährigen Wunsches Schillers ein. Fast neun Jahre waren seit dem ersten wortlosen, flüchtig-distanzierten Aufeinandertreffen des damaligen Schülers mit dem hohen herzoglichen Verwaltungsbeamten vergangen. Nun also das erste richtige Aufeinandertreffen. Schiller und Goethe gehörten zu den Gästen einer größeren Gesellschaft in Haus und Garten des weitläufigen Domizils der Lengefelds, das unweit des den Ort überragenden Residenzschlosses lag. Goethe stand natürlich im Mittelpunkt und berichtete, umringt von begeisterten Zuhörern, von Italien. Mit Schiller wechselte er nur wenige Sätze. Der hoffte nach diesem Tag zwar immer noch, dass er seinem Idol im Laufe der Zeit näherkommen könnte, notierte aber auch: »seine Welt ist nicht die meine«. Und: »sein ganzes Wesen ist schon von Anfang her ganz anders angelegt als das meine«.

Der 28-jährige Schiller war überrascht, wie gesetzt der 39-jährige Goethe für sein Alter wirkte. Steif sei er gewesen, das Gesicht verschlossen. In der Tat wollte Goethe Abstand halten. Er fand, Schiller sei zu berühmt, werde zu sehr gefeiert. *Die Räuber* mochte er nicht. Goethe hatte Sturm und Drang hinter sich gelassen. Dass auch Schiller sich weiterentwickelt haben könnte, kam ihm nicht in den Sinn.

So ging nach dieser Begegnung die Zeit dahin. Goethe ärgerte sich über die unablässigen Lobpreisungen für Schiller, die ihm in seinem Umfeld zu Ohren kamen, Schiller hörte bei seinen nun zahlreichen Besuchen bei von Charlotte von Stein einiges über Goethes schlechte Seiten. Gleichzeitig war er eifersüchtig auf alle, die zu Goethe Zugang erhielten.

Immer wieder die Antike! In Paris veranstaltete Élisabeth Vigée-Lebrun irgendwann in diesem Jahr, vermutlich in der Galerie ihres Stadthauses, ein Griechisches Souper. Sie hatte die Idee, als ihr Bruder Etienne bei den Vorbereitungen für eine Abendgesellschaft von den Reisen des Anacharsis vorlas. Vigée-Lebrun erwartete am Abend etwa 15 Gäste. Sie nahm aus ihrem Atelier die Requisiten, die sie für ihre zunehmend klassizistischen Porträts nutzte, lieh sich bei einem Comte, der in ihrem Haus logierte, Vasen und sprach mit ihrer Köchin ein einfaches Essen ab. Ihrem Mann wischte sie den Puder aus dem Gesicht und zerwühlte ihm die Haare.

Alle Gäste waren in einfache antik anmutende Gewänder gekleidet, serviert wurden Speisen, die an die Antike angelehnt waren. Vigée-Lebrun gab an, der Abend habe sie nur 15 Francs gekostet. Bald aber schon kursierten in Versailles Gerüchte, das Fest habe 20 000 Francs verschlungen.

Élisabeth Vigée-Lebrun sah in diesen Tagen, dass sich etwas im Land veränderte. Bei einer kurzen Reise nach Romainville, einem kleinen Ort im Osten von Paris, beobachtete sie, dass die Bauern nicht, wie bislang üblich, vor der vorbeifahrenden Kutsche höherer Herrschaften die Hüte abnahmen. Sie standen nur da und blickten mürrisch den Ankömmlingen entgegen.

Am 24. September reiste Georg Forster mit Therese, dem Töchterchen und einer Tochter Heynes aus zweiter Ehe, die sie erziehen sollten, aus Göttingen nach Mainz ab. Sie machten einige Tage in Frankfurt am Main Station und trafen am 2. Oktober in Mainz ein. Sie zogen in eines der klassizistischen dreistöckigen sogenannten Professorenhäuser. Im Nachbarhaus wohnte Soemmerring.

In Frankfurt am Main trafen sie auf Ludwig Ferdinand Huber aus Schillers Freundesbund in Leipzig. Der folgte ihnen einige Wochen später nach Mainz, um dort als sächsischer Gesandtschaftssekretär zu arbeiten. Er wollte Dichter und Dramatiker werden, doch sein Ehrgeiz überstieg sein Talent. Anfangs verstanden Therese und Huber sich nicht sonderlich gut. Erst als sie einander gegenseitig ihr Leid klagten – sie über ihre unglückliche Ehe mit Forster, er über seine unglückliche Verlobung mit Dora Stock, seine freudlose Beamtentätigkeit und sein literarisches Streben –, kamen sie sich näher.

Die Forsters waren kaum eingezogen, da kam am 10. Oktober aus Göttingen der junge Student Wilhelm von Humboldt zu Besuch. Er freundete sich sofort mit den Forsters an. Humboldts Vater, einst Kammerherr der preußischen Kronprinzessin, hatte sich nach dem Rückzug ins Privatleben vornehmlich der Erziehung seiner beiden hochbegabten Söhne Wilhelm und Alexander gewidmet. Wilhelm, mit kantigem Gesicht und leicht melancholischem Blick, war der ältere, der ernste und stillere der beiden.

In Mainz stickte die überaus fürsorgliche Gastgeberin Therese ein großes »T« in den Schlafrock, den sie Wilhelm bereitlegte.

Im Oktober nahm der 18-jährige Georg Wilhelm Friedrich Hegel als herzoglicher Stipendiat sein Studium auf. Ort des Geschehens: das Tübinger Stift, der berühmte »Pflanzgarten Gottes«, in dem bereits Johannes Kepler geformt wurde. Dem Herzog hatte der junge Hegel in einem Brief versprochen, »mit allem Ernst und Fleiß zu studieren«. Keine andere Profession als die des Theologen wolle er wählen. Die Studenten wohnten in Stuben mit mehreren Kommilitonen. Sie alle trugen – verziert mit kleinen weißen Binden, sogenannten Beffchen – schwarze Mäntel, weshalb man sie im Ort mit leichtem Spott »die Schwarzen« nannte.

In dem gewaltigen mehrstöckigen Stiftsbau am gras- und baumbewachsenen Ufer des Neckars impfte man den Jungen den Geist eines strengen Pietismus ein. Die Lehrer trugen Kutten und wirkten wie Mönche. Studentische Hilfskräfte, die verhassten Famuli, bespitzelten die Schüler. Die mussten bereits um 6 Uhr morgens die erste Predigt erdulden. Mahnungen und Psalmen waren die einzige Nahrung, die sie bei diesem berüchtigten »Tübinger Frühstück« aufnahmen. In dieser Welt strenger Regeln und Strafen drohte auch Arrest im Karzer. Nicht nur dort hatte man über sich selbst zu richten und zu verinnerlichen, auf wie viel ein frommer Mensch zu achten hatte.

Zu Hegels Kommilitonen gehörte ein gewisser Friedrich Hölderlin. Wie Hegel stammte er aus einem streng protestantischen Elternhaus und aus einer Beamtenfamilie. Hegels Vater hatte als Rentkammersekretär gearbeitet, Hölderlins bereits verstorbener Vater als Klosterhofmeister. Der junge Hegel und der junge Hölderlin freundeten sich schnell an. Hegel war wegen seines ruhigen, angenehmen Wesens allseits beliebt und wurde wegen seiner Schwerfälligkeit gerne »der alte Mann« genannt. Hölderlin fiel durch seine Eleganz und Schönheit auf, deren Eindruck aber durch sein ungelenkes Wesen rasch fortgewischt werden konnte.

Am 26. Oktober erreichte die Bounty nach zehn Monaten auf See Tahiti. Bligh und seine Männer trafen auf ein Paradies mit freundlichen und schönen Menschen, aber auch auf eine streng hierarchische Gesellschaft, die blutige Fehden austrug. Von einem Paradies ohne Neid und Missgunst nach Rousseaus Ideal konnte keine Rede sein.

Der Austausch zwischen den Fremden und den Einheimischen gestaltete sich zäh. Da hatte der Schiffsbotaniker David Nelson, Gärtner aus den Kew Gardens und einst schon Begleiter Cooks, die Idee, den Tahitianern zu sagen, Bligh sei der Sohn Cooks. Nelsons Idee fruchtete.

Von da an standen den Männern der Bounty die Herzen offen. Die Gastgeber hatten auch nach Cook gefragt. Man habe gehört, er sei getötet worden. Man bestätigte ihnen das nicht, denn Bligh hatte seinen Männern bei Strafe verboten, von dessen gewaltsamem Tod zu erzählen. Er fürchtete, ihre Gastgeber könnten es sich eines Tages zum Beispiel nehmen.

Nachdem Bligh ihnen großzügige Geschenke gemacht hatte, erlaubten ihm die Tahitianer, Brotfruchtpflanzen einsammeln zu lassen und eine Aufzuchtstation einzurichten. Bligh musste warten, dass die Pflanzen in den Töpfen Wurzeln schlugen. Das sollte Wochen und Monate dauern. Derweil genossen die Männer der Bounty alle Seiten der Gastfreundschaft und stürzten sich in Liebschaften mit einheimischen Frauen. Bligh erkundete die Insel und betrieb wissenschaftliche Studien.

Der Winter kam früh in diesem Jahr. Im Oktober lag bereits Schnee. Am 15. Dezember erhielt Schiller das Angebot einer außerordentlichen und damit unbesoldeten Professur für Geschichte in Jena. Er erfuhr, Goethe habe sich vehement für ihn ausgesprochen. Doch ein Gehalt hatte man nicht vorgesehen. Schiller fühlte sich über den Tisch gezogen, und Körner bestätigte ihn in diesem Urteil. Hatte Goethe ihm ein Danaergeschenk bereitet?

Nachlässigkeit oder Absicht? William Bligh tobte. Am 25. Dezember hatte er befohlen, die Bounty in eine besser geschützte Bucht zu bringen. Bei dem Manöver setzte sein Schiffsoffizier John Fryer das Schiff auf Grund. Fletcher Christian verpatzte danach den Versuch, das Schiff wieder frei zu bekommen. Dann stellte sich heraus, dass ein anderer Schiffsoffizier versäumt hatte, die Ersatzsegel zu lüften. Sie waren verrottet. Als dann Fryer noch vergaß, das für die Bestimmung des Standortes unentbehrliche Chronometer aufzuziehen, konnte Bligh sich kaum mehr beruhigen.

1789

Meuterei und Revolution

Eine Meuterei war es noch nicht. Am 4. Januar hatten drei Männer der Bounty genug. Sie desertierten. Das süße Leben lockte. Sie flohen mit mehreren Musketen auf eine von Tahitis Nachbarinseln. Ihrer bald habhaft geworden, ließ Bligh sie auspeitschen und in Eisen legen. Das war die übliche Strafe.

Dann, am 30. Januar, ordnete Bligh die Auspeitschung eines weiteren Matrosen an. Der hatte einen Insulaner geschlagen. Am 4. Februar wurde in der Nacht das Ankertau der Bounty durchschnitten. Man entdeckte es noch rechtzeitig, bevor das Schiff auf Grund gelaufen wäre. Ein Schuldiger wurde nie gefunden.

Mit der angebotenen Professur konnte Schiller sich nicht anfreunden. Als man ihn nun im Januar auch noch aufforderte, sich einen Magistertitel zu kaufen, da dieser Voraussetzung für die Professur in Jena sei, war ihm die Angelegenheit gänzlich vermiest. Auch über Goethe ärgerte er sich weiterhin. In einem Brief am 2. Februar an Körner wetterte er, Goethe sei »ein Egoist in ungewöhnlichem Grade. Er besitzt das Talent, die Menschen zu fesseln, […] aber sich selbst, weiß er immer frei zu behalten.« Und: »Ich betrachte ihn wie eine stolze Prüde, der man ein Kind machen muss, um sie vor der Welt zu demütigen […].«

Goethe quälte sich derweil mit der Arbeit an *Torquato Tasso*. Carl August klagte er am 19. Februar mit italienischer Reminiszenz: »*Tasso* wächst wie ein Orangenbaum sehr langsam«.

Schiller arbeitete immer wieder an dem groß angelegten Gedicht *Die Künstler*. Das beschäftigte sich ähnlich wie *Die Götter Griechenlands* mit den Entzauberungen durch die Vernunft. Diese Entzauberung sei aber nur die kalte Seite der Freiheit, die erreicht werde. Die Freiheit selbst hingegen sei durch die Kunst und die Ästhetik überhaupt erst ermöglicht worden. Diese beiden aber träten in den Umbrüchen der Zeit zuweilen in den Hintergrund, kehrten jedoch, weil sie die Seele der Freiheit seien, bald wieder zurück. Überhaupt gebe erst das ästhetische Bewusstsein der Freiheit Wärme und Sinn.

Nach einem strengen und langen Winter begann das Tauwetter. Bei Mainz trat der Rhein über die Ufer. Georg Forster litt an Rheuma und Koliken. Er versuchte, die Bibliothek in Mainz mit den etwa 50 000 Bänden zu ordnen. Seine Forderung nach neuen Räumen für die bedrohten Bücher stießen auf taube Ohren. Es blieb alles beim Alten. Bald war Forster überzeugt, man habe ihn nur eingestellt, um sich mit seinem Namen zu schmücken.

Trotz des großzügigen Gehalts von 1800 Gulden im Jahr und der guten Nebeneinkünfte durch Übersetzungen kam er mit dem Geld nicht aus. Er griff nach allen Aufträgen, die Geld einbrachten. Um diese zu erfüllen, scharte er Helfer um sich. Dazu gehörte bald eine junge Frau, die sich Meta Forkel nannte. Meta, eigentlich Margarethe, war die Tochter des Göttinger Pastors und Professors Rudolph Wedekind. Wie Therese gehörte sie zu den »Universitätsmamsellen«. Meta war jung mit dem Musikwissenschaftler Johann Nikolaus Forkel verheiratet worden, hatte einen Roman geschrieben und ihren Mann verlassen. Auch Huber gehörte zu Georg Forsters Helfern. Der war glücklich über die wachsende Nähe. Seinem Freund Körner berichtete er nach Leipzig, man sei dabei, »einen Zirkel zu bilden«.

Im April reisten Georg und Therese Forster zu Jacobi nach Pempelfort bei Düsseldorf. Mit ihm sprach er über Philosophie, blieb aber der Metaphysik weiterhin innerlich fern. Mit Kants Ideen wurde er einfach nicht warm, er fragte er sich sogar, ob abstrakte Philosophie und auch eine Suche nach dem Wesen der Dinge Zeitverschwendung sei.

Am Abend des 12. April, dem Ostersonntag, traf Mozart in Dresden ein. Bereits am nächsten Tag probte er für die Aufführung am Osterdienstag. Im »Zimmer der Kurfürstin« trug er dann schließlich sein Klavierkonzert in D-Dur vor, das später als

Krönungskonzert populär wurde. Der Kurfürst überreichte ihm, wie er Constanze berichtete, zum Dank eine »recht schene Dose«, womit er wohl scherzhaft den sächsischen Dialekt nachahmte. Mozart vermisste seine Frau. Jede Nacht spreche er vor dem Einschlafen mindestens eine halbe Stunde mit ihrem Porträt, rief er ihr aus Dresden zu. Und: »ich küsse und drücke dich 1 095 060 437 082-mal (hier kannst du dich im Aussprechen üben)«.

Bevor Mozart am 18. April weiter nach Leipzig reiste, verbrachte er am Donnerstag und Freitag die Abende bei Schillers Freund Körner. Dessen Schwägerin Dora Stock, die nach wie vor auch im Haus wohnte, fertigte mit dem Silberstift ein Porträt Mozarts an. Es zeigt einen jungen Mann mit gewitztem Blick im Profil.

Am ersten Abend erschien Mozart vor Beginn des Essens und improvisierte auf dem Klavier. Alle hörten zu. Das Essen wurde vergessen und kalt. Als das Procedere sich am nächsten Tag zu wiederholen drohte, berührte Dora Stock sanft Mozarts Arm und bat ihn zu Tisch. Er antwortete, er komme gleich. Doch er spielte weiter. Und so tafelte die Runde mit Mozart höchstselbst als Begleitmusik.

Am 30. April legte Washington in New York auf der zur Straße gerichteten Galerie der Federal Hall an der Wall Street seinen Amtseid vor einer dicht gedrängten Menschenmenge ab. Auch in den Fenstern der Häuser ringsum drängten sich die jubelnden Zuschauer. Drei Wochen zuvor hatte der Konföderationskongress seinen Sekretär Charles Thomson nach Mount Vernon entsandt, um Washington darüber in Kenntnis zu setzen, er sei von den 69 Wahlmännern einstimmig zum Präsidenten gewählt worden. Zum Vizepräsidenten hatte man mit 34 Stimmen John Adams gekürt, der selbst gerne das Präsidentenamt eingenommen hätte. Nach einigen Tagen Bedenkzeit erklärte Washington Thomson, die einstimmige Entscheidung lasse ihm kaum eine Wahl. Er nehme also an.

Washingtons anschließende Reise von Mount Vernon nach New York mutete an wie die Feierlichkeiten zur Inthronisation eines Königs. Doch als ein solcher empfand Washington sich nicht, und letztlich würde er auch allen anderen verdeutlichen, dass sein Amt nicht eine neue Art von Monarchie einläuten, sondern etwas völlig Neues darstellen sollte.

Zu der Zeremonie seiner Amtseinführung erschien George Washington als Zivilist gekleidet, in einem Anzug aus schwarzem Samt, angefertigt aus feinem amerikanischem Stoff. Als man bemerkte, dass keine Bibel zur Hand war, wurden einige Männer ausgesandt, rasch in den Straßen New Yorks eine zu finden. Danach hielt Washington im Senatssaal der Federal Hall seine Antrittsrede. Sie fiel kurz und nüchtern aus.

Und die Frauen? Und die Schwarzen? Washingtons Frau Martha war ebenso in Mount Vernon geblieben wie sein vertrauter und sonst immer an seiner Seite zu findender Sklave Billy Lee.

In Frankreich rumorte es. Es hatte zwei schlechte Ernten gegeben, ein harter Winter war gefolgt. Es herrschte Dürre. Die Preise stiegen, und die Abgaben blieben hoch. Im Frühjahr brachen Viehseuchen aus. Ein großer Teil der Bevölkerung hungerte. Auf dem Land brachen Unruhen aus. So auch Anfang April in dem Örtchen Seurre südlich von Auxonne. Drei Kompanien der Armee sollten für Ruhe sorgen. Das Kommando hatte man dem erst 19-jährigen Sekondeleutnant Napoleon Bonaparte anvertraut. Die Soldaten blieben zwei Monate. Irgendwann in diesen Tagen soll Bonaparte vor einer feindseligen Menschenmenge gesagt haben: »Die rechtschaffenen Leute sollen nach Hause gehen. Ich schieße nur auf Gesindel.« Die Menge zerstreute sich.

Nach 23 Wochen Aufenthalt stach die Bounty am 4. April mit einem dreifachen Hoch der Mannschaft in See, an Bord hatte sie 1015 Brotfruchtpflanzen »in 774 Töpfen, 39 Bottichen und 24 Kästen«, wie William Bligh notierte. Sein Verhältnis zu Fletcher

Christian war mittlerweile zerrüttet. Christian hatte sich seinen hohen Erwartungen nicht gewachsen gezeigt, und so maßregelte ihn Bligh zunehmend im Beisein anderer. Der stolze Christian wiederum war verletzt.

Am 24. April ankerte die Bounty vor der kleinen zur Tonga-Gruppe gehörenden Insel Nomuka, um Frischwasser und Proviant aufzunehmen. Bligh hatte hier einst mit Cook Halt gemacht und wusste, die Einwohner neigten zu Diebereien. Christian, den er mit einem Boot und mehreren Mann an Land schickte, wurde auch prompt beklaut. Werkzeuge kamen abhanden. Bligh war außer sich. Als er Christian am nächsten Tag erneut an Land schickte, musste er sich, von den Insulanern bedrängt, zurückziehen. Die stahlen einen kleinen Bootsanker. Bligh handelte nun wie einst Cook und nahm einige Häuptlinge als Geiseln. Allerdings ließ er sie unverrichteter Dinge wieder frei, wodurch sein Ansehen bei der Mannschaft weiter sank. Schließlich nahm die Bounty Kurs auf Australien, und Bligh überzog Christian auf der Fahrt mit einer Schimpftirade nach der anderen.

Dann, in der Nacht zum 27. April, schienen einige Kokosnüsse gestohlen worden zu sein. Diese Früchte gehörten zum essenziellen Proviant. Bligh fragte Fryer, ob der Haufen nicht kleiner geworden sei. Der antwortete, er sei wohl zusammengesackt. Doch Bligh war überzeugt, dass sich jemand bedient hatte. Er klagte seine Schiffsoffiziere der Nachlässigkeit an und befahl, Rationen von Yams zu kürzen, vielleicht sogar den Rum. Trotz seines Zorns lud Bligh Christian zum Abendessen in seine Kajüte. Der aber lehnte ab.

Christian war am Ende seiner Nerven. Er bat noch am selben Abend den Schiffszimmermann Purcell, ihm Planken, Nägel und Tauwerk zu geben. In seinem Kopf spukte der aberwitzige Plan, auf einem Floß zu fliehen. Dann aber überredeten ihn mehrere Männer, stattdessen das Schiff zu übernehmen.

Am frühen Morgen des 28. April, rund 30 Seemeilen vor Tofua, drang Christian mit mehreren Männern in William Blighs

Kajüte ein. Sie fesselten ihn und brachten ihn, der noch im Schlafrock war, an Deck. Dort teilten sie ihm mit, er sei seines Kommandos enthoben, und banden ihn am Achterdeck an einen Mast. Bligh redete auf Christian ein. Er solle aufgeben, dann sei der Vorfall vergessen. Christian solle daran denken, dass er Blighs Kinder in England auf den Knien gewiegt habe.

Die meisten Männer an Bord waren ebenso überrumpelt wie Bligh. Sie blieben untätig oder zeigten ihre Ablehnung. Nur weniger als die Hälfte der Besatzung schloss sich den Meuterern an. Christian wollte nun Bligh mit einigen der loyal Gebliebenen in dem kleinsten Beiboot aussetzen. Nachdem sich die Jolle als viel zu klein herausstellte und das nächstgrößere Boot nicht seetüchtig war, beschlossen die Meuterer, das größte Boot, die Barkasse, zu opfern.

Als Fryer und weitere 17 Männer das knapp 7,5 Meter lange Boot bestiegen hatten und sich dort drängten, lag es bedenklich tief im Wasser. Nicht einmal 20 Zentimeter hob sich die Bordkante über die Wasseroberfläche.

Bligh stand noch an Deck der Bounty. Christian sagte: »Kommt, Kapitän Bligh! Eure Offiziere und Matrosen sind jetzt im Boot, und Ihr müsst zu Ihnen gehen.« Der fragte, ob das der Dank für alle Freundschaft sei. Christian antwortete mit bebender Stimme: »Das ist es eben, Kapitän Bligh! Ich leide wie in der Hölle! Ich bin in der Hölle!«.

Etwa zweieinhalb Stunden nach Beginn der Meuterei kappten die auf der Bounty zurückgebliebenen das Seil zum Boot der Ausgesetzten. Auf dem Schiff blieben auch Männer zurück, für die auf der Barkasse kein Platz mehr gewesen war. Später, vor dem Hintergrund von Schuldsuche und möglicher Verurteilung, wusste dann kaum einer mehr, wer auf welcher Seite gestanden hatte, ob er eine Waffe getragen hatte oder in ihre Mündung schauen musste.

Als die Barkasse hinaus ins Ungewisse des weiten Pazifik abzutreiben begann, rief Bligh den zurückgebliebenen Getreuen auf der Bounty zu: »Keine Angst, meine Jungs! Sollte ich jemals

England erreichen, werde ich dafür sorgen, dass ihr Gerechtigkeit erfahrt!« Es war auch eine Drohung an die Meuterer.

Die hatten den Ausgesetzten ein Wasserfass mit etwa 125 Litern, 32 Pfund Schweinefleisch, 150 Pfund Zwieback, 6 Flaschen Wein und knapp 6 Liter Rum mitgegeben. Diese Proviantmenge reichte normalerweise für fünf Tage. Bligh rechnete und teilte jedem an Bord pro Tag 60 Gramm Zwieback und 125 Milliliter Wasser zu, abgemessen in einer Kokosnussschale. Bald musste er die Rationen kürzen.

Dem Schiffsschreiber John Samuel war es unter großem Risiko gelungen, wichtige Dokumente seines Kommandanten, darunter das Logbuch, an Bord der Barkasse zu schmuggeln, und Bligh brachte nun das Kunststück fertig, lediglich mit einem Kompass, einem Oktanten, einem Log und seiner Taschenuhr ausgerüstet, die Barkasse in 41 Tagen über fast 6000 Kilometer zur niederländischen Faktorei Kupang auf Timor zu navigieren. Auf der Reise entdeckte er etwa 40 kleine Inseln. Zu landen traute er sich nur auf einer Insel, die er sinnigerweise Restoration Island nannte.

Auf der Bounty schnitten sich die Meuterer aus Segeln Jacken. Sie wollten sich damit eigene Uniformen zulegen. Die an Bord zurückgebliebenen Habseligkeiten der Ausgesetzten teilten sie untereinander auf. Dabei kam es zu ersten Streitigkeiten, denn die Vertrauten Christians wurden großzügiger bedacht als jene, die Kritik an ihm übten.

Die Meuterer hatten in den kartographischen Aufzeichnungen Blighs das 350 Meilen südlich von Tahiti gelegene Atoll Tubuai entdeckt und nahmen Kurs darauf. Am 24. Mai warfen sie dort Anker. Die Einwohner zeigten sich feindselig. Dennoch beschlossen die Meuterer, hier zu siedeln. Aber sie merkten, sie brauchten noch einiges. Vor allem Frauen. So segelten sie noch einmal zurück nach Tahiti. Dort eingetroffen, gaben sie vor, sie seien Cook begegnet, den die Tahitianer nach wie vor verehrten. Der wolle sich in der Südsee niederlassen, und Bligh sei bei ihm geblieben. Sie selbst seien beauftragt, die weitere Versorgung sicherzustellen. So gaben ihnen die Tahitianer Pflanzen, Hühner, Schweine, Ziegen, Hunde und Katzen. Neun Frauen, acht Männer, sieben Jungen und ein kleines Mädchen kamen mit an Bord.

In diesem Frühjahr, das mit Stürmen begann und die Ilm über die Ufer treten ließ, machte Goethes Liebesverhältnis mit Christiane Vulpius in Weimar die Runde. Viele waren empört. Die junge Frau, die als Goethes Bettgenossin nun bei ihm wohnte, hatte in einer Blumenfabrik gearbeitet und war als Tochter eines niedrigen Hofbeamten ohnehin von geringem Stand. Sie schien auch leichtlebig zu sein. Man sagte es zumindest. »Die Stein«, erklärte Caroline Herder in einem Brief an ihren Mann, »verdenkt ihm dies sehr.« Sie habe gesagt, Goethe würdige sich herab. Herder hingegen erklärte sich das alles mit Goethes Angewöhnung »italienischer Verhältnisse«.

Goethe selbst versuchte mit Charlotte von Stein ins Reine zu kommen. In einem Brief bat er: »Lass uns freundlich Leid und Freude verbinden damit die wenige Lebenstage genossen werden«, und er endete mit »Lebe recht wohl und liebe mich«. Am 5. Mai reiste Charlotte zur Kur. Zuvor übergab sie Goethe einen Brief. Der sandte einen Antwortbrief im Juni und fragte darin, wer denn Anspruch erhebe auf die Gefühle, die er Christiane gebe, und erinnerte Charlotte daran, wie wenig sie ihn bei seiner Rückkehr wieder willkommen geheißen hatte. Der Bruch war da.

Das 4500-Einwohner-Städtchen Jena lebte vor allem von seiner Universität; mit ihren etwa 800 Studenten war sie neben Halle und Göttingen die größte Hochschule Deutschlands. Früher als in manch anderen Universitäten hatte man sich hier auf die Werke Kants gestürzt, sie gelesen und diskutiert. Besondere Verdienste kamen dabei dem 1787 zum Professor berufenen Carl Leonhard Reinhold zu. Hunderte Studenten besuchten seine Kant-Vorlesungen.

Am 26. Mai hielt Friedrich Schiller in einem Hörsaal, der aus allen Nähten platzte, seine umjubelte Antrittsvorlesung mit dem Titel *Was heißt und zu welchem Ende studiert man Universalgeschichte?*. Die Hoffnung auf die baldige Umwandlung der Professur in eine besoldete hatte ihn doch noch zur Annahme des Rufs bewogen.

Am 5. Mai, dem Tag, als Charlotte von Stein zur Kur fuhr, traten in Frankreich erstmals nach über 175 Jahren die Generalstände zusammen. Die Delegierten erschienen streng nach ihren Ständen getrennt. So waren sie auch gewählt worden. Aber schon die Tatsache, dass es überhaupt eine Wahl gegeben hatte, war sensationell neu und hatte die Menschen im Land aufgewühlt. Jede Wählerversammlung durfte zudem eine Liste von Beschwerden erstellen, wovon rege Gebrauch gemacht wurde.

Die nun abgehaltenen Zeremonien, wie etwa der Empfang der Deputierten durch den König, zeigten, dass man am Hof noch nicht begriffen hatte, wie stark sich die Gesellschaft wandelte. Statt die Interessen der erstarkenden Kräfte zusammenzuführen, die gemeinsame Verantwortung für das Land zu betonen, setzte Louis auf die Zurschaustellung der alten Machtverhältnisse. Er empfing die Vertreter der beiden ersten Stände Adel und Klerus im Cabinet du roi, der Dritte Stand durfte später lediglich an ihm vorbeidefilieren und war somit düpiert. Zur Eröffnungssitzung in einem Saal in Versailles schritten die Adeligen mit Hut und Degen und der Klerus in seinem Ornat – die Vertreter des Bürgertums wirkten in ihrer schwarzen Kleidung wie Befehlsempfänger der beiden anderen Stände. Auch diese Zurücksetzung durch die Kleiderordnung registrierten die Vertreter des Dritten Standes. Viele machte es umso entschlossener, möglichst bald etwas daran zu ändern.

Die Rede des Königs und der anschließende dreistündige Bericht Neckers enttäuschten. Es schien, als wolle man aller Welt mitteilen, die Finanzlage des Landes sei doch nicht so schlimm. Necker sah die Generalstände sowieso weniger als ein Instrument für die erforderlichen staatlichen Reformen denn als Quelle neuer Geldströme, etwa durch Bewilligung neuer Abgaben.

Danach berieten die Stände getrennt über das Abstimmungsverfahren. Dem Dritten Stand hatte man, auch auf das Anraten Neckers, doppelt so viele Abgeordnete zugestanden. Adel und Klerus forderten weiterhin die getrennte Abstimmung der Stände, so dass in einer endgültigen Abstimmung der Dritte Stand von Adel und Klerus einfach überstimmt werden konnte. Dies aber lehnten die Abgeordneten des Dritten Standes ab. Die Fronten verhärteten sich.

Dann der erste handfeste revolutionäre Schritt: Da sich keine Lösung fand, erklärten sich die Abgeordneten des Dritten Standes am 17. Juni – auch mit der Begründung, für 96 Prozent der Bevölkerung zu stehen und somit Volk und Nation zu repräsentieren – zur Nationalversammlung. Der Vorschlag kam von Abbé Emmanuel Joseph Sieyès, der zwar dem Klerus angehörte, aber als Delegierter für den Dritten Stand teilnahm. Er hatte im Januar mit der Flugschrift »Was ist der Dritte Stand?« für Aufsehen gesorgt und darin selbst die Antwort auf die Frage des Titels gegeben: »Alles.« Die Abgeordneten der beiden anderen Stände lud man ein, sich der Nationalversammlung ebenfalls anzuschließen. Erste Vertreter des Adels und des Klerus taten es.

Viele der Handelnden dieser Tage ahnten noch nicht, dass sie zu Hauptdarstellern umwälzender Ereignisse werden sollten. Talleyrand etwa, im Januar zum Bischof von Autun geweiht, gehörte nun der Nationalversammlung als Delegierter des Klerus an. Er verlegte sich auf das, was er besonders gut konnte: im Hintergrund agieren. Lafayette hingegen drängte weiterhin gerne auf die offene Bühne. Er hatte sich als einer der wenigen Delegierten des Adels für die egalitäre Pro-Kopf-Abstimmung aller Abgeordneten über alle Stände hinweg stark gemacht. Nun unterstützte er den Dritten Stand. Auch der Astronom Jean-Sylvain Bailly gehörte für den Dritten Stand der Versammlung an. Er leitete die Versammlung drei Tage später.

Am Morgen dieses 20. Juni standen die Abgeordneten bei strömendem Regen vor dem verschlossenen und von Soldaten bewachten Versammlungssaal im Schloss Versailles. Daraufhin zogen sie gemeinsam in die Stadt. Im Ort versammelten sie sich in einer Sporthalle, einem Ballhaus, in dem man Jeu de Paume, eine frühe Form von Tennis, zu spielen pflegte. Es war Jean-Joseph Mounier, ein Richter aus Grenoble, der zu einem Schwur aufrief. So leisteten die Abgeordneten den berühmten Ballhausschwur: Sie verpflichteten sich feierlich, erst dann auseinanderzugehen, wenn Frankreich eine Verfassung habe.

Drei Tage später erschien im Ballhaus der königliche Zeremonienmeister und teilte den Delegierten mit, der König habe befohlen, die Versammlung aufzulösen. Daraufhin erhob sich Honoré Gabriel de Riqueti, Graf de Mirabeau, der von Talleyrand zurückgeholt worden und einer der wenigen Adligen der Versammlung war, von seinem Sitz. Nachdem ihm die Adelsversammlung einen Sitz verwehrt hatte, hatte er sich als Delegierter des Dritten Standes beworben und vertrat nun Aix-en-Provence. Mit seiner imposanten Gestalt stellte er sich vor den Zeremonienmeister und erklärte, die Nation empfange keine Befehle, sondern erteile sie. Dem König solle er sagen, die Delegierten würden nur durch die Gewalt der Bajonette weichen. Daraufhin setzte er sich wieder.

Mirabeau war der Sohn des Ökonomen und Physiokraten Victor Riquetti, Marquis de Mirabeau, der ein Anhänger und Freund François Quesnays war. Der Vater hatte ihn zeitweise einkerkern lassen, um ihn auf den rechten Weg zu bringen. Doch es half nichts. Mirabeau, der jeder hübschen Frau hinterherlief, geriet durch seine ausschweifende Lebensweise mehrfach in Schwierigkeiten, war wegen Ehebruchs zwischenzeitlich zum Tode verurteilt worden und ins Ausland geflohen. Auch in seiner Erscheinung sprengte er Grenzen: groß gewachsen, beleibt, mit unbändig welliger Haarpracht, den Raum einnehmend durch Stimme und Gesten, mit breiter von Pockennarben zerklüfteter Gesichtslandschaft. Nun war er wieder da, das Urteil perdu.

Am 25. Juni schlossen sich 47 Deputierte des Adels denen des Dritten Standes an. Tags darauf tat es auch Talleyrand. Zwei Tage später beugte sich Louis XVI. dem Druck und wies die verbliebenen Abgeordneten an, sich ebenfalls der Nationalversammlung anzuschließen. Im Grunde bedeutete dies nicht weniger als das Ende der jahrhundertealten Ständeordnung.

Talleyrand arbeitete schon bald in mehreren Ausschüssen und erntete Anerkennung, zudem verschaffte ihm seine Freundschaft mit Mirabeau Beliebtheit. Am 9. Juli rief sich die Nationalversammlung zur Verfassunggebenden Versammlung aus.

Louis XVI. und seine Berater wussten nicht, wie sie auf die immer dynamischer werdenden Ereignisse reagieren, wie sie mit den Forderungen nach Staatsreformen bis hin zu einer konstitutionellen Monarchie umgehen sollten. Während er schwankte, drängte Marie Antoinette, etwas gegen die Entwicklungen zu unternehmen. Sie war in tiefer Trauer. Am 4. Juni war der erst siebenjährige Dauphin Louis Joseph verstorben. An dem großen Bild, das Élisabeth Vigée-Lebrun von ihr mit ihren Kindern gemalt hatte und das nun in Versailles im Salon de Mars hing, konnte sie nun nicht mehr vorbeigehen, ohne in Tränen auszubrechen. Sie ließ es abhängen. Schließlich überzeugte sie Louis, zwischen Versailles und Paris Truppen zusammenzuziehen. Die sollten die Hauptstadt besetzen und die Nationalversammlung auflösen.

Es folgten fünf dramatische Tage im Juli: Am 11. entließ Louis seinen Finanzminister Jacques Necker. Die Nachricht, dass sich vor Paris die königlichen Truppen sammelten, verbreitete sich, worauf der Anwalt und Journalist Camille Desmoulins am 12. Juli alle Bürger »Aux armes!« (»Zu den Waffen!«) rief. Er riss ein Blatt von einem Baum und steckte es als Symbol für den Freiheitskampf an seinen Hut. Rasch taten es ihm andere nach. Man zeigte, Teil der Revolution zu sein. Es war die Geburt der Kokarden, deren Grün bald durch Blau und Rot, die Stadtfarben von Paris, ersetzt wurde.

Die Nationalversammlung beschloss am 13. Juli als Antwort auf die Bedrohung, eine Miliz des Volkes als Nationalgarde aufzustellen, und beauftragte Lafayette mit der Organisation. Zwei Tage später ernannte man ihn zum Kommandanten. Lafayette gehörte längst zu den Akteuren im Mittelpunkt der Ereignisse, in denen jedoch Einzelne bald immer weniger auszurichten vermochten.

Am 14. Juli griff die breite Bevölkerung in die Revolution ein. Eine wütende Menge erhörte Desmoulins' Ruf zu den Waffen, plünderte die Zollhäuser, erbeutete etwa 32 000 Gewehre im Invalidenhaus und zog dann zur verhassten Bastille, einem der berüchtigtsten Gefängnisse des Landes und Sinnbild der Unterdrückung. Dort lagerte Munition. Man verhandelte. Die feindselige Stimmung schaukelte sich gefährlich hoch. Schließlich ließ der Kommandant Bernard-René Jourdan Marquis de Launay auf die bewaffnete Menge schießen. Als diese aber im Gegenzug fünf Kanonen in Stellung brachte, gab de Launay auf. Die Menge drang in die Bastille ein und befreite die Gefangenen. Man fand jedoch nicht Dutzende, wie angenommen, sondern nur sieben Inhaftierte vor. Doch das zählte nicht. Gewalt entlud sich. Der verhaftete de Launay wurde in einem Handgemenge getötet, sein abgeschlagener Kopf – auf einer Lanze aufgespießt – durch die Straßen getragen. Er war eines der ersten Opfer der Revolution. Das gleiche Schicksal ereilte kurz darauf Jacques de Flesselles, Vorsteher der Pariser Kaufleute und Stadtoberhaupt von Paris, der 1784 den nach ihm benannten Ballon der Montgolfiers finanziert hatte. Als er das Rathaus verließ, wurde er aus der aufgebrachten Menge heraus erschossen. Seinen aufgespießten Kopf trug der Mob kurz darauf ebenfalls durch die Straßen.

Am 15. Juli um 2 Uhr morgens weckte man Louis XVI. Am Tag zuvor war er jagen gewesen und hatte am Abend in sein Tagebuch nur ein Wort eingetragen: »Nichts«. Ein Kommentar zu seinem Jagdglück.

Nun eröffnete man ihm, die Bastille sei gestürmt, der Gouverneur sei ermordet und sein Haupt auf einer Pike durch die Stadt getragen worden. »Aber das ist ja eine Revolte«, soll Louis gesagt haben. »Nein Sire, das ist eine Revolution«, habe daraufhin der Herzog de La Rochefoucauld-Liancourt entgegnet.

Bereits an diesem 15. Juli begannen die revolutionären Massen die Bastille zu schleifen. Für die tatsächlich nun einbrechende politische Veränderung spielte sich das Wesentliche aber im Rathaus, dem Hôtel de Ville, ab. Dort wählte eine Versammlung Bailly zum neuen Bürgermeister.

Louis XVI. indes suchte die Nationalversammlung auf, redete beruhigend auf die Abgeordneten ein und versprach, die Truppen abzuziehen. Am gleichen Tag erfuhr in Auxonne der junge Artillerieoffizier Napoleon Bonaparte von den Ereignissen in Paris und war bestürzt. In einem Brief notierte er: »Man weiß nicht, wohin das führt.«

Ein großer Teil des Hofes bereitete seine Flucht vor. Auch Marie Antoinette wollte fliehen, doch Louis bestand darauf, zu bleiben. Derweil begann das Volk auf dem Land Schlösser, Kirchen und Klöster zu stürmen. Am 16. Juli bat Louis XVI. den gerade erst entlassenen Necker, der sich nun in Basel aufhielt, wieder ins Amt zurückzukehren. Zwei Tage später erkannte der König die neuen von den Revolutionären geschaffenen Institutionen an. Am 19. Juli beschlossen die verbliebenen Deputierten des Adels mit 169 zu 157 Stimmen, sich dem Dritten Stand anzuschließen.

Necker kehrte am 29. Juli nach Paris zurück, »in den Abgrund«, wie er seinem Bruder geschrieben hatte. Das Volk feierte. Es hatte seinen Nachfolger Joseph Foullon de Doué nach nur wenigen Tagen im Amt am 22. Juli vor dem Rathaus auf der Place de Grève, dem traditionellen Ort für Hinrichtungen, an einer Laterne gehenkt. Es war der Auftakt des »Laternisierens«.

Ab dem 1. August beriet die Nationalversammlung über einen Entwurf der Erklärung der Menschenrechte – eingebracht von Lafayette im Geiste seiner Erfahrungen in Amerika. Es gab erheblichen Widerstand. Zwar stimmten fast alle dem Inhalt zu, doch daraus ein bindendes Papier oder Gesetz zu machen ging vielen einen Schritt zu weit. Lafayette aber blieb beharrlich, und er schaffte es zum Verdruss Mirabeaus, die Debatten über eine Verfassung zu vertagen und die Tagesordnung bei den Menschenrechten zu belassen, bei denen ihn sein Freund Thomas

Jefferson, der als Botschafter noch immer in Paris weilte, beriet. Jefferson verfolgte die Ereignisse von Beginn an mit Sympathie, riet aber nach dem Ballhausschwur zu Kompromissbereitschaft, »um das sicherzustellen, was die Regierung damals zu gewähren bereit war.«

In der Nacht vom 4. auf den 5. August beschloss die Nationalversammlung weitere weitreichende Veränderungen. Mit den verabschiedeten sogenannten Augustdekreten schaffte sie die Vorrechte des Adels ab und zerschlug damit das alte Feudalsystem.

Am 3. August waren Wilhelm von Humboldt, der Verleger Joachim Heinrich Campe und ein weiterer Mitreisender im revolutionären Paris eingetroffen. Die starke Kluft zwischen Arm und Reich erschien Humboldt, der Waisenhäuser und Krankenhäuser besuchte, eine wesentliche Ursache des Umsturzes. Bald aber schlug ihm die Stimmung in der Stadt auf das Gemüt, auch Campes Gesellschaft war er längst leid. Es zog ihn zu Forster, und so reiste er Anfang September für drei Wochen nach Mainz. Er genoss zwar den Austausch und das Zusammensein mit Forster, aber das Verhältnis Humboldts zu Therese bekam bei diesem Aufenthalt tiefe Risse. Er war entsetzt, wie sein Freund litt, denn Therese hatte sich in Ludwig Ferdinand Huber verliebt.

Die Nachrichten der Ereignisse in Frankreich erreichten das Tübinger Stift. Begeisterung machte sich unter Hölderlin, Hegel und ihren Mitschülern breit. Die Oberhoheit des Althergebrachten, des Adels, der Kirche wankte. Längst lasen die Schüler Kant. Nicht im Unterricht, sondern insgeheim. Die Ideen und Ausführungen vom mündigen Menschen, der die Welt nun in die Hand nimmt, wühlten sie auf. Nicht in der Theologie, in der Philosophie schien das Heil zu liegen.

Am 26. August verabschiedete die Nationalversammlung in Paris die Erklärung der Menschen- und Bürgerrechte. Zwei Tage später wurde Goethe 40 Jahre alt. Anfang Mai hatte er erfahren, dass er Vater werde. Christiane war schwanger. Verheiratet waren sie nicht.

Auf Tubai im Pazifik hatten die Meuterer und die mit ihnen auf der Bounty gebliebenen Besatzungsmitglieder ein Fort gebaut. Sie nannten es nach ihrem König George und bewehrten es mit Kanonen und leichten Drehgeschützen vom Schiff. Die Streitigkeiten untereinander nahmen zu. Auch die mit den Einwohnern. Nach drei Monaten hatten die Männer der Bounty genug und segelten wieder nach Tahiti. 66 Einwohner waren von ihnen getötet worden. Darunter mehrere Frauen.

Am 21. September ankerte die Bounty zum dritten und letzten Mal in der Matawai-Bucht. 16 der ursprünglichen Besatzungsmitglieder wollten auf Tahiti bleiben. Fletcher Christian und die acht Getreuen, die mit ihm weitersegeln wollten, verließen gar nicht erst das Schiff. In der Nacht brachen sie auf. Joseph Coleman, einen Bligh-Getreuen und hervorragenden Büchsenmacher, wollten sie zwingen mitzukommen. Er sprang über Bord und schwamm an Land.

Napoleon Bonaparte hatte sich erneut Urlaub genommen und traf Ende September auf Korsika ein. Er wollte die Gunst der Stunde nutzen, um seine Heimat zu befreien. Mit seinem Bruder Joseph stürzte er sich in die Politik. Doch sein Ziel hatte sich verändert. Nun wollte er nicht mehr die Abspaltung von Frankreich, sondern lediglich die Emanzipation seiner Heimatinsel im französischen Staatsgefüge.

Am 26. September verließ Thomas Jefferson nach fünf Jahren in Paris Frankreich Richtung Heimat. Er glaubte, nur für einen Urlaub dorthin zurückzukehren, und ließ daher seinen Hausrat zurück, machte sich aber dennoch mit über drei Dutzend Kisten und Koffern auf den Weg. Wein, Büsten, ein Cembalo und eine eigens angefertigte Kutsche gingen mit auf die Reise. Er sollte

Frankreich nicht wiedersehen. George Washington hatte neue Pläne mit ihm.

Derweil hatte Jacques Necker Ende September in der Nationalversammlung mit Vorschlägen zu Sondersteuern für Aufruhr gesorgt und eine schwere Niederlage einstecken müssen. Mirabeau witterte erneut seine Chance, Necker abzulösen. Hatte er Wochen zuvor einen möglichen Staatsbankrott als überhaupt nicht schlimm bezeichnet, malte er ihn jetzt als eine Gefahr aus, die jeden Bürger hart treffen könne. Pathetisch rief er im Konvent nach Taten, forderte aber auch, ganz dem Volke das Wort redend, die Bestrafung Schuldiger.

Was du wirst erwachend sehn, / Wähl es dir zum Liebchen schön, / Seinetwegen schmacht und stöhn«: Während Wilhelm August Schlegel in Göttingen Shakespeares *A Midsummer Night's Dream* ins Deutsche übersetzte, musste sich Lichtenberg dort am 5. Oktober ins Bett legen. Seine durch den Buckel schon immer schwache Lunge wollte nicht mehr mitmachen. Anfälle schwerster Atemnot plagten ihn, und sie sollten ihn nicht wieder loslassen. Auch um seiner Gefährtin Margarete Kellner und den Kindern – am 24. Juni war die Tochter Luise Wilhelmine geboren worden – das Erbe zu sichern, heiratete er sie.

In Paris hieß es, der Hof habe für die Soldaten der Leibwache eine Orgie veranstaltet, während andere hungerten. In der Tat war eine Feier allzu üppig ausgefallen, was erneut zeigte, dass der Blick für die Realität am Hof noch immer nicht vorhanden war. Angesichts von Hunger und derlei empörenden Berichten versammelte sich am Morgen des 5. Oktober in Paris eine Menge, darunter viele Frauen. Bald waren es etwa 7000. Sie stürmten das Rathaus, erbeuteten Gewehre und wandten sich nach Versailles. Die Soldaten der Nationalgarde von Lafayette schlossen sich an, er wollte sie davon abhalten, redete auf sie ein, wurde aber selbst bedroht. So fasste er den Entschluss, sich auf einem

Schimmel selbst an die Spitze der 15 000 Mann zu setzen, die sich nun mit dem Mob in Richtung Versailles bewegten. Lafayette war so im Grunde ein Gefangener, der versuchte, irgendwann die Ereignisse doch wieder in den Griff zu bekommen. Er sollte an diesem denkwürdigen Tag noch die Gelegenheit dazu erhalten, und sie nutzen.

Der Marsch erreichte nach sechs Stunden Versailles. Er sollte später die irreführende, aber verklärende Bezeichnung »Zug der Fischweiber« erhalten. Der König, der wieder auf der Jagd gewesen war, hatte von der Bedrohung erfahren und war rechtzeitig ins Schloss zurückgekehrt. Er erklärte sich bereit, eine Abordnung zu empfangen. Als Sprecherin an der Spitze wurde wegen seiner hübschen Erscheinung und seines höflichen Wesens das Blumenmädchen Pierrette Chabry ausgewählt, das im Angesicht des Königs in Ohnmacht fiel. Mit Riechsalz half der ihr höchstpersönlich wieder auf. Die Nacht kam, und allseitige Müdigkeit entspannte zwischenzeitlich die Lage.

Gegen Mitternacht traf Lafayette in Versailles ein. Er versuchte, die Lage zu entspannen, redete mit den Deputierten der Nationalversammlung und ging dann ins Schloss, sprach mit dem König, legte sich schlafen und wurde schon bald wieder geweckt. Eine Menge war noch in der Dämmerung des Morgens durch den inneren Hof, die Cour de Marbre, in das Schloss eingedrungen. Sie tobte die Treppen zu den königlichen Gemächern hinauf, tötete einen wachhabenden Soldaten und spießte seinen Kopf auf. Ein anderer Wachsoldat warnte Marie Antoinette und versuchte, den Mob zu beruhigen. Auch sein Kopf – wie mancher Kopf weiterer Wachen – steckte bald auf einer Pike. Marie Antoinette konnte noch im letzten Moment fliehen und sich in die Gemächer des Königs retten. Die Kinder weinten. Louis versuchte, sie zu trösten. Die Menge zerfetzte derweil in Marie Antoinettes Schlafzimmer das leere Bett.

Lafayette gelang es, mit einigen Nationalgardisten in die Gemächer der Königsfamilie vorzudringen. Der König sprach zu den Männern, und die schworen ihm die Treue. Daraufhin trat

Louis XVI. mit Lafayette und Soldaten seiner Leibgarde und der Nationalgarde auf den Balkon vor die in der Cour de Marbre versammelte Menge. Er erklärte, er entspreche dem Wunsch von Volk und Nationalgarde, mit seiner Familie nach Paris zu gehen. Lafayette umarmte vor aller Augen einen Leibgardisten des Königs und steckte ihm eine Trikolore-Kokarde an. Jubel. Dann bat er Marie Antoinette, auf den Balkon zu treten. Die zögerte und stand schließlich nur mit Lafayette auf dem Balkon. Der verneigte sich nun vor ihr und küsste ihre Hand. »Es lebe die Königin!«, rief die Menge. Drei Stunden später setzten sich zehntausende Menschen mit der von Lafayette eskortierten Kutsche der königlichen Familie in der Mitte nach Paris in Bewegung. Dabei die Deputierten der Nationalversammlung, der Hofstaat, und in der Menge Karren mit geplündertem Geschirr, Schmuck und Möbeln.

Marie Antoinette sah Versailles, das nun mit Brettern vernagelt wurde, nie wieder. »Wenn Könige zu Gefangenen werden, ist das Ende nicht mehr fern«, soll sie gesagt haben.

Nach sechsstündiger Fahrt, nur dem Anschein nach eine Vereinigung von Königsfamilie und Volk, zog der merkwürdige Tross feiernd und lärmend in Paris ein. Bürgermeister Bailly empfing die Königsfamilie im Rathaus. Noch in der Nacht mussten das Königspaar mit seinen Kindern ans Fenster und sich dem Volk zeigen. Man hielt ihnen Fackeln vor die Gesichter, damit die Menge sie erkannte. Über den Place de Grève schallten Hochrufe auf König und Königin – vielleicht weil das Volk der eigenen Macht noch immer nicht traute. Dann durfte die Königsfamilie in den Tuilerienpalast fahren, wo sie künftig wohnen sollten. Dort verfiel Louis XVI. in Lethargie, während Marie Antoinette insgeheim Kontakte zu knüpfen begann, nächtelang Briefe verfasste und bald in Geheimschrift korrespondierte.

In der Nacht des 6. Oktober, als ihre Königin auf demütigende Weise nach Paris gebracht worden war, verließ Élisabeth Vigée-Lebrun mit ihrer Tochter und einer Gouvernante die Hauptstadt.

Das Ziel war Italien. Sie fürchtete, es könnte Monate dauern. Es wurden Jahre. Im November traf sie in Rom ein und nahm Quartier in der Académie de France. Man sprach sie auf das Griechische Souper an. Es habe doch 40 000 Franc gekostet, nicht wahr?

Mirabeau, der dem Monarchen nach wie vor eine bedeutende Rolle zugestehen wollte, bastelte an einer Regierung in seinem Sinne. Mittlerweile hatte er Talleyrand, mit dem er längst kungelte, als Finanzminister im Sinn. Auch Lafayette, auf dessen zunehmende Popularität im Volk er eifersüchtig war und den er gerne »Gilles César« nannte, sah er für sein Kabinett vor, vor allem aus machtpolitischen Gründen.

Talleyrands weiterem Aufstieg schadete weniger der Klatsch um seine amourösen Abenteuer, sondern der Ruf, stets seinen finanziellen Vorteil zu suchen, ein hemmungsloser Spieler zu sein und äußerst dubios zu spekulieren. Er versuchte dieses Bild des korrupten Adligen und Klerikers abzustreifen, indem er den Bischofsornat ablegte, sich wie ein Bürger kleidete und darüber nachdachte, wie der Staat zu Geld kommen konnte.

Am 10. Oktober schlug er während einer erneuten Debatte über die Finanzen vor, Kirchengüter als Sicherheit für weitere Kreditaufnahmen zu nehmen, sie sogar, wenn nötig, zu verkaufen. Am 2. November zog die Nationalversammlung die Kirchengüter ein, um sie »der Nation zur Verfügung zu stellen«. Am 19. Dezember erließ sie das Gesetz über die Ausgabe von Assignaten, die wie Staatsanleihen fungieren sollten und anfangs verzinst waren. Sie sollten durch den nun beginnenden Verkauf der eingezogenen Kirchengüter gedeckt werden.

Wie viele andere Gelehrte und Dichter begrüßte Kant die Französische Revolution. Zwar waren Voltaire, Rousseau und andere Vordenker tot, doch ihr Geist lebte offenkundig weiter. Nicht nur Kant erschien es nun möglich, dass Geschichte vorgedacht und geplant werden kann, mit dem Ziel, eine bessere Gesellschaft zu formen.

Da sich Kant nicht scheute, die Entwicklungen in Frankreich auch bei Tisch vornehmer Gesellschaften zu verteidigen, stand er bald in Königsberg auf der Schwarzen Liste.

Es ging schon lange genug hin und her in diesem Dreieck. Schiller musste sich entscheiden: Die impulsivere, lebhaftere, den Raum einnehmende Caroline oder die jüngere, schüchterne, beobachtende Charlotte? Charlotte wollte es nun wissen und bat Schiller um ein Wort. Er antwortete ihr am 15. November per Brief. Caroline sei ihm »näher im Alter« und »gleicher in der Form unserer Gefühle und Gedanken«. Sie habe »mehr Empfindungen« in ihm »zur Sprache gebracht«. Das bedeutete jedoch keine Absage an Charlotte. »Was Caroline vor Dir voraushat, musst Du von mir empfangen«, erklärte er ihr. »Deine Seele muss sich in meiner Liebe entfalten, und mein Geschöpf musst Du sein, Deine Blüte muss in den Frühling meiner Liebe fallen.«

Sie war ihm ob seiner Offenheit nicht böse. Die nachfolgenden Briefe waren voller Liebe und Wärme.

Wilhelm von Humboldt machte es anders als Schiller. Er gestand einen Monat später am 16. Dezember bei einem Ball in Erfurt Caroline von Dacheröden unumwunden seine Liebe, denn auch zwischen ihnen war die Situation ungeklärt. Er hatte Anfang des Jahres in einem Briefwechsel ihre Bekanntschaft gemacht, die ihn schließlich im Sommer auf das elterliche Landgut in Burgörner im Harz einlud. Um den Besuch des jungen Mannes vor dem Vater zu rechtfertigen, nahm sie die Besichtigung einer gerade aufgestellten »Feuermaschine« zum Vorwand, eine Dampfmaschine von Boulton & Watt, die zum Wasserheben in einem nahegelegenen Kupferbergwerk diente.

Wilhelm hatte immer geschwiegen, wenn sie auf ein klares Wort hoffte. Sie hatte sich gefragt, wen »mein Wilhelm liebt – wen? Mein Herz nannte die Forster.« Doch er liebte nicht Therese Forster, sondern sie, Caroline. Und sie liebte ihn. Sie sagte ja. Sie waren verlobt.

Goethe und Christiane Vulpius wurden am 25. Dezember Eltern des Sohnes August. Am gleichen Tag wurde Charlotte von Stein 48 Jahre alt.

Am Ende dieses dramatischen Jahres zeigte sich erneut in Paris, was alles schwelte. Am Abend des 28. Dezember, es regnete in Strömen, fand die Uraufführung von Olympe de Gouges' Theaterstück *Zamore et Mirza ou l'Esclavage des Noirs* (*Zamore und Mirza oder die Versklavung der Schwarzen*). Das Stück erzählt von den Folgen der Sklaverei, und zwar aus der Perspektive zweier Sklaven. Die Autorin saß unerkannt in einer Loge und verfolgte betroffen das Geschehen. Pfiffe und empörte Rufe, das habe eine Frau geschrieben, durchzogen die Aufführung. Die Schauspieler schienen die Anweisung bekommen zu haben, absichtlich schlecht zu spielen. Die Besprechungen in den Zeitungen waren verheerend. In einer hieß es, dass man »einen Bart am Kinn braucht, um ein gutes dramatisches Werk zu schreiben.«

Das Stück wurde abgesetzt, auch weil viele Kaufleute, die in den Kolonien Geschäfte machten, damit drohten, ihre Logen zu kündigen. Von Bürgermeister Bailly erfuhr Olympe de Gouges, man wolle keinen Aufstand in den Kolonien. Doch sie beschloss, weiter zu kämpfen.

1790
Nach dem Beben

Im Pazifik, vom Namen her der »friedliche« Ozean, fuhren auf der Bounty nur noch Fletcher Christian und acht Männer der ursprünglichen Besatzung. Elf polynesische Frauen und sechs polynesische Männer begleiteten sie. Die neun Europäer hatten sich je eine der Frauen als Gefährtin genommen.

Am 15. Januar sichtete diese ungewöhnliche Gesellschaft am Horizont einen graugrünen, bergrückenartigen Umriss. Das von allen Handelsrouten weit abgelegene Eiland, das sie sahen, war die über den Meeresspiegel ragende Spitze einer Tiefseevulkankette. Seit drei Jahrzehnten trug es den Namen des Seekadetten Robert Pitcairn, der es damals als erster Europäer gesichtet hatte.

Die Meuterer setzten das Schiff an der schroffen Küste auf Grund und entluden es. Dann bauten sie die meisten Masten und Spieren ab, um sie an Land als Baumaterial zu nutzen. Nach der ersten Woche auf Pitcairn setzte einer der Meuterer namens Matthew Quintal am 23. Januar das Schiff in Brand. Er wollte, dass von der See kein Hinweis auf das Schiff zu sehen war. Zudem gab es nun keinen Weg mehr zurück. Sie mussten sich zusammenraufen. Es gab nur noch sie und das Eiland. Ihre Odyssee war beendet.

Dass die Französische Revolution auch für mich eine Revolution war, kannst du dir denken«, gestand Goethe seinem Freund Jacobi in einem Brief am 3. März. Ihm war klar, dass da in Frankreich etwas begonnen worden war, das weitreichende Folgen haben würde.

Zweifellos schlug Goethes Herz für Freiheit und Veränderungen. Doch das Eruptive, die durch die Ereignisse eintretende Unordnung und das damit einhergehende Unrecht bereiteten ihm tiefes Unbehagen. Auch welche Kräfte da anhoben, wie stark sie den Blick des Menschen auf das Leben veränderten, das beschäftigte ihn. Die Einlassungen des von so vielen gefeierten Kant waren da für ihn, trotz einer tiefen Ehrfurcht vor dessen Werk – er versah seine Leseexemplare von dessen *Kritik der reinen Vernunft* und der in diesem Jahr erschienenen *Kritik der Urteilskraft* mit zahlreichen Anmerkungen und Unterstreichungen –, weder Trost noch Ausblick. Kants Ideen kommentierten in Goethes Augen vor allem die Erschütterungen, und dies obendrein sehr nüchtern und mit wenig Hoffnung. Goethe hingegen erkannte eine Zeit, in der eine Masse auf vielerlei Weise Macht erhielt und diese auch entfaltete. Vieles wurde Masse: Mensch, Maschine, Produktion, Arbeit. Das alles bedrohte in Goethes Augen das Individuum in seiner Entfaltung.

Goethe arbeitete an *Faust*. Im Haus schrie ein Kind.

Am 13. März traf William Bligh in dichtem Nebel an Bord eines niederländischen Ostindienfahrers wieder in England ein. Er ging auf der Isle of Wight an Land und nahm ein Boot nach Portsmouth. Als er dort am nächsten Tag eintraf, bestieg er eine Postkutsche nach London, wo er umgehend die Hallen der Admiralität aufsuchte.

In Frankreich arbeitete man am Umbau des Landes. Dazu gehörte auch die Frage, wie künftig, womöglich auch weltweit, Maß zu nehmen sei. Denn auch das Recht, die Maße und Gewichte zu bestimmen, lag nun nicht mehr beim Adel, sondern beim Volk. Eine Gruppe angesehener Wissenschaftler – darunter Lavoisier, Condorcet und weitere brillante Köpfe der Mathematik und Physik, wie Pierre-Simon Laplace, Adrien-Marie Legendre und Jean-Charles de Borda – bildete eine Kommission. Diese wollte die Frage künftiger vor allem einheitlicher Maße klären.

Ein alter Vorschlag von Jérome Lalande, einem einflussreichen Wissenschaftler, kam im Februar auf den Tisch. Er wollte künftig die Pariser Maße für das ganze Land gelten lassen. Im März aber machte Talleyrand der Nationalversammlung den Vorschlag, ein neues Längenmaß könne nicht einfach von einem alten, etwa dem Pariser Standard, übernommen oder per Dekret festgesetzt werden, sondern müsse für alle jederzeit rekonstruierbar aus der Natur abgeleitet sein. Das entsprach auch der Haltung Condorcets. Neue Maße mussten eine von jedem und überall logisch nachvollziehbare Allgemeingültigkeit haben und jegliche Willkür ausschließen. Doch damit nicht genug: Auf Anraten Condorcets schlug Talleyrand ein umfassendes logisches System der neuen Maße vor. Aus einem zuvor festgesetzten Längenmaß sollten danach Gewichte, Flächen und Rauminhalte abgeleitet werden. Als Namen für eine zuallererst zu berechnende Längeneinheit schlug vermutlich im Mai der Mathematiker Auguste-Savinien Leblond den Begriff »Meter« vor.

Schon 1775 war Condorcet als Generalinspekteur der staatlichen Münze gebeten worden, einen Plan für eine Reform der Maße und Gewichte zu entwerfen. Nun schlug Talleyrand wiederum auf Anregung Condorcets vor, Länder aller Welt zu bitten, sich mit Wissenschaftlern daran zu beteiligen. Großbritannien und die jungen Vereinigten Staaten zeigten sich interessiert, namentlich etwa Thomas Jefferson, der seit dem Vorjahr als erster Außenminister der Vereinigten Staaten amtierte und für Präsident Washington ein Auge auf das amerikanische System von Maßen und Gewichten haben sollte. Es gab also die Hoffnung auf wissenschaftliche Zusammenarbeit der, wie Condorcet meinte, »drei aufgeklärtesten und aktivsten Nationen« zum praktischen Nutzen der ganzen Welt. Talleyrand träumte sogar in einem Moment von »einer wissenschaftlich vermittelten politischen Union«.

Man diskutierte zunächst eine auf Galileo Galilei zurückgehende Idee, um das Maß zu berechnen: die Strecke, die ein Pendel in einer Sekunde zurücklegt. Allerdings wusste man längst, dass ein Pendel auf verschiedenen Längengraden unterschiedlich ausschlägt. Auf welchem Längengrad man nun das Maß festsetzen sollte, darüber konnte man sich nicht einigen. Die Briten wollten einen Längengrad in ihrem Land, die Amerikaner den in der Mitte des ihren.

Am 8. Mai verabschiedete die Nationalversammlung ein Gesetz, in dem vom 45. Grad (der halben Strecke von Pol zu Äquator) oder einer »allgemein präferierten Breite« gesprochen wurde. Engländer und Amerikaner waren geneigt, dem zuzustimmen. Man schien also einer Lösung nahe zu sein. Doch es sollte bald eine Wendung eintreten.

Am 24. März hatte Georg Forster in Mainz ein Schiff bestiegen und sich auf den Weg rheinabwärts nach Düsseldorf gemacht. Er hatte sich mehrere Monate Urlaub genommen und wollte nach England, um dort, in dem Land, in dessen Auftrag er einst gereist war, eventuell doch noch auf irgendeine Art und Weise einen Lohn für die Reise mit Cook einzutreiben. Außerdem plante er ein botanisches Buch und hoffte, Joseph Banks dafür zu gewinnen. Ihm angeschlossen hatte sich der 20-jährige Alexander von Humboldt. Ursprünglich hatte Forster mit dessen Bruder Wilhelm reisen wollen. Der aber sagte ab, da er in Berlin im Staatsdienst Fuß fassen und Geld verdienen wollte. So kam Alexander ins Spiel. Noch schwach von einer gerade durchlittenen Masernerkrankung, holte er die »mütterliche Erlaubnis« ein und sagte zu.

Forster und Alexander von Humboldt freundeten sich rasch an und entwickelten eine enge Vertrautheit. Alexander von Humboldt war im Wesen fast das Gegenteil seines älteren, etwas kantigen und stillen Bruders Wilhelm. Alexander hatte weiche Gesichtszüge, die etwas Feminines ausstrahlten, liebte Klatsch und schloss schnell Freundschaften. Er hatte Forsters Bücher verschlungen, und der erzählte ihm nun noch mehr von seinen Reisen, was Alexanders Traum, die Tropen zu bereisen, weiter anfachte.

Sie trafen am 30. März in Düsseldorf ein und logierten in Pempelfort bei ihrem gemeinsamen Freund Jacobi. Auf dem Landweg ging es dann drei Wochen lang durch Belgien und die Niederlande. Überall waren die Beben der Französischen Revolution zu spüren. Forster notierte in seinen Reiseerinnerungen: »In den Wirtshäusern und Kaffeehäusern sahen wir fleißige Zeitungsleser, und selbst der gemeine Mann politisierte bei seiner Flasche Bier von den Rechten der Menschheit.« Entsetzt beobachtete er jedoch, wie sich die Menschen in den zu Österreich gehörenden Niederlanden gegen jedwede Veränderung stemmten.

Dort in den Niederlanden sah Georg Forster nach vielen Jahren endlich wieder das Meer. Alexander von Humboldt sah es zum ersten Mal. Am Strand von Dünkirchen betrachteten sie die weite silberglänzende Fläche und die heranrollenden Wogen.

Am 5. Mai setzten Forster und Humboldt nach London über. Sie trafen Joseph Banks. Der zeigte Forsters publizistischen Vorhaben die kalte Schulter, freundete sich hingegen rasch mit Humboldt an, der intensiv in dessen Sammlungen stöbern durfte. Auch besuchten sie William Bligh. Sein Bericht von der Meuterei auf der Bounty erschien in diesem Jahr. Forster sollte sich bald an die Übersetzung dieses Werkes ins Deutsche machen. Humboldt ging mehrfach mit Bligh spazieren.

Dann ging es nach Frankreich.

Dort befürwortete Mirabeau, der Kämpfer für die Revolution, in einem neuen Staat noch immer eine bedeutende Stellung des Königs. Nun unterzeichnete er im Mai ein geheimes Papier, das ihn zu einer Art Berater des Königshauses machte. Mit einem Schlage war er seiner gigantischen Schulden ledig und bezog fortan ein stattliches Gehalt. Er zog in ein Stadthaus, nahm sich Koch und Diener; der Hof bezahlte außerdem das Gehalt eines Sekretärs.

Zwar blieb Mirabeau nach seinem Eintritt in die Dienste Louis' XVI. ein Freigeist, doch mancher schöpfte Verdacht wegen seiner plötzlichen Prosperität und seines zunehmend leidenschaftlichen Eintretens für die Rechte des Königs.

Als gut bezahlter geheimer Berater riet Mirabeau dem König, der Lafayette vertraute, nicht weiter auf diesen zu bauen. Der, so Mirabeau, hänge sein Mäntelchen zu sehr nach dem Wind, insbesondere nach dem der öffentlichen Meinung. Mirabeau drängte sogar darauf, Lafayette den Oberbefehl über die Pariser Nationalgarde zu entziehen. Da Mirabeau aber dem König nicht die Kraft zubilligte, derlei Schritte in die Wege zu leiten, wandte er sich an Marie Antoinette; denn er war sich sicher: »Der König hat nur einen Mann, das ist seine Frau.«

In der Tat stimmte die Königin einem Treffen, wenn auch mit Zögern, zu. Am frühen Morgen des 3. Juli trafen sie sich an einer abgelegenen Stelle im Park von Saint-Cloud, wo die königliche Familie sich gerade zur Erholung aufhielt. Mirabeau hatte sich für die ersehnte Begegnung herausgeputzt und mit Parfum überschüttet, verbarg sich jedoch unter einem breiten Hut. Die Königin war blass, ihre Haare schütter und grau. Sie hatte eine kurze Begrüßungsansprache an ihn ausgearbeitet. Marie Antoinette traute Mirabeau nicht, sah in ihm einen der Drahtzieher des sogenannten Zuges der Fischweiber vom Oktober des Vorjahres nach Versailles.

Im März war Goethe der Herzoginmutter Anna Amalia bis Venedig entgegengereist. Die befand sich auf dem Heimweg von einer Italienreise. Im April und Mai wohnte er mit seinem Diener Paul Götze in einer Pension mit Blick auf den Canale Grande. Er kaufte sich einen neuen Hut, Weste und Rock. Kurz vor Ankunft der Herzogin ging er noch zum Friseur.

Die Zusammenhänge in der Natur ließen Goethe auch hier nicht los. Erneut stieß er auf Hinweise, dass der Mensch in seiner Herkunft nicht vom Tierreich zu trennen sei. Als er in Venedig nun den Skelettschädel eines Schafes entdeckte, fragte er sich bei dessen Betrachtung plötzlich, ob die Schädelknochen von Tier und Mensch verwandte Wirbelknochen aufwiesen. Damit nicht genug. Goethe veröffentlichte in diesem Jahr seine botanische Schrift *Versuch die Metamorphose der Pflanzen zu erklären*. In 123 Paragrafen legte er dar, alle Pflanzen seien auf ein Grundorgan zurückzuführen. Damit begründete er gewissermaßen die Morphologie.

Benjamin Franklin hatte sich seit der Unterzeichnung der Verfassung vor drei Jahren kaum noch in der Öffentlichkeit gezeigt. Seine Gesundheit hatte sich zunehmend verschlechtert. Nun starb er am 17. April 84-jährig in Philadelphia.

Anfang Mai hatte sich Lichtenberg von seiner Krankheit wenigstens so weit erholt, dass er seine Vorlesungen wieder aufnehmen konnte.

In den Vereinigten Staaten rang man weiterhin mit Wachstumsstörungen der neuen Institutionen, insbesondere ihre Abgrenzung voneinander gestaltete sich schwierig. Was die Frage der neuen Hauptstadt betraf, regte Thomas Jefferson an, dies der Exekutive, also dem Präsidenten zu überlassen. Der Kongress hatte sich in der Angelegenheit bereits als ein Ort endloser Debatten gezeigt und sollte daher künftig außen vor bleiben. Jefferson setzte sich durch, und Washington nahm die Sache prompt in die Hand. Er ernannte eine Kommission, die nur ihm unterstand und die im Juli festlegte, den Regierungssitz der USA am Fluss Potomac zu errichten.

Im Juli kehrte Pasquale Paoli, der Freiheitskämpfer und ehemalige Förderer von Napoleon Bonapartes Vater, nach Korsika zurück. Bonaparte bemühte sich um ihn, verteidigte ihn. Doch der hielt ihn, den Sohn seines einstigen Weggefährten, der sich auf die französische Seite geschlagen hatte, auf Abstand.

Goethe, zurück aus Italien, reiste am 26. Juli nach Schlesien in das preußische Feldlager und anschließend nach Krakau und Tschenstochau. In der zu Preußen gehörenden Region Tarnowitz, 25 Kilometer nordwestlich von Kattowitz, versah seit zwei Jahren eine durch den Grafen Reden dort aufgestellte Dampfmaschine ihren Dienst. Am 4. September besuchte Goethe mit Herzog Carl August die Grube und die Friedrichshütte und fertigte Skizzen von der Pumpenanlagen an.

Am gleichen Tag trat in Paris Jacques Necker von seinem Amt als Finanzminister zurück. Das allgemeine Bedauern hielt sich in Grenzen. Mit seiner Frau zog er sich nach Coppet bei Genf zurück.

In der Nationalversammlung begannen sich die Auffassungen über die künftige Ausrichtung des Landes immer stärker in Gruppen zu teilen. Darüber, dass man eine republikanische Verfassung entwerfen wollte, war man sich mehr oder minder einig – doch an der Frage, wie sie gestaltet werden sollte, schieden sich die Geister. Die einen wollten dem König nach wie vor große Macht zubilligen, die anderen wollten das Königtum ganz abschaffen. Die dem König zugeneigten Gruppierungen versammelten sich rechts vom Pult des Vorsitzenden der Versammlung, die radikalen und egalitären Republikaner links. So etablierten sich allmählich »die Rechte« und »die Linke« als Benennungen für politische Haltungen.

Schon vor der Revolution waren politische Clubs gegründet worden. Zunächst traf man sich in losen Runden zum Austausch von Ansichten, eher vergleichbar mit Debattierclubs als mit Parteien. Viele Revolutionäre gehörten mehreren Clubs gleichzeitig an. Zu einer wichtigen Strömung der Linken entwickelte sich ein Club, der im Vorjahr als Bretonischer Klub gegründet und auf Anregung des Abbé Sieyès im Dezember als »Gesellschaft der Freunde der Verfassung« neu gegründet worden war. Vor allem kleine Geschäftsleute und Handwerker traten ihm in Scharen bei, und die verstärkten die im Club zunehmenden Rufe nach gesellschaftlicher Gleichheit. Als Versammlungsort in Paris diente die ehemalige Bücherei des Jakobinerklosters Saint-Honoré, weshalb man die Vereinsmitglieder bald Jakobiner nannte. In dem länglichen Raum mit hohen Decken saßen sich die Clubmitglieder entlang der Längsseiten auf zwei Tribünen gegenüber, mit dem Rednerpult in der Mitte der einen. Auf einer Besuchertribüne verfolgte Publikum die Versammlungen. Oft saß dort auch Olympe de Gouges.

Die Radikalen dieses Clubs fanden schon bald in Maximilien de Robespierre ihr Sprachrohr. Seit Anfang des Jahres sorgte er mit seinen Reden für besonderes Aufsehen. Er forderte beispielsweise »brüderliche Gleichheit« bei Löhnen.

Robespierre – noch immer schmächtig, noch immer kerzengerade in feinem Anzug, sendungsbewusst, ernst, humorlos, ehrgeizig – war der Typ Mensch, der in unruhigen Zeiten in jedes Vakuum von Macht zu stoßen vermag. Nach oben brachten ihn nun sein Arbeitseifer, seine Pedanterie, seine Prinzipienreiterei, seine Lernfähigkeit und seine Gabe, Gegner jederzeit effektvoll moralisch anzuklagen. Porträts von ihm zeigen den »Unbestechlichen«, wie man ihn bald nannte, mit einem Blick, der auf nichts anderes gerichtet zu sein scheint als auf seine Vorhaben. Die starken Pockennarben ließen die Porträtisten weg.

Im März wählte der Jakobinerclub Robespierre zum Präsidenten. Ende des Folgemonats gründete sich mit den Cordeliers – benannt nach den Stricken der Franziskaner-Kutten, denn dieser Club tagte in einem ehemaligen Franziskanerkloster – eine weitere linke Gruppierung. Gemeinsam mit den Jakobinern, mit denen sie sich in der Nationalversammlung die obersten Sitzreihen teilten, wurden sie bald die Bergpartei genannt. Im Mai gründete der moderate Flügel der Jakobiner den »Club von 1789«. Ihm schlossen sich der Pariser Bürgermeister Jean-Sylvain Bailly, Lafayette, Condorcet und Talleyrand an.

Auch in der Nationalversammlung tat sich Robespierre mit radikalen Forderungen hervor. Er forderte das Wahlrecht für alle Männer – schwieg aber zu einem Wahlrecht für Frauen –, er forderte Pressefreiheit, die Abschaffung der Sklaverei und die Aufhebung der Todesstrafe. Die Nationalversammlung selbst wollte möglichst schnell im politischen Alltag den Einfluss des Zentralstaates zurückdrängen und die Selbstverwaltung stärken. Am 21. Mai teilte sie durch Dekret Paris in 48 Sektionen der Selbstverwaltung ein, die sich rasch zu Machtzentren der radikalen Sansculotten entwickelten. Die rekrutierten sich hauptsächlich aus den ärmeren Schichten. Ihren Namen erhielten sie, da sie anders als in Adel und Bürgertum üblich, keine Kniebundhosen (*culottes*) trugen, sondern mit ihren langen Hosen ohne, also *sans culottes* waren. Die Sansculotten hegten große Sympathien für Robespierre, und der erkannte in ihnen ein zukünftiges Machtinstrument.

Im August erhielt der mittlerweile zum stellvertretenden Sekretär der Nationalversammlung gewählte Robespierre den Brief eines Verehrers mit der Bitte, »mir bei der Rettung meiner armen Region beizustehen. Ich kenne Sie nicht, doch Sie sind ein großer Mann.« Absender war der 23-jährige Louis-Antoine de Saint-Just, erfüllt von den Ideen Montesquieus und Rousseaus und Zeuge des Sturms auf die Bastille. Er hatte gerade sein Studium der Rechtswissenschaften abgeschlossen. Ein von ihm veröffentlichtes Gedicht war wegen Majestätsbeleidigung verboten worden. Eine besonders dunkle und gefährliche Gestalt betrat damit die Bühne.

In Paris wollte man zum Jahrestag der Erstürmung der Bastille die Versöhnung aller Franzosen und, wie Bürgermeister Bailly ausrief, »den Beginn der Epoche der Freiheit« feiern. Als Ort hatte man das Marsfeld, den alten Paradeplatz der École Militaire, auserkoren; jenen Platz, auf dem ein Jahrhundert später der Eiffelturm errichtet werden sollte. Hastig und mit tatkräftiger Hilfe aller Teile der Bevölkerung – Adelige arbeiteten neben Handwerkern und Marktfrauen, Geistliche neben Soldaten – errichtete man auf dem weiten Gelände eine beeindruckende von Tribünen gesäumte Arena, an deren einem Ende ein großer Triumphbogen stand. In der Mitte des großen Feldes wurde ein gewaltiger Altar des Vaterlandes errichtet, den man über einen breiten kreisförmigen Aufgang betrat. Alle arbeiteten an dem Festgelände mit. Selbst Louis XVI. kam vorbei und griff zur Hacke. An der Spitze aller aber schuftete sich Lafayette publikumswirksam im Schweiße seines Angesichts in die Herzen.

Georg Forster war mit Alexander von Humboldt in den ersten Julitagen aus England in Paris eingetroffen, und sie sogen die

Atmosphäre in der Stadt und vor allem auf dem Marsfeld auf. Humboldt berichtete an Jacobi in Pempelfort, er habe selbst Sand zum »unfertigen Freiheitstempel« gekarrt. Beide waren begeistert, Forster sogar überwältigt. Er fühlte sich von der Stimmung auf dem Marsfeld seltsamerweise an Tahiti erinnert. Noch vor der Feier verließen sie am 6. Juli die Stadt. Forsters Urlaub ging leider zu Ende, und Humboldt hatte Therese Forster versprochen, sich nie von ihm zu trennen. So trafen sie am 11. Juli wieder in Mainz ein.

Am 14. Juli feierten dann nahezu 400 000 Menschen auf dem Marsfeld das Föderationsfest – und damit die Revolution und sich selbst. Auch eine Delegation der Vereinigten Staaten von Amerika verfolgte das Geschehen. Darunter Thomas Paine. Louis XVI. und Marie Antoinette hatten samt Familie in einem für sie erbauten Pavillon Platz genommen. Noch einmal im Bischofsornat hielt Talleyrand feierlich eine Messe, kurz darauf jedoch überboten vom Auftritt Lafayettes. Auf einem weißen Pferd ritt er in die Arena ein, betrat unter dem Gleichklang der Schläge von 500 Trommeln den Altar und schwor Treue zu Nation, Gesetz und König. Die Begeisterung kannte kaum mehr Grenzen, und Lafayette gelang es kaum, in der Menge, die ihn küsste und herzte, sein Pferd wieder zu besteigen.

Kurz vor diesen Zeremonien sollen sich Talleyrands und Lafayettes Blicke gekreuzt und Talleyrand geraunt haben: »Bringen Sie mich bloß nicht zum Lachen.«

Nach Lafayettes Schwur schloss sich Louis XVI. als »König der Franzosen« an und leistete einen Eid auf die Gesetze, die die Nationalversammlung erlassen und er gebilligt habe. Hochrufe! Marie Antoinette zeigte auf den Dauphin und sagte, sie und ihr Sohn schlössen sich dem an.

Im Mai war das Lied *Ça ira!* entstanden. Es wurde beim Föderationsfest häufig gesungen. Seine optimistische Melodie, sein schneller, vorwärtsstrebender Rhythmus, das stakkatoartig gesungene, mehrfach als Refrain wiederholte »Ah, ça ira!« (»Es wird gehen!«) – die Wendung stammte wohl aus einer Bemerkung von Benjamin Franklin über den Amerikanischen Unabhängigkeitskrieg – machten das Lied schnell populär. Bald kursierten verschiedene Textversionen, darunter eine, die forderte, die Adeligen an die Laternen zu hängen.

Im Oktober besuchte Herzog Carl Eugen mit großem Gefolge das Tübinger Stift. Er wollte neue Statuten ausgearbeitet sehen. Es war eine – wenn auch kleine – Reaktion auf die Revolution in Frankreich. Die Studenten murrten.

Zum Beginn des neuen Studienjahrs brachte der protestantische Pfarrer Joseph Friedrich Schelling seinen erst 15-jährigen Sohn Friedrich Wilhelm Joseph in das Tübinger Stift. Der Junge galt als Wunderkind. Vier Jahre zuvor hatte ihn ein Lehrer nach Hause geschickt: Er könne ihm in seiner Schule nichts mehr beibringen. Der junge Schelling beherrschte Latein, Hebräisch und Altgriechisch und hatte für die Aufnahme eine Ausnahmegenehmigung erhalten.

Rasch freundete sich der Frühreife mit Hölderlin und Hegel an, mit denen er anfangs die Stube teilte, von der Hölderlin an seine Schwester berichtete, die sei eine der besten. Sie liege »gen Morgen, ist sehr geräumig und schon auf dem zwoten Stockwerk«. Hegel sei mit ihm dort einquartiert, und auch die anderen, wie Schelling, seien »brave Leute«.

Mitte November wanderten Hölderlin und Hegel zur Wurmlinger Kapelle. Hölderlin, der Nervenzarte, Hegel, der Gedankenstrenge. Ihre jeweiligen Idole waren allerdings die, die man sich vertauscht bei ihnen vorstellen würde. Hölderlin folgte der Welt Kants, Hegel jener Rousseaus. Der unerschütterliche Hegel war für den sensiblen Hölderlin, der sich zum Dichter berufen fühlte und unter der Strenge des Stifts und den Erwartungen seiner Mutter, Geistlicher zu werden, litt, zu einem Halt geworden. Hölderlin wiederum hatte bei Hegel das Interesse an der griechischen Welt, vor allem der Tragödie geweckt.

Der Prozess vor dem Kriegsgericht, bei Verlust eines Schiffes obligatorisch, fand auf einem Schiff der Royal Navy statt. An Bord der Royal William wurde William Bligh am 22. Oktober freigesprochen. Noch nicht einmal zwei Monate später, am 15. Dezember, ernannte ihn die Admiralität zum Kommandanten der Fregatte Medea und damit zum Kapitän zur See.

Währenddessen war Anfang November die 24-Kanonen-Fregatte Pandora unter dem Kommando von Edward Edwards in die Südsee aufgebrochen. Edwards sollte die Meuterer der Bounty fassen und nach England bringen. Mit an Bord war der einstige Midshipman der Bounty Thomas Hayward, der mit Bligh die Fahrt in der Barkasse hatte unternehmen müssen.

Im November siedelte die Regierung der USA von New York nach Philadelphia über. Jefferson und Hamilton, nun erster Finanzminister der USA, stritten nahezu Tag für Tag öffentlich über ihre vollkommen verschiedenen Auffassungen von der amerikanischen Gesellschaft und der Gestaltung des Wirtschaftssystems.

Der Streit zeigte auch: Erste Ansätze von zwei Parteien bildeten sich. Vor allem Alexander Hamilton verfolgte ein für die zukünftigen USA womöglich entscheidendes Anliegen. Er kämpfte dafür, eine Zentralbank zu gründen. Von ihr versprach er sich Kreditwürdigkeit und finanzielle Sicherheit für die Nation – nach außen und nach innen, wie er im Dezember in einem Bericht an George Washington betonte. Jefferson und Madison waren dagegen. Sie standen an der Speerspitze der Südstaaten, die Benachteiligung fürchteten. Sie wollten an den lokalen Banken der einzelnen Staaten festhalten und keine Macht zentralisieren. Auch Hamiltons Vorschlag einer gesetzlich verankerten gemeinsamen Währung stieß daher auf ihre entschiedene Ablehnung.

Am 5. Dezember forderte Robespierre in einer Rede zur Organisation der Nationalgarde, den Leitspruch »Freiheit, Gleichheit,

Brüderlichkeit!« auf Flaggen und Uniformen zu heften. Der Vorschlag wurde nicht angenommen und verschwand zunächst in der Versenkung.

Wilhelm von Humboldt hatte ein anderes Verständnis von einer Lebenspartnerschaft oder Ehe als Schiller, der am 22. Februar dieses Jahres Charlotte von Lengefeld in der Dorfkirche »Unserer Lieben Frau« zu Wenigenjena heiratete.

Während Schiller im Januar den Hofratstitel erhalten hatte, reifte in Wilhelm von Humboldt im Herbst der Wunsch, nicht im Staatsdienst zu bleiben. Seine Tätigkeiten beim Stadtgericht und dem Kammergericht in Berlin langweilten ihn. Er wollte ungebunden sein und das Leben eines Gelehrten führen, möglichst viel Zeit mit der geliebten Frau verbringen und mit ihr ein gemeinsames Leben in geistiger Freiheit führen.

Er ließ Caroline von Dacheröden in einem der Briefe dieses Jahres wissen: »ich hätte nie ehrgeizig werden können, und in sich freut mich selbst die Güte der Arbeit nicht.« Er nannte sie Li oder Lina, sich selbst Bill. Was sagte sie zu seiner Überlegung? Gegen Weihnachten stand fest: Sie wollten als unabhängiges Gelehrtenpaar leben. Im nächsten Jahr sollte Hochzeit sein.

1791
Verfassungen und Verwerfungen

Am 1. Januar berichtete Goethe seinem Freund Karl Ludwig von Knebel, er habe durch »Aufmunterung der Herzogin Mutter« in »diesen letzten Tagen, Wilhelm Meister wieder vorgenommen, vielleicht rückt in diesem neuen Jahre auch dieses alte Werk seiner Vollendung näher.«

Ebenfalls von der Herzogin dazu ermuntert, übernahm Goethe im Januar zusätzlich die Leitung des Weimarer Hoftheaters. Die Theaterkunst rief jetzt in aller Konsequenz weit über das Liebhaberensemble hinaus. Er hörte den Ruf und folgte ihm.

Schiller hielt seit Beginn des Wintersemesters in Jena Vorlesungen über die Kreuzzüge und über die Geschichte der Staaten Europas. Unter den Studenten, die nahezu alle an seinen Lippen hingen, befand sich seit Semesterbeginn der junge 19-jährige Georg Philipp Friedrich von Hardenberg, der sich später Novalis nennen sollte. Der Eindruck, den der längst für viele zum Idol gewordene erst 31-jährige Schiller auf Hardenberg machte, war tief: »Sein Blick warf mich nieder in den Staub und richtete mich wieder auf«.

Im Januar, bei einem Konzert in Erfurt zu Ehren des Geburtstages des Mainzer Kurfürsten, brach Schiller mit Husten und Fieber zusammen. Atemnot und schwere Brustkrämpfe erfassten ihn. Schiller reiste zurück nach Jena, wo er im ersten Halbjahr drei schwere Krankheitsphasen durchlitt. Im April ahnte er, dass er nie mehr ganz genesen würde. Seinem Freund Körner berichtete er, »mehr als einmal dem Tod ins Gesicht gesehen« zu haben, doch »mein Mut ist dadurch gestärkt worden«.

Tatsächlich war Schiller schwer an der Lunge erkrankt und sollte sich nie mehr vollkommen erholen. Als Patient stellte er, der selbst Arzt war – wenn auch ein miserabler –, für andere Ärzte eine Zumutung dar. Er kontrollierte jedes Rezept, hinterfragte jede Anwendung, traute keinem Urteil außer seinem. Schiller hatte trotz des Wissens um seine schwächliche Gesundheit jahrelang Raubbau an sich getrieben, und sollte es weiter tun. Kaum war er wieder halbwegs genesen, arbeitete er 14 Stunden am Tag, trank Kaffee in großen Mengen und rauchte dabei Tabak.

Während er ans Bett gefesselt war, hatte ihn Carl August von seinen Vorlesungspflichten entbunden. Und er schickte sechs Flaschen Madeira, Geld jedoch nicht. Schiller war von einigen seiner Studenten gepflegt worden, viele hatten Nachtwachen gehalten, auch der junge Hardenberg. Der veröffentlichte im April im *Teutschen Merkur* sein erstes Gedicht: »Klagen eines Jünglings«. Es war unter dem Eindruck des erlebten Leids seines Lehrers entstanden. Noch nannte er sich nicht Novalis, sondern zeichnete mit »v. H***g«.

Von Anfang Juli bis Anfang Oktober kurte Schiller zweimal in Karlsbad, danach in Erfurt. Noch auf dem Krankenlager hatte er Ende Februar begonnen, sich intensiv mit dem Werk Kants zu beschäftigen. Im Frühjahr und Sommer arbeitete er an seinem Geschichtswerk über den Dreißigjährigen Krieg. Im Herbst wandte er sich wieder Kant zu und las noch einmal die *Kritik der Urteilskraft*.

Thomas Paine hatte im Vorjahr Frankreich besucht und davon gehört, in England arbeite der Politiker Edmund Burke, ein brillanter Redner, an einer Schrift, die gegen die Revolution argumentierte. Sie erschien dann auch noch im gleichen Jahr als *Reflections on the Revolution in France*. Es war nicht nur eine Abrechnung mit der Französischen Revolution, sondern im Grunde mit der ganzen beginnenden Moderne.

Burke machte keinen Hehl aus seiner Abneigung gegen die nüchterne Logik und die Gewissheiten, die im Zeichen der Aufklärung entstanden waren, und griff deren politische Realisierung in der Französischen Revolution scharf an. Diese versuche, Fortschritt zu institutionalisieren und festzuschreiben, wisse aber der Unvollkommenheit und den Befindlichkeiten der Menschen nicht Rechnung zu tragen. Statt Dinge, die im Argen lagen, sofort und kompromisslos ändern zu wollen, setzte Burke sich für einen allmählichen Wandel ein und lehnte jegliche Radikalität ab. »Wut und Verblendung können in einer halben Stunde mehr niederreißen, als Klugheit, Überlegung und weise Vorsicht in hundert Jahren aufzubauen imstande sind«, schrieb er. Den Bestrebungen der Französischen Revolution setzte Burke ein Plädoyer für die Erbmonarchie entgegen. Der Adel habe die Regierung eines Landes zu führen, da dieser am ehesten gegen Korruption gefeit sei. Burkes Buch sorgte für Aufsehen und traf in dessen Heimat auf breite Zustimmung, denn England war aufgewühlt von den entsetzlichen Schilderungen geflohener Franzosen über die Gewalt des Mobs. Man fürchtete, dieses Grauen könnte auch die britischen Inseln erfassen.

Paine wollte Burkes Angriffe nicht so stehen lassen. Unter dem Titel *Rights of Man* (*Die Rechte des Menschen*) erschien nun am 13. März als Antwort der erste Teil seines revolutionsfreundlichen Buchs. Paine setzte Burke darin einen zutiefst republikanischen Gesellschaftsentwurf entgegen.

Freiheit und Rechte, so Paine, seien nicht durch einen Staat zu gewähren, sie seien dem Menschen von Natur gegeben. Nur eine Regierung, in die die Menschen aus ihrer eigenen Souveränität einwilligten, habe das Recht zu existieren. Hauptaufgabe einer Regierung sei der Schutz des Individuums und seiner Rechte. Jede Institution, die nicht darauf ausgerichtet sei, der Nation zu dienen, sei überflüssig. Wie etwa die Monarchie. Daher plädierte er für einen Staat, der auf einer geschriebenen Verfassung aufgebaut und in dem der Adel abgeschafft sei. – Womöglich hatte Paine wesentliche Teile seiner Argumentation nach einem gemeinsamen Abend mit Thomas Jefferson und Lafayette in Frankreich ausgearbeitet. Letzterem und George Washington widmete er das Werk.

In Gast- und Kaffeehäusern las man kurz nach Erscheinen laut aus *Rights of Man* vor, und das Buch wurde wie zuvor *Com-*

mon Sense schnell zu einem Verkaufserfolg. In Großbritannien soll es allein zu Paines Lebzeiten anderthalb Millionen Mal verkauft worden sein.

Am 23. März hatte Edward Edwards mit der Pandora Tahiti erreicht. Edwards galt als ein weit größerer Menschenschinder als Bligh und hatte einst selbst auf einem seiner Schiffe den Versuch einer Meuterei erlebt. Er fand weder die Bounty noch Fletcher Christian vor, doch 14 der mutmaßlichen Meuterer, die auf Tahiti geblieben waren. Er nahm sie fest und ließ sie auf dem Achterdeck in einem extra angefertigten Verschlag einsperren, der »die Büchse der Pandora« genannt wurde. Während man das Schiff für die Rückreise nach England kalfaterte und ausrüstete, trauerten die Angehörigen der festgesetzten Meuterer in Kanus, mit denen sie an der Pandora lagen. Gemäß ihren Trauerritualen ritzten sie sich immer wieder die Kopfhaut auf und schrien und weinten blutüberströmt. Am 8. Mai stach Edwards in See.

Am Abend des 29. August lief die Pandora auf der Suche nach einer Passage durch das Great Barrier Reef auf ein Korallenriff. Drei Gefangene wurden befreit und zum Pumpen geholt. Darunter auch Coleman. Doch das Schiff war nicht zu halten. Einige retteten sich in Rettungsbooten auf Sandbänke. 34 Seeleute und vier Meuterer ertranken. Die Überlebenden mussten sich nun wie einst Bligh in der Barkasse auf die Reise nach Timor begeben. 1000 Meilen, Hitze und Durst. Dennoch verlor auch Edwards nicht einen Mann. Am 16. September sichtete man am Morgen die niederländische Festung Kupang.

In England erhielt Bligh derweil eine zweite Chance, doch noch das zu vollbringen, was durch die Meuterei auf der Bounty gescheitert war. Die Admiralität gab ihm erneut den Auftrag, nach Tahiti zu segeln und Brotfruchtbäume auf die Westindischen Inseln in der Karibik zu bringen. Am 16. April erhielt er das Kommando über die Providence.

Am 30. März legte George Washington den Federal District und damit den Standort für die geplante neue Hauptstadt fest. Auf einem 25 Quadratkilometer großen Gelände am Ufer des Potomac sollte die Kapitale völlig neu auf der grünen Wiese errichtet werden. Jefferson hingegen favorisierte die Idee, eine bereits existierende Kleinstadt allmählich in die Rolle wachsen zu lassen.

Da Mount Vernon in der erweiterten Nachbarschaft des gewählten Areals lag, konnte Washington die Bauarbeiten überwachen. Auch Jefferson und Madison schauten aus dem angrenzenden Virginia immer wieder vorbei: hellhörig, argwöhnisch. So wie sich das Land mit seinen Institutionen entwickelte, war es nicht im Sinne der beiden. Ihr Anliegen, die zentralstaatliche Macht einzuhegen und die Unabhängigkeit der Regionen zu pflegen, schien durch weitere Entscheidungen dieser Tage weiter bedroht.

Finanzminister Alexander Hamilton, Jeffersons und Madisons größter Gegenspieler, setzte sich mit seinen Ideen, den nach wie vor schwachen Zentralstaat zu stärken, gerade auch bei Washington durch. Die ernüchternden Tatsachen gaben ihm Recht. Seit dem Ende des Krieges waren die Vereinigten Staaten hochverschuldet, und die Bereitschaft im In- und Ausland, dem jungen Staat weitere Finanzmittel zur Verfügung zu stellen, blieb gering. Nur ein machtvolles zentrales Vorgehen konnte in Hamiltons Augen Geld zum Schuldenabbau und für Investitionen bringen. Als wesentliche Voraussetzungen dafür betrachtete er die Schaffung einer Nationalbank und einer von allen Staaten akzeptierten Währung. Denn noch immer stand die gesetzliche Verankerung des US-Dollar als einheitlicher Währung des Landes aus.

Hamilton, mehr und mehr der exponierteste Vertreter der Finanzwelt des Nordens und hier vor allem der Stadt New York, in der man jedem Geschäft hinterherzueilen schien, galt längst als einer der größten Finanzexperten des Landes. Ende 1781 hatte er mit Robert Morris in Philadelphia die Bank of North America, eine Art Vorläufer einer Zentralbank, gegründet und später selbst in seiner Heimatstadt die Bank of New York.

Am 25. Februar beschloss der Kongress schließlich die Gründung einer Nationalbank unter dem Namen First Bank of the United States.

Am 2. April eilte Talleyrand zu Mirabeaus Pariser Domizil und an dessen Bett. Er nehme die Revolution mit ins Grab, sollen Mirabeaus letzte Worte gewesen sein. Sein Tod kam so unerwartet, dass rasch das Gerücht aufkam, es sei Mord gewesen. Doch sein ausschweifender Lebensstil – durchlebte und durchliebte Nächte voller Alkoholexzesse, der körperliche Raubbau in seinem nimmermüden politischen Kampf – machte Mirabeaus Ableben nicht ganz so unverständlich.

Das revolutionäre Frankreich trug Mirabeau mit grandiosem Pomp zu Grabe. Olympe de Gouges brachte tief erschüttert binnen weniger Tage das Theaterstück *Mirabeau aux Champs-Élysées* zu Papier. Auf einen einzigen Akt gekürzt, wurde es bereits am 15. April in der Comédie-Italienne aufgeführt.

Am 4. April beauftragte George Washington den Franzosen Pierre-Charles L'Enfant als Chefarchitekten. Er sollte den Bebauungsplan der neu zu errichtenden Hauptstadt erstellen. L'Enfant war 1777 mit Lafayette nach Amerika gekommen. Von Beaumarchais angeworben, hatte er im Unabhängigkeitskrieg als Militär-Ingenieur gedient und im Winterlager von Valley Forge zum Stab George Washingtons gehört.

L'Enfant schuf nun einen Plan mit einem Netz aus geraden Straßen und Alleen. Der Vorschlag spiegelte die Weite des Landes, die Klarheit des Fortschritts und der Aufklärung und entsprach so ganz dem Wunsch Washingtons, der anders als Jefferson nicht ländlich-rousseauscher Beschaulichkeit zuneigte. Washington dachte an die Nation und an die dafür erforderliche Macht und Infrastruktur in ihrer Mitte.

Weimar besaß wieder ein Theater. Die Zeiten des Behelfs und der Laienbühne gehörten der Vergangenheit an. Vor allem bestand nun die Aussicht, endlich mit den überall aus dem Boden sprießenden Hof- und Nationaltheatern, wie etwa dem besonders gerühmten in Mannheim, mithalten zu können. Und natürlich nahm Goethe eine Hauptrolle ein, als Direktor des neu geschaffenen professionellen Ensembles.

Am 7. Mai feierte man die Eröffnungsvorstellung. Goethe war kein Risiko eingegangen. Statt eines seiner eigenen Stücke oder eines von Schiller auszuwählen, die das breite Publikum eher als Avantgarde wahrnahm, hatte er sich für eines der allseits beliebten Rührstücke entschieden. Zur Aufführung kam *Die Jäger. Ein ländliches Sittengemälde in fünf Aufzügen* von August Wilhelm Iffland, jenem Schauspieler, der zehn Jahre zuvor in der berühmten Uraufführung von Schillers *Die Räuber* in Mannheim brilliert hatte. Nun feierte Iffland Erfolge nicht nur als Akteur auf der Bühne, sondern auch als Autor.

Im Mai erhielt Georg Forster aus England ein Exemplar von Thomas Paines *Rights of Man*. Sofort schlug er seinem Verleger Voß vor, eine deutsche Übersetzung zu veröffentlichen. Da er Rücksicht auf seine Stellung beim Kurfürsten von Mainz nehmen musste, übernahm Meta Forkel die Übersetzung. Er selbst verfasste eine anonyme Vorrede.

Am 26. März fasste die Nationalversammlung in Paris den Beschluss, die seit dem Vorjahr diskutierte universelle Längeneinheit tatsächlich einzuführen. Die Expertenkommission hatte ein neues Verfahren zur Ermittlung ersonnen. Man beschloss nun, auf einem einfacheren Weg, nur die Länge messen zu wollen. Als Basis kam der Erdumfang in Betracht. Der konnte jederzeit nachgemessen werden, womit man auch das hohe Ziel einer weltweit nachvollziehbaren Maßeinheit weiter verfolgte. Nach zahlreichen Berechnungen legte man den zehnmillionsten Teil der Strecke vom Pol zum Äquator, also ein Viertel des Erdmeridians, als Bestimmungsgröße für das künftige einheitliche Längenmaß fest. Eine Expedition sollte nun die dazu benötigten Vermessungen durchführen.

Sie kannten sich seit nahezu 17 Jahren, seit einem Ball Anfang 1774, als Marie Antoinette, gegen jegliche Etikette verstoßend, den gutaussehenden schwedischen Offizier Axel Graf von Fersen angesprochen hatte, der während dieses ersten Gesprächs nicht wusste, dass er mit der zukünftigen Königin sprach. Danach war ein tiefes Vertrauen zwischen ihnen gewachsen, dessen Wesen wohl immer ein Rätsel bleiben wird. Fersen hatte in Amerika gekämpft, mit Marie Antoinette geheime Briefe gewechselt und war immer wieder nach Versailles zurückgekehrt. Es gab Gerüchte, der Dauphin sei ein Kind der Liebe zwischen ihm und der Königin.

In der Nacht des 20. Juni wartete Fersen, gekleidet als gewöhnlicher Kutscher, mit einer von ihm beschafften Droschke. Drei Leibgardisten begleiteten ihn. Die königliche Familie wollte fliehen. Verkleidet schlüpften Louis XVI. und Marie Antoinette an allen Wachen vorbei aus dem Tuilerienpalast. Marie Antoinette jedoch drohte kurzzeitig von Lafayette, dem die Bewachung der Königsfamilie oblag, bei dessen Kontrollrunde entdeckt zu werden.

Mit neuen Identitäten versehen, bestieg die Familie die Fluchtkutsche. Die Gouvernante der Kinder, Duchesse de Tourzel, gab sich als Baronin Korff aus, deren Kutsche zuvor auf gleicher Strecke nicht kontrolliert worden war. Den Kammerdiener und die Kammerfrau der falschen Baronin mimten der König und die Königin. Louis spielte mit Hut, Perücke und einfachem Rock den Diener Durand. Marie Antoinette trug einen schlichten schwarzen Mantel und wirkte zusammen mit ihrem schütteren grauen Haar fast unscheinbar. Élisabeth, die Schwester des Königs, gab vor, die Gouvernante der Kinder zu sein. Der Dauphin trug Mädchenkleidung und den Namen Aglaé.

Der König hatte, um wenigstens Bequemlichkeit für die Familie zu haben, auf einer großräumigen, allerdings recht langsamen Berline bestanden. Nach einer gewissen Strecke verließ Fersen auf Wunsch Louis' die Flüchtenden, denn der König der Franzosen wollte nicht von einem ausländischen Soldaten an die Grenze geleitet werden. Fersen sollte erst in Brüssel wieder dazustoßen.

Als der Morgen dämmerte, entspannte sich die Stimmung in der Berline. In Meaux, 40 Kilometer von Paris entfernt, frühstückte man Bœuf à la mode und Karotten in Aspik. Louis war allmählich wieder der Alte: »Wenn mein Hintern wieder im Sattel ist, werde ich ein neuer Mensch sein«, bemerkte er. Detailverliebt begann er, die Stationen der Reise auf seiner Landkarte einzutragen. Die Pferdewechsel verliefen zunächst wie geplant. In einer Poststation erkannte die Frau des Postmeisters den König. Sie reagierte mit schweigendem Blick.

Dann aber brachen vor einer Brücke Radspeichen, die Pferde stürzten. Wertvolle Zeit verrann bei der Reparatur. Der junge Duc de Choiseul, Erbe des einstigen Außenministers von Louis XV., wartete währenddessen mit einer Eskorte. Vergeblich. Als die Fluchtgesellschaft nach zwei Stunden immer noch nicht erschienen war, brach er auf und verschwand. Derweil wurde die Gesellschaft von dem Postmeister Drouet an der Station in Sainte-Menehould erneut erkannt. Er hatte Marie Antoinette während seiner Dienstzeit bei den Dragonern schon einmal gesehen. Als er das Gesicht des beleibten Dieners der Gesellschaft, der unvorsichtigerweise den Kopf aus der Kutsche steckte, mit dem markanten Profil auf einem 50-Livres-Assignaten-Schein abglich, war er sicher, den König erkannt zu haben.

Drouet gehörte zu den Revolutionären der ersten Stunde und hatte 1789 in Sainte-Menehould den örtlichen Jakobinerclub gegründet. Als die Reisegesellschaft nun wieder aufbrach, ritt er, eine Abkürzung nehmend, nach Varennes und traf dort vor der Fluchtkutsche der Königsfamilie ein. In Varennes redete Drouet auf den örtlichen Staatsanwalt Sauce ein und bestand darauf: Es sei der König, der in der bald eingetroffenen großen Kutsche reise – wer weiß, wohin. Sauce aber fand an den Papieren der Reisegesellschaft nichts zu beanstanden. Dennoch setzte er vorsorglich alle fest und brachte sie in dem Stockwerk über seinem Krämerladen unter.

Es wurde Nacht. Bewohner der Stadt versammelten sich mit Fackeln und Flinten. In dem Raum, in dem Louis und seine Familie untergebracht waren, hing ein Porträt des Königs. Gefragt, ob das Porträt ihn zeige, verneinte er. Um die Identitäten der Reisegruppe endlich zu klären, schickte man nach dem alten Friedensrichter Destez, der einst in Versailles gewohnt hatte. Als der in die Stube trat, erkannte er seinen König und fiel unwillkürlich auf die Knie. Nun gestand Louis, »Eh bien! Ich bin wirklich Euer König.«

Die Reise der königlichen Familie zurück nach Paris verlief im Tumult und dauerte vier Tage. Überall versammelten sich Menschen. Das aufgebrachte Volk attackierte die Wachen an der Kutsche, spuckte dem König ins Gesicht, zerriss die Kleider der Frauen. In Paris wartete eine Menschenmenge. Angeschlagene Anordnungen, die feindselige Ausschreitungen ebenso verboten wie – bei Todesstrafe! – Sympathiekundgebungen, hielten die feindselige Atmosphäre im Zaum. Bürger behielten aus Protest ihre Hüte auf. Soldaten kreuzten ihre Gewehre, um zu zeigen, dass sie dem König die Gefolgschaft verweigerten.

Zu den Zuschauern gehörte auch Thomas Paine. In Begleitung zweier Bekannter wurde er Zeuge der entwürdigenden Rückkehr der Königsfamilie. In der Hast hatte er vergessen, seine Kokarde anzustecken, die Anhänger der Revolution auswies. Einige in der Menge hielten ihn daher für einen Aristokraten, packten ihn und wollten ihn an der nächsten Laterne aufhängen. Nur weil einer von Paines Bekannten gut genug Französisch sprach und energisch eingriff, den Anwesenden sogar erklären konnte, es mit dem Verfasser von *Common Sense* zu tun zu haben, kam Paine mit dem Leben davon.

Zurück im Tuilerienpalast stellte man die Königsfamilie unter verstärkte Bewachung. Lafayette stand wegen der Flucht der Königsfamilie in der Kritik. Robespierre sagte ihm, er habe mit seinem Kopf für den Verbleib des Königs einzustehen. In Pamphleten wurde Louis fortan als Schwein dargestellt und Marie Antoinette als Monster, das gegen das Volk arbeite. Die versuchte Flucht sei allein ihr Werk gewesen.

Am 29. Juni heirateten Wilhelm von Humboldt und Caroline von Dacheröden in Erfurt. Wilhelms Bruder Alexander war dabei. Er wolle aber nicht lange bleiben, ließ er wissen. Er war zu ruhelos. Das im Spätsommer des Vorjahres begonnene Studium an der Handelsakademie in Hamburg hatte er abgeschlossen und sich an der Bergakademie von Freiberg eingeschrieben.

In Freiberg dann fuhr er um fünf am Morgen in den Schacht ein und erforschte unter anderem das Gedeihen von Pflanzen in der Dunkelheit. Er fragte sich, ob es ohne Licht überhaupt Leben geben könnte.

Mozart argwöhnte, ob Blanchard die Wiener ein drittes Mal »foppe«. Zwei Versuche, mit dem Wasserstoffballon aufzusteigen, waren im März gescheitert, und man hatte Blanchard vor dem aufgebrachten Volk sogar in Sicherheit bringen müssen. Nun endlich gelang ihm auf einer Wiese im Prater am 6. Juli der Aufstieg.

Man nahm es hin, dass er die Trikolore wehen ließ und »Freiheit, Gleichheit, Brüderlichkeit« an der Gondel zu lesen war. Danach trug man ihn im Triumphzug durch die Stadt. Zu den Zuschauern in der Menge gehörte auch Emanuel Schikaneder. Tief beeindruckt ging er nach Hause, arbeitete dort weiter am Libretto zu Mozarts Oper *Die Zauberflöte* – und ließ in einer Szene drei Knaben in einem Ballon davonschweben.

Mozart selbst fühlte sich durch den Trubel um Blanchard in seinen Unternehmungen gestört. »Die Historie mit Blanchard ist mir heute gar nicht lieb«, ließ er Konstanze per Brief wissen, »sie bringt mich um den Schluss meines Geschäftes.« Mozart kränkelte wieder und litt unter der Trennung von der schwangeren Konstanze, die sich meist außerhalb von Wien in dem Örtchen Baden aufhielt.

Die Zauberflöte, an der Mozart und Schikaneder über den ganzen Sommer arbeiteten, trug schon im Titel, was en vogue war: Zauberhaftes! In Zauberstücke wie *Kaspar, der Fagottist, oder Die Zauberzither* strömte das Publikum. In ihrer Gier nach Erfolg stopften Mozart und Schikaneder alles hinein, von dem sie sich Effekt versprachen – und reicherten das Stück um das eine oder andere eigene Anliegen an, wie den Geist der Freimaurerei. Heraus kam ein dramaturgisches Durcheinander. Doch das an Ideen ausufernde und sich keiner Konvention unterwerfende Werk fügte sich mit seiner nahezu abstrusen Handlung, den verblüffenden Charakteren und vor allem seiner tief berührenden Musik zu etwas Neuem und Großartigem zusammen.

Vielleicht kam die Revolution tatsächlich über den Kanal, wenn auch unter anderen Vorzeichen. Denn in England hatten einige genug von den Schriften des Fürsprechers der Französischen Revolution Joseph Priestley. Am Nachmittag des 14. Juli brachen in Birmingham die sogenannten Priestley-Unruhen aus. Ein Mob, vor allem aus Arbeitern, warf Steine und stürmte das Royal Hotel, wo zur Feier des zweiten Jahrestages der Französischen Revolution ein Bankett stattfand.

Um die Aufrührer vom Plündern und Anzünden von Besitz abzuhalten, gab man ihnen Alkohol. Betrunken aber wurden sie umso wilder. Sie zündeten Kirchen der nonkonformistischen protestantischen Religionsgemeinschaften, der Dissenters, an, denen auch Priestley angehörte. Auch der Besitz von Männern der Lunar Society ging in Flammen auf. Der Lunar Man William Withering konnte sein Haus dank mehrerer Helfer mit Müh und Not halten. Priestleys Haus aber wurde geplündert, verwüstet und niedergebrannt. Seine Bibliothek war verloren. Priestley selbst rettete sich nach London.

Den Hilferufen der Dissenters und Lunar Men kam die Regierung von William Pitt nur zögerlich nach. Erst nach drei Tagen hörte die Gewalt nach und nach auf.

An diesem Tag widerfuhr Lafayette in Paris ein weiteres fatales Missgeschick. Bislang hatte er es wie kaum ein anderer verstanden, die wechselnden gesellschaftlichen und politischen Launen zu deuten und für sich zu nutzen. Doch die ihm angekreidete Nachlässigkeit bei der Flucht der Königsfamilie nach Varennes, die noch immer die Debatten beherrschte, hatte seine Popularität schwer beeinträchtigt. Und nun auch noch dies: An diesem 14. Juli, dem zweiten Jahrestag der Erstürmung der Bastille, forderten viele aus dem sich zunehmend radikalisierenden Club der Cordeliers, darunter Georges Danton und Jean-Paul Marat, die Abschaffung der Monarchie und die Absetzung des Königs. Das aber lehnte die Nationalversammlung am 15. Juli mit den Stimmen der Jakobiner, ab.

Die Cordeliers aber blieben hartnäckig. Zwei Tage später legten sie auf dem Marsfeld am Altar des Vaterlandes eine Petition aus. Die Atmosphäre war angespannt. Zwei Männer wurden ergriffen. Es hieß, sie hätten ein Attentat geplant. Der Mob knüpfte sie an einer Laterne auf. Als sich die Menge am frühen Abend noch immer nicht zerstreute, marschierten Soldaten der Nationalgarde auf. An ihrer Spitze Oberbefehlshaber Lafayette und Bürgermeister Bailly. Ein Schuss löste sich und fegte Lafayette den Hut vom Kopf. Die nervösen Nationalgardisten antworteten mit heftigem Gegenfeuer. Lafayette rief zur Ruhe auf, doch es war zu spät. Panik brach aus. Bald lagen Dutzende Tote auf dem Marsfeld. Am Abend wurde das Standrecht ausgerufen. In der Stadt blieb es unruhig. Es gab Verhaftungen.

Robespierre wagte an diesem Abend nicht, in seine Wohnung in der Rue de Saintonge zu gehen, in der er mit seiner Schwester Charlotte wohnte. Er hatte in diesen Tagen keine Ämter inne, war nur Jakobiner. Auch das Amt eines Staatsanwalts, in das er ohne sein Wissen gewählt worden war, hatte er niedergelegt, weil er die Todesstrafe ablehnte.

Er fragte einen Parteifreund, ob er einen Patrioten kenne, der ihm für die Nacht Zuflucht gewähren könne. Der nannte ihm den Tischler Maurice Duplay, einen leidenschaftlichen Jakobiner. Duplay war wohlhabend und erhielt gute Aufträge von den Revolutionären. Er nahm den jungen Mann, sein Idol, ohne zu zögern auf. Die Familie bewirtete den berühmten Gast, die zwei Töchter Éléonore und Élisabeth himmelten ihn an. Als Duplay Robespierre anbot, auch länger in seinem Haus zu wohnen, schlug er ein. Robespierre erhielt eine kleine Schlafkammer und ein kleines Zimmer zum Arbeiten im zweiten, obersten Stock. Er schaute hinaus auf den lichten Hinterhof an der Rue Honoré, ein fast ländliches Idyll mitten in der Stadt, in dem Duplay mit seinen Gehilfen sägte und tischlerte. Zum Konvent und zum Jakobinerclub war es nah.

Am Tag nach dem Massaker auf dem Marsfeld spalteten sich die Jakobiner. Die Gemäßigten, fast alle ihrer Abgeordneten in der Nationalversammlung, zogen in das Kloster reformierter Zisterzienser, der sogenannten Feuillants. So hießen sie dann auch. Die Feuillants versuchten, Mirabeaus Politik und die konstitutionelle Monarchie für die Zukunft fest zu verankern. An ihrer Spitze standen die sogenannten Triumvirn Antoine Barnave, Adrien Duport und Alexandre de Lameth. Den Feuillants schloss sich auch Lafayette an.

In Debatten um weitere Bürgerrechte verhielten sich die Feuillants passiv bis ablehnend. Sie verloren bald massiv an Popularität, die radikalen Kräfte erstarkten wiederum. Vor allem Robespierre verstand es in den nächsten Monaten, statt des Geistes der Verfassungstreue, für den die Feuillants standen, einen Revolutionsgeist zu propagieren, dem alles unterzuordnen sei. Alles. Bislang war er trotz radikaler Forderungen noch für eine konstitutionelle Monarchie eingetreten. Doch nach der Flucht des Königspaars hatte er seine Haltung geändert. Die Revolution trat in eine nächste Phase.

Der zum Kapitän beförderte William Bligh verließ am 3. August mit dem 420-Tonnen-Schiff Providence und der 100-Tonnen-Brigg Assistant die Reede von Portsmouth und begann so mit dem zweiten Versuch, Ableger des Brotfruchtbaums aus Tahiti zu den britischen Besitzungen in der Karibik zu bringen. Zur Mannschaft gehörte auch der Midshipman Matthew Flinders, der Jahre später selbst in die Riege der großen Entdecker aufschließen sollte. Von 1801 bis 1805 umsegelte er als erster Europäer Australien.

Abermals zog sich Bligh durch seine harschen Befehle und seine Kontrollwut den Unmut seiner Schiffsoffiziere zu. Auch Flinders war davon abgestoßen. Er sah sich von Bligh nicht gewürdigt. Der erkrankte zwischenzeitlich an schwerem Fieber, vermutlich Malaria, und enthob sich zeitweise selbst des Kommandos. Schließlich erreichte er mit seinen Schiffen das Kap der Guten Hoffnung.

Im Sommer reiste der 29-jährige Johann Gottlieb Fichte von Leipzig nach Königsberg. Er wollte Immanuel Kant kennenlernen. Kant, berühmt, umschwärmt, aufgrund des Alters seine Zeit immer enger bemessend, wies den Verehrer zunächst ab.

Fichte, der sich seit Jahren als Hauslehrer durchschlagen musste, war in einem Dorf in der Oberlausitz als das älteste von acht Kindern eines Webers aufgewachsen. Seinem Leben hatte sich ein neuer Weg geöffnet, als eines Tages ein Gutsherr die sonntägliche Predigt verpasst hatte und man ihm daraufhin den 10-jährigen Fichte brachte. Der wiederholte die Predigt auswendig und parodierte den Pfarrer so gut, dass der Gutsherr in seiner Begeisterung beschloss, den Jungen zu fördern und den Besuch der Schule zu finanzieren. Fichte studierte in Jena und Leipzig Theologie und arbeitete schon in dieser Zeit als Nachhilfe- und Hauslehrer. Sein Förderer war nun verstorben, und dessen Familie hatte die Unterstützung eingestellt.

Nach der Abweisung durch Kant kehrte Fichte nach Leipzig zurück und verfasste in 35 Tagen eine Schrift, mit der er den großen Philosophen beeindrucken wollte. Er schickte sie dem Meister – und in der Tat, Kant war beeindruckt. Er lud Fichte zum Mittagessen ein und suchte einen Verleger für die Schrift.

Am 3. September nahm die Nationalversammlung die neue Verfassung an. Sie fußte auf dem Prinzip der Gewaltenteilung und löste die absolute Monarchie durch eine konstitutionelle Monarchie ab. Der König bildete demnach zusammen mit den Ministern und der Verwaltung die Exekutive, die Nationalversammlung fungierte als Legislative.

Am 8. September beschloss eine dreiköpfige Kommission zur Namensfindung der künftigen Hauptstadt der Vereinigten Staaten von Amerika, diese Washington zu nennen. George Washington, verantwortlich für die Einsetzung der Kommission, hatte Jefferson wissen lassen, die Kommission sei »völlig frei« in ihrer Entscheidung.

Auf der Fläche der Hauptstadt, die entlang ihrer gemeinsamen Grenze aus Teilen Virginias und Marylands herausgenommen worden war, lagen bereits zwei kleine Städtchen, die es zu integrieren galt: Alexandria und Georgetown, das ironischerweise nach dem britischen König George benannt war. Der Distrikt der neuen Hauptstadt erhielt den Namen Columbia. Das an Kolumbus erinnernde mythische Wort begleitete von Beginn an lyrisch den Unabhängigkeitskrieg. In Phyllis Wheatleys Gedicht an Washington hatte es einst geheißen: »Columbia's scenes of glorious toils I write« (»Von Columbias Auftritten glorreicher Mühe berichte ich«).

Olympe de Gouges war von der Annahme der neuen Verfassung wie elektrisiert. Unermüdlich hatte sie zuletzt ein Pamphlet nach dem anderen unter die Leute gebracht, darin ihren Forderungen nach »Gleichheit, Gerechtigkeit und Menschlichkeit« Nachdruck verliehen und nebenbei unablässig ihren bedeutenden Einfluss auf die Ereignisse betont. Eine Meinung, mit der sie jedoch recht allein stand. Nun, nach der Annahme der Verfassung, der Einführung der konstitutionellen Monarchie, verfasste sie am 5. September in aller Eile ein 24-seitiges Werk mit dem Titel *Déclaration des droits de la Femme et de la Citoyenne* (*Erklärung der Rechte der Frau und Bürgerin*). Sie widmete die Schrift Marie Antoinette, für die sie einen Brief voranstellte. Nach dem Anfangssatz »Mann, bist du fähig, gerecht zu sein?« legte Olympe de Gouges ihre Idee einer Gesellschaft dar, in der Frauen die gleichen Rechte wie Männer besaßen und ausüben konnten: »Die Frau hat das Recht, aufs Schafott zu steigen; sie soll ebenso das Recht haben, auf die Rednertribüne zu steigen [...].« Die Schrift fand kaum Beachtung.

Unter dem Zwang der Verhältnisse und von Marie Antoinette gedrängt, schwor Louis XVI. der neuen Verfassung am 14. September im Salle du Manège, dem Tagungsort der Nationalversammlung, die Treue. »Die Revolution ist zu Ende!«, rief er aus.

Am 14. Oktober erklärte sich der Jakobinerclub zu einer öffentlichen Gesellschaft. Die Anhänger um Jacques Pierre Brissot traten nun hervor und trafen auf viel Zustimmung. Brissot war Herausgeber des *Patriote Français* und Deputierter der Nationalversammlung. Zu seiner Gruppe gehörte auch Condorcet. Bald nannte man sie Girondisten, da viele von ihnen aus der Gironde stammten. Brissot hetzte auf, forderte Krieg, nannte ihn eine nationale Wohltat.

In der nunmehr Gesetzgebenden Nationalversammlung, wie sie sich nach der vom König angenommenen neuen Verfassung nannte, bildeten die Republikaner samt Jakobinern und Girondisten mit 136 Deputierten nach wie vor eine Minderheit. Die Mehrheit stellten die in der Mitte platzierten »Unabhängigen« mit 350 Abgeordneten. Allerdings gelang es ihnen kaum, einen gemeinsamen Willen zu formen. Noch recht gut vertreten waren mit 264 Abgeordneten die konstitutionellen Feuillants, die für den Erhalt der gerade erst verabschiedeten, aber durch die

Radikalisierung bereits bedrohten Verfassung eintraten. Den Einzug ihrer Anführer, der Triumvirn, hatte Robespierre verhindert, als er sich im Mai mit der Forderung durchsetzte, dass Abgeordnete der alten Versammlung für die neue nicht wiedergewählt werden konnten. Ein kluger Schachzug, denn Robespierre gelang es auf diese Weise, politische Gegner zu schwächen. Zwar durfte auch er selbst nicht wiedergewählt werden, aber sein Ruf als der »Unbestechliche«, der seine Person hintanstellte, war gefestigter denn je.

Lafayette, dem man neben Bürgermeister Bailly die Hauptschuld an dem Massaker auf dem Marsfeld gab, legte am 1. Oktober die Führung der Nationalgarde nieder. Louis XVI. vertraute ihm daraufhin das Kommando über eine der drei französischen Armeen an. Die Radikalen, bei denen Lafayette seinen Ruf verspielt hatte, nahmen das erneut zum Anlass, ihn als Parteigänger des Königshauses und Gegner der Revolution zu bezeichnen. Wie wenig Rückhalt er noch im Volk besaß, zeigte sich bei der Wahl zum Bürgermeister von Paris, die er am 16. November gegen den offen gegen die Monarchie agitierenden Jérôme Pétion de Villeneuve verlor. Lafayette zog sich danach zunächst auf seine Besitzungen in der Auvergne zurück.

Jacques-Louis David arbeitete an einem monumentalen Gemälde zum Ballhausschwur von 1789. Im Vorjahr hatte er bereits Skizzen angefertigt und bei den Jakobinern damit für Zustimmung gesorgt. Doch die bekamen nicht genug Geld für die Umsetzung zusammen. Nach Davids Präsentation einer Skizze aus brauner Tusche im Herbstsalon erklärte sich die Nationalversammlung bereit, das Gemälde zu finanzieren.

Auch dieses Werk plante David als ein Fest klassizistisch-geometrischer Bildaufteilung. Es zeigte die Abgeordneten links und rechts von Versammlungsleiter Bailly, der in ihrer Mitte auf einem Tisch stand und den Schwur verlas. Hochgereckte Arme, wie einst schon bei Davids Horatiern, streckten sich ihm entgegen. Das Volk schaute von oben von den Fenstern herab, Blitze zuckten über den Himmel. Das im Format von etwa 6 × 9 Meter geplante Werk blieb jedoch Skizze.

Mozarts Oper *Die Zauberflöte* wurde am 30. September im Freihaustheater in Wien uraufgeführt. Allein im Oktober spielte man sie in Wien noch ganze zwanzig Mal.

Am 18. November leitete Mozart die Uraufführung seiner drei Tage zuvor beendeten Freimaurer-Kantate *Laut verkünde unsre Freude*. Beim Schlusschor sang er mit. Glücklich über den Erfolg der Aufführung kehrte er nach Hause zurück und arbeitete wieder am *Requiem*, einer Auftragsarbeit, für die er bereits eine hohe Anzahlung bekommen hatte.

Der Auftraggeber, ein gewisser Graf Franz von Walsegg, ließ für hohe Summen komponieren, um die Werke dann meist unter eigenem Namen in seiner Schlosskapelle aufzuführen. Nun wollte er ein Werk zum ersten Jahrestag des Todes seiner Frau.

Am 20. November legte Mozart sich mit hohem Fieber ins Bett. Seine Glieder waren geschwollen, jede Bewegung schmerzte. Sein Zustand verschlechterte sich. Als am 4. Dezember Constanzes Schwester Sophie kam, sagte Mozart, sie müsse über Nacht bleiben. Sie solle ihn sterben sehen und dann Constanze beistehen. Er habe den Totengeschmack auf der Zunge. Über den Tag arbeitete er mit seinem Schüler Süßmayer am *Requiem*. Zu den letzten Worten, die Mozart niederschrieb, gehörten diese: »Lacrimosa dies illa« (»Dieser tränenreiche Tag«). Am Abend kam ein Arzt und machte Umschläge. Mozart soll mit seinem Mund die Paukenschläge im *Requiem* imitiert und dann das Bewusstsein verloren haben. Am 5. Dezember, fünf Minuten vor 1 Uhr früh starb er. Er war noch nicht einmal 36 Jahre alt geworden.

Am 27. August hatten Leopold II. – neuer Kaiser von Österreich, seit sein Bruder Joseph II. im Februar des Vorjahres an Tuberkulose gestorben war – und der preußische König Friedrich Wilhelm II. mit der sogenannten Pillnitzer Deklaration Frankreich aufgefordert, König Louis XVI. seine alten Rechte zurückzugeben.

In Frankreich fasste man die Pillnitzer Deklaration als Drohung auf, zumal Louis' Bruder, der Graf von Artois, an den Gesprächen der beiden Monarchen in Pillnitz zeitweise teilgenommen hatte und danach die Deklaration als Ultimatum an Frankreich ausgab.

In Paris erschien Louis am 14. Dezember zur allgemeinen Überraschung der Abgeordneten in der Nationalversammlung und sprach sich dort gegen jede Einmischung anderer Monarchen aus. Er folgte damit einer Doppelstrategie seiner Berater und den Überlegungen Marie Antoinettes. Ein erfolgreicher Krieg unter Louis' Führung ließe ihn gewinnen, eine Niederlage des Revolutionsheers aber ebenso. An Axel von Fersen berichtete Marie Antoinette, man sei kurz davor, den Krieg zu erklären. »Diese Dummköpfe! Sie begreifen nicht, dass uns das zustatten kommt«, denn das ziehe alle anderen Mächte mit hinein.

Goethe hatte sich erneut mit Marie Antoinette beschäftigt. Und sicher dachte er zuweilen an Straßburg zurück, wo er einst das Zelt der Übergabezeremonie besichtigt hatte. Er verfasste über den Sommer das Lustspiel *Der Groß-Cophta* und lieferte damit seine literarische Verarbeitung der Halsbandaffäre. Am 17. Dezember wurde es im Herzoglichen Hoftheater zu Weimar mit Musik von Johann Friedrich Kranz uraufgeführt. *Der Groß-Cophta* war in erster Linie ein Stück für den Weimarer Publikumsgeschmack. Womöglich wollte Goethe auch der Beliebtheit der leichteren Stücke Ifflands Rechnung tragen. Goethe setzte in dem Stück, vermutlich Cagliostro im Sinn, einen Betrüger in den Mittelpunkt, der sich als »Groß-Cophta«, Oberhaupt eines ägyptischen Geheimbundes, ausgibt. Zur Sprache kommt auch eine Prinzessin, die angeblich ein Halsband begehrt. Sie tritt allerdings nicht auf.

Letztlich aber ist *Der Groß-Cophta* eine Reaktion Goethes auf die Revolution, zu der in seinen Augen der moralische Niedergang von Monarchie und Adel maßgeblich beigetragen hatte. Goethe lehnte die Fürstenwillkür ab und hegte für die Revolution durchaus Sympathien. Abgestoßen aber war er nach wie vor von der Gewalt und den Gräueltaten der Revolutionäre.

1792
Wege in den Abgrund

Die Radikalen in Paris wollten weiterhin den Krieg. Aber einer von ihnen, Maximilien de Robespierre, wollte ihn nicht. Deshalb hielt er nun am 2. Januar im Jakobinerclub eine Rede, die als »Rede gegen den Krieg« berühmt wurde.

Der »Unbestechliche« gehörte in jenen Tagen nicht mehr der Nationalversammlung an. Er hatte die Begrenzung der Mandatszeit durchgesetzt und nun selbst dieser Regel Folge geleistet. Seitdem agitierte er über den Jakobinerclub und entwickelte sich nach und nach zu einem Idol der Massen. Porträts von ihm im Profil verbreiteten sich. Dazu trug auch die Erfindung des Physionotrace bei, einer Schattenrisstechnik, mit deren Hilfe man das Profil exakt nachzeichnete, worauf ein Radierer die Gesichtszüge komplettierte.

Mit seiner Rede gegen den Krieg reagierte Robespierres auf die Bestrebungen seines Mit-Jakobiners Jacques Pierre Brissot. Dieser, auch Anwalt und mit 38 Jahren vier Jahre älter als Robespierre, stand an der Spitze der Girondisten, die man aufgrund von Brissots Einfluss aber auch Brissotisten nannte.

Anders als Robespierre gehörte Brissot dem neuen Konvent an. Brissot, so intelligent wie sprunghaft, so tatkräftig wie unsorgfältig, nahm über das Comité Diplomatique Einfluss auf die Außenpolitik und hatte sich dafür ausgesprochen, die Revolution auf bewaffnetem Weg in die Nachbarländer zu tragen.

Robespierre beobachtete mit Argwohn, dass Brissots Ansinnen auf offenkundige Sympathien von Royalisten und Generälen stieß. Er verdächtigte sie nicht zu Unrecht – man denke an Marie Antoinettes Bemerkungen an Fersen –, den Krieg nutzen zu wollen, um darüber das Königtum zu stärken und damit die noch immer fragilen Errungenschaften der Revolution rückgängig zu machen. Prinzipiell lehnte Robespierre Krieg nicht ab: »Gewiss, ich bin ebenso wie Herr Brissot für einen Krieg, der zu dem Zweck geführt wird, die Herrschaft der Freiheit auszudehnen.«

In seiner Rede erklärte Robespierre nun, die revolutionären Veränderungen benötigten Zeit, und die Völker in Europa seien noch lange nicht soweit. Auch in Frankreich selbst sei das neue Bewusstsein noch längst nicht gefestigt: »Schafft bei euch selbst Ordnung, bevor ihr darangeht, die Freiheit anderswohin zu tragen!«, rief er aus. Und: »Niemand liebt Missionare in Waffen!« Im Gegenteil: Ein Krieg berge Gefahren für das Innere Frankreichs. »Der Krieg bereitet dem Despotismus den Weg«, sagte er. »Sie werden einen Cäsar oder Cromwell bekommen.« Er selbst ahnte sicher selbst nicht, auf welch ironisch-tragische Weise er Recht behalten sollte. Frankreich bekam bald beides. Zuerst den Cromwell, dann den Cäsar.

Im Januar schob in Leipzig der fast 20-jährige Student der Rechtswissenschaften Friedrich Schlegel gegen Ende eines Briefes an seinen älteren Bruder August Wilhelm nach: »Nur von einem muss ich doch erzählen: Das Schicksal hat einen jungen Mann in meine Hand gegeben, aus dem alles werden kann.« Der junge Mann, dessen schlanke Gestalt, lebhaftes Wesen, feines Gesicht und ausdrucksvolle schwarze Augen er schwärmerisch bis ins Detail beschrieb – er rede jedoch dreimal öfter und dreimal schneller als andere –, war der junge Friedrich von Hardenberg.

Am 11. Februar urteilte Friedrich Schlegel: »Es kann alles aus ihm werden – aber auch nichts.« In der Tat, Hardenberg faszinierte, war aber auch quecksilbern. Immer sprudelnd vor Geist und auf dem Sprung. Mal gab er sich freundlich, dann distanziert, sogar abweisend. Mal trat er auf wie ein Kind, mal wie ein unvollkommener Erwachsener.

Friedrich Schlegels eigener Charakter hatte wenig Einnehmendes. Er wusste es. »Man findet mich interessant und geht mir aus dem Wege«, und: »Wo ich hinkomme, flieht die gute Laune und meine Nähe drückt«, bekannte er seinem Bruder gegen Ende des Jahres in einem Brief. Er entdeckte in sich selbst beständigen »Missklang«.

Ähnlich sah es auch Schiller. Am 14. April begegneten sie sich zum ersten Mal in Dresden im Haus Körners. Schiller sprach danach von Schlegel als einem »unbescheidenen, kalten Witzling«. Der erfuhr davon, und bald enthielten Schlegels Rezensionen abwertende Bemerkungen über Schillers Dichtkunst.

Anfang Februar erreichte William Bligh mit seinen beiden Schiffen das heutige Tasmanien. Er ankerte erneut in der Adventure Bay, einer Bucht unweit der heutigen tasmanischen Hauptstadt Hobart. Hier hatte er schon mit Cook und danach mit der Bounty Station gemacht. Ende Februar setzte er wieder Segel mit Ziel Tahiti. Am 9. April traf er dort ein. Unweit der einstigen Brotfruchtbaumschule der Bounty in der Matavai-Bucht ging er vor Anker.

Bligh wunderte sich, wie sehr sich die Tahitianer durch den Kontakt mit den Europäern verändert hatten. Mehr und mehr ersetzten abgelegte oder getauschte Kleider europäischer Seeleute deren traditionelle Bekleidung. Konflikte untereinander trug man nun blutiger und mit europäischen Waffen aus, die man sorgfältig hütete. Viel der einstigen Gastfreundschaft und Offenheit schien der kalten Berechnung des eigenen Vorteils zu weichen.

Bligh erfuhr, dass die Bounty unter Fletcher Christian damals zwei Monate nach der Abreise wieder zurückgekehrt sei, und danach noch ein weiteres Mal und dann sechs Männer abgesetzt habe. Jene, die später Edwards gefangen nahm.

Während Blighs Reise war in London ein zweiter Bericht von ihm erschienen. Auch für dieses Buch mit dem Titel *A Voyage to The South Sea*, das nun die gesamte Reise der Bounty in den Blick nahm, erstellte Georg Forster eine Übersetzung ins Deutsche. Sein Vater Reinhold half dabei.

Im Februar erschien der zweite Teil von Thomas Paines *Rights of Man*. Er entfaltete darin republikanische Ideen, die man in modernen Wohlfahrtsstaaten später umsetzte. Republikanische Staaten könnten sich verbünden, überlegte er, und es wäre möglich, auf Monarchie, Adel und Militär zu verzichten. Das dadurch gesparte Geld könnte man für die Bildung von Kindern aller Schichten und für die Versorgung von Armen und Alten nutzen.

Paine bekundete, er sei kein Freund der Reichen, aber auch sie seien zum Guten fähig. Er wolle niemandem das Eigentum nehmen, jedoch sollten vor allem Reiche durch Steuern zum Gemeinwesen, dem jeder ohne Ausnahme angehöre, beitragen. Dies mache schließlich sogar ihr Eigentum sicherer. Konkret schlug Paine eine progressive Einkommenssteuer vor, niedrige Sätze für Arme, höhere für Reiche. Was er fordere, seien nicht Almosen, sondern ein Recht. Kein Raub, sondern Gerechtigkeit.

Die Schrift, die Fichte Kant geschickt hatte und bei diesem auf Begeisterung gestoßen war, erschien im Frühjahr. Ihr Titel: *Versuch einer Kritik aller Offenbarung*. Doch der Verfasser wurde nicht verraten. Es trat ein, worauf der Verleger spekulierte. Alle Welt hielt den Text für einen aus der Feder Kants. Die *Allgemeine Literatur-Zeitung* in Jena erklärte, jeder, der Kant gelesen habe, werde »sogleich den erhabenen Verfasser jenes Werks erkennen«. Kant antwortete und stellte die Sache richtig: Dem unbekannten Fichte gebührten die Lorbeeren. Die Zeitung druckte seine Replik ab, Fichte wurde über Nacht berühmt.

Manche bahnbrechende Erfindungen zeigen eine Idee und ihre Möglichkeiten auf, gelangen allerdings zum falschen Zeitpunkt an die Öffentlichkeit. So erging es einer Entwicklung William Murdochs, des exzentrisch-findigen Partners von Matthew Boulton und James Watt. Sein Lokomobil von 1784 – ein Gefährt, das sich auf Rädern mit der Kraft seiner Dampfmaschine, wenn auch sehr mühsam und aufwändig, auf der Straße von Ort zu Ort bewegen konnte – setzte sich nicht durch.

In diesem Jahr begann er, wie es heißt, mit ersten Experimenten zur Entwicklung von Gasbeleuchtung. Er suchte nach den besten Ausgangsmaterialien zur Gasherstellung, tüftelte mit Torf, Holz und Kohle.

Am 14. April verließ Élisabeth Vigée-Lebrun Rom in Richtung Paris, erfuhr aber während der Reise noch in Italien, dass sie als geflohene Royalistin alle französischen Bürgerrechte verloren hatte. Schließlich folgte sie dem Rat, den ihr in Mailand der österreichische Botschafter gegeben hatte. Sie solle sich in Wien als Porträtmalerin niederlassen. Vigée-Lebrun mietete sich ein Haus am Wiener Stadtrand und erfuhr dort bald, ihr Griechisches Souper habe 60 000 Franc gekostet.

Noch immer fühlte sich das revolutionäre Frankreich von Österreich bedroht, und die Girondisten hatten sich gegen alle Warnungen des Jakobiners Robespierre durchgesetzt. Am 20. April erklärte Frankreich den Krieg. Louis XVI. verlas stotternd und zögernd die ihm aufgezwungene Erklärung. Danach fiel er erneut in einen Zustand der Depression. Selbst im Kreis seiner Familie verbrachte er nun die Zeit in vollkommenem Schweigen. Marie Antoinette aber hatte diesen Krieg gewollt – in der Hoffnung auf einen Sieg ihrer alten Heimat.

Zunächst begeisterte sich das Volk für den Krieg. Als sich aber bald erste Rückschläge einstellten, wusste man schnell, wem die Schuld zu geben sei: dem König, vor allem aber Marie Antoinette, der Autrichienne.

Die Duldsamkeit schwand. Wer im Verdacht stand, gegen die Revolution zu arbeiten, den galt es, kompromisslos zu beseitigen. Da kam es gerade recht, dass eine neue Fallbeilkonstruktion zur Verfügung stand. Ersonnen hatte sie der Arzt Joseph-Ignace Guillotin. Er wollte Hinrichtungen, die bislang oft auf grausamste Weise durchgeführt wurden, humaner machen. Auf der Place de Grève vor dem Pariser Rathaus enthauptete man mit dieser neuen Vorrichtung am 25. April einen Räuber.

Eine schwere scharfe Klinge sauste aus einigen Metern Höhe herab. Das Publikum war geradezu enttäuscht, da alles so schnell ging.

In der darauffolgenden Nacht komponierte und dichtete der Pionieroffizier Claude Joseph Rouget de Lisle, der im elsässischen Straßburg von der Kriegserklärung erfahren hatte, zum Ansporn der Truppen ein Marschlied, das Kriegslied der französischen Rheinarmee: *Chant de guerre pour l'armée du Rhin.* Weil es Wochen später von einziehenden Soldaten aus Marseille kurz vor dem Tuileriensturm gesungen wurde, erhielt es den Namen Marseillaise. Es wurde schnell populär und schließlich am 14. Juli 1795 zur Nationalhymne Frankreichs.

Am 22. April hatte Therese Forster einen Jungen zur Welt gebracht. Das viel zu früh geborene Kind bekam den Namen des Vaters. Thereses Freundin Caroline Böhmer, geborene Michaelis, mittlerweile Witwe und mit ihrer siebenjährigen Tochter Auguste nach Mainz gezogen, kümmerte sich um Mutter und Kind. Zwei Tage nach der Geburt meldete Georg Forster den Nachwuchs per Brief an Schwiegervater Heyne. Von der Schwangerschaft hatten er und Therese ihm nie berichtet.

Die katastrophalen Nachrichten von den Frontlinien – an einem der Hauptschauplätze an der Marne führte Lafayette das Kommando und musste eine Niederlage nach der anderen einstecken – lösten in diesem Sommer in Frankreich eine »zweite Revolution« aus.

An Ostern brachen auf Korsika Unruhen zwischen Katholiken und Republikanern aus. Der 23-jährige Napoleon Bonaparte mischte mit. Er hatte sich erneut für mehrere Monate Urlaub genommen. Der Bruch mit Paoli war längst da. In Frankreich selbst strich man Bonaparte wegen seiner latenten Überziehungen des Urlaubs aus der Stammrolle der Armee. Im Mai brach er nach Paris auf, um sich zu rechtfertigen. Er wurde nicht nur wieder aufgenommen, sondern man bot ihm die Beförderung zum Hauptmann an. Er akzeptierte. Man brauchte Männer wie ihn dringender denn je. Am 29. Mai verfolgte er als Zuhörer in der Salle de Manège die Debatte der Nationalversammlung, in der im Laufe einer langen Nachtsitzung die Auflösung der *Garde constitutionnelle du Roi* beschlossen wurde, die erst im März als Leibgarde der Königsfamilie aufgestellt worden war. Louis, Marie Antoinette und ihre Kinder waren nun nahezu schutzlos.

Dann entließ Louis XVI. die erste Regierung der Girondisten, die er im März nach Unruhen in Paris eingesetzt hatte. Auch legte er gegen drei Dekrete sein Veto ein. Das Volk war empört, und Agitatoren im Hintergrund fachten den Zorn weiter an. Am 20. Juni, dem dritten Jahrestag des Ballhausschwurs, stürmte trotz tausender zum Schutz abgestellter Soldaten ein Mob den Tuilerienpalast. Eine zum großen Teil bewaffnete Menschenmenge drang in den Versammlungssaal ein, forderte die Wiedereinsetzung der alten Regierung und wandte sich dann zum Palast.

Louis ließ die Tore öffnen und empfing die Hineinstürmenden. Zuvor hatte er die Hand eines seiner verängstigten Wachsoldaten gegriffen, sie an sein eigenes Herz gepresst und gesagt: »Seht, es zittert nicht.« Er setzte sich zum Zeichen seiner Verbundenheit die rote Jakobinermütze auf, und der Mob johlte. Als man ihm zwei Kokarden reichte, eine weiße und eine mit der Trikolore, griff er klugerweise zu der mit der Trikolore. Als man ihm ein Glas Rotwein hinhielt und ihn aufforderte, auf das Wohl der Revolution zu trinken, nahm er es und trank. Doch sein Veto gegen die Dekrete, sagte er mutig, nehme er jetzt vor Ort, vor allem, da man ihn bedrohe, nicht zurück. Der Mob aber war besänftigt. Vorerst. Louis hatte Würde und Standhaftigkeit gezeigt wie nie zuvor, zugleich aber durch die Demütigungen seine Autorität als König fast gänzlich verloren.

Als Bonaparte von den Ereignissen um Louis erfuhr, kommentierte er in einem Brief an seinen Bruder Joseph, die Jakobiner gebärdeten sich »wie die Narren, ohne gesunden Menschenverstand«. Am 30. August erhielt er sein Hauptmanns-Patent.

Goethe dankte am 25. Juni Georg Forster per Brief für die ihm zugesandte Ausgabe seines Buchs *Ansichten vom Niederrhein.*

Am 25. Juni brachen – mitten im zunehmenden Tumult der Revolution – zwei Expeditionen auf, um die Vermessungen zur Festsetzung des geplanten universellen Längenmaßes durchzuführen. An der Spitze der einen Expedition stand der universal gebildete Astronom Jean-Baptiste Joseph Delambre, an der Spitze der anderen der akribische Astronom Pierre Méchain. Besonders Méchain hatte sich schon einen Namen gemacht, mehrere Kometen entdeckt und an der genauen Bestimmung der Längengrade zwischen Greenwich und Paris gearbeitet. Er hatte auch William Herschel in Slough besucht.

Delambre und Méchain sollten sich von zwei Seiten aufeinander zu bewegen, wobei Delambre von Dünkirchen aus nach Süden durch das Zentralmassiv, Méchain von Barcelona nach Norden über die Pyrenäen vorgehen sollte. Als Treffpunkt der beiden Expeditionen bestimmte man Rodez im Süden Frankreichs.

Der spanische König hatte seine Unterstützung zugesagt, ließ Méchain aber durch das Militär beaufsichtigen. Der kämpfte sich mit seinen Männern durch die Berge, wo sie für die Messungen vernetzt auf den Gipfeln in mühseliger Arbeit Peilmarken setzten. Im Juli suchte Delambre im Umkreis von Paris Stationen zur Messung. Méchain traf in Barcelona ein.

Während das Sammeln von Brotfruchtbäumen Ende Juni noch in vollem Gang war, quälte sich William Bligh erneut mit schwerem Fieber. Noch geschwächt, stach er am 19. Juli mit seinen beiden Schiffen, 2126 Brotfruchtbäumen und 508 weiteren Pflanzen in See. Kurs Fidschi.

In Frankfurt am Main krönte das Heilige Römische Reich Deutscher Nation am 14. Juli – dem dritten Jahrestag des Sturms auf die Bastille – mit Franz II. seinen neuen Kaiser. Franz II. sollte der letzte Kaiser dieses Reiches sein. Leopold II., der Nachfolger seiner Mutter Maria Theresia und seines Bruders Josephs II., dessen Bemühen um eine Verbesserung der Lage seiner Schwester Marie Antoinette sich in Grenzen gehalten hatte, war nach wenig mehr als einem Jahr der Regentschaft verstorben. Nun folgte ihm sein ältester Sohn nach.

Nach der Zeremonie begab sich der neu gekrönte Kaiser mit den angereisten Fürsten nach Mainz, um dort auf einem Fürstentag im Lustschloss Favorite vom 19. bis 21. Juli das Vorgehen gegen Frankreich zu besprechen. Herzog Karl Wilhelm Ferdinand von Braunschweig-Wolfenbüttel legte ein Manifest vor, das das Volk in Frankreich und speziell in Paris aufforderte, sich wieder seinem König zu unterwerfen. Andernfalls drohten drastische Folgen, inklusive der Zerstörung von Paris.

Am 24. Juli teilte Marie Antoinette in einem Brief ihrem Favoriten Fersen mit, sie und der König erwarteten das angekündigte Manifest des Herzogs »notwendigerweise mit allergrößter Ungeduld«. Es werde »viele Menschen um den König scharen und ihn in Sicherheit bringen«. Als am Tag nach diesen Zeilen das Manifest veröffentlicht wurde, war die allgemeine Empörung groß. Robespierre rief am 29. Juli im Jakobinerklub: »Der Staat muss gerettet werden, auf welche Weise auch immer; es gibt nichts Verfassungswidriges, wenn man dem Untergang entgegengeht«.

Louis XVI. musste in einer Erklärung versichern, alles für einen französischen Sieg gegen Österreich und seine Bündnispartner zu tun. Die Forderungen, ihn abzusetzen, gewannen jedoch an Vehemenz.

In Mainz, während Fürsten und Gefolge den neuen Kaiser feierten, die Stadt selbst in den Nächten in hellem Licht stand und Feuerwerke den Rhein erhellten, starb der kleine Sohn. Georg Forster und Therese sahen, wie das tote Kind davongetragen wurde. Und Forster sagte: »Bis ich auch dahin getragen werde, wird nichts besser werden.«

In den Tuilerien verfasste Marie Antoinette geheime Briefe an ihren Neffen Kaiser Franz II. und berichtete darin von allen Truppenbewegungen der revolutionären Armeen.

Am 10. August kam der Mob erneut zum Tuilerienpalast. Erstmals beteiligten sich in auffälliger Anzahl und sehr aktiv die Sansculotten. Es ging nicht mehr glimpflich aus. Napoleon Bonaparte wurde Augenzeuge der verstörenden Vorgänge, die als Tuileriensturm in die Geschichtsbücher eingingen. Eine Menge von etwa 20 000 Menschen drang in den Palast ein, forderte die Absetzung des Königs und metzelte dabei fast alle Angehörigen der zum Schutz der Königsfamilie abgestellten Schweizergarde nieder. Bonaparte war erschüttert und entsetzt.

Louis XVI. und Marie Antoinette wurden abgeführt. Louis soll gesagt haben: »Die Blätter fallen früh dieses Jahr«. Man inhaftierte die königliche Familie im Temple, einer ehemaligen Festung des Templerordens. Einen gewissen Komfort gestand man ihnen nach wie vor zu. Die königliche Familie bewohnte zwei Stockwerke. In den Räumen aus wuchtigen Mauern mit kleinen Fenstern gab es einen Billardtisch und ein Cembalo. Außerdem gewährte man der Familie Zutritt zu der Bibliothek. Eine 13-köpfige Gruppe verschiedener Bediensteter kümmerte sich um die Versorgung, außerdem durfte ein Diener bei ihnen bleiben.

Doch der Alltag war schwer zu ertragen. Den Wachen gefiel es, die Familie tagein, tagaus zu beschimpfen und zu triezen. Louis nahm es hin, Marie Antoinette litt. Louis' Schwester Élisabeth ebenso. Sie war freiwillig mitgekommen. Marie Antoinette stickte, strickte, nähte. Sie vermittelte das Bild, nur noch Mutter zu sein. Dann nahm man ihr die Stickerei ab. Man hielt ihr vor, Geheimzeichen zu sticken. Louis nahm man das Rasiermesser ab. Man fürchtete, er könnte Selbstmord begehen. Der ließ sich daraufhin einen Bart wachsen, bis man ihm das Rasiermesser zurückgab, mit der Auflage, sich nur unter Aufsicht rasieren zu dürfen.

Jeden Morgen versammelte sich die Familie, umarmte sich,

küsste sich und dankte Gott, noch zusammen zu sein. Nach dem Frühstück gab das Königspaar den Kindern Unterricht. Gegen Mittag ging die Familie in den Park; die Kinder spielten mit Reifen und Ball, am Abend Tennis und Federball, und vor der Bettruhe las ihnen der König vor. Er las am liebsten aus der römischen Geschichte. Und morgens wie abends Gebete.

Der Tuileriensturm markierte eine neue Phase der Revolution. Die Gesetzgebende Nationalversammlung beschloss, dem König die Regierungsmacht vorläufig zu entziehen und einen alsbald zu wählenden Nationalkonvent mit der Ausarbeitung einer neuen Verfassung zu beauftragen. Am 11. August wurde das Zensuswahlrecht abgeschafft. Das hatte bislang nur Bürgern das Wahlrecht erteilt, die Steuern zahlten. Fortan durften alle männlichen Franzosen ab 21 Jahren wählen. Das neue Wahlrecht kannte also keine Klassenunterschiede mehr. Doch Frauen war das Wählen noch immer nicht gestattet.

Ein vorläufiges Gremium, das sich vor allem aus Girondisten zusammensetzte, übernahm die Regierung. Der zu den radikaleren Cordeliers gehörende Georges Danton, der nach dem Massaker auf dem Marsfeld im Vorjahr zwischenzeitlich bis nach London geflohen, aber bald wieder zurückgekehrt war, übernahm das Justizwesen. Danton stammte aus dem Kleinbürgertum und war ähnlich wie Mirabeau eine überwältigende, hochgewachsene und massige Erscheinung; und wie dieser ein Mann der Sinne und ein überwältigend begabter Redner. Mit seiner Stimme vermochte er ganze Säle zu erschüttern. Dantons wuchtiges Gesicht war von Pockennarben übersäht. Zwei Unfälle in der Kindheit hatten ihm die Oberlippe gespalten. Zu den Gewaltausbrüchen, die in diesem Jahr noch kommen sollten, sollte er durch seine Agitation wesentlich beitragen.

Lafayette protestierte derweil gegen die Behandlung der Königsfamilie und die Jakobiner warfen ihm erneut vor, sich der Revolution entgegenzustellen. Am 14. August stellte Danton einen Haftbefehl gegen Lafayette aus. Der floh mit einigen Kameraden nach Flandern, das zu den Österreichischen Niederlanden gehörte. Von dort wollte er weiter nach Amerika. Doch die Österreicher nahmen ihn gefangen. Ein Militärgericht der Koalition gegen Frankreich entschied, Lafayette so lange gefangen zu halten, bis in Frankreich ein wieder einzusetzender König über ihn entscheiden würde, und übergab Lafayette und seine Gefährten den Preußen. Die kerkerten ihn am 19. September in der Festung von Wesel ein.

Schillers Name hatte in Frankreich Klang. Sein Stück *Die Räuber* wurde ab dem 10. März in Paris im Théatre du Marais aufgeführt. Nun ernannte ihn die Gesetzgebende Nationalversammlung am 26. August zum Ehrenbürger der Revolution. Die gleiche Ehre gewährte sie unter anderen auch seinem Kollegen Friedrich Gottlieb Klopstock, außerdem George Washington, Joseph Priestley und Thomas Paine. Mit der Ehrenbürgerwürde war das Recht verbunden, sich um ein Abgeordnetenmandat zu bewerben. Dieser Schritt der Nationalversammlung setzte auf gewisse Weise zaghaft eine Vision um, die Thomas Paine im zweiten Teil von *Rights of Man* entworfen hatte: »So viel sich vorhersehen lässt, kann vielleicht in der Folge Europa eine einzige große Republik bilden und der Mensch in dieser vollkommen frei sein.«

Vor allem Paine, der sofort als Abgeordneter in die Gesetzgebende Nationalversammlung und dort in drei Ausschüsse gewählt wurde, geriet in diesen Tagen in seiner Heimat England in eine Situation, in der ihm eine Übersiedlung in einen anderen Teil Europas zupass kam. Für Dezember war gegen ihn ein Prozess wegen aufrührerischer und übler Nachrede angesetzt worden.

Goethe stieß nahezu gleichzeitig mit der Ehrung Schillers durch die französischen Revolutionäre zu einer jener Armeen, die diese Revolution beenden wollten. Sein Herzog Carl August gehörte zu den Befehlshabern des Rheinfeldzugs gegen das revolutionäre französische Heer. Carl August stellte sich alles wie einen Spaziergang vor, sollte aber bald eines Besseren belehrt werden.

Auf dem Weg ins Feldlager verbrachte Goethe den 21. und 22. August bei Georg Forster und seiner Familie. Huber und Soemmerring waren da und auch Caroline Böhmer und Meta Forkel. Goethe berichtete über »zwei muntere Abende: hier fühlt' ich mich schon wieder in vaterländischer Luft«. Und ergänzte vielsagend: »Von politischen Dingen war die Rede nicht, man fühlte, dass man sich wechselseitig zu schonen habe: denn wenn sie republikanische Gesinnungen nicht ganz verleugneten, so eilte ich offenbar, mit einer Armee zu ziehen, die eben diesen Gesinnungen und ihrer Wirkung ein entschiedenes Ende machen sollte.«

Seit Mirabeaus Tod hatte sich Talleyrand bewusst aus dem Rampenlicht zurückgezogen. Zunehmend kam dessen Zusammenarbeit mit dem Königshaus ans Licht, und er fürchtete als ehemaliger Weggefährte Mirabeaus um seine Sicherheit. Seit Ende August – der Tuileriensturm hatte gerade erst das Land erschüttert und damit auch Talleyrand selbst – bedrängte er den Justizminister Danton. Um seines Kopfes sicher zu sein, wollte er möglichst schnell das Land verlassen. Doch auch in dieser Not dachte er bereits an die Zeit danach. Daher wollte er Papiere von Danton bekommen, die belegten, dass er das Land in politischer Mission verließ. So könnte er, wenn der Wind sich drehen sollte, zurückkehren, ohne den Makel des Geflohenen zu tragen.

In der Tat gab es noch keinerlei Hinweise, die Goethes herzoglichen Freund und Dienstherrn Carl August daran hätten zweifeln lassen müssen, schnell mit den Revolutionären fertig werden zu können. Die französische Armee steckte Rückschläge über Rückschläge ein und befand sich vielerorts in Auflösung.

Alle Niederlagen führten im revolutionären Frankreich zu Reaktionen der Gewalt und fachten die Radikalisierung an. Als das französische Heer am 2. September Verdun an die Koalitionstruppen unter dem Befehl von Herzog Karl Wilhelm Ferdinand von Braunschweig-Wolfenbüttel übergeben musste, stürmte in Paris am 3. September ein Mob die Gefängnisse und tötete dort inhaftierte Adelige und viele gewöhnliche Verbrecher und Diebe auf grausamste Weise. Marie-Louise, Fürstin von Lamballe, mit einem Bourbonenprinzen verheiratet und enge Vertraute Marie Antoinettes, wurde getötet und ihr abgetrennter Kopf auf einer Pike vor Marie Antoinettes Gefängnis herumgetragen. Marie Antoinette erfuhr von der Tat, sah den Kopf wohl aber nicht, weil die Wächter aus Rücksicht die Fensterläden schlossen. Auch schafften sie es, die Menge, die in den Temple eindringen wollte, abzuwehren.

Das Septembermassaker forderte etwa 1200 Tote. Die Revolution hatte erneut den Weg der Gewalt gewählt.

In den USA zeichneten sich Wegscheidungen auf der Straße zur Freiheit ab. Madison, der einst wesentlich zu Washingtons Rückkehr in die Politik beigetragen hatte, erklärte im September in einem Essay in der *National Gazette*, das Land sei in zwei Lager gespalten: in jenes, dem er selbst angehöre und das glaube, die Menschen könnten »sich selbst regieren«; und das Lager Hamiltons, das eine Art aristokratische Herrschaft errichten wolle und den Wohlhabenden diene. Erstere waren Anhänger der Demokratisch-Republikanischen Partei, die Madison und Jefferson gegründet hatten, Letztere hingegen gehörten zur Föderalistischen Partei, die die Regierungspolitik lenkte.

Am 12. September begann in London der Prozess gegen jene Meuterer der Bounty, derer man in Tahiti hatte habhaft werden können. Vom Verbleib der Haupttäter um Fletcher Christian aber wusste man nach wie vor nichts. Der Prozess fand in der großen Achterkajüte des Flaggschiffs von Admiral Samuel Hood statt, des mit 90 Kanonen bewaffneten Dreideckers Duke.

Am gleichen Tag verließ Thomas Paine, rechtzeitig vor Beginn des gegen ihn anberaumten Prozesses, die Insel. Er bestieg ein Schiff und traf am 19. September in Paris ein, pünktlich zur Eröffnungssitzung des neuen Nationalkonvents.

Die nunmehr zum Nationalkonvent umformierte und umbenannte Nationalversammlung tagte zum ersten Mal am 20. September. La Montagne, die Bergpartei mit den Cordeliers und den radikalen Jakobinern, stellte etwa 140 Abgeordnete, die Girondisten etwa 200 und die Plaine (Ebene), auch Marais (Sumpf) genannt, 450, von denen sich aber durch die von den Jakobinern ausgehende Dynamik viele zunehmend radikalisierten. Die Feuillants existierten nicht mehr. Viele von ihnen waren während der Ereignisse des 10. August verhaftet worden, andere hatten sich den Radikalen angeschlossen oder waren in den Schoß der Jakobiner zurückgekehrt. Die führte nun Robespierre an, der als Vertreter der Pariser Kommune wieder zum Abgeordneten gewählt worden war.

War Robespierre noch kurz vor dem Tuileriensturm für den Erhalt der Monarchie eingetreten, da er einer reinen Republik nicht getraut hatte, kämpfte er nun für die Abschaffung des Königtums. Zusammen mit Marat und Danton führte er die Koalition der Jakobiner und Cordeliers in der Bergpartei an. Die Girondisten stellten zwar die Regierung, verloren aber stetig an Einfluss.

Schon am 21. September, dem Tag nach der Eröffnungssitzung, beschloss der Nationalkonvent, die Monarchie abzuschaffen. Die Französische Republik war gegründet – und Louis XVI. war nunmehr »Bürger Louis Capet« zu nennen, mit Bezug auf den Stammvater der französischen Könige aus dem 10. Jahrhundert, Hugo Capet. Tags darauf entschied die Versammlung, eine neue Jahreszählung einzuführen, den Französischen Revolutionskalender. Das Jahr I der Französischen Republik hatte begonnen.

Am 20. September, dem Tag der Eröffnungssitzung des Nationalkonvents, erschütterte im Nordosten Frankreichs die Kanonade von Valmy die Luft. Auf den Fahnen der französischen

Truppen dort stand noch »Der König – Die Nation – Freiheit – Das Gesetz«.

Goethe, im Tross seines Herzogs als Zivilist dabei, setzte in seiner Neugier sein Leben aufs Spiel. Da er vom sogenannten Kanonenfieber gehört hatte, ritt er an einen Frontabschnitt und ließ sich die Geschosse um die Ohren fliegen: »der Ton ist wundersam genug, als wär er zusammengesetzt aus dem Brummen des Kreisels, dem Butteln des Wassers und dem Pfeifen eines Vogels«. In seinem drei Jahrzehnte später veröffentlichten Bericht *Campagne in Frankreich* berichtete er: »Es schien, als wäre man an einem sehr heißen Orte, und zugleich von derselben Hitze durchdrungen« und »in jener Glut verschlungen«.

Die Kanonade war vornehmlich ein Artilleriegefecht, das die Koalitionsarmee auf ihrem Vormarsch durch Frankreich zum Halten brachte. Am Morgen hatten sich in Nebel und dichtem Nieselregen auf einem Feld bei einer Mühle nahe dem Dorf Valmy rund 35 000 Preußen unter dem Oberbefehl des Herzogs Karl Wilhelm Ferdinand von Braunschweig-Wolfenbüttel den Franzosen genähert. Die französische Artillerie eröffnete das Feuer. Die preußische Artillerie antwortete, dann marschierte die preußische Infanterie in Gefechtsaufstellung los. Der Boden war matschig. Die Preußen stoppten. Hochrufe und Gesänge auf die Revolution drangen zu ihnen hinüber. Der französische General Kellermann hatte seine Männer mit einer flammenden Rede ermutigt. Dann vergingen Stunden. Schließlich setzten die Preußen ihren Marsch fort, mussten aber mehrere 100 Meter vor den Reihen des Feindes erneut stoppen. Es war Nachmittag und das Gefecht beendet. Um die 40 000 Kanonenkugeln waren abgeschossen worden. Zu diesem ersten bedeutenden Erfolg der Franzosen – es war ihnen gelungen, die Preußen entscheidend zurückzuweisen – hatte die Überlegenheit der Geschütze des Gribeauval-Systems beigetragen. Sie sollten den Revolutionstruppen noch einige wichtige Erfolge bescheren.

Als die Nacht anbrach, fand sich Goethe in einem Halbkreis von Männern wieder, die unter den Eindrücken des Tages in der zunehmenden Dunkelheit das eine oder andere Wort wechselten, oft aber schwiegen. Es war kalt und nass. Nicht einmal das übliche Feuer hatte man entfacht. Als man Goethe aufforderte, etwas zu sagen, soll er geantwortet haben: »Von hier und heute geht eine neue Epoche der Weltgeschichte aus, und ihr könnt sagen, ihr seid dabei gewesen.« Vermutlich aber legte er sich diese Worte, in einer nachträglichen Selbsternennung zum historischen Seher, erst dreißig Jahre später in seiner *Campagne in Frankreich* in den Mund.

Schließlich gruben sich alle in Erdlöcher ein. Auch Goethe und der Herzog von Weimar. Es folgten Tage des Zögerns in Regen und Schlamm. Am Ende zogen sich die demotivierten Truppen der Preußen zurück.

Im Süden drangen die Franzosen nun unter ihrem General Custine über Landau in die Pfalz vor. Custine war eine imposante Erscheinung mit weißen, langen, krausen Haaren und einem gewaltigen Schnurrbart, der sich über die Wangen bis zu den Ohren zog, weshalb man ihn auch »Général moustache« nannte. Seine Truppen nahmen zunächst Speyer ein, dann Worms. Nun bedrohten sie Mainz. Schon die Nachricht des Falles von Speyer hatte Panik ausgelöst. Adel und Geistlichkeit flohen. Schiffe und Kutschen und Karren wurden bepackt, der Domschatz über den Rhein nach Düsseldorf geschifft. Der Kurfürst ließ das Wappen von seiner Kutsche kratzen, stieg ein und verschwand in der Nacht. Man versuchte mit Schanzarbeiten die Festung gegen einen Angriff vorzubereiten. Doch die Soldaten, die die Stadt beschützen sollten, boten ein klägliches Bild. Huber, als politischer Beamter besonders gefährdet, floh nach Frankfurt am Main. Doch Georg Forster und Therese beschlossen, zu bleiben.

Am 11. Oktober erteilte die Nationalversammlung einem Verfassungskomitee den hochoffiziellen Auftrag, die gewünschte neue Verfassung zu erarbeiten, die jene von 1791 ablösen sollte. Anders als in der Verfassung der Vereinigten Staaten wollte man keine Gewaltenteilung, sondern die Exekutive und die Judikative der Legislative unterordnen. Dem neunköpfigen Komitee gehörten linke Republikaner wie Brissot, Condorcet, Vergniaud, Paine und Sièyes an, auch der Montagnard Danton, der zwei Tage zuvor von den noch regierenden Girondisten gezwungen worden war, als Justizminister zurückzutreten. Ebenfalls zum Gremium gehörte der organisatorisch und rhetorisch hochtalentierte Anwalt Bertrand Barère, ein Mitstreiter Robespierres.

Condorcet stand längst in der Schusslinie des letzteren. Robespierre attackierte ihn heftig und warf ihm vor, nicht konsequent für die Revolution Partei zu ergreifen. Die Priester gebe er zwar der Lächerlichkeit preis, schmeichele aber den Hochgestellten und allen Königen.

In den Vereinigten Staaten begann man am 13. Oktober mit dem Bau der neuen Hauptstadt der USA, und zwar mit dem künftigen Amtssitz der US-Präsidenten, dem späteren Weißen Haus.

Am Abend des 18. Oktober erschienen die Franzosen vor Mainz und begannen tags darauf mit der Belagerung. Am frühen Morgen des 21. Oktober weckte ein Alarmschuss die Mainzer. Georg Forster stieg mit anderen auf den Turm von St. Stephan und sah die vorgerückten Stellungen. Schüsse aus den Kanonen der Mainzer beantworteten die Franzosen mit dem einzigen Schuss einer vierundzwanzigpfündigen Kanonenkugel. Die Mainzer kapitulierten. Der zerlumpte Haufen der Eroberer, viele der Soldaten barfuß, marschierte in die Stadt.

Georg Forster beriet sich mit Therese. Sie beschlossen, weiter in Mainz zu bleiben. Sie waren nahezu die Einzigen in ihrer Straße und die anderen Häuser nun leer. Am 25. Oktober suchte Forster als Wortführer einer Abordnung der Universität General Custine auf. Der ließ sie etwa zwei Stunden warten, hörte sich dann aber wohlwollend die Bitten um Schutz für die Universität an. Drei Tage später brachte Forster Therese nach Höchst. In einem Gasthaus trafen sie Huber.

Am 5. November beendete Forster sein Zögern, gab dem Zureden vieler aus seinem Freundeskreis nach und trat dem zwei Wochen zuvor gegründeten Mainzer Jakobinerclub bei. Zehn Tage später hielt er dort eine große Rede. »Frei sein und gleich sein, der Sinnspruch vernünftiger und moralischer Menschen, ist nunmehr auch der unsrige geworden«, rief er aus.

In Paris debattierte man, wie man mit dem ehemaligen König Louis XVI. verfahren sollte. Eigens eingesetzte Kommissionen zerbrachen sich die Köpfe, kamen aber zu keinem einhelligen Ergebnis. Sie waren uneins, ob man den König noch anklagen durfte – und wenn ja, für was. In dieser Situation hatte der jüngste Abgeordnete am 13. November mit seiner ersten Rede vor dem Nationalkonvent seinen großen Auftritt. Es handelte sich um Louis-Anton de Saint-Just, der sich knapp zweieinhalb Jahre zuvor in einem schwärmerischen Brief Robespierre angedient hatte. Erst einen Tag vor der Aufstellung der Wahlmänner erreichte er das erforderliche Alter von 25 Jahren für die Wählbarkeit. Schmal von Gestalt, mit langen schwarzen Haaren und einem auffälligen goldenen Ohrring, schritt er mit aufreizend zur Schau gestellter Gelassenheit und Gleichgültigkeit durch die Welt. Fazit seiner ersten, von eiskalter Logik bestimmten Rede: Den König nicht zu verurteilen hieße, die Revolution in Frage zu stellen. Damit die Republik lebe, müsse der König also sterben. Obwohl seine Rede nur geteilte Aufnahme fand, setzte Saint-Just damit die Girondisten in der Öffentlichkeit weiter unter Druck.

George Washingtons erste Amtszeit als Präsident näherte sich dem Ende. Seit dem 2. November lief die zweite Präsidentschaftswahl, die noch bis zum 5. Dezember dauern sollte. George Washington hatte sich erneut aufstellen lassen, doch schon im Frühjahr in seinem Umfeld immer wieder darüber gesprochen, keine zweite Amtszeit absolvieren zu wollen. Er verlieh dem jungen Amt des Präsidenten der Vereinigten Staaten Macht und Ansehen, doch seine Kräfte ließen weiter nach.

Die Ersatzsöhne Jefferson – mit Madison an seiner Seite – und Hamilton standen immer eindeutiger für die Zerrissenheit des Landes, und in ihren Auseinandersetzungen zeigte sich mittlerweile blanker gegenseitiger Hass. Das Einzige, worauf sie sich einigen konnten, war Washingtons Unentbehrlichkeit.

Zutiefst erschöpft, hatte sich Washington von Madison schon eine Abschiedsrede schreiben lassen. Letztendlich ließ er sie liegen und kandidierte. Am 15. November vertraute Washington sich Elizabeth Willing Powel an, jener Frau, die einst Franklin danach gefragt hatte, ob die Vereinigten Staaten eine Republik oder eine Monarchie seien. Washington und seine Frau Martha waren mit den Powels eng befreundet. Elizabeths Mann Samuel Powel war der Bürgermeister Philadelphias gewesen. Zwei Tage nach ihrem Gespräch schrieb Martha Powel Washington einen langen Brief. Sie gab zu bedenken, wie schnell sein Ruhm in dieser Situation des jungen Landes schwinden könnte, wenn er sich ins Privatleben zurückziehen würde. Gegner, die bislang stumm waren, könnten laut werden. Sie würden seinen Rückzug als Selbstliebe auslegen, »Antiföderalisten« (und sie dachte sicher dabei an Jefferson und Madison) »es zum Argument nehmen, die Union aufzulösen.«

Washington wurde ohne Gegenstimme wiedergewählt. Seine zweite Antrittsrede bildete im Grunde das Gegenstück zu seiner ersten; müde, inhaltslos und mit nur 135 Wörtern die kürzeste, die je ein Präsident hielt.

Als am 2. Dezember ein reitender Bote die Nachricht brachte, Frankfurt am Main sei von der Koalition zurückerobert, dachten Georg und Therese Forster an Flucht. Die »zwei Witwen« Caroline Böhmer und Meta Forkel – Letztere hatte sich endgültig von ihrem Mann getrennt – blieben in Mainz bei Forster. Doch Therese reiste ab. Caroline war entsetzt. Sie sah Verrat an der Revolution, vor allem aber Verrat an Georg und litt mit dem im Stich Gelassenen.

Am 9. Dezember verließ Therese, gehüllt in einen dicken

Pelz, den sie einst in Polen erstanden hatte, mit den fünf- und zweijährigen Töchtern Mainz Richtung Straßburg und dann weiter in das Fürstentum Neuchâtel. Sie hatte längst neue Pläne. Die hatten mit ihrer neuen Liebe Huber zu tun. Das sprach sich herum, und dessen alter Freund Körner echauffierte sich in einem Brief an Schiller: »dass ein Mensch auf einmal zwei Freunde betrügt, mit der Frau des einen liebelt und der Schwester des anderen das Leben vergiftet«. Der kommentierte: »H. hat sich benommen, wie zu erwarten war, ohne Charakter, ohne alle Männlichkeit«, und urteilte: »ein räsonnierender Weichling, ein gutmütiger Egoist«.

In Mainz griff General Custine durch und ließ eigene Offiziere erschießen, die er für Plünderungen ihrer Männer verantwortlich machte.

Saint-Just und Robespierre hatten erreicht, was sie wollten. Der Konvent beschloss, dem ehemaligen König den Prozess zu machen. Erleichtert hatte die Entscheidung auch ein beim Tuileriensturm entdeckter Geheimschrank mit Dokumenten, in denen Louis gegen die Verfassung wetterte und die den Beweis für Mirabeaus vom Königshaus bezahlte Dienste zur angestrebten Wiederherstellung der Autorität Louis' lieferten.

Das Verfahren wurde am 11. Dezember vor dem Nationalkonvent eröffnet. Und indem sich der Konvent, eigentlich »nur« die Legislative, zum Gericht über eine Verurteilung des Königs erhob, durchbrach er die Gewaltenteilung.

Als man Louis am Morgen abholte und ihn mit »Bürger Capet« anredete, murrte er: »Ich bin nicht der Bürger Capet.« Es blieb eine seiner wenigen Unmutsäußerungen an diesem Tag, ansonsten wirkte er sehr gefasst. Die Anklageschrift wurde verlesen, und Louis und seine Anwälte führten in den nächsten Prozesstagen ihre Erwiderung. Er ließ sie im Vertrauen seine Überzeugung wissen, zum Tode verurteilt zu werden. Doch er wollte mit Würde verlieren.

Robespierre tat in seinem demagogischen Spiel alles, um die

gewünschte Entscheidung herbeizuführen. Seine Ausführungen enthielten kaum verhüllte Drohungen an jene, die gegen eine Verurteilung des Königs stimmen könnten. »Wenn nicht der König schuldig ist, dann sind es die, die ihn abgesetzt haben«, argumentierte er perfide; und die Revolution legitimiere sich erst durch den Schuldspruch gegen den König: »Louis muss sterben, weil das Vaterland leben soll.«

Unter den Augenzeugen, die sahen, wie Louis abgeholt wurde und in einer Kutsche seinem schicksalhaften Prozess entgegenfuhr, befand sich eine gerade aus England eingetroffene Frau, die viele Hoffnungen mit der Revolution verbunden hatte und nun in Angesicht der drohenden Hinrichtung Louis' und der Würde, die er zeigte, in Tränen ausbrach.

Die 33-jährige Mary Wollstonecraft, gerade in Paris eingetroffen, hatte nicht nur in ihrer Heimat England, sondern auch in Frankreich mit ihren Veröffentlichungen für Aufsehen gesorgt. Mary hatte sich viel ihrer Bildung selbst angeeignet, auch Sprachen wie Französisch und Deutsch, sich als Gesellschafterin und Gouvernante durchgeschlagen, einen ersten Roman veröffentlicht, mit ihren Schwestern eine Schule in London betrieben und eine unglückliche Liebesbeziehung mit dem Maler und Schriftsteller Johann Heinrich Füssli durchlebt.

Zwei Jahre zuvor hatte Mary – wie Thomas Paine, den man nun am 18. Dezember in England in Abwesenheit »wegen aufrührerischer Verleumdung« zum Tode verurteilte – als Antwort und Gegenentwurf zu Burkes antirevolutionärem Buch eine Schrift veröffentlicht: *A Vindication of the Rights of Men.* In diesem Jahr nun war ihr Buch *A Vindication of the Rights of Woman* (*Eine Verteidigung der Frauenrechte*) erschienen. Sie hatte es Talleyrand gewidmet und erhoffte sich von ihm Unterstützung. Der so Geschmeichelte bemühte sich um ein Treffen, als er auf seiner als Mission getarnten Flucht aus Frankreich in London eintraf. Auge in Auge forderte sie ihn auf, in Frankreich Mädchen die gleichen Rechte auf Bildung zu geben wie Jungen.

Aufgrund des Prozesses gegen den König wandte sich der noch Monate zuvor zum Ehrenbürger ernannte Friedrich Schiller von der Revolution in Frankreich ab. Er wollte eine Rede zur Verteidigung Louis' XVI. verfassen und plante sogar, nach Paris zu reisen. Wilhelm von Humboldt sollte ihn begleiten, der seinerseits keinerlei Verständnis für die Mainzer Republik und Georg Forsters Verhalten hatte. Am 7. Dezember schrieb er an Schiller: »Ungeachtet dieser meiner Anhängigkeit an die französische Revolution kann ich es dennoch Forster nicht verzeihen, dass er in dem jetzigen Zeitpunkt auf einmal ganz öffentlich zur französischen Partei übergegangen ist.« Schiller wiederum teilte Freund Körner am 21. Dezember seinen Unmut über Forster mit: »Forsters Betragen wird gewiss von jedem gemissbilligt werden; und ich sehe voraus, dass er sich mit Schande und Reue aus dieser Sache ziehen wird.«

Wegen der Bedrohung durch französische Truppen brachte man den noch immer inhaftierten Lafayette am 22. Dezember auf Befehl des preußischen Königs Friedrich Wilhelm II. von der Festung Wesel in die Zitadelle von Magdeburg.

1793

Prozesse

In den ersten Januartagen traf Therese Forster in Neuchâtel ein, wo ihr der Weingutbesitzer und Staatsrat Georges de Rougemont mit seiner Familie einen warmherzigen Empfang bereitete. Der war kurz zuvor erst in Mainz mit ihr zusammengetroffen, und der Verdacht drängt sich auf, Therese habe dort schon vorgefühlt, wie das, was jetzt geschah, zu ermöglichen sei. Denn Huber folgte ihr bald darauf nach Neuchâtel. Dessen Verlobung mit Dora Stock war im September nach acht Jahren gelöst worden.

Im unruhigen Mainz quälte sich Georg Forster, der nun Anfang des Jahres zum Präsidenten des Mainzer Jakobinerclubs gewählt wurde, mit dem Trennungsschmerz. Zugleich war er verärgert und voller Sorge über die Gefahren, denen sich Therese mit den Kindern aussetzte. Auf Caroline Böhmers Drängen fasste Huber sich schließlich ein Herz und klärte Forster in einem Brief über den Stand seiner Beziehung mit Therese auf. Die Kinder hatten er und Therese für deren anvisierte Trennung von Georg bereits aufgeteilt. Georg solle die kleine Therese bekommen.

Am 9. Januar gehörte auch George Washington zu der staunenden Menschenmenge, die in Philadelphia einen Ballonaufstieg von Jean-Pierre Blanchard beobachtete. Damals, als er von Blanchards Überquerung des Ärmelkanals erfahren hatte, hatte er geschrieben, man könne damit rechnen, »dass unsere Freunde in Paris, anstatt den Ozean zu durchpflügen, in kurzer Zeit durch die Lüfte nach Amerika fliegen werden.«

Seine Anwälte argumentierten engagiert und sachlich. Tatsächliche Beweise, die eine Verurteilung gerechtfertigt hätten, waren nicht beigebracht worden. Doch das zählte nicht. Der Bürger Louis Capet, einstiger König Louis XVI. von Frankreich, hatte keine Chance.

Ab dem 14. Januar begannen Abgeordnete des Nationalkonvents über Schuld und Strafmaß abzustimmen. Der Schuldspruch fiel mit überwältigender Mehrheit. Die Entscheidung über die Todesstrafe, die am 16. Januar über Stunden hinweg in einzelnen Voten abgegeben wurde, fiel enger aus. Jean-Paul Marat hatte eine namentliche Abstimmung durchgesetzt. So wollte er Gegner erkennen, vor allem aber einschüchtern. Im Morgengrauen des nächsten Tages stand das Ergebnis fest. Von 721 Abgeordneten sprachen sich 387 für und 334 gegen die Hinrichtung aus. Von denen, die für die Hinrichtung gestimmt hatten, forderten 26 jedoch einen Aufschub. So stand es 361 zu 360, die Differenz der Mehrheit für die sofortige Hinrichtung bestand aus nur einer einzigen Stimme.

Der über 70-jährige Malesherbes, einer der drei Anwälte des ehemaligen Königs und einst dessen Minister, hatte die nahezu dreizehnstündige Abstimmung im Stehen verfolgen müssen. Man hatte ihm nicht gestattet, sich zu setzen. Nun brach er beim Versuch eines Schlussworts in Tränen aus. Er bat, am nächsten Tag noch einmal reden zu dürfen: »Ich habe Euch einiges von Belang mitzuteilen […].« Doch Robespierre wies das Anliegen zurück.

Aufgelöst überbrachte Malesherbes Louis die Nachricht. Der tröstete ihn. Sie würden sich in einem besseren Leben wiedersehen. Er bedauere nur, einen Freund wie Malesherbes zunächst zurücklassen zu müssen.

In den Tagen vom 18. bis zum 20. Januar gab es noch letzte Versuche im Konvent, das Leben des Königs zu retten. Ein Antrag auf Aufschiebung der Hinrichtung wurde abgeschmettert, wie zuvor schon der, das Volk noch einmal zu der Sache zu befragen. Thomas Paine machte den Vorschlag, Louis ins Exil nach Amerika zu bringen, denn die Todesstrafe sei moralisch abzulehnen, auch würde eine Hinrichtung Louis' weitere Gewalt heraufbeschwören. Marat brüllte ihn nieder. Ein Quäker sei er und daher nicht qualifiziert, sich über die Todesstrafe auszulassen. Auch Condorcet redete leidenschaftlich gegen die Todesstrafe. Es half nichts. Louis' Schicksal war besiegelt.

Am Abend vor der Hinrichtung durfte sich Louis noch einmal mit der Familie treffen. Schluchzend lagen sich alle in den Armen. Um den Abschied zu erleichtern, versprach er, sich am nächsten Morgen in der Frühe noch einmal einzufinden. Was nicht geschah.

Am 21. Januar, dem Tag der Hinrichtung, errichtete man im Morgengrauen auf der ehemaligen Place Louis XV., jetzt Place de la Révolution, eine Guillotine.

Der ehemalige Louis XVI. kleidete sich schlicht und dunkel und übergab seinem Diener den Ehering für seine Frau und Päckchen mit Locken für seine Angehörigen. Die Bitte, ihm schon jetzt die Haare zu schneiden und nicht erst auf dem Schafott, wurde ihm verweigert. Dann sagte er: »Gehen wir!« Um 8:30 Uhr setzte sich die Kutsche vom Temple zur Place de la Révolution in Bewegung. Es war angeordnet worden, die Fensterläden zu schließen. Jegliches Hass- oder Jubelgeschrei war verboten. Fast 80 000 Bewaffnete und zahllose Zuschauer standen am Weg. 1200 Soldaten begleiteten den Karren durch das neblige Paris.

Als Louis gegen 10:15 Uhr die steilen Stufen zum Schafott bestieg, hatte der Nebel sich aufgelöst. Er weigerte sich, fast handgreiflich, Fesseln anzulegen oder sein Wams auszuziehen. Nicht weit von ihm erhob sich der Sockel, von dem die Reiterstatue seines Vorgängers entfernt worden war. Louis wurde geschoren. Er sah gefasst und ruhig aus. Dann wandte er sich an die Menge von etwa 20 000 Menschen und erhob seine Stimme.

»Ich sterbe unschuldig der Verbrechen, derer ich angeklagt wurde«, soll er gerufen haben. Und: »Ich vergebe denen, die meinen Tod herbeigeführt haben.« Doch seine Worte gingen in einem rasch befohlenen Trommelwirbel unter. Der Henker schnallte Louis fest und platzierte dessen Kopf unter dem Fallbeil. Um 10:20 Uhr sauste es herunter. Der einstige König war tot, und der Henker zeigte den abgeschlagenen Kopf der Menge.

Danach verkauften Henkersgehilfen Haare und Kleiderfetzen des Delinquenten. Manche tauchten Finger oder Fetzen von

Stoff oder Papier in das Blut des Toten. Andere malten sich Schnurrbärte damit.

Der schauerliche nächste Akt der Revolution hatte begonnen. Allein auf diesem Platz sollten noch etwa 3000 weitere Menschen ihrem einstigen König in den Tod durch Enthauptung folgen.

In Mainz ging es Schlag auf Schlag. Am 17. März war der Rheinische Nationalkonvent im Deutschherrenhaus zusammengetreten und die Mainzer Republik gegründet worden. Georg Forster wurde am 20. März zum Vizepräsidenten gewählt. Die Hinrichtung Louis' hatte Georg gerechtfertigt. Er sah sie als »eine Sicherheitsmaßregel«, und die Verurteilung sei »nicht nach Gesetzbüchern, sondern nach dem Naturrecht« zu begründen. Am 21. März beschloss die Mainzer Republik, den Beitritt zur Französischen Republik zu beantragen. Georg Forster gehörte zu der kleinen Delegation, die wenige Tage später nach Paris abreiste, um den Beschluss dem dortigen Nationalkonvent vorzutragen.

Fünf Tage nach Forster verließ auch Caroline Böhmer mit ihrer Tochter Auguste das von der Rückeroberung durch die Preußen bedrohte Mainz. Sie war seit einer Ballnacht im Februar schwanger von einem 19-jährigen dort stationierten französischen Leutnant. Zur Fluchtgruppe gehörte auch Meta Forkel. Noch am selben Tag wurden sie alle von preußischen Soldaten festgenommen. Man inhaftierte Caroline mit Auguste in der Festung Königstein im Taunus. Danach stellte man sie ab dem 14. Juni in Kronberg im Taunus unter Hausarrest. Caroline verbarg ihre Schwangerschaft und wollte sich töten, falls diese entdeckt würde.

William Bligh hatte am 23. Januar mit der Providence und der Assistant die Insel St. Vincent in der Karibik erreicht. Das Unternehmen war ein Erfolg, obwohl etwa die Hälfte der Pflanzen die Reise nicht überlebt hatte. Nach einer Woche Aufenthalt war Bligh weiter nach Port Royal auf Jamaika gesegelt. Von dort hatte er Anfang April Kurs Richtung England nehmen wollen, doch ein Postschiff brachte Nachricht von der Hinrichtung Louis'. Daraufhin hatte in England Premierminister William Pitt den französischen Botschafter ausgewiesen und das revolutionäre Frankreich den Briten am 1. Februar den Krieg erklärt. Es war wieder Brissot gewesen, der dieses Anliegen vehement vorgetragen hatte.

Am 15. Juli machte sich Bligh dann schließlich doch mit jenen Pflanzen an Bord auf die Heimreise, die für Kew Gardens und Joseph Banks bestimmt waren. Anfang August erreichte er mit seinen Schiffen die Mündung der Themse. Der Tahitianer, den sie an Bord mitgenommen hatten, war entsetzt vom Anblick der Hingerichteten, die an den Galgen entlang des Flussufers hingen. Um so zu enden, reichte es im England dieser Tage zuweilen, eine Geldbörse gestohlen zu haben.

Am 7. August fuhren sie in Deptford ein. Zwei Jahre und vier Tage waren sie fort gewesen. Bligh traf auf einen kühlen Empfang. Von seinem Zuhause in Lambeth ging er wiederholt über die Westminster-Brücke nach Whitehall zur Admiralität. Dann wartete er stundenlang in der hohen Eingangshalle. Doch der nun Erste Lord der Admiralität John Pitt, 2. Earl of Chatham, empfing ihn nicht. Pitt war der ältere Bruder von Premierminister William Pitt dem Jüngeren. Durch dessen Einfluss war er zu seinem Amt gekommen.

Obwohl Joseph Banks die Leistung Blighs in einem Brief an den Earl of Chatham mit der Cooks verglichen hatte, zeigte der Bligh weiter die kalte Schulter. Banks versuchte Bligh zu beruhigen, doch die Männer seiner letzten Reise wurden nicht befördert, und dann erlebte er eines Tages, wie einer seiner Schiffsoffiziere empfangen wurde, während er selbst wieder wartete.

Sein Ruf als allzu hart vorgehender Kapitän hatte sich verfestigt, insbesondere durch die Agitation von Fletcher Christians älterem Bruder Edward Christian, einem Anwalt. Edward Christian war seit dem gemeinsamen Studium mit William Wilberforce befreundet, dem wichtigsten Kopf der Anti-Sklaverei-Bewegung in England. Seit Ende des Vorjahres drang er nun auf Wilberforce ein, dass Bligh »nach seiner Rückkehr alle Türen verschlossen bleiben müssen«.

Im Juni schlossen Hölderlin und Hegel im Tübinger Stift mit der Promotion ab. Hölderlin als Sechster des Jahrgangs, zwei Plätze hinter Hegel. Am 14. Juli zogen sie mit Schelling und weiteren Mitschülern auf eine Wiese nahe Lustnau. Vielleicht errichteten sie einen Freiheitsbaum. Vielleicht auch nicht. Hölderlin ging mittlerweile auf Distanz zum beginnenden Terror. Hegel meinte, das Volk müsse halt noch lernen. Man sang. »Ça ira!« und die Marseillaise!

Am 29. März traf Georg Forster mit seinen Begleitern aus Mainz in Paris ein. Nur wenige hundert Meter vom Jakobinerclub und dem Konvent entfernt nahm die Delegation Quartier in der Rue des Moulins Nr. 542, dem »Haus der holländischen Patrioten«. Wenige Monate zuvor hatte hier noch Napoleon Bonaparte gewohnt. Zu viert hausten Forster und seine Kameraden in einem kleinen Zimmer.

Schon am nächsten Tag trat Forster im Nationalkonvent auf. Er hielt eine kurze Rede und bekam Beifall. Der Antrag, Mainz in die Französische Republik aufzunehmen, wurde angenommen. Am Abend folgte eine kleine Ansprache im Jakobinerclub. Er erklärte, die Deutschen seien zwar nicht so schnell zu begeistern wie die Franzosen, aber einmal entschlossen, blieben sie an einer Sache bis zum Tod.

Zwei von Forsters Gefährten mussten bald zur Armee zurückkehren. So blieb Forster nur mit dem schwärmerisch verstiegenen Adam Lux zurück. Beide waren entsetzt von dem Parteienstreit und der Aggressivität in der Stadt. Forster hatte sich ein wenig den Girondisten angenähert, doch im Strudel der weiteren Ereignisse hielt er schließlich doch den Jakobinern die Treue. In seinen Augen galt es, zuallererst die Revolution zu bewahren. Am 14. April berichtete er in einem Brief: »Die Tyrannei der Vernunft, vielleicht die eisernste von allen, steht der Welt noch bevor. Wenn die Menschen erst die ganze Wirksamkeit dieses Instruments kennen werden, welche Hölle um sich her werden sie dann schaffen! Je edler das Ding und je vortrefflicher, desto teuflischer der Missbrauch.« Am gleichen Tag begann die Belagerung von Mainz durch Koalitionstruppen.

Forster machte Bekanntschaft mit anderen in der Stadt lebenden Ausländern. Vor allem Mary Wollstonecraft beeindruckte ihn. Die hatte im Winter den amerikanischen Abenteurer Gilbert Imlay kennengelernt und mit diesem eine wilde Liebesbeziehung begonnen. Forster begegnete auch Thomas Paine, fand aber, dessen Schriften seien angenehmer als der persönliche Umgang mit ihm. Er fühlte sich einsam, vermisste Therese und seine Kinder und schickte, noch immer in der Hoffnung, dass die Familie letztlich wieder zusammenfinden würde, fortwährend Briefe nach Neuchâtel.

In ganz Frankreich trat die Revolution nun in ihre grausamste Phase. Gewalt wurde zunehmend zur ersten Antwort auf jeden Konflikt; wie die Kriegserklärung im Februar an England, die gleich mit einer an die Niederlande verbunden worden war. Am 10. März hatte man ein Revolutionstribunal gegründet, dessen Urteile nicht angefochten werden durften. Nahezu zeitgleich brachen im März vor dem Hintergrund von Rekrutierungen im Département Vendée (seit fast drei Jahren war das Land in diese neuen Verwaltungseinheiten gegliedert) Aufstände aus, denen sich bald Adelige anschlossen. Sie hofften, die Monarchie wieder einsetzen zu können.

Auch die wirtschaftliche Lage im Land blieb katastrophal. Die Bauern litten weiter an Hunger. Die Assignaten, die sich zu einer Papiergeldwährung entwickelt hatten, verloren rasant an Wert, denn der Staat gab in seiner Finanznot immer mehr davon heraus. Die Macht der immer noch regierenden Girondisten schwand. Als sie den radikalen Jacques-René Hébert verhaften ließen und auch Marat der aufrührerischen Hetze bezichtigten, brach in Paris ein Aufstand der Sektionen aus. An ihrer Spitze wieder die Sansculotten, die Robespierre längst für seine Zwecke zu nutzen wusste. Anfang Juni wurden die Anführer der Girondisten verhaftet. Brissot konnte zunächst fliehen, geriet dann aber doch in Haft. Es begann die Phase, die als Schreckensherrschaft der Jakobiner bezeichnet wird.

Forster fuhr derweil mit einer befreundeten schottischen Familie aufs Land nach Louveciennes und dachte auf dem Anwesen eines Bankiers über die Revolution nach.

Am Morgen des 14. Juli war nicht nur Jacques-Louis David tief erschüttert, als er erfuhr, Jean-Paul Marat, einer der Führer der Radikalen, sei am Tag zuvor ermordet worden. Eigentlich hatte man den Jahrestag der Erstürmung der Bastille feiern wollen, doch nun standen viele der Jakobiner – trotz des Terrors, den sie verbreiteten – unter Schock. Im Nationalkonvent rief ein Abgeordneter David zu, er solle ein Bild über Marats Tod malen.

Was geschehen war: Charlotte Corday, eine 24-jährige Frau aus verarmtem Kleinadel, war am 11. Juli nach langer Kutschfahrt aus dem normannischen Caen in Paris eingetroffen. In ihrer Heimat hatte sie zunächst die Revolution begrüßt und deswegen sogar mit ihrer königstreuen Familie und ihrem Verlobten gebrochen. Doch als der rasch anhebende Terror der Jakobiner viele Familienmitglieder und ihren einstigen Verlobten getötet hatte, beschloss sie, das Herz des Terrors anzugreifen. Eine Frau wie sie, davon war sie überzeugt, könnte das zweifellos bewerkstelligen.

Kaum in Paris, kaufte sie ein Messer mit langer Klinge und begab sich auf die Suche nach Marat, einem der berüchtigtsten Fürsprecher der Gewalt. Marat hatte kurz nach Ausbruch der Revolution die Zeitung *L'Ami du peuple* (*Der Volksfreund*) gegründet und schon bald hunderte von Galgen gefordert. Schließlich stieg die Zahl der in seinen Augen hinzurichtenden Menschen in die Hunderttausende.

Charlotte erfuhr, Marat sei krank und verlasse kaum noch das Haus. Tatsächlich quälte sich Marat mit einer auch sein Gesicht entstellenden Hautkrankheit und verbrachte zur Linderung Stunden im Bad.

Am Morgen des 13. Juli ging Charlotte Corday zu Marats Domizil und bat, empfangen zu werden. Doch dessen Verlobte wies sie ab. Als Charlotte am Abend erneut erschien, saß Marat in seinem Badezuber, erledigte Korrespondenz und korrigierte Texte. Wieder wollte seine Verlobte Charlotte fortschicken, da hörte Marat, die Besucherin wolle Namen von Feinden der Revolution nennen. Er rief sie zu sich. Sie fragte, was er mit denen machen werde, die sie nennen wolle. Er antwortete, er werde alle hinrichten lassen. Daraufhin stach sie mehrfach zu. In Hals und Brust. Sie traf die Halsschlagader. Marat war rasch tot. Charlotte Corday ließ sich ohne Widerstand festnehmen.

Schon am 17. Juli machte man ihr den Prozess und führte sie noch am gleichen Tag zur Guillotine auf der Place de la Révolution. Alle Versuche, sie als Vollstreckerin einer girondistischen Verschwörung zu überführen, wies sie zurück. Sie betonte sogar, gerade das Vorurteil, Frauen hätten weder das Wesen noch den Willen oder die Kraft, eine derartige Tat alleine zu begehen, habe sie angespornt.

Georg Forster wohnte der Hinrichtung bei. Charlotte Cordays Schönheit und die »Reinheit ihrer Seele« beeindruckten ihn. Sein Begleiter Adam Lux war noch tiefer berührt. Er war überzeugt, seine und Charlotte Cordays Blicke hätten sich getroffen. Schon kurz zuvor hatte er entgegen der verzweifelten Bitten Forsters begonnen, Flugschriften gegen die Jakobiner zu verteilen, nun verurteilte er in weiteren die Hinrichtung Charlotte Cordays. Er wurde verhaftet.

Jacques-Louis David war noch am Tag von dessen Tod bei Marat gewesen. Das Bild des toten Marat in dem Badezuber vor Augen – mit einem weißen um den Kopf gewundenen Stofftuch, der Arbeitsplatte über der Wanne, auch diese drapiert mit einem Stoff –, begann er mit der Arbeit an einem entsprechenden Gemälde. Der Nationalkonvent hatte ihn umgehend damit beauftragt.

David malte auf 1,62 × 1,28 Meter das Ölbild *Der Tod des Marat* und präsentierte den Ermordeten als Märtyrer. Der strenge Bildaufbau erinnerte absichtlich an eine Pietà. Auch die Darstellung von Marat selbst. Als hätte er gerade den letzten Atemzug getan, ragt sein nackter Oberkörper mit der an Jesus erinnernden Stichwunde tot aus der Wanne, das Gesicht jugendlich, friedlich, fast engelsgleich. In der einen Hand, die auf der Arbeitsplatte über der Wanne ruht, hält der Tote ein blutverschmiertes Papier mit dem Datum seines Todes und der Erklärung, Charlotte Corday habe ihn ermordet, allein deshalb, weil es ihr schlecht ging. Auf einer einfachen Holzkiste neben der Wanne liegt ein Papier mit einer Geldbewilligung für eine Witwe mit fünf Kindern. David zeigt Marat als einen Kämpfer der Wörter und als einen Mann der Tugend. Die Mörderin selbst wird in dem Bild nicht gezeigt.

Bei aller Reverenz an die Alten Meister war Davids Gemälde ein Werk der politischen Propaganda. Und er trug dazu bei, was sein Bild nahelegte: Marat wurde in Liedern in einem Atemzug mit Jesus genannt. Ein Marat-Kult setzte ein. Und die Revolution verlor endgültig den Appell an die Vernunft aus den Augen. Sie appellierte nur noch an die Emotion. Auch das beförderte David mit, indem er die Trauerfeiern für Marat gestaltete. Gipfel des Kultes bildete ein Glaubensbekenntnis: »Ich glaube an Marat, den Allmächtigen, Schöpfer der Freiheit und Gleichheit, unsere Hoffnung, den Schrecken der Aristokraten, der hervorgegangen ist aus dem Herzen der Nation.«

Doch der eigentliche Höhepunkt des Revolutionskults war damit noch immer nicht erreicht. Der sollte erst noch folgen. Inszeniert von Jacques-Louis David.

Am 22. Juli kapitulierte Mainz, zuletzt von Brandbomben beschossen, vor den Truppen der Koalition. Angereiste Schaulustige begafften es aus der Ferne. Am 23. Juli ritt Goethe im Gefolge von Carl August in die Stadt ein, in deren Straßen die Selbstjustiz begann. In all dem Tumult traf er auf Soemmerring, der in den verwüsteten Zimmern seines Hauses umherirrte.

Goethe war entsetzt von den Grausamkeiten und von der Zerstörung dessen, was, wie er sagte, »Jahrhunderten aufzubauen gelang«. Das üppig-gewaltige Lustschloss Favorite, in dem ein Jahr zuvor der Fürstentag das Vorgehen gegen Frankreich besprochen hatte, war mitsamt seinen beeindruckenden Parkanlagen zerstört. Goethe berichtete: »Bei unserm folgenden Hin- und Herwandern wussten wir den Platz, wo die Favorite gestanden, kaum zu unterscheiden. Im August vorigen Jahres erhub sich hier noch ein prächtiger Gartensaal, Terrassen, Orangerie, Springwerke machten diesen unmittelbar am Rhein liegenden Lustort höchst vergnüglich.« Vorbei. »Geknüpft an jene Erinnerung, machte die Gegenwart nur noch einen unerträglichern Eindruck.«

In Kronberg im Taunus war Caroline Böhmer nach wie vor in Hausarrest und verbarg ihre Schwangerschaft. Der Kreis um den Jakobiner Georg Forster und dessen untreue Frau war in der Öffentlichkeit längst Gegenstand vielfältigen Getuschels und sogar eines Spottstücks. Zu spekulieren und zu klatschen gab es über die Beziehungsfäden zwischen diesen unerschrocken leidenschaftlichen Menschen genug. Manche meinten, Caroline habe Therese vertrieben, um Forster für sich selbst zu haben, was Therese, deren Erzählungen zu der Sache variierten, gerne aufgriff und bestätigte. Wenn nun Carolines Schwangerschaft entdeckt worden wäre, hätte alle Welt an Forster gedacht. Die Wahrheit aber zu erzählen wäre für Caroline weit gefährlicher gewesen.

Jahre zuvor in Göttingen hatte ihr der junge Student August Wilhelm Schlegel seine Liebe gestanden und sie ihm geantwortet, es werde nichts aus ihnen. Doch sie waren Freunde geworden und in Briefkontakt geblieben. Ihm vertraute sie nun als Einzigem ihre Situation an. Daher wusste er, wie dringlich es war, sie rechtzeitig vor der Geburt des noch immer vor aller Welt verborgenen Kindes frei zu bekommen. August Wilhelm verließ seine Hauslehrerstelle in Amsterdam und eilte im Juni zu ihr. Er besorgte sogar Gift für sie. Sie wollte es im schlimmsten Falle nehmen.

Dann brachte eine Eingabe von Carolines Bruder Gottfried Philipp Michaelis an König Friedrich Wilhelm II. von Preußen Erfolg. Der König antwortete: »Es ist ganz und gar nicht Mein Wille, dass schuldlose Personen das verdiente Schicksal der Verbrecher teilen sollen, die sich die Gefangenschaft auf dem Königstein zugezogen haben.« Und da er der Versicherung, dass seine »Schwester, die Witwe des Bergmedikus Boehmer, nichts verschuldet habe, allen Glauben beilege«, entließ er Caroline am 5. Juli aus der Haft.

Schlegel brachte sie nun zu dem Verleger Göschen nach Leipzig, der ihr eine Bleibe gab. Dort besuchte sie fortan Friedrich, August Wilhelms Bruder. Der, gerade 20 Jahre alt und selbst in schwerer Not – er gab in diesem Sommer sein Studium auf und wurde freier Schriftsteller –, berichtete fortan an seinen Bruder, der zurück nach Amsterdam geeilt war, um seine Hauslehrerstelle dort nicht zu verlieren.

Längst spielten sich viele Prozesse der politischen Machtausübung in den zahlreichen Ausschüssen des Nationalkonvents ab. Einer dieser Ausschüsse entwickelte nun eine besondere und fatale Dynamik. Der Wohlfahrtsausschuss war am 5. April vom Nationalkonvent eingerichtet worden, um den Nationalkonvent selbst, die Regierung und die Verteidigung der Revolution nach innen und außen zu koordinieren. Danton hatte zu den ersten Mitgliedern gehört. Bei der Neuwahl am 10. Juli fiel er durch. Er sah darin aber keine Gefahr, sondern eher neuen Handlungsspielraum für sich, da er den Institutionen der schwankenden Revolution kein langes Leben mehr zutraute.

Knapp zwei Wochen nach Marats Tod trat Robespierre am 27. Juli dem Wohlfahrtsausschuss bei. Rasch brachte er ihn mit Saint-Just unter seine Kontrolle. Bis Ende des Jahres baute er ihn zur zentralen Schaltstelle der Macht um. Am 10. Oktober erhielt das Gremium unbeschränkte Vollmachten zugebilligt.

Die eiskalten Ideologen Robespierre und Saint-Just hatten dies alles auch deshalb erreichen können, weil in der Mitte des Konvents, der Plaine, Unentschlossenheit und Richtungslosigkeit herrschte.

Am 1. August fand trotz aller Gewalt und Furcht der Nationalkonvent die Zeit, das neue einheitliche Maß festzulegen. Das neue Maß hieß, in Anlehnung an das griechische Wort *metron* für ›Maß‹, »Meter«. Bei der Benennung der anderen Einheiten griff man auch auf lateinische und griechische Begriffe zurück. So nahm man »Zentimeter« für das Hundertstel eines Meters und »Kilo« für 1000 Gramm.

Nicolas de Condorcet, der an der Schaffung dieser Maße großen Anteil gehabt hatte, musste nun als Girondist um sein Leben fürchten. Noch Anfang des Jahres hatte er den Entwurf einer neuen Verfassung für Frankreich vorgelegt. Diese wartete seitdem auf ihre Einführung, was aber nie geschah. Ab August tauchte Condorcet in Paris unter. In seinem Versteck erhielt er regelmäßig Besuch von seiner Frau Sophie. Sie ermutigte ihn, weiter zu schreiben. So entstand sein später berühmtestes Werk. Währenddessen täuschte das Paar in seiner Not seine Trennung vor. Denn das Vermögen verurteilter vornehmlicher Revolutionsgegner wurde gewöhnlich eingezogen. Wäre Sophie hingegen geschieden, wäre das Vermögen sicher, sie daher weiter versorgt.

Ebenfalls am 1. August verabschiedete der Konvent ein Dekret, das Marie Antoinette, nunmehr die »Witwe Capet«, vor das Revolutionstribunal zitierte. Noch in der Nacht holten Soldaten sie aus dem Temple ab. Sie packte einige Kleidungsstücke ein, gab ihrer Tochter Marie Thérèse einen Kuss und verabschiedete sich von ihrer Schwägerin Madame Élisabeth.

Der Dauphin, für dessen Einsetzung als Louis XVII. die Royalisten derweil in der Vendée kämpften, war Anfang Juli von ihr getrennt worden. Man hatte ihn zu einem Schuster gegeben. Der fanatische Jakobiner sollte den Jungen umerziehen. Bald sang der Achtjährige revolutionäre Lieder und lernte, seine Mutter zu verfluchen.

Man brachte Marie Antoinette in die Conciergerie, einst Teil des Palais de la Cité, einer Pariser Residenz der französischen Könige. Nun diente der Komplex als Gefängnis. Auf ihrem Weg dorthin stieß sie sich den Kopf so heftig, dass sie blutete. Auf die Frage eines Soldaten, ob sie sich wehgetan hätte, antwortete sie: »Nein, mir tut jetzt nichts mehr weh.«

Marie Antoinette erhielt eine kleine Zelle, deren Fenster man zumauerte. Zwei Wächter beobachteten sie ununterbrochen. Selbst ihr Toilettengang wurde überwacht.

Ebenfalls am 1. August machte sich Georg Forster auf den Weg in Frankreichs Norden. In Paris hatte er nicht mehr gewusst, was er tun sollte. Mal spielte er mit dem Gedanken, eine Expedition nach Indien zu unternehmen, mal wollte er in Paris eine Zeitschrift gründen; auch hatte er überlegt, sein Archiv nach Paris zu holen, um wieder wissenschaftlich tätig zu werden. Nun stellte er sich aber in den Dienst der Jakobiner.

Er sollte mit dem britischen General Murray einen Gefangenenaustausch verhandeln. Mit einem zweiten Gesandten namens Petry brach er nach Cambrai auf. Forster nahm Kontakt auf und wartete mit seinem wortkargen Reisegefährten in dem verlausten Zimmer eines Gasthauses auf Nachricht. Dann verlegten Forster und Petry ihr Quartier nach Arras. Forster begann eine Darstellung der Mainzer Revolution zu verfassen, und er ging oft am Kanal von Arras nach Douai spazieren. Dort pflückte er Blumen und schickte sie seinen Kindern. Am 8. Oktober wurden er und Petry zurückbeordert. Die Mission war ein Fehlschlag gewesen.

Am Nachmittag des 1. Oktober sei man bereit, ihn zu empfangen, hatte man ihn wissen lassen. Der junge Mann war schön, doch meist unbeholfen im Auftreten. Nun kam Nervosität hinzu. Er hatte bei einem Freund übernachtet, war am frühen Morgen nach Ludwigsburg gewandert und viel zu früh eingetroffen. In einem Gasthaus wartete er. Sein Name: Friedrich Hölderlin. Er würde sein Idol, den großen Friedrich Schiller, treffen.

Ja, Friedrich Schiller hielt sich in Ludwigsburg auf. Elf Jahre nach seiner Flucht war er zu einem ausgedehnten Besuch in seine schwäbische Heimat zurückgekehrt. Anfang August hatte er sich mit der hochschwangeren Charlotte in Jena auf den Weg gemacht. Der Herzog hatte wissen lassen, man werde nichts gegen den einst Entflohenen unternehmen. Für Schiller bedeutete die Reise ein Wiedersehen und ein mögliches Abschiednehmen, denn er fürchtete, nicht mehr lange zu leben. Seine Krankheit hatte ihm auch auf der Reise zugesetzt.

Wie er seine Heimat vorfand, enttäuschte Schiller. Kein Fortschritt schien eingetreten zu sein, und Freunde von einst empfand er als »materiell geworden und verbauert.« Auch sein Schulfreund Hoven, der als gesetzter Arzt nun in diesen Tagen half, den Sohn Schillers zur Welt zu bringen, schien ihm nur noch wenig geistreich. Dem Neugeborenen gaben Friedrich und Charlotte den Namen Karl. Wie der Karl Moor in *Die Räuber*. Oder der schreckliche »Übervater« Herzog Carl Eugen, der zwei Wochen nach der Geburt des Kindes starb.

Während Schiller in der wenig anregenden Umgebung zunehmend von Selbstzweifeln geplagt wurde, vermittelte Gotthold Stäudlin, ein Advokat und Dichter, der sich jahrelang eine öffentliche Fehde zur Dichtkunst mit Schiller geliefert hatte, ein Treffen Schillers mit einem Nachwuchsdichter. Stäudlin und Schiller hatten sich vor zwei Jahren angenähert, als das Gerücht aufgekommen war, Schiller sei verstorben, und Stäudlin das versöhnlich gestimmte Gedicht *An Schiller* veröffentlicht hatte. Nun trat Hölderlin mit Stäudlins Empfehlung bei Schiller ein.

Hölderlin stand vor einer Weggabelung. Er wollte nach wie vor nicht Pfarrer werden. Seine Mutter war enttäuscht. Sie sollte es auch bleiben, was sie jedoch nicht davon abhielt, den Sohn weiter mit ihrer Liebe und ihrem Geld zu unterstützen. Die Hofmeisterstelle, von der Hölderlin gehört hatte, schien ihm ein Ausweg, sich letztlich der Dichtung widmen zu können. Es war eine Stelle, bei der er den Sohn von Charlotte von Kalb im unterfränkischen Städtchen Waltershausen unterrichten sollte. Es war jener Friedrich, genannt Fritz, bei dessen Geburt Schiller einst Charlotte in Mannheim beigestanden hatte.

Schiller fragte Hölderlin aus, philosophierte dann aber mehr, als dass er sich über den nervösen jungen Mann selbst erkundigte oder gar auf dessen Gedichte zu sprechen kam. Er sprach über die Revolution und die Dichtkunst im Allgemeinen, und Hölderlin lauschte gebannt den Worten des Meisters und dem dunklen musikalischen Singsang seiner Stimme. Auch so – vielleicht aber auch gerade deshalb – hinterließ er einen guten Eindruck. Schiller schickte umgehend einen Brief an die Kalbs. Anfang Dezember bekam Hölderlin die Zusage.

Am 14. Oktober fand der erste Prozesstag gegen Marie Antoinette statt. In schwarzem Trauerkleid und weißer Witwenhaube betrat sie den Saal. Sie war krank, ihre Haut fahl, ihre Haare waren in den letzten zwei Jahren weiß geworden. Sie sah weit älter aus als eine Frau von 37 Jahren.

Die Anklage lautete auf Hochverrat, sie habe die Reichtümer Frankreichs verschwendet und insgeheim mit dem Feind korrespondiert. Ihre zwei Pflichtverteidiger kämpften wacker, immer in Gefahr, sich selbst dem Verdacht einer antirevolutionären Haltung auszusetzen.

Da die Anklage Beweise vorlegen wollte, hatte man Marie Antoinette zuvor schon mehrfach verhört. Nun eröffnete der Chefankläger Fouquier-Tinville den Prozess. Er stammte aus einer wohlhabenden Adelsfamilie und hatte seinen eigentlichen Namen Fouquier de Tinville so geändert, dass er bürgerlich erschien.

In dem dunklen, holzgetäfelten Gerichtssaal konfrontierte man die »Witwe Capet« in einer etwa 15-stündigen Verhandlung mit einer Vielzahl belastender Aussagen. Fragen beantwortete sie klug und mit Würde: Ob sie glaube, dass ein Volk Könige brauche, um glücklich zu sein? »Ein einziges Individuum kann eine solche Entscheidung nicht treffen.« – Ob sie bedauere, dass ihr Sohn den Thron verloren habe? »Ich bedaure nichts für meinen Sohn, solange mein Land glücklich ist.«

Dutzende von Zeugen traten auf. Auch Jacques-René Hébert, Herausgeber der populären, aber Hass predigenden Zeitschrift *Le Père Duchesne*. Nicht zum ersten Mal beschuldigte er Marie Antoinette der Blutschande mit ihrem Sohn und gab an, Beweise zu haben. Der Dauphin habe es selbst bestätigt. Sie schwieg und schaute weg. Das Gericht fragte nach.

»Wenn ich nicht geantwortet habe«, erwiderte sie, »so deshalb, weil die Natur sich sträubt, auf einen solchen Vorwurf an eine Mutter zu antworten. Ich appelliere an alle Mütter hier im Saal.« Das Publikum, darunter die berüchtigten Tricoteuses – Frauen aus dem Kreis der Sansculotten, die im Konvent Robespierre lautstark unterstützten, dessen Gegner niederschrien und in Scharen auf der Place de la Révolution den Hinrichtungen mit ähnlicher Häme beiwohnten –, schwieg betroffen.

Doch alle Ruhe, alle Würde, aller Mangel an Beweisen half nichts. Die Geschworenen verurteilten Marie Antoinette einstimmig zum Tode. An ihre Schwägerin Élisabeth verfasste sie einen Abschiedsbrief: »Ich wurde soeben verurteilt, nicht zu einem schmachvollen Tod, der nur für Verbrecher gilt, sondern dazu, Deinen Bruder wiederzufinden [...]. Ich bitte alle, die ich kenne, [...] um Verzeihung für jedes Leid, das ich ihnen etwa unwissentlich zugefügt habe [...]. Adieu, gute zärtliche Schwester! [...] Ich umarme Dich von ganzem Herzen sowie die armen lieben Kinder!« Élisabeth sollte den Brief nie erhalten. Im Jahr darauf starb sie ebenfalls durch die Guillotine.

Zwei Tage nach dem Urteil fand die Hinrichtung statt. Nachdem die Sonne aufgegangen war, musste sich Marie Antoinette vor ihren Bewachern ankleiden. Sie wählte ein schlichtes weißes Kleid. Weiß war die Farbe der Königswitwen. Um 10 Uhr bestieg sie einen Karren, vor den ein schwarzes Pferd gespannt war. Der

Henker Henri Sanson, der auch Louis' Henker gewesen war, hatte zuvor ihre Hände auf ihrem Rücken gefesselt und ihr die weißen Haare gestutzt. Für die Fahrt trug sie eine einfache Haube, wie sie eine Frau in jenen Tagen morgens nach dem Aufstehen trug.

In den Straßen standen zigtausend Gendarmen und bewachten die Menge. Eine Stunde rumpelte Marie Antoinettes Henkerskarren über das grobe Pflaster in Richtung der Place de la Révolution. Jacques-Louis David beobachtete von seinem Fenster in der Rue Saint-Honoré die schaurige, von Schmähungen begleitete Prozession und skizzierte die Delinquentin. Die Federskizze fiel grob aus; wie das Gefühl der Revolution für den Menschen. Sie zeigt eine Frau mit gekappten, unter einer Haube hervorstehenden Haaren. Ihr Blick ist gesenkt, erloschen und bitter. Doch auch stolz, wie das erhobene Haupt zeigt.

Vor dem Schafott drängten sich die Menschen so dicht, dass der Karren zum Stehen kam. Das Pferd scheute und bäumte sich auf. Schützend stellte sich Sanson mit seinem Sohn, der ihm bei jeder Hinrichtung assistierte, vor Marie Antoinette, die teilnahmslos schien. Auf dem Holzgerüst vergingen noch vier quälende Minuten der Vorbereitungen. Versehentlich trat Marie Antoinette dabei ihrem Henker auf den Fuß. Sie sagte etwas wie: »Entschuldigen Sie. Es war keine Absicht.« Dies waren ihre letzten Worte.

Um 12:15 Uhr fuhr die Klinge der Guillotine auf sie herab. Sanson hob den abgeschlagenen Kopf an den kurzen Haaren empor und zeigte ihn wie immer der Menge.

Jacques-Louis David präsentierte der Pariser Bevölkerung noch am gleichen Tag in der Cour Carrée, einem Hof des Louvre, sein Gemälde *Der Tod des Marat*. Und Hébert rief in seinem Kampfblatt *Le Père Duchesne*: »Endlich ist dieser vermaledeite Kopf von dem Hurenweib getrennt! Aber ich muss zugeben: Das Aas war bis zum Schluss kühn und frech!«

Zwei Wochen nach Marie Antoinette enthauptete man am 31. Oktober – nach einem Prozess am Vortag, bei dem die Urteile ebenfalls schon vorab festgestanden hatten – in nur vierzig Minuten 21 Girondisten. Zu ihnen gehörte Robespierres alter Gegner Brissot. Der ebenfalls verurteilte Pierre Vergniaud hatte seit Tagen ein Fläschchen mit Gift bei sich getragen, nahm es aber nicht. Kurz bevor auf ihn als Vorletzten die Klinge herabsauste, soll er noch den Satz gesagt haben, der nachhallte: »Die Revolution, gleich Saturn, frisst ihre Kinder.«

Friedrich Schlegel hatte Caroline Böhmer unter falschem Namen untergebracht. Sie lebte nun im ostthüringischen Städtchen Lucka unweit von Leipzig bei der Familie eines griesgrämigen und geizigen Arztes. Zwar war sie hier vom um sie tobenden Klatsch verschont und medizinisch versorgt, dennoch litt Caroline unter der Schwangerschaft, unter ihrer ganzen Lage und war niedergeschlagener denn je. Friedrich Schlegel ritt unablässig von Leipzig zu ihr hinüber. Längst war er von ihr eingenommen. Ihr Wesen und ihre Schwangerschaft faszinierten ihn.

Am 3. November brachte Caroline ihren Sohn Wilhelm Julius zur Welt. Friedrich Schlegel war einer der Taufpaten. Mit dem Vater des Kindes wechselte Caroline Böhmer zwar Briefe, der bot ihr auch die Ehe an, die sie aber ablehnte.

Am gleichen Tag, an dem seine Freundin Caroline ihren Sohn zur Welt brachte, schloss Georg Forster in einem Gasthof in Travers im Kanton Neuchâtel nach langer Zeit wieder seine Kinder in die Arme. Er, Therese und Huber wollten die Scheidungsformalitäten besprechen, und so war Forster mit Sonderpass unter großen Schwierigkeiten an die Grenze gereist. Er schlug erneut ein Leben zu dritt vor und dachte an ein gemeinsames Leben in Paris. Therese und Huber hörten sich das an, aber legten sich nicht fest. Danach hielt sich Forster noch einige Tage im nahegelegen Pontarlier auf. Für Hubers Zeitschrift *Friedens-Präliminarien* verfasste er den Artikel »Parisische Umrisse«, in dem er die Entwicklung der Revolution zu rechtfertigen versuchte.

In Paris hatte Anfang September ein Mob den Konvent besetzt und wenige Tage später das »Gesetz über die Verdächtigen«

erzwungen, das Robespierre und seinen Verbündeten in die Karten spielte. Nun wurden, ohne dass Widerspruch gestattet war, Menschen in Massen als Gegner der Revolution verhaftet und verurteilt. Denunziation blühte. Von Rechtsprechung konnte keine Rede mehr sein. Tausende starben unter der Guillotine. Doch wie Robespierre rechtfertigte Forster all diese Gewalt angesichts des großen Ziels einer gerechten Gesellschaft in der Zukunft.

Dann erhielt Forster in Pontarlier die Nachricht, sein Freund Adam Lux, der unter dem Eindruck der Hinrichtung Charlotte Cordays Pamphlete gegen die Jakobiner verteilt hatte und schon lange in Haft saß, sei hingerichtet worden. Er sei auf das Schafott gesprungen, um allen zu zeigen, dass er sich angesichts des Terrors mit voller Absicht opferte. Einen Tag vor Adam Lux war bereits am 3. November Olympe de Gouges enthauptet worden. Auch ihre Anklage hatte Fouquier-Tinville übernommen. Immerzu hatte sie weiter mit Flugschriften und Plakaten gegen die Jakobiner agitiert. Ein Plakat mit dem Titel »Les trois urnes«, auf dem sie eine Volksabstimmung über die künftige Staatsform forderte und auch eine konstitutionelle Monarchie als Möglichkeit zur Wahl stellen wollte, hatte zu ihrer Verhaftung als Feindin der Revolution geführt. Auch Olympe de Gouges war gefasst zu ihrer Hinrichtung gegangen und hatte die Zuschauer mit ihrer Schönheit und Ruhe beeindruckt.

Forster kehrte nach Paris zurück. Die Stadt lag kalt und nass im Nebel und weit entfernt von den exotisch-paradiesischen Welten, die Forster in seiner kürzlich erschienenen deutschen Übersetzung von William Blighs Bericht der Reise der Bounty beschrieben hatte. Forster hatte den Text mit eigenen Anmerkungen ergänzt.

Anfang Dezember bekam Georg Forster Husten, Brustschmerzen und schweres Fieber. Auf seinem Krankenbett in seiner kläglichen Dachwohnung in der Rue des Moulins notierte er am 20. Dezember: »Meine Brust war so wund und ermüdet, als hätte sie auf einem Reibeisen gelegen, und noch ist alles inwendig von Schmerz.« Er arbeitete weiter an den »Parisischen Umrissen«. Der Revolution vertraute er noch immer: »Solange Robespierre und Danton sich einig sind, können sie den andern noch wohl die Spitze bieten.«

Am 27. Dezember »ein harter Rückfall«, »gänzlich entkräftet und skelettiert«. Zwei Tage später: »Heute kann ich die Feder nicht halten.«

Napoleon Bonaparte hatte im Juli die Schrift *Le Souper de Beaucaire* verfasst. In einem Dialog von vier französischen Männern plädierte er ganz im jakobinisch-rousseauschen Sinne für die Unterordnung aller unter das öffentliche Wohl, das sich im Nationalkonvent niederschlage. Maximilien de Robespierres jüngerer Bruder Augustin Bon Joseph de Robespierre, von vielen Bonbon genannt, ein lebensfroher Militärenthusiast, weilte als Kommissar des Konvents bei der Südarmee. Er wurde auf Bonapartes Schrift aufmerksam, ließ sie drucken und belohnte Bonaparte mit dem Kommando über die Artillerie bei der Belagerung des abtrünnigen Toulon. Dort hatte man im August seine Häfen für die Briten geöffnet und wurde seit Mitte September von der französischen Armee belagert. Bonaparte erkannte die Schwachstelle der Stadt und ging sie mit Mut, Führungskunst und mit Hilfe der Artillerie an. Am 18. Dezember fiel Toulon in die Hände der französischen Armee. Bonaparte wurde verwundet. Augustin de Robespierre beförderte ihn zum Brigadegeneral.

Goethe fragte vor Weihnachten bei seiner Mutter an, ob sie für seinen Sohn August nicht eine Spielzeug-Guillotine besorgen könne. Die antwortete empört: »Alles was ich Dir zu gefallen tun kann, geschieht gern und macht mir selbst Freude – aber eine solche infame Mordmaschine zu kaufen – das tue ich um keinen Preis.«

Währenddessen nutzten Robespierre und seine Parteigänger die echte Guillotine ausgiebiger als zuvor. Am 28. Dezember ließ Robespierre Thomas Paine verhaften – und damit einen Freigeist, der Revolution, Gleichheit und Freiheit so anders interpretierte, als er es zulassen wollte. Am Tag seiner Verhaftung hatte Paine den ersten Teil seines Werkes *The Age of Reason* (*Das Zeitalter der Vernunft*) fertiggestellt.

1794

Terror

Während Georg Forster in Paris schwer krank um sein Leben kämpfte, las man in Deutschland seine Übersetzung von William Blighs Bericht von der Fahrt der Bounty. Gegen den wiederum hagelte es in England neue Angriffe: Zu Jahresbeginn brachte Fletcher Christians Bruder Edward eine Schrift mit belastenden Aussagen einiger Besatzungsmitglieder der Bounty über ihren ehemaligen Kapitän in Umlauf. Damit nicht genug, richtete er eine Art Untersuchungskommission ein, deren einziges ständiges Mitglied er selbst war. Zu den wechselnden Kommissionsmitgliedern gehörten vor allem Gegner der Sklaverei, die der Expedition der Bounty die Förderung der Sklaverei vorwarfen. Denn diese hatte ja mit der Brotfrucht preiswerte Nahrung für Sklaven beschaffen sollen. So versuchte Edward Christian nun, die Schuld der Meuterer zu relativieren, indem er Bligh als Vertreter eines vielschichtigen Unterdrückungssystems und die Meuterei als einen Akt der Befreiung darstellte.

Kurz vor Jahreswechsel war Hölderlin im unterfränkischen Waltershausen eingetroffen, um seine Stelle als Hauslehrer der Familie von Kalb anzutreten. Der Berufseinstieg geriet holprig. Bei seiner Ankunft war Charlotte von Kalb abwesend und hatte ihren Mann nicht informiert. Auch der bisherige Hauslehrer wusste noch gar nicht, dass er ersetzt werden sollte. Ab Januar unterrichtete Hölderlin nun den neunjährigen Sohn Fritz täglich von 9 bis 11 und von 15 bis 17 Uhr.

Friedrich Schlegel hingegen litt nach wie vor an Geldnot, blieb aber kühn entschlossen, diese ausgerechnet mit dem Beruf des Schriftstellers zu überwinden. Er zog nach Dresden zu seiner Schwester Charlotte. Dort lernte er Schillers Freund und Gönner Christian Gottfried Körner kennen und veröffentlichte sein erstes Werk. Das Thema passte zu dieser Zeit. In *Von den Schulen der griechischen Poesie* versuchte er einen Überblick über die antike griechische Dichtung zu geben.

In Paris hatte Georg Forster in seinem kärglichen Zimmer in der Rue des Moulins seit Tagen nichts mehr notiert. Er war zu schwach. Am 4. Januar brachte er die letzten Sätze seines Lebens zu Papier: »Nicht wahr, Kinder, ein paar Worte sind besser als nichts? Ich habe nun keine Kräfte mehr zum Schreiben. Lebt wohl! Hütet Euch vor Krankheiten! Küsst meine Herzblättchen!«

Am 10. Januar starb er im Alter von 39 Jahren. Auf seinem Bett lag eine Karte Indiens. In Deutschland schwieg man. Er galt als Landesverräter. So sollte es zunächst über viele Jahre bleiben. Es half auch nicht, dass Goethe, Friedrich Schlegel und viele andere ihm immer wieder öffentlich Anerkennung zollten.

Therese fand währenddessen mit ihrer neuen Familie ein Domizil in dem kleinen Dorf Bôle bei Neuchâtel. Aus dem damals zu Preußen gehörenden Ort Neuchâtel hatte man sie und Huber ausgewiesen. Ihre wirtschaftliche Situation verschlechterte sich zunehmend. In der Hoffnung, ein wenig Geld damit verdienen zu können, begann sie Erzählungen zu verfassen, um sie anonym oder unter Hubers Namen zu veröffentlichen.

Terror war das Wort der Stunde in Paris. Robespierre trat am 5. Februar ans Rednerpult und hielt vor den Abgeordneten eine Rede über die »Prinzipien der politischen Moral, die den Nationalkonvent bei der inneren Verwaltung der Republik leiten sollen«. Klar und unverbrämt rechtfertigte er die unerbittliche Gewalt eines Staatsapparates, der seine Feinde willkürlich benennt und beseitigt.

»Dem Volk gegenüber Vernunft, den Feinden des Volkes Terror!«, rief er aus. Denn: »Der Terror ist nichts anderes als ein schnelles, strenges und unerbittliches Gericht, also eine Erweiterung der Tugend.« Einer Tugend, die längst allein Robespierre definierte.

In der Vendée massakrierten derweil Revolutionstruppen nicht nur Aufständische, sondern auch Frauen, Kinder und Alte zu Tausenden. Sie wurden misshandelt, exekutiert, ertränkt, erschlagen. Das alles geschah nicht nur im Sinne Robespierres. Auch Danton hatte wie Saint-Just zur Ausrottung aller aufgerufen, die sich der Revolution entgegenstellten. Saint-Just ging auf Inspektionsreisen und ließ Revolutionsoffiziere hinrichten, um die anderen »zu ermutigen«. Worte wie Robespierres vom August des Vorjahres, dass »hinfort ein Strom von Blut Frankreich von seinen Feinden« trennt, waren zu Taten geworden.

Talleyrand hielt es in London nicht mehr aus. Trotz großzügiger Unterstützung durch ein Darlehen von Germaine de Staël, die vielen der französischen Emigranten bei der Suche nach einem Exil und auch mit finanziellen Mitteln half, konnte er sich den Aufenthalt nicht mehr leisten. Er bestieg ein Schiff nach Amerika und traf dort am 12. Mai ein. Dort würde er in den nächsten beiden Jahren versuchen, mit Grundstücken und allerlei anderem zu spekulieren und Kontakt mit der Heimat halten. Doch zunächst einmal war er weit weg von allem Geschehen in Frankreich, bei dem er so gerne dabei sein wollte.

Natürlich kannte Goethe Mozarts Musik, und er liebte sie. Am 16. Februar feierte er in Weimar die Premiere seiner Inszenierung der *Zauberflöte*. Sie wurde ein großer Erfolg und mit 82 Aufführungen die meistgespielte Inszenierung in Goethes Amtszeit als Intendant.

Goethe hatte starke Veränderungen vorgenommen. Aus zwei Aufzügen hatte er drei gemacht und Christianes Bruder Christian August Vulpius das Libretto Emanuel Schikaneders von allzu aufklärerischen Aussagen befreien lassen. Der Stoff und der Erfolg ließen in Goethe die Idee aufkommen, *Der Zauberflöte zweiter Teil* zu schaffen. Der Versuch aber blieb Fragment.

Ende Februar zogen Wilhelm von Humboldt und seine Frau Caroline nach Jena. Sie wollten Goethe und Schiller, denen sie Weihnachten 1789 bei einem gemeinsamen Besuch in Weimar zum ersten Mal begegnet waren und mit denen sich ein enger Austausch entwickelt hatte, näher sein. Am 9. März traf bei ihnen Alexander von Humboldt zum ersten Mal auf Goethe. Sofort vertieften sich die beiden in Gespräche über Bergbau und die Pflanzenwelt.

Goethe war nun Mitte 40. Der Gehrock spannte an den Hüften. Die Haare zogen sich von der Stirn zurück. Er trug sie nun recht kurz, fast römisch-klassisch. Auch in der Haarmode kam jetzt der Blick in die Antike zum Tragen. Die Humboldt-Brüder standen jedoch für das Gegenbild der aufbrechenden Jugend. Alexander, wie sein älterer Bruder in den Zwanzigern, trug die dichten Haare lang und im Nacken mit Schleife zum Zopf gebunden.

Nicolas de Condorcet, nunmehr »Bürger Caritat«, floh im März aus seinem Versteck in einem Pariser Wohnhaus. Er fürchtete, sein Aufenthaltsort sei verraten worden, und nahm Reißaus über die Dächer, durch die Straßen, auf das Land. In Fontenai, wohin sich das befreundete Ehepaar Suard zurückgezogen hatte, hoffte er auf Hilfe. Amélie Suard war einst eine Liebe Condorcets gewesen. Über zwei Jahrzehnte hatten sie Briefe gewechselt. Er hatte ihr seine Gefühle anvertraut. Doch nun verweigerten die Suards ihm Unterschlupf. Sie befürchteten, revolutionär Gesinnte unter ihren Bediensteten könnten sie denunzieren.

Condorcet floh in den Ort. In einer Kneipe am Stadtrand wurden Bürger auf ihn aufmerksam und meldeten ihn den Gendarmen. Man verhaftete ihn. Nach zwei Nächten im Dorfgefängnis fand man ihn tot. Niemand weiß, ob er an Erschöpfung starb oder ob er sich vergiftet hatte.

Seine Frau Sophie erfuhr erst Monate später von seinem Tod. In seinem Versteck hatte er sein politisches Vermächtnis *Esquisse d'un tableau historique des progrès de l'esprit humain* (*Entwurf einer historischen Darstellung der Fortschritte des menschlichen Geistes*) verfasst. Darin betonte er noch einmal, dass der Mensch von Natur aus gut sei. Aus allem, was er an Moral und Intellekt besitze, könne er daher über wissenschaftlichen Fortschritt einen sozialen Fortschritt entwickeln und so eine bessere Welt schaffen.

Für seine erst dreijährige Tochter hinterließ Condorcet eine Sammlung von Ratschlägen, die er ebenfalls in seinem Versteck niedergeschrieben hatte. Er riet ihr, zu lernen und zu arbeiten. Zu arbeiten hieße, unabhängig zu bleiben. Sie solle aber nicht nur mit den Händen arbeiten, sondern vor allem mit dem Kopf und möglichst Arbeiten wählen, die ihr Freude machten. Vor allem aber mahnte er sie, mit einer klugen und nachdenklichen Haltung Gutes zu tun, wohlwollend zu sein und Zuneigung zu anderen Menschen zu entwickeln. All dies zusammen sei die Quelle von Glück.

Danton hatte bislang dank der Kraft seiner Redekunst, seiner Ehrfurcht gebietenden Persönlichkeit und seines Sinns für die Launen des Volkes alle Gegner auf Abstand halten können. Doch ausgerechnet sein Vertrauen in seine politische Wendigkeit machte ihn nun unvorsichtig. Er war zu einem Kurzurlaub verreist und kehrte trotz zahlreicher Warnungen am 29. März nach Paris zurück. »Sie werden es nicht wagen«, soll er wiederholt gesagt haben.

Doch Robespierre beschuldigte Danton und seine Anhänger, darunter den nach wie vor extrem radikalen Hébert, einer »Verschwörung des Auslands« anzugehören. Schon am 24. März waren Hébert und seine Anhänger guillotiniert worden. Anders als die von ihm so erbarmungslos verfolgte, aber mit Würde ihr Schicksal annehmende Marie Antoinette schlug Hébert bis zuletzt um sich und schrie um Gnade.

Am 5. April ereilte dann George Danton und 13 seiner Mitstreiter das gleiche Schicksal. Sie bestiegen das Schafott. Darunter Camille Desmoulins, der einst am Tag der Erstürmung der Bastille das Volk zu den Waffen gerufen hatte. Er war ein Cousin des Chefanklägers Fouquier-Tinville, der sein Amt auch der einstigen Fürsprache Desmoulins' verdankte. Nun hatte Fouquier-Tinville auch seinen Cousin der Guillotine übergeben. Danton sagte zu Scharfrichter Sanson: »Vergiss nicht, meinen Kopf dem Volke zu zeigen. Er ist durchaus sehenswert.«

Jacques-Louis David hatte im Jahr zuvor im Auftrag der Lavoisiers ein monumentales über 2,5 × 2 Meter großes Doppelporträt von Antoine Lavoisier und seiner Frau fertiggestellt; es war außergewöhnlich in seiner Darstellung. Lavoisier saß mit einer Feder in der Hand am Tisch und blickte zu ihr auf; sie, neben ihm stehend, stützte sich auf ihn, blickte Betrachter und Betrachterinnen an: die wichtige Ratgeberin ihres Mannes. Im Salon dieses Jahres zeigte man das Bild nicht. Man wollte kein Porträt eines Repräsentanten des alten Regimes und verhassten Steuereintreibers ausstellen.

Einen Monat nach Danton enthauptete man Antoine de Lavoisier am 8. Mai, wie nebenbei. Am Vortag fand die Verhandlung statt. Ob er sich schuldig fühle, fragte ihn der Richter. Lavoisier verneinte. Als sich jemand für ihn einsetzte, soll Robespierre entgegnet haben, man brauche keine Gelehrten mehr. Lavoisiers Kollege Lagrange wohnte der Exekution bei und soll zu Delambre gesagt haben: »Sie brauchten nur einen Moment, um diesen Kopf abzuschlagen, aber hundert Jahre genügen vielleicht nicht, einen ähnlichen hervorzubringen.«

Johann Gottlieb Fichte hielt am 23. Mai in Anwesenheit Schillers seine Antrittsvorlesung an der Jenaer Universität. Im Jahr zuvor hatte er anonym seine Schrift *Beitrag zur Berichtigung der Urteile des Publikums über die französische Revolution* veröffentlicht. Der erste Satz in der Vorrede hieß: »Die französische Revolution scheint mir wichtig für die gesamte Menschheit.« Im gleichen Jahr hatte auch eine andere Schrift Fichtes zur Revolution für

Aufsehen gesorgt: *Zurückforderung der Denkfreiheit von den Fürsten Europens, die sie bisher unterdrückten.*

Im Sinne von Rousseaus Gesellschaftsvertrag betonte Fichte, eine Gesellschaft der Unterdrückung zu überwinden sei ein »unveräußerliches Recht des Menschen«. In seinen Vorlesungen verwies er auf die wichtige Rolle der Intellektuellen. Als »Lehrmeister der Menschheit« seien sie der Gesellschaft verpflichtet. Studenten strömten in seine Vorlesungen, Wilhelm von Humboldt schaute in den ersten Wochen ebenfalls vorbei. Und immer wieder Schiller.

Um ungestört arbeiten zu können, entfloh Goethe zuweilen dem Familientreiben in Weimar in eine Dienstwohnung im alten Stadtschloss von Jena. Dort arbeitete er am *Faust* und an *Wilhelm Meisters Wanderjahren.* Das Essen schickte ihm Christiane aus Weimar herüber.

Am 13. Juni erhielt Goethe einen Einladungsbrief von Schiller, der ihn zur Mitarbeit an einer neuen Zeitschrift einlud. Die Zeitschrift *Die Horen* war ein Projekt, auf das sich Schiller mit dem Verleger Johann Friedrich Cotta geeinigt hatte. Schiller wollte damit den überaus zahlreichen politischen Periodika der Zeit ein Medium für die Musen an die Seite stellen. Auch hoffte er, den Deutschen, die weder wie die Franzosen und die Briten eine staatliche Einheit genossen noch eine Hauptstadt besaßen, zumindest für ihre Kultur einen zentralen Anlaufpunkt zu geben. Goethe sagte zu. Am 20. Juli traf er in Jena ein, um mit Schiller, Fichte und Wilhelm von Humboldt das Unternehmen zu besprechen.

Vor dem Treffen aber besuchte er in der Naturforschenden Gesellschaft von Jena einen Vortrag über die Urpflanze. Ob Zufall oder nicht, Schiller gehörte auch zu den Zuhörern. Beim Verlassen des Gebäudes kamen sie über das Vorgetragene ins Gespräch. Gemeinsam die Straße hinabschreitend, erzählte Goethe von seiner Idee von der Urpflanze, die alle universellen Merkmale von Pflanzen vereine. Schiller entgegnete, er halte eine solche

Urpflanze für eine bloße Idee. Von ihrem Gespräch gefesselt, standen sie schließlich vor Schillers Haus, wo sie weiterredeten.

Danach verreiste Goethe einige Tage. Als er zurückkehrte, war ein langer Brief von Schiller eingetroffen. Auf meisterhafte Art vermittelte er dem Umworbenen darin, welch großen Gewinn er aus den Gesprächen mit ihm, insbesondere aus dessen Betrachtungsweisen und Urteilen gezogen habe. Goethe fühlte sich erkannt; aber noch viel mehr: er erkannte einen Ebenbürtigen. Er antwortete prompt, bedankte sich, wie »Sie mit freundlicher Hand die Summe meiner Existenz ziehen« und drückte seine Hoffnung aus, sich fortan intensiv auszutauschen. Ausdrücklich bat er, von Schiller über dessen Ideen und Arbeiten gerade der letzten Jahre ins Bild gesetzt zu werden. Der lieferte wenige Tage später eine Aufstellung, versehen mit selbstkritischem Blick, in dem er sich selbst als Strebenden zeigt, der aber wohl auch wegen seiner zu geringen Kräfte nie eine »vollkommene Geistesrevolution« in sich abschließen werde – doch Goethe als Genie könne ihm bei dem Versuch, den er unternehme, einen Kompass geben. Erneut beeindruckt, lud er Schiller ein, für 14 Tage zu ihm nach Weimar zu kommen. Der nahm freudig an.

Hölderlin schuftete. Über den Sommer beschäftigte er sich neben seiner Hauslehrertätigkeit in Waltershausen intensiv mit antiker griechischer Philosophie und mit Kants *Kritik der Urteilskraft*. Auch arbeitete er an dem Manuskript von *Hyperion*, einem Roman, den er bereits 1792 im Tübinger Stift unter dem Eindruck der revolutionären Ereignisse in Frankreich begonnen hatte. Außerdem setzte er sich mit den Schriften Fichtes auseinander. An Hegel sandte er am 10. Juli aus Waltershausen nach Bern die Worte: »Und so sind wir der Ewigkeit unserer Freundschaft gewiss.«

Um die Macht der Kirche und der herkömmlichen Religionen zum Wohle einer neuen Gesellschaft zu brechen, plante Robespierre, der wusste, dass er sich nicht allein auf Vernunft berufen konnte, den ewigen Rest des Nichtwissens der Menschen mit einer anderen Glaubenshoffnung zu bedienen. So klug seine Absicht sein mochte, so vermessen geriet Robespierre die Umsetzung.

Am 7. Mai richtete er per Dekret den »Culte de l'Être suprême« (»Kult des höchsten Seins«) ein. Schon am 8. Juni ging dazu bei strahlendem Sonnenschein, pompös inszeniert von Jacques-Louis David, das »Fest des höchsten Wesens« über die Bühne. Robespierre stand im Mittelpunkt. In den Tuilerien sprach er zum Volk und entzündete einen Scheiterhaufen, der eine Statue des Atheismus verbrannte und damit ein Standbild der Weisheit freigab. Auf dem Marsfeld war ein künstlicher Berg aufgeschüttet worden, den ein Freiheitsbaum und eine Statue des höchsten Wesens krönten. Unter vielen, die teilnahmen oder die davon hörten, machte sich Befremden breit.

Zwei Tage später, am 10. Juni, setzte Robespierre das »Gesetz vom 22. Prairial« durch. Im Oktober des Vorjahres hatte man im Revolutionskalender auch die Tage und Monate neu geordnet und ihnen neue Bezeichnungen gegeben. Nach der neuen Rechnung des Revolutionskalenders hieß der Tag nun 22. Prairial (Prairial hieß der »Wiesenmonat«).

Wen man als »Feind des Volkes« anklagte – ein sehr dehnbarer Tatbestand –, der war nun mit dem Tod zu bestrafen. Abgeordnete genossen jetzt keinen Schutz mehr und konnten jederzeit vor das Revolutionstribunal gezerrt werden. Im an den Prairial anschließenden nun Messidor genannten Monat, dem »Erntemonat« (19. Juni bis 18. Juli), enthauptete man über tausend Menschen mit der Guillotine. Robespierre ließ sich ab Mitte des Monats nicht mehr im Wohlfahrtsausschuss blicken. Derweil war Saint-Just von der Front zurückgekehrt. In der Schlacht von Fleurus hatte er gegen Österreich gekämpft und gesiegt. Die Straßen von Paris wurden geschmückt.

Auf den Messidor folgte der Thermidor, der »warme Monat«. Der Terror ging weiter. Am 26. Juli, dem 8. Thermidor, erschien Robespierre nach langer Abwesenheit wieder in der Nationalversammlung. Schnell füllten sich die Reihen, um dem »Unbestechlichen« zu lauschen. Zwei Stunden redete er. Er las mit Brille vom Papier ab, die dünne Stimme nur hin und wieder hebend, und sprach vieldeutig und dunkel von Gefahr durch Abweichler und von »Reinigungen«.

Nun fühlten sich endgültig alle bedroht. Der Abgeordnete Cambon sprang auf und rief aus, er, Robespierre selbst, sei das Problem! Ein Tumult brach los. Robespierre solle Namen nennen! Er schwieg.

Viele im Konvent mussten die Drohungen des »Unbestechlichen« auf sich beziehen und ernst nehmen. Längst missbrauchten die meisten von ihnen ihre Macht, vor allem bereicherten sich viele schamlos. So etwa Paul Vicomte de Barras, aus altem Adel, dreist, korrupt, mit selbstgewissem Gesicht, in der Pariser Gesellschaft als hemmungsloser Lebemann verschrien. Oder Jean Lambert Tallien, wie Barras ein Abgeordneter der Bergpartei, als junger Journalist früh Parteigänger der Revolution. Er hatte den Sturz der Girondisten aktiv mitbetrieben. Vom Nationalkonvent mit gerade mal 25 Jahren nach Bordeaux gesandt, entfachte er in der Gironde eine jakobinische Schreckensherrschaft, riss Vermögen Verurteilter an sich und führte damit ein hemmungslos ausschweifendes Leben. Barras und Tallien sollten nun am weiteren Verlauf des Geschehens entscheidenden Anteil haben.

Als sich in diesen Tagen zwei Frauen im Frauentrakt des Pariser Gefängnisses Petite-Force, wo man sie inhaftiert hatte, kennenlernten, waren sie sich rasch zugetan und schlossen Freundschaft. Sie rechneten mit ihrem baldigen Tod auf der Guillotine. Thérésia Cabarrus, dunkelhaarig, schwarzäugig, wunderschön, konnte mit Glück in den nächsten Tagen ihren 21. Geburtstag feiern. Man hatte die Tochter eines spanischen Bankiers mit 15 Jahren mit einem Marquis verheiratet, von dem sie im Vorjahr geschieden worden war. Nach der Scheidung war sie nach Bordeaux gegangen, dort in freizügigen Theaterstücken aufgetreten und schließlich als ehemalige Adelige inhaftiert worden. Im Gefängnis wurde Tallien bei einem Besuch auf sie aufmerksam und begehrte sie sofort. Er ließ sie frei und machte sie zu seiner Geliebten. Ihr gelang es, ihn zu einer gemäßigteren Politik zu bewegen. Als man Tallien im Mai seines Amtes enthob und nach Paris bestellte, um sich vor Robespierre zu rechtfertigen, begleitete sie ihn. Nun war sie erneut verhaftet worden.

Joséphine de Beauharnais, Tochter eines Plantagenbesitzers auf Martinique, zehn Jahre älter als ihre neue Freundin Thérésia, hatte in den letzten fast zehn Jahren getrennt von ihrem Mann, dem Vicomte und Militär Alexandre de Beauharnais, verbracht, bevor der am 23. Juli auf der Place de la Révolution guillotiniert wurde. Joséphine galt nicht als Schönheit wie ihre neue Freundin, doch ihre exotische kreolische Erscheinung, ihr Auftreten, ihre melodische Stimme, ihre Bewegungen, die etwas Schlafwandlerisches besaßen, nahmen die Männer gefangen. Man sagte ihr zahlreiche Liebschaften nach. Sicher war, dass sie die Geliebte von Talliens baldigem Mitverschwörer Barras wurde.

Thérésia gelang es nun, eine Notiz an ihren Geliebten Tallien herauszuschmuggeln. Er erhielt sie am Abend des 26. Juli, dem Abend jenes Tages, an dem er unter dem Eindruck der Drohungen Robespierres im Konvent in sein Domizil zurückkehrte. Thérésia teilte ihm mit, sie erwarte ihren Prozess und ihre Hinrichtung am nächsten Tag. Sie habe geträumt, Robespierre existiere nicht mehr und die Gefängnisse seien frei. Dank Talliens großer Feigheit bleibe dies wohl nur ein Traum. Tallien, längst um seinen eigenen Kopf besorgt, wollte nun um jeden Preis das Leben seiner Geliebten retten. Er eilte zu Joseph Fouché, dem vermutlich entscheidenden Drahtzieher der Konspiration, die längst im Gange war. Fouché, seit der Niederschlagung und dem anschließenden brutalen Vorgehen während eines royalistischen Aufstands in Lyon »Schlächter von Lyon« genannt, wusste Robespierre als Gegner. Der hatte ihn im Mai als Präsidenten der Jakobiner abgesetzt. Und nach Robespierres neuestem Auftritt sah auch Fouché sein Leben bedroht. Man verabredete, Robespierres Terror gleich am nächsten Tag ein Ende zu setzen.

Als Robespierres Freund Saint-Just an jenem 27. Juli, dem 9. Thermidor, zu einer lange vorbereiteten Rede ansetzte, unterbrachen ihn vehemente Zwischenrufe, vor allem die des lautstarken Tallien. Es kam zum Tumult. Saint-Just blieb reglos und ohne eine Miene zu verziehen am Pult stehen, schwieg und schien das Geschehen an sich vorbeiziehen lassen zu wollen. Robespierre hingegen versuchte das Wort zu ergreifen. Der Versammlungspräsident Thuriot übertönte ihn mit seiner Glocke. Rufe schallten durch den Saal. »Fort mit dem Tyrannen!« Robespierre wandte sich an die radikalen Abgeordneten vom »Berg« zur Linken. Die Glocke Thuriots läutete weiter. Robespierre wandte sich an die gemäßigten Abgeordneten des »Sumpfes« zur Rechten, doch sie schwiegen. Unter ihnen Sieyès. Und Thuriots Glocke läutete weiter. Robespierre nannte ihn einen Präsident von Meuchelmördern, wollte weiterreden, doch seine Stimme versagte. »Das Blut Dantons erstickt dich!«, rief ihm ein Abgeordneter zu.

Die Versammlung, die vor kurzem noch Robespierres tyrannische Prairial-Gesetze einstimmig gebilligt hatte, stürzte nun den Tyrannen. Ein eigentlich unbedeutender Abgeordneter namens Louchet wagte es dann, das nie zuvor Denkbare zu fordern. Er beantragte Robespierres Verhaftung. Mit großer Mehrheit wurde sie beschlossen.

Robespierres jüngerer Bruder Augustin, von der Front im Süden wieder nach Paris zurückgekehrt, trat neben ihn und verlangte, ebenfalls verhaftet zu werden. Der junge Lebas tat es ihm gleich. Ferner verhaftet wurden der gelähmte Georges Couthon, der in einem selbst konstruierten Rollstuhl fuhr und die Prairial-Gesetze mit Robespierre unter der Maßgabe ausgearbeitet hatte: »Es geht nicht darum, die Feinde des Vaterlandes zu bestrafen, es geht darum, sie zu vernichten.« Auch Saint-Just nahm man fest, der am Rednerpult nur zwei Stufen hinabgestiegen war, sich an die Täfelung gelehnt und weiter alles reglos verfolgt hatte. Als man Robespierre das Dokument des Haftbefehls überreichte, legte er es achtlos beiseite und redete weiter mit seinem Bruder.

Die Putschisten merkten, sie mussten jetzt handeln. Sie holten Gendarmen herein, die die Angeklagten abführten.

Robespierre setzte noch auf die Revolutionäre der Pariser Commune, der Stadtverwaltung. Ihre wichtigsten Vertreter versammelten sich nun im Rathaus und versuchten ihre Anhänger an diesem heißesten Tag des Jahres zu mobilisieren. Rasch sprach sich in der Stadt herum, dass sich Entscheidendes tat. Die Menschen strömten auf Straßen und Plätze. Die Commune begann, bewaffnete Einheiten zu sammeln, der Konvent wiederum holte Soldaten und Nationalgarde herbei. Befehle und Gegenbefehle verwirrten Freund und Feind. Am Himmel zogen Gewitterwolken auf.

In dem Durcheinander, in dem sich für die Verhafteten kaum Zellen finden ließen, kam Robespierre bald wieder auf freien Fuß. Aber er blieb seltsam untätig. Er war kein Mann des Moments, der Straße, des sofortigen anpackenden Handelns, des Befehlens. Er entfaltete seine Stärken in der Stille der Hinterzimmer, durch die Macht der Papiere, in den Winkelzügen der Ausschüsse. Er ging zum Rathaus, wo sich sein Bruder und die anderen, die ebenfalls alle freigekommen waren, bereits versammelt hatten.

Als die Nacht begann, stieß Couthon zu ihnen. Nun überlegten sie im ersten Stock des Rathauses, was zu tun sei. Währenddessen brach über Paris ein Gewitter los. Ein Platzregen ergoss sich, die Bewaffneten und das Volk auf dem Platz vor dem Rathaus zerstreuten sich und suchten Schutz. Zur selben Zeit marschierten Soldaten im Auftrag des Konvents heran. Weil ihnen das Losungswort verraten worden war, ließ man sie passieren. Auf dem vom Gewitter leergefegten Platz stellte sich ihnen niemand entgegen. Sie stürmten das Rathaus. Als die Soldaten die Treppe heraufkamen, nahmen sich mehrere Anhänger Robespierres das Leben, erschossen sich oder sprangen aus den Fenstern. Augustin de Robespierre wollte ebenfalls durch einen Sprung aus dem Fenster fliehen, zog sich aber mehrere Brüche zu und wurde verhaftet. Maximilien de Robespierre soll sich in den

Mund geschossen haben, vielleicht hatte sich auch nur eine Kugel verirrt. Mit zerschmettertem Kinn legte man ihn auf ein rasch herbeigeschafftes Brett und versorgte ihn notdürftig. Der schwer Verletzte blieb am Leben.

Schon am nächsten Tag, dem 10. Thermidor (28. Juli), ließen die Verschwörer Robespierre und 21 seiner Anhänger – wie so viele, die sie selbst zuvor diesem Schicksal zugeführt hatten – ohne vorherigen Prozess auf einem Karren zur Guillotine fahren. Robespierre lag dabei nach wie vor auf dem Brett. Georges Couthon musste aufgrund seiner Lähmung in einer schmerzhaften Prozedur unter dem Fallbeil positioniert werden. Nach ihm wurde der ebenfalls schwer verletzte Augustin de Robespierre hingerichtet. Saint-Just, selbst in diesen Momenten mit nahezu regungslosem Gesicht, ging an seinem Gefährten vorbei und raunte nur ein Lebewohl. Dann war auch er tot. Zuletzt schnallte man Maximilien de Robespierre unter dem Fallbeil fest. Als sein Kopf fiel, klatschte die Menge minutenlang Beifall.

Mit dem Putsch des 9. Thermidor, der Verhaftung und Hinrichtung von Robespierre und 21 seiner Parteigänger – in den Tagen darauf folgten noch 83 weitere Anhänger – endete der Große Terror. Er hatte in wenigen Monaten zigtausend Leben gekostet.

Schiller traf, Goethes Einladung wahrnehmend, am 14. September in Weimar ein. Er kam gerne, musste aber nach wie vor mit vielen gesundheitlichen Beschwerden kämpfen und hatte daher um »die leidige Freiheit« gebeten, »bei Ihnen krank sein zu dürfen«. Goethe antwortete: »Eine völlige Freiheit nach Ihrer Weise zu leben, werden Sie finden.« Schiller logierte in drei Zimmern an der Front des Hauses. Die beiden Männer redeten und redeten, sprachen über die Projekte des anderen und über mögliche gemeinsame, etwa am Theater von Weimar. Und in all der Zeit genoss Schiller Goethes umsichtige und ihm tatsächlich alle Freiheiten lassende Gastfreundschaft.

Im Zuge der Ereignisse des 9. Thermidor nahm man auch Jacques-Louis David als Anhänger Robespierres in Haft. Das Gemälde *Der Tod des Marat* wurde aus dem Palais Bourbon entfernt.

Im März hatte Napoleon Bonaparte das Kommando über die Artillerie der Italienarmee erhalten und einen Operationsplan entworfen, der wegen der Geschehnisse des Thermidors Makulatur wurde. Wegen seiner Verbindung mit Augustin de Robespierres geriet er im August in Haft, war aber nach zehn Tagen wieder auf freiem Fuß. Seinen eigenen Bruder Lucien konnte er durch seine Intervention nur mit knapper Not vor der Guillotine retten.

Eine sich anders vollziehende Revolution war noch nicht beendet, sondern trat in eine weitere Phase ein. Im Oktober wurde die Firma Boulton & Watt in die Firma Boulton, Watt & Sons umfirmiert. Boultons Sohn und die zwei Söhne Watts, James und Gregory, traten in die Firma ein. James Watt junior, der ab 1787 in Freiberg studiert hatte und dort wie kurze Zeit später Alexander von Humboldt ein Schüler von Abraham Gottlob Werner war, reiste zwei Jahre zuvor auch nach Paris und sympathisierte mit der Revolution. Sein Vater hingegen lehnte sie entschieden ab.

Thomas Paine entkam der Guillotine nur durch sagenhaftes Glück. In seinem Gefängnis markierte üblicherweise ein Wachposten die Türen der Hinzurichtenden mit Kreide. Als man am 24. Juli auch Paines Zellentür mit einem solchen Zeichen versah, hielt sich gerade ein Arzt in Paines Zelle auf, und die Zellentür war nach außen geöffnet. Später, als man die zum Tode Verurteilten abholte, war sie wieder geschlossen worden und das Zeichen nicht zu sehen, da nun im Zelleninnern. Paine blieb in seiner Zelle. Drei Tage später wurde Robespierre hingerichtet und das Todesurteil gegen Paine war obsolet.

Doch erst im November kam Paine nach fast einjähriger Haft frei. Das hatte er zu einem großen Teil dem erst vor kurzem in

Frankreich eingetroffenen neuen amerikanischen Botschafter James Monroe zu verdanken. Dessen Vorgänger, Gouverneur Morris (Gouverneur war tatsächlich sein Vorname), hielt man vor, durch planloses und nachlässiges Vorgehen nicht unschuldig an Paines langer Haftzeit gewesen zu sein. Monroe bot nun Paine großzügig an, in seinem Haus zu wohnen, was Paine in den nächsten eineinhalb Jahren auch tat. Dort verfasste er den zweiten Teil seines religionskritischen Werkes *The Age of Reason* (*Das Zeitalter der Vernunft*), in dem er insbesondere das Christentum als Aberglauben und Instrument der Unterdrückung bezeichnete.

James Monroe war wie Washington und Jefferson aus Virginia und wie sie Landbesitzer und Sklavenhalter. Er hatte die Sklaven von seinen Eltern geerbt und erhöhte deren Anzahl noch. Die Unterstützung eines reichen, mit George Washington befreundeten Onkels hatte ihm ein Studium ermöglicht. Als 17-jähriger hatte sich Monroe freiwillig zur Kontinentalarmee gemeldet. Als einer der ersten, die nach der Überquerung des Delaware in den Straßen von Trenton kämpften, war er während der Schlacht an der Schulter schwer verwundet worden. Noch am gleichen Tag hatte ihn Washington, der ihn für seinen Mut lobte, zum Hauptmann befördert. Danach war Monroe in die Politik gegangen, die ihn über das Abgeordnetenhaus von Virginia in den Konföderationskongress geführt und ihm eine Freundschaft mit Jefferson und Madison eingebracht hatte.

Anfang November reiste Hölderlin mit seinem Schüler Fritz von Kalb nach Jena. Er hoffte auf weitere Begegnungen mit Schiller, aber auch darauf, dass sich in der neuen Umgebung das schwieriger werdende Verhältnis mit Charlotte von Kalb und ihrem Sohn entspannte. Er besuchte die Vorlesungen Fichtes, die ihn tief beeindruckten. Einem Freund schrieb er, Fichte sei die »Seele von Jena«.

Als er Schiller besuchte, traf Hölderlin im Besucherzimmer auf einen etwas gesetzten Herrn. Schiller stellte ihn vor, doch

Hölderlin bekam den Namen nicht mit. Es mochte irgendein Gelehrter sein. Als dann Schiller den Raum verließ, versuchte der Herr, ein Gespräch zu beginnen, und erkundigte sich nach Charlotte von Kalb. Der nervöse Hölderlin antwortete kurz angebunden. Daraufhin stellte sich Stille ein. Der Herr nahm ein Journal und begann darin zu blättern. Später, als Schiller wieder zurückgekehrt war, entfaltete sich ein kurzer Austausch zu dritt über das Theater in Weimar. Hölderlin fand, der gesetzte Herr trage einige interessante Bemerkungen bei. Später stellte sich zu Hölderlins Entsetzen heraus, dass er niemand anderem als Goethe begegnet war.

Auch in der amerikanischen Außenpolitik zeigte sich der Riss zwischen den sich herausbildenden Lagern. Als ein Mann der Südstaaten war James Monroe wie Jefferson frankophil. Er wollte als Botschafter in Paris die Beziehungen mit Frankreich weiter vertiefen und glaubte, damit im Sinne George Washingtons zu handeln. Der allerdings hatte derweil den New Yorker John Jay nach London entsandt. Jay, wie sein New Yorker Mitbürger Alexander Hamilton ein strammer Föderalist und Gegner des Jefferson-Lagers, sollte mit Großbritannien zu vielen noch immer schwelenden Konflikten wie Grenz- und Handelsfragen, aber auch Entschädigungen, eine Einigung erzielen. Es galt, einen drohenden weiteren Krieg abzuwenden.

Als der am 19. November geschlossene Jay-Vertrag zwischen den Vereinigten Staaten und Großbritannien bekannt wurde, sah sich Monroe von Washington getäuscht, weil Jay weitreichender verhandelt hatte, als der ihm gesagt hatte. In den USA brachen aufgrund des Vertrags massive Streitigkeiten aus. Vielen Amerikanern gingen die Zugeständnisse in Handelsfragen und bei Entschädigungen an die Briten viel zu weit. Der Föderalist Alexander Hamilton befürwortete den Vertrag, sein Gegner Thomas Jefferson lehnte ihn ab. In Paris geriet Monroe in Schwierigkeiten, da um den Vertrag schnell Gerüchte entstanden. Und in der Tat enthielt der Jay-Vertrag geheime Passagen, die Monroe nicht preisgeben durfte. Im bislang eng verbündeten Frankreich argwöhnte man ein Zusammenrücken der Amerikaner mit dem britischen Erzfeind. Die Verstimmung wuchs.

William Bligh versuchte in diesem Dezember die von Edward Christian gegen ihn erhobenen Anschuldigungen zu kontern. Er veröffentlichte ein eigenes Pamphlet und warf Christian die Beeinflussung von Zeugen vor, fand aber kaum Gehör. Bligh stand für die Unterdrückung, die das Volk in Frankreich stellvertretend für alle Menschen in der Welt gerade zu überwinden suchte, und damit gegen den Zeitgeist. Auf dieser Klaviatur spielte Edward Christian nun weiter. Blighs Verhalten auf der Bounty stellte er als despotisch dar, von seinem Bruder Fletcher zeichnete er hingegen das Bild eines Kämpfers gegen die Sklaverei und für die Freiheit aller.

Die dramatischste Förderung der Sklaverei brachte die Erfindung einer Maschine, die in diesem Jahr patentiert worden war. Die Brotfruchteinführung in der Karibik fiel im Vergleich dazu kaum ins Gewicht.

Zwei Jahre zuvor hatte sich Eli Whitney, der 26-jährige Sohn eines Farmers in Massachusetts, auf den Weg nach Georgia gemacht, um dort sein Glück zu suchen. Auf dem Schiff, das ihn an der Küste entlang nach Süden brachte, lernte er Catharine Littlefield Greene mit ihrer Familie kennen. Sie – die Witwe von Nathanael Greene, einem von George Washingtons treuesten Generälen während des Unabhängigkeitskriegs – war von dem jungen und gewitzten Mann angetan und lud ihn auf ihre Plantage ein. Catherine Littlefield Greene hatte sie gerade nach Jahren des Kampfes, auch mit Hilfe von George Washington, aus tiefen Schulden gerettet, welche einst ihr Mann aufgenommen hatte, um damit die Finanzierung des Krieges zu unterstützen.

Auf Greenes Plantage entwickelte der Tüftler Whitney eine Maschine, die Baumwollfasern von den Samenkapseln trennte. Diese sogenannte Cotton Gin, zu der Catherine Littlefield Greene einige Ideen beigetragen haben soll, machte nun die Baumwollverarbeitung und damit den Baumwollanbau hochprofitabel – vor allem in den Südstaaten, wo die Baumwolle besonders gut gedieh. Zuletzt hatte die Sklaverei nur noch wenig Profit eingebracht. Jetzt aber sollte sich in den nächsten zweieinhalb Jahrzehnten die Zahl der Sklaven in den USA auf nahezu 1,2 Millionen verdoppeln.

Schiller hatte auch Alexander von Humboldt eine Einladung zu seinem Zeitschriftprojekt *Die Horen* geschickt. Der hatte im August begeistert geantwortet: »es freut mich unendlich, dass Sie die Naturkunde in Ihrem Projekt nicht ausschließen«. Nun, am frühen Morgen des 14. Dezember traf er zu Pferd bei seinem Bruder Wilhelm und dessen Frau in Jena ein.

Sofort schickte Wilhelm einen Boten zu Goethe nach Weimar und lud ihn ein, herüberzukommen. Drei Tage später stand er vor der Tür. Mittags aß man gemeinsam bei Schiller und seiner Charlotte, am Abend bei Humboldt. Schiller, Goethe und die Humboldt-Brüder redeten und redeten, vor allem über Naturwissenschaft, wobei Alexander, der Jüngste, den Ton angab. Goethe blieb drei Tage, bis Alexander von Humboldt abreiste.

Mit dem Maler Johann Heinrich Meyer besuchten Goethe und die Humboldt-Brüder in dieser Zeit auch eine Vorlesung des Anatomen Justus Christian Loder. Selbst der tiefe Schnee, der in diesem Dezember in Jenas Straßen lag, konnte sie davon nicht abhalten. Goethe ließ sich schon eine ganze Weile von Loder in Anatomie unterrichten und erhoffte sich Hinweise auf Gemeinsamkeiten menschlicher und tierischer Körper. Als er den Humboldt-Brüdern von seinen anatomischen Ideen erzählte, forderten sie ihn auf, diese niederzuschreiben.

So ging ein Jahr fürchterlichen Terrors für Goethe mit Überlegungen zu Strukturen und Aufbauten des Lebens zu Ende.

In England veröffentlichte Erasmus Darwin sein zweibändiges Werk *Zoonomia; or the Laws of Organic Life*, das anatomische wie psychologische Fragen behandelte und die Funktionen des Körpers beschrieb. Auch erste Überlegungen zur Evolution des Lebens stellte Darwin an. Sein Enkel Charles sollte Jahre später aber jeden Einfluss seines Großvaters bestreiten.

1795

Aufräumen, ordnen

Die Straßenverbindungen in Deutschland wurden nur allmählich besser. Weder führte durch Weimar oder Jena bislang eine Fernstraße, noch unterhielt das Postkutschennetz in einer der beiden Städte eine Station. Man behalf sich mit Botendiensten, die in der überwiegenden Mehrzahl Frauen leisteten. Über immer gleiche Routen stellten sie zu bestimmten Tageszeiten Briefe, Billetts und Päckchen zu. Die »Jungfer Wenzel« war eine der bekanntesten dieser Botenfrauen. Zweimal die Woche ging sie schwer bepackt, meist über Nacht, den Fußweg von Weimar durch das Mühltal nach Jena und transportierte dabei über die Jahre auch zahlreiche Briefe und Manuskripte von Goethe und Schiller. So vielleicht auch jenen, den Goethe am 3. Januar an Schiller sandte und in dem er die Verbindung stärken wollte, die im Jahr zuvor ihren Anfang genommen hatte.

»Viel Glück zum neuen Jahre«, wünschte er seinem Dichterkollegen. »Lassen Sie uns dieses zubringen, wie wir das vorige geendigt haben, mit wechselseitiger Teilnahme an dem was wir lieben und treiben. Wenn sich die gleichgesinnten nicht anfassen, was soll aus der Gesellschaft und der Geselligkeit werden. Ich freue mich in der Hoffnung, dass Einwirkung und Vertrauen sich zwischen uns immer vermehren werden.« Und *Wilhelm Meisters Lehrjahre* hatte er beigelegt: »Hier der erste Band des Romans. Das zweite Exemplar für Humboldts.«

»Man sollte alle Tage wenigstens ein kleines Lied hören, ein gutes Gedicht lesen, ein treffliches Gemälde sehen und, wenn es möglich zu machen wäre, einige vernünftige Worte sprechen«, heißt es in Goethes neuem Werk. Dessen Held, der, von aufklärerischen Ideen angetrieben, durch umfassende Bildung eine Ordnung der Welt zu finden versucht, beschrieb im Grunde Goethe selbst. Goethe erzählt, wie ein Mensch aus dem Bürgertum durch Bildung in allen erdenklichen Bereichen – von Theater über Kaufmannschaft bis zu Gaukelei und Puppenspiel – einen Platz in der Gesellschaft, vor allem aber sich selbst findet. Das Buch wurde ein großer Erfolg und prägte ein noch neues Genre: den Bildungsroman.

Am 6. Januar meinte Schelling in einem Brief an seinen Tübinger Stiftskameraden und Freund Hegel »Die Philosophie ist noch nicht am Ende, Kant hat die Resultate gegeben: die Prämissen fehlen noch.« Die Suche nach dem Höhepunkt des Denkens ging also weiter. Mit Kant als Bergführer.

Als die Familie von Kalb Ende Dezember nach Weimar gezogen war, gehörte Hauslehrer Friedrich Hölderlin noch dazu. Nun im Januar lösten Charlotte von Kalb und er in gegenseitigem Einvernehmen das Arbeitsverhältnis auf. Hölderlin war den Auseinandersetzungen mit seinem Schüler, der zunehmend ein absonderliches Verhalten an den Tag legte, nicht mehr gewachsen, sogar handgreiflich gegen ihn geworden, und durch die Belastungen krank.

Er ging zurück nach Jena, wohnte neben Fichtes Haus, dessen Vorlesungen er hörte, und arbeitete an der Versfassung seines *Hyperion*. Er besuchte Schiller, bei dem er auch Goethe wieder traf. Vom ersten Band von *Wilhelm Meisters Lehrjahre* war Hölderlin beeindruckt und zudem auch von Schiller so eingenommen, dass er bald kaum mehr an eigenen neuen Texten arbeitete.

Im Januar erschien die erste Ausgabe von Schillers *Die Horen*, genannt »1. Stück«. Im Monatstakt folgten die nächsten elf Stücke. In der ersten Ausgabe druckte Schiller die »Briefe 1–9« seines mehrteiligen Essays *Über die ästhetische Erziehung des Menschen*. Die Basis dafür lieferten ihm seine im Vorjahr verfassten sogenannten *Augustenburger Briefe*. Mit ihnen hatte er sich auch bei Friedrich Christian von Augustenburg bedanken wollen, der ihm während der bisher schlimmsten Zeit seiner Krankheit über drei Jahre jeweils 1000 Taler als Unterstützung gezahlt hatte. Wesentlich geprägt war *Über die ästhetische Erziehung des Men-*

schen von Schillers Auseinandersetzung mit Kant, insbesondere mit dessen Überlegungen zur Ästhetik in *Kritik der Urteilskraft*. Dies mit einbeziehend, setzte Schiller sich nun in seinem Text mit dem Scheitern der Französischen Revolution in Bezug auf Humanität auseinander und versuchte, über eine weit gefasste ästhetische Sicht einen besseren Weg zur Freiheit zu weisen. Von zentraler Bedeutung war für ihn dabei das Spiel.

Mit dem Spiel verbunden sind Regeln, Rituale, Symbole, Zeichen. Sie nehmen den Trieben und dem Vergänglichen den Schrecken. Das Spiel hegt Gewalt ein, es macht aus der rohen Sexualität Erotik. Es schafft Kultur. Über Spiel und Kultur handelt der Mensch ästhetisch, und aus dieser Ästhetik heraus erlangt der Mensch Freiheit und findet schließlich zu sich selbst. Im 15. Brief urteilte Schiller: »der Mensch spielt nur, wo er in voller Bedeutung des Worts Mensch ist, und er ist nur da ganz Mensch, wo er spielt.« Es war auch eine erste Antwort Schillers auf die von ihm erkannten Entfremdungsprozesse der Zeit. Im ersten Brief hatte er geschrieben: »der Genuss wurde von der Arbeit, das Mittel vom Zweck, die Anstrengung von der Belohnung geschieden«. Schiller antwortete auf die Maschinen, die Arbeitsteilung, die Veränderungen der Arbeit, vorangetrieben von Boulton, Watt, Arkwright und vielen anderen, wissenschaftlich beschrieben von Adam Smith. Schiller wühlte in Wunden, in die auch schon Rousseau gedrungen war. Doch anders als Rousseau sah Schiller das Gute, da »die Gattung auf keine andere Art hätte Fortschritte machen können«.

Goethe, der einige der Beobachtungen und ähnliche Aspekte bereits in seinem *Faust* verarbeitete, störte Schillers Begeisterung für Kant, und er glaubte, darin Polemik gegen sich zu entdecken.

Von Goethe erschien in *Die Horen* in diesem Jahr sein Text *Das Märchen*. Auf den ersten Blick eine unpolitisch heimelige Übung, lieferten die darin ausgebreiteten verstiegenen und phantastischen Geschichten eine Kritik Goethes an der Französischen Revolution und ihren Irrungen und Abgründen.

Im Januar besprach Goethe mit Schiller in Jena auch *Wilhelm Meisters Lehrjahre.* Goethe arbeitete an dem dritten Buch. Zurück in Weimar beendete er rasch das vierte Buch.

Im Februar erreichte James Monroe nach der erfolgreichen Befreiung Thomas Paines auch die Entlassung aller seit der Französischen Revolution inhaftierten amerikanischen Staatsbürger. Zudem war es ihm am 22. Januar gelungen, Adrienne, die Gattin seines Freundes Lafayette, aus der Haft frei zu bekommen. Ihre Mutter und ihre Schwester aber hatten während des Terrors ihr Leben unter der Guillotine verloren.

Paine war verbittert. Er mutmaßte, was die Gründe für seine lange Haft betraf, George Washington habe ihn verraten und mit Robespierre konspiriert. Seinem Gastgeber Monroe gelang es Ende Februar, Paine davon abzuhalten, Washington zu dessen 63. Geburtstag einen bitterbösen Brief zu senden.

Am 9. März empfahl Schiller dem Verleger Johann Friedrich Cotta, *Hyperion* zu verlegen. Am 20. März, Hölderlins Geburtstag, sagte Cotta zu.

Ende des Monats erhielt Napoleon Bonaparte den Befehl, sich zur Westarmee in der Vendée zu begeben. Er bat in Paris um ein anderes Kommando. Man versetzte ihn nun zur Infanterie – eine Degradierung. Weil er diesen Posten nicht antrat, strich man ihn am 15. September aus der Liste der aktiven Generäle. Seine militärische Laufbahn schien beendet.

Im April kehrte Mary Wollstonecraft mit ihrer Tochter nach London zurück. Sie wollte Gilbert Imlay heiraten, doch der lehnte ihren Wunsch ab und zog mit einer Schauspielerin zusammen. Tief enttäuscht beendete Mary die Beziehung. Sie verfiel in tiefe Depression und versuchte im Mai, sich das Leben nehmen. Ausgerechnet Imlay rettete sie. Dann versuchte sie, ihn zurückzugewinnen, und reiste mit ihrer Tochter und einem Dienstmädchen von Juni bis September nach Skandinavien, um dort für ihn Geschäfte zu tätigen.

In Paris entledigte man sich weiter der Protagonisten des Terrors. Antoine Quentin Fouquier-Tinville, der Chefankläger des Revolutionstribunals, war bereits am 1. August des Vorjahres verhaftet worden. Sein Prozess gehörte zu den längsten der Revolution. Wie noch viele Menschen nach ihm, die sich zu willfährigen Werkzeugen einer Despotie machen sollten, rechtfertigte er sich damit, lediglich Anordnungen und Befehle befolgt zu haben. Nach 41 Prozesstagen sprach man das Todesurteil. Am 7. Mai richtete man ihn mit der Guillotine hin. »Ich bin die Axt; man kann doch nicht die Axt umbringen«, soll er noch ausgerufen haben.

Hardenberg, der sich noch immer nicht Novalis nannte, hatte sich mit der zehn Jahre jüngeren Sophie von Kühn verlobt. Irgendwann in den letzten Tagen des Mai traf er in Jena im Haus des Philosophieprofessors Niethammer auf Hölderlin und auch auf den bewunderten Fichte. Worüber die vier Männer sprachen – Religion? Philosophie? –, weiß man nicht.

Hölderlin verließ mitten in der Arbeit am *Hyperion* Ende Mai Jena. Warum genau? Man rätselt bis heute. In Nürtingen tauchte er auf, verwirrt und ungepflegt. Nur allmählich fing er sich. In einem Brief rechtfertigte er seine Flucht. Er fürchte, seinen eigenen Maßstäben nicht gerecht zu werden.

Lichtenberg litt weiter unter dem körperlichen Verfall durch seine Krankheit. Doch die Welt beobachtete er nach wie vor aufmerksam. Er sah die Gewalt, die Gefahren von Revolution und die Reaktionen darauf. Er sympathisierte mit der Freiheit, bevorzugte aber eine sich evolutionär und nicht revolutionär entwickelnde konstitutionelle Monarchie, den Weg also, den sein geliebtes England beschritt. Die Gewalt in Frankreich stieß ihn ab. Für Georg Forsters flammende Unterstützung der Revolution und auch dessen Rechtfertigung der Gräuel konnte er kein Verständnis aufbringen. Auch deshalb hatte er im Jahr zuvor kategorisch abgelehnt, etwas zum Tode seines Freundes zu veröffentlichen. Doch es gab auch persönliche Gründe. Am 5. Juni erklärte er in einem Brief an Soemmerring: »O wie gerne, wie gerne hätte ich ihm ein paar Bogen gewidmet, wäre ich noch das kinderlose und wegen der Zukunft unbekümmerte, freidenkende und freischreibende Wesen, das ich ehemals war. Jetzt muss es beim *Freidenken* sein Bewenden haben.«

Lichtenbergs Familie wuchs in diesen Tagen. Am 13. Juni wurde er erneut Vater. Margarethe brachte ein Töchterchen zur Welt. Es war ihr viertes gemeinsames Kind.

Am 24. Juni wurde der von George Washington unterzeichnete Jay-Vertrag im Senat ratifiziert. Der Vertrag war weiterhin extrem unbeliebt. In New York bewarf eine wütende Menge Hamilton mit Steinen. Erstmals wurde in der Öffentlichkeit auch Kritik an Washington laut. Puppen, die John Jay darstellen sollten, brannten auf Plätzen und auf Straßen. Der trat von seinem Amt am Obersten Gericht zurück und meinte: hätte er durch das Land reisen wollen, so wäre sein Weg gut beleuchtet gewesen.

Im Juli nahm der Konvent in Paris Thomas Paine, wie auch andere überlebende Girondisten, wieder als Abgeordneten auf.

In Tübingen führte Hölderlin im Juli ein tiefes philosophisches Gespräch mit Schelling. Er arbeitete nach wie vor am *Hyperion*. Im August erhielt er das Angebot, die Hofmeisterstelle bei der Bankiersfamilie Gontard in Frankfurt am Main anzutreten. Er wollte die Stelle und wartete ungeduldig auf die Bestätigung, die er Anfang Dezember erhielt. Am 7. sagte er zu. Mitte Dezember besuchte ihn Schelling in Nürtingen. Sie setzten ihren philosophischen Austausch fort, waren aber nicht immer einer Meinung.

Élisabeth Vigée-Lebrun hatte Wien den Rücken gekehrt und traf im Juni in Sankt Petersburg ein. Sie mietete eine Wohnung in der Nähe des Winterpalasts und erhielt dank ihres ihr vorauseilenden Rufes und ihrer Erfahrung mit Aufträgen aus dem Adel rasch Zugang zu den höchsten Kreisen. Die Zarenfamilie zählte bald zu ihren Auftraggebern und Förderern. Sie malte zahlreiche Porträts der Familienmitglieder Katharinas II. und wurde in die Akademie der Bildenden Künste aufgenommen.

Ach ja: Die Gerüchte besagten inzwischen, ihr berühmtes Griechisches Souper habe 80 000 Franc gekostet.

Immanuel Kant veröffentlichte im September die Schrift *Zum ewigen Frieden*. In sechs Artikeln erläuterte er, wie ein solcher zwischen den Ländern und Staaten der Welt zu erreichen sei, und beschrieb, wie man diesen dauerhaft sichern könne: Demnach sollte die Verfassung jedes Staates republikanisch, das Völkerrecht auf einem Föderalismus freier Staaten gegründet sein und ein Weltbürgerrecht auf allgemeiner Hospitalität beruhen.

Was Kant mit Hospitalität meinte? »Es ist hier, wie in den vorigen Artikeln, nicht von Philanthropie, sondern vom Recht die Rede, und da bedeutet Hospitalität (Wirtbarkeit) das Recht eines Fremdlings, seiner Ankunft auf dem Boden eines andern wegen, von diesem nicht feindselig behandelt zu werden.« Der Mensch habe kein eigentliches Recht, jemanden von seinem Ort fernzuhalten. Jeder Ankömmling an einem anderen Ort müsse aber das Recht und die Kontrolle des Ortes durch den dort Lebenden anerkennen. Ausdrücklich betonte Kant, dass jedes Recht auf das Betreten eines anderen Landes verwirkt sei, wenn man dieses in der Absicht betrete, Menschen dort zu unterwerfen – womit Kant jeglichen Kolonialismus verwarf.

Das Werk bildete auch eine Art frühes Vermächtnis, in dem Kant noch einmal klarstellte, dass alle Menschen überall in der Welt gleiche Rechte haben. In *Zum ewigen Frieden* stellte er alle Menschen und Völker gleich.

In London versuchte Mary Wollstonecraft im Oktober erneut ihrem Leben ein Ende zu setzen. Sie sprang von der Putney Bridge in die Themse. Einige Schiffer retteten sie.

Nach dem Sturz Robespierres und seiner Anhänger wollten die Nachfolger ausschließen, dass künftig allzu viel Machtbefugnisse auf eine Person entfallen konnten. Schon wenige Tage nach den Ereignissen des 9. Thermidor nahm der Nationalkonvent daher eine neue Verfassung in Angriff, die schließlich nach einer Volksabstimmung am 23. September in Kraft trat. Fortan setzte sich das Parlament aus zwei Kammern zusammen: dem Rat der Fünfhundert (*Conseil des Cinq-Cents*) und dem Rat der Alten (*Conseil des Anciens*) mit 250 Mitgliedern. Ein fünfköpfiges Gremium, das Direktorium, vom Rat der Alten auf Zeit gewählt, kontrollierte die Regierung, die aus sieben Ministerien bestand, und besaß somit die eigentliche exekutive Macht.

Am 31. Oktober fand die Wahl des ersten Direktoriums statt. Als der starke Mann darin galt Paul de Barras. Der verkehrte im Salon von Thérésia Tallien, die mittlerweile den »Feigling« Tallien geheiratet hatte und zu einer der wichtigsten Frauen der Gesellschaft aufstieg. Das Paar residierte in seinem im Landhausstil gehaltenen Stadthaus »La Chaumière«, das zu dem bedeutendsten Treffpunkt der Thermidorianer wurde, jener Verschwörer, die Robespierre gestürzt hatten.

Napoleon Bonaparte, dessen Karriere seit einigen Tagen eigentlich beendet schien, war Barras einst in Toulon begegnet. Nun trafen sie sich im Stadthaus der Talliens wieder. Barras hatte gerade vom Direktorium den Oberbefehl über die Armee des Innern bekommen. Als es am 5. Oktober, dem 13. Vendémiaire, in Paris zu Unruhen kam, erinnerte er sich an Bonaparte. Dessen soldatische Fähigkeiten schätzte er, nannte ihn aber auch einen »Einfaltspinsel«.

Bonaparte gab seinem jungen Schwadronchef Joachim Murat nun den Befehl, 40 Kanonen zu sichern, was diesem durch großes Geschick gelang. Die Kanonen postierte man um die Tuilerien und feuerte sie schließlich auf die heranrückenden Aufständischen ab. Es gab hunderte Tote. Aber der Aufstand war erstickt – Bonaparte wurde als »General Vendémiaire« gefeiert und elf Tage später zum Divisionsgeneral befördert. In der Folge bewies er weitere Male sein Talent, im unruhigen Paris für Ruhe zu sorgen. Gleichzeitig aber geriet er in Liebesdingen selbst in große Unruhe, denn im Salon von Madame Tallien begegnete er Joséphine de Beauharnais und verlor sofort sein Herz an sie.

Wie ihre Freundin und ehemalige Haftgefährtin Thérésia Tallien entwickelte sich in diesen Tagen auch Joséphine zu einer der schillerndsten und am meisten bewunderten Frauen der Pariser Gesellschaft. Die beiden Freundinnen trugen in Erinnerung an die griechische Antike weiße fließende, fast durchsichtige Kleider und verstanden es, ihre Auftritte nicht nur effektvoll zu inszenieren, sondern auch die Menschen für sich persönlich zu gewinnen. Dritte im Bunde war bald die ebenso elegante und schöne Juliette Récamier.

Voller Leidenschaft umwarb Bonaparte Joséphine, die sechs Jahre älter war als er. Er löste seine Verbindung mit Eugénie Désirée Clary, der hübschen Tochter eines wohlhabenden Kaufmanns, die später den Marschall Bernadotte kennenlernte und Königin von Schweden wurde.

Joséphine erwiderte die Gefühle des jungen Werbers nur begrenzt. Doch er passte zu ihrem gesellschaftlichen Kalkül; so wie sie umgekehrt zu seinem. Überhaupt entsprang nun mal die Liebe in diesen ehrgeizigen Sphären oft erst aus dem gesellschaftlichen Kalkül.

Bald antichambrierte Joséphine bei ihrem ehemaligen Geliebten Barras, um Bonaparte das von ihm lange ersehnte Kommando über die Italienarmee zu verschaffen. Der Verehrer würde dann in ihrer Schuld stehen, und sie wüsste ihn, an dem ihr nicht allzu viel lag, zunächst einmal in der Ferne, wäre aber in ihrer gesellschaftlichen Stellung abgesicherter denn je. Und er könnte Ruhm und Ehre auf Schlachtfeldern suchen. Für beide waren also attraktive neue Machtoptionen zu gewinnen.

Kaum war Adrienne Lafayette dank James Monroe am 22. Januar freigekommen, tat sie alles dafür, auch ihren Mann aus der Haft zu befreien.

Gilbert de Lafayette verbrachte seine Gefangenschaft mittlerweile in der Festung von Olmütz in Mähren. Preußen hatte ihn an das verbündete Österreich übergeben. In Olmütz behandelte man Lafayette als gewöhnlichen Gefangenen. Viele seiner letzten Habseligkeiten nahm man ihm ab, und den Kontakt zur Außenwelt machte man ihm zeitweilig unmöglich.

Nun setzten Lafayette und Adrienne auf die amerikanische Staatsbürgerschaft, die er besaß. Doch sowohl Monroe als auch anderen amerikanischen Diplomaten waren durch die Umstände auf gewisse Art die Hände gebunden. Die USA wollte sich aus dem Krieg Frankreichs mit seinen Nachbarn heraushalten.

Im April hatte Adrienne Lafayette ihren nach George Washington benannten Sohn Georges mit seinem Lehrer in die USA geschickt. George Washington wusste um die heikle Situation. Lafayettes 15-jähriger Sohn in Obhut der USA konnte zu Verwicklungen mit dem revolutionären Frankreich führen. Er bat Alexander Hamilton um Hilfe. Der brachte die beiden inkognito in einem Farmhaus in New Jersey unter.

Im nachfolgenden Jahr nahm Washington sein Patenkind im Präsidenten-Haushalt in Philadelphia auf. Dort dienten im Wechsel jeweils sieben Sklaven. In Pennsylvania war die Sklaverei verboten. Auswärtige Sklavenbesitzer jedoch durften Sklaven bis zu sechs Monate im Staat halten. Deshalb tauschte Washington sie regelmäßig aus. Er sagte in diesen Tagen zu einem Vertrauten, die Verzweiflung des jungen Lafayette angesichts des Schicksals seiner Familie zu erleben sei schmerzlich. Washington wollte auch seinen in Österreich eingekerkerten Ersatzsohn zu gern wieder in Freiheit sehen. Nun gab er das Anliegen an Jefferson weiter. Der erreichte aber nichts.

Anfang September aber erhielten Adrienne und ihre beiden Töchter amerikanische Pässe. Sofort machten sie sich auf den Weg nach Wien. Kaiser Franz erlaubte ihnen bei einer Audienz am 10. Oktober, zu ihrem Mann zu reisen und mit ihm in seinem Gefängnis zu wohnen. Ihn freizulassen sei ihm unmöglich. Es sei eine komplizierte Angelegenheit. Am 15. Oktober öffnete ein Soldat die Gefängnistür Lafayettes, und er konnte seine Frau und seine beiden Töchter nach langer Zeit wieder in die Arme nehmen.

Am 20. September vermochte es Paine in seiner Enttäuschung über Washington nicht mehr, sich zurückzuhalten. Er sandte einen Brief an ihn und bezichtigte ihn darin der Inkompetenz und der Undankbarkeit. Den alten Brief vom Februar, den abzusenden ihm Monroe damals noch ausgeredet hatte, legte er bei.

In Deutschland erfreuten sich Musen-Almanache großer Beliebtheit. Sie erschienen einmal im Jahr und enthielten verschiedenste literarische Beiträge. Am 15. Dezember veröffentlichte Schiller einen ersten Band dieser Art unter seiner Ägide. Der *Musen-Almanach für das Jahr 1796* enthielt Texte Schillers, Goethes, Hölderlins und August Wilhelm Schlegels. Der Almanach sollte Folgen haben.

1796

Moderne Medizin

Am Jahresanfang trat Friedrich Hölderlin seine neue Hauslehrerstelle an. Sein Dienstherr Jacob Friedrich Gontard, von Familie und Freunden Cobus gerufen, war Teilhaber des angesehenen gleichnamigen Bankhauses und nur sechs Jahre älter als der nun 25-jährige neue Hauslehrer; seine Frau Susette war dem jungen Hölderlin im Alter sogar nur ein Jahr voraus. Als Hölderlin Susette zum ersten Mal begegnete, trug sie ein weißes Kleid mit violetten Borten. Genauso wollte er sie immer wieder sehen. Und er sollte es auch.

Die Gontards hatten vier Kinder und residierten im allseits bewunderten »Weißen Hirsch«, einem großen Anwesen, das sie gerade im klassizistischen Stil umgebaut hatten. Die Töchter Henriette, Helene und Amalie wurden von einer Gesellschafterin erzogen. Hölderlin unterrichtete nur vormittags den fast neunjährigen Henry und erhielt bei freier Kost und Logis ein Jahressalär von 400 Gulden. Rasch entwickelte sich ein freundschaftliches Verhältnis zwischen dem jungen Lehrer und seinem Schüler, und an die Frau des Hauses verlor Hölderlin bald sein Herz. Er nahm sie zum Vorbild für die Diotima in dem noch immer nicht fertiggestellten *Hyperion.*

Nach langer Zeit wagte Hölderlin, sich wieder an Schiller zu wenden. Der hatte seit Hölderlins letztem Brief vor etwa anderthalb Jahren geschwiegen. Diesmal kam Antwort. Schiller riet ihm, sich rückhaltlos einem »poetischen Stoff« zu widmen und nicht die »Nüchternheit in der Begeisterung zu verlieren«. Schillers Rat, der wohl vor allem aus der Erkenntnis entsprang, dass Hölderlin wie er selbst dazu neigte, sich in Weitschweifigkeit und Emotion zu verlieren, verletzte Hölderlin.

In Weimar tauschten sich Schiller und Goethe derweil über den jungen Dichter aus. Sie waren sich einig darin, dass dieser Schiller nachahme. Und etwas Seltsames, Dunkles ging von dem jungen Mann aus. Schiller an Goethe über Hölderlin: »Sein Zustand ist gefährlich, da solchen Naturen so gar schwer beizukommen ist.«

Zur gleichen Zeit fühlte sich Schiller wegen einer anderen Sache tief gekränkt – und Goethe gleich mit. Ihre Texte in *Die Horen* waren in der Literaturszene sehr ungünstig beurteilt und besprochen worden. Zu abgehoben schienen manchem vor allem Schillers Briefe zur Ästhetik. Hinzu kamen besonders verletzende Kommentare Friedrich Schlegels zu Schillers Beiträgen im *Musen-Almanach.* Vielleicht war es des jungen Schlegels Rache. Er hatte sich seit dem ersten Kennenlernen, bei dem er keinen günstigen Eindruck hinterlassen hatte, mehrfach um Schillers Gunst bemüht. Seine Versuche, mit verschiedenen Texten dessen Zustimmung und bestenfalls Genehmigung zum Abdruck zu bekommen, waren ins Leere gelaufen. Schiller hatte nicht geantwortet.

Goethe regte nun an, auf alle Kritik mit lyrischem Spott zu antworten. Schiller gefiel das. Nach kurzem Hin und Her in einigen Briefen war es beschlossene Sache. Vor allem in den ersten Januarwochen verfassten die beiden gemeinsam zweizeilige Verse, sogenannte Distichen, und nannten das Unternehmen *Xenien.* Vorbild für den Titel waren ihnen Epigramme des römischen Dichters Martial.

Später sollte Barras sich immer wieder rühmen, es sei sein Vorschlag gewesen. Ob es stimmt oder nicht, am 2. März übertrug das Direktorium Napoleon Bonaparte das Oberkommando über die Italienarmee. Der erfuhr dies von seiner Braut Joséphine.

Am 9. März war dann im Rathaus des 2. Pariser Arrondissements Hochzeit. Barras und Madame Tallien nahmen als Trauzeugen teil. Kurz nach der Trauung änderte der Bräutigam seinen Namen Buonaparte in die französisierte Form Bonaparte. Nur zwei Tage später bestieg er eine Kutsche und reiste mit seinem Adjutanten nach Nizza, um das Oberkommando über die Italienarmee zu übernehmen.

In Nizza angekommen, wusste sich der 26-jährige Oberbefehlshaber, auch aufgrund seiner gedrungenen Statur abschätzig beäugt, rasch Respekt zu verschaffen. Knapp und keinerlei Widerspruch duldend erteilte er seine Befehle und zeigte vor allem den höheren Rängen, wer nun das Sagen hatte. Gleichzeitig kümmerte er sich um eine verbesserte Organisation und Versorgung der Truppen, die er in einem desolaten Zustand antraf. Die einfachen Soldaten motivierte er neu, indem er ihnen eindringlich künftige Siege, Ruhm und Belohnungen in Aussicht stellte.

Der Feldzug in Oberitalien wurde zu einem Triumph. Entscheidend trug dazu Bonapartes Strategie bei. Zwei feindliche Armeen galt es zu schlagen, eine österreichische und eine des Königreichs Sardinien-Piemont. Er trieb einen Keil zwischen beide und schlug sie einzeln hintereinander: Er trennte zunächst in mehreren siegreichen Schlachten die Truppen Sardinien-Piemonts von denen der verbündeten Österreicher. Nach der Schlacht bei Mondovi vom 20. bis 22. April willigte Sardinien-Piemont in einen Waffenstillstand ein. Nun wandte sich Bonaparte gegen die Österreicher. Diese besiegte er entscheidend am 10. Mai in der Schlacht bei Lodi, bei der er an der Spitze der Truppen höchstselbst die strategisch wichtige und heftig umkämpfte Brücke über die Adda erstürmte.

Am 15. Mai ritt Bonaparte an einem sonnigen Tag auf einem weißen Pferd an der Spitze seiner Truppen in Mailand ein. Die Würdenträger der Stadt empfingen ihn, und bei einer Rede vor einer Menschenmenge versprach er Brüderlichkeit und Freiheit. Denn »einzig das Verdienst mache einen Unterschied zwischen den Menschen«.

Nunmehr war Napoleon Besatzer – und wurde deshalb auch mehr und mehr Politiker.

Porträtisten vertuschten es gewöhnlich. Georg Forster hatte ein von Pockennarben zerfurchtes Gesicht; auch Robespierre, Danton, Washington. Wieland bestand darauf, dass auf Porträts seine Pockennarben nicht zu sehen waren. Auch Goethe trug Narben. Er hatte als junger Mann die Pocken knapp überlebt. Maria Theresia hatte man einst die Sterbesakramente gegeben. Sie überlebte. Drei von ihren Kindern starben an der Krankheit. Die Pocken gehörten zu den Geißeln der Zeit und waren eine der Ursachen für die hohe Kindersterblichkeit. Nur wer schon die nahezu unvermeidliche Pockenerkrankung überlebt hatte, schien überhaupt hoffen zu dürfen, ein gewisses Alter erreichen zu können.

Anfang des Jahrhunderts hatte Lady Mary Montagu, Dichterin und Frau des britischen Botschafters in Konstantinopel, die dort von ihr beobachtete Methode der Variolation nach Großbritannien mitgebracht. Dabei nahm man Flüssigkeit aus den Wunden von Geheilten und ritzte diese abgeschwächten Erreger unter die Haut Gesunder, um sie somit zu immunisieren.

Der holländische Arzt Jan Ingenhousz übernahm diese Methode. Er impfte die Familie Georges III. und ab 1768 als Hofarzt in Wien viele Familienmitglieder Maria Theresias. George Washington hatte mit dieser Methode seine Soldaten impfen lassen. Die Variolation war erfolgreich, blieb aber umstritten, da die Viren mutieren und so die Krankheit auslösen konnten. Obwohl die Sterblichkeitsrate der Variolation weit unter der einer tatsächlichen Erkrankung lag, beeinträchtigte das natürlich die allgemeine Akzeptanz.

Am 14. Mai gelang dem britischen Landarzt Edward Jenner ein Durchbruch mit einer neuen Vorgehensweise. Er hatte die Methode der Vakzination entwickelt, die Impfung mit Kuhpocken-Viren (»Vakzination« von lat. *vacca* ›Kuh‹). Jenner kam die Idee durch eine Beobachtung, die sein Freund, der Landarztkollege und Apotheker John Fewster, gemacht hatte. Einer seiner Patienten, der vorher an den ungefährlichen Kuhpocken erkrankt war, hatte auf die Variolation nicht reagiert. Jenner vermutete nun, dass auch eine Einritzung mit Kuhpocken immun mache, dies aber mit weit weniger Risiko für den Geimpften. Hochsystematisch und für die moderne wissenschaftliche medizinische Methodik vorbildhaft sammelte Jenner zunächst Fallstudien zu vorher an Kuh- oder Pferdepocken Erkrankten, die sich danach als immun gezeigt hatten. Schließlich wagte er sich an einen ersten Versuch.

»Um den Verlauf der Infektion noch genauer zu beobachten, wählte ich einen gesunden, etwa achtjährigen Knaben aus, um ihm die Kuhpocken einzuimpfen. Der Stoff stammte aus der Pustel des Armes einer Milchmagd, die sich bei den Kühen ihres Herrn angesteckt hatte, und wurde am 14. Mai 1796 mittels zweier oberflächlicher Hautschnitte von etwa 1 Zoll Länge dem Arm des Knaben appliziert.«

Am 1. Juli ritzte Jenner besagtem Jungen die Menschenpocken in die Haut. Es kam zu keinem Ausbruch. Nach wenigen Monaten ritzte Jenner dem Jungen noch einmal Pockenviren. Auch hier gab es keine Reaktion.

Im Sommer schickte Jenner einen Bericht an die Royal Society. Doch deren Vorsitzender Joseph Banks konnte sich nicht durchringen, den Bericht der Gesellschaft zu zeigen oder ihn gar zu drucken. Jenner testete derweil weiter, auch seinen eigenen elf Monate alten Sohn Robert. Alle Tests verliefen ermutigend.

Anfang Juli marschierten französische Truppen auf Frankfurt am Main zu. Susette Gontard floh mit Hölderlin und den Kindern am 10. Juli ohne den Hausherrn nach Kassel. Mittlerweile hatte sich ein liebevolles und vertrautes Verhältnis zwischen Hölderlin und der Hausherrin entwickelt. Ende September kehrten sie nach Räumung der Stadt durch die Franzosen wieder nach Frankfurt zurück. Hölderlin legte letzte Hand an *Hyperion*.

Talleyrand bestieg in Philadelphia am 16. Juni ein Schiff mit dem Ziel Hamburg. Die Stadtrepublik, seinerzeit mit über 150 000 Einwohnern die größte Stadt Deutschlands, war neutral und ein Umschlagplatz von Nachrichten. Dort wollte Talleyrand eruieren, was für ihn nun möglich war. Er hatte durch die Ereignisse in Frankreich seit Ende des letzten Jahres und angesichts der Unbeliebtheit des Direktoriums Hoffnung geschöpft, wieder Fuß auf der dortigen politischen Bühne fassen zu können. Und in der Tat: Am 20. September traf er wieder in Paris ein, um sich dort sofort in Salons und auf verschiedensten anderen Zusammenkünften für neue höhere Aufgaben anzubieten.

In Braunschweig heirateten am 1. Juli August Wilhelm Schlegel und Caroline Böhmer. Sie war dort mit ihrer Tochter Auguste bei ihrer Mutter untergekommen. Ihren Sohn hatte sie vor zwei Jahren kurz nach der Geburt in dessen Geburtsort Lucka in Pflege gegeben, und sie hatte ihn nicht mehr wiedergesehen. Er war am 30. April des Vorjahres an einer Infektionskrankheit verstorben. Und weil das Kind noch immer geheim bleiben musste, hatte sie sich öffentliche Trauer zu versagen.

Eine Woche nach der Hochzeit zog das Ehepaar Schlegel nach Jena. Vor allem Schiller gab den Anstoß, in die Stadt zu kommen. Er hatte August Wilhelm die Mitarbeit an *Die Horen* angeboten, was zunächst auch ein gewisses Auskommen sicherstellte. Sie mieteten eine Wohnung und dazu noch ein Gartenhaus.

Am 6. August stieß Friedrich Schlegel in Jena zu ihnen. Auf seinem Weg dorthin besuchte er im nahegelegenen Weißenfels noch Hardenberg, der sich noch immer nicht Novalis nannte. Der hatte vier Wochen zuvor in einem Brief an Friedrich Schlegel bekannt: »Fichten bin ich Aufmunterung schuldig – er ist's, der mich weckte und indirekte zuschürt.« Jedoch fehle ihm in Fichtes Denken »die unendliche Idee der Liebe«. In der Tat, Hardenberg war schon vorangeschritten auf dem Weg, den Gefühlen mehr Geltung zu geben, auch was das Gewinnen von Wissen betrifft. »Wissen kommt her von Was«, hatte er nach der Lektüre der Wissenschaftslehre Fichtes geschrieben. Aus dem »Ich«, das Fichte von allem »Nicht-Ich« abgrenzte, machte Hardenberg nun ein liebendes »Du«. Fichtes Denken fand in den *Xenien* Goethes und Schillers eine bissige parodistische Antwort: »Ich bin ich, und setze mich selbst, und setz ich mich selber / Als nicht gesetzt, nun gut! setz ich ein Nicht Ich dazu.«

Goethe hatte den Schlegels nach ihrer Ankunft einen Überraschungsbesuch abgestattet. Caroline, die ihm vier Jahre zuvor in Mainz bei den Forsters begegnet war, erkannte ihn erst wieder, als er seinen Namen nannte. Er war dick geworden.

Friedrich Schlegel hatte sich längst das Ziel gesetzt, im Rückgriff auf die Poesie der griechischen Antike die neueste Literatur und Philosophie in eine umfassende Literaturtheorie zu fassen. Was die neueste Philosophie betraf – so schnell war es nun mit dem Fortschritt bestellt –, dachte er weniger an Kant, sondern vor allem an Fichte. Ab August besprach er in mehreren Rezensionen, die sich über Monate bis ins nachfolgende Jahr erstreckten, Schillers im *Musen-Almanach* veröffentlichte Gedichte. Er lobte den Menschen Schiller und seine ethische Haltung, attackierte aber den Dichter. Schlegel sprach von schlechten Bildvergleichen und einem Mangel an Poesie und Witz. Während er Schillers Leistungen verriss, lobte er Goethes. Der junge Mann versuchte womöglich, seine Helden gegeneinander auszuspielen. Was an seinen Rezensionen hingegen neu war: Er begründete sie. Dies aber reichte nicht, denn sie entsprangen einem Unverständnis für Schillers Ansatz. Zwei Welten wollten nicht zueinander, oder sie konnten es nicht.

Napoleon Bonaparte schickte aus dem Feldlager in Italien Brief auf Brief an Joséphine. Sie solle zu ihm kommen. Am 22. Juli: »Ich habe zu Mailand einen Wagen«, und: »Mache kleine Tagereisen während der kühlen Stunden, um Dich nicht anzustrengen. […] Leb wohl, meine Joséphine. Tausend zärtliche Küsse.«

Am 5. August gewann Bonaparte in der Schlacht bei Castiglione die erste von vielen weiteren Schlachten gegen die Armeen Österreichs.

Im August widmete Hegel sein einziges bekannt gewordenes Gedicht *Eleusis* seinem Freund Hölderlin. Dank des Freundes sollte es für Hegel bald aus der Abgeschiedenheit Berns in das weltoffene Frankfurt am Main gehen:

Des alten Bundes Treue, fester, reifer noch zu finden,
Des Bundes, den kein Eid besiegelte:
Der freien Wahrheit nur zu leben,
Frieden mit der Satzung,
Die Meinung und Empfindung regelt, nie, nie einzugehn! […]

In der Royal Academy stellte der erst 21-jährige William Turner sein erstes großes Ölgemälde aus. Er studierte schon seit Jahren die Natur und schärfte so seinen Blick für das Flüchtige darin: im Wind, in den Wellen, im Dampf, in den Wolken.

In fast durchgehend dunklen Graublautönen zeigte das Gemälde *Fishermen at Sea* (*Fischer auf See*) den wolkendichten Himmel bei stürmischer Nacht. Das Licht des Mondes bricht hindurch und beleuchtet eine Stelle zwischen den hohen Wellen. Dort kämpft sich ein Fischerboot durch die aufgewühlte See, ein weiteres ist ihm in der Dunkelheit voraus. Nur die Lichtspitzen, der Mond, das reflektierende Licht auf den Wellenkämmen glitzern in Gelb und Weiß. Drei Möwen flattern hell angestrahlt im Vordergrund. Die Szene spielt sich – Himmel und See etwas unter der Bildmitte getrennt – unweit der berühmten Needles ab, Felsen, die nadelgleich vor der Küste der Isle of Wight aus dem Meer ragen. Sie sind im Bildhintergrund als Silhouetten zu erkennen. Die Kunstkritiker waren begeistert.

Bei Cotta in Tübingen erschien posthum auf Deutsch *Entwurf eines historischen Gemäldes der Fortschritte des menschlichen Geistes. Nachlass von Condorcet* – dessen optimistischer Blick auf die Entwicklung der Menschheit in der Zukunft.

Am 12. September berichtete Napoleon Joséphine von einem schlechten Lager und schlechter Nahrung. Er sei »verdrießlich, entfernt von Dir zu sein.« Und: »Sobald die Sache beendet ist, eile ich in Deine Arme. Ich umarme Dich millionenmal.« In ihren Armen lag derweil manch anderer.

George Washingtons zweite Amtszeit näherte sich dem Ende. Am 19. September erschien im *American Daily Advertiser*, der auflagenstärksten Zeitung Philadelphias, eine Erklärung. Vor dem Hintergrund der anstehenden Wahl des Präsidenten teilte Washington dort mit, erscheine es ihm »angemessen, insbesondere da es vielleicht zu einer deutlicheren Äußerung der öffentlichen Meinung führen wird, dass ich Sie jetzt von dem Entschluss in Kenntnis setze, den ich gefasst habe: dass ich es ablehne, zum Kreise derer gezählt zu werden, unter denen die Wahl zu treffen ist.«

Washingtons Verzicht auf eine dritte Amtszeit kreierte einen Präzedenzfall, der sofort Usus bei späteren Präsidentschaftswahlen wurde. Kein US-Präsident, außer im 20. Jahrhundert Franklin D. Roosevelt, absolvierte mehr als zwei Amtszeiten. Später wurde Washingtons Vorbild in der Verfassung in einem Zusatz festgeschrieben.

Nach Washingtons Verzicht auf eine dritte Amtszeit erklärte Thomas Jefferson seine Kandidatur. Der Noch-Amtsinhaber hingegen favorisierte John Adams und brachte ihn in Stellung. Der Wahlkampf war erbittert und der Ausgang knapp. Mit 71 zu 68 vereinte Adams im Wahlgremium schließlich nur drei Stimmen mehr auf sich als Jefferson.

Einige von mehreren hundert *Xenien*-Versen von Goethe und Schiller erschienen am 29. September im *Musen-Almanach für das Jahr 1797* und schütteten zwischen tiefen Gedanken und zarter Poesie geradezu Wellen von Sarkasmus, Ironie und Herablassung über den Literaturbetrieb und den in der Philosophie der Tage in Abgrenzung von Kant entstehenden neuen Subjektivismus aus. Wen sie in ihrem Spott meinten, blieb in der Schwebe, konnte aber erahnt werden. Die Schlegel-Brüder lasen in den *Xenien* Spitzen gegen sich. Auch Angriffe auf Caroline meinten sie zu entdecken.

Im Oktober entschied sich Schiller endgültig, ein Drama um den Feldherrn Wallenstein in Angriff zu nehmen. Er begann, sich erneut in die Geschichte des Dreißigjährigen Krieges einzuarbeiten, und fertigte erste Entwürfe an. Goethe arbeitete währenddessen intensiv an *Hermann und Dorothea* und kämpfte sich in seiner Dienstwohnung im Schloss von Jena energisch durch zwei große Arbeitsschübe. Der erste im September dieses Jahres.

Und dann hatte Goethe auch noch etwas ganz anderes zu sagen: »Dies also hätten wir gewonnen, ungescheuet behaupten zu dürfen: dass alle vollkommenern organischen Naturen, worunter wir Fische, Amphibien, Vögel, Säugetiere und an der Spitze der letzten den Menschen sehen, alle nach einem Urbilde geformt seien, das nur in seinen sehr beständigen Teilen mehr oder weniger hin und her weicht und sich noch täglich durch Fortpflanzung aus- und umbildet.«

Das sind Goethes Worte in *Vorträge über die drei ersten Kapitel des Entwurfs einer Allgemeinen Einleitung in die vergleichende Anatomie, ausgehend von der Osteologie*, die er in diesem Jahr verfasste.

Die Fabriken, die Maschinen, der Stahl. Während Boulton und Watt mit der Gründung der Soho Foundry in noch größerem Umfang als je zuvor Dampfmaschinen herstellen konnten, wurde nach drei Jahren Bau am 9. August im Beisein von 80 000 Zuschauern eine Brücke über den Fluss Wear eröffnet, die aus zwei Gründen für Aufsehen sorgte. Zum einen: Sie bestand aus dem neuen Material Gusseisen. Und zum anderen: Sie war auf Basis der Pläne und eines Modells eines der vielen Tüftler Englands dieser Zeit errichtet worden. Dieser aber gehörte nicht den Lunar Men an, auch keiner anderen der vielen Gesellschaften leidenschaftlich experimentierender Wissenschaftler. Er war sogar ein verlorener Sohn. Denn die Konstruktion der Wearmouth-Brücke beruhte auf Vorarbeiten Thomas Paines, der einst eine Brücke über den Schuylkill River bei Philadelphia entworfen hatte.

Paine selbst hielt sich noch in Frankreich auf. Er hatte den Winter im Haus James Monroes verbracht und *Agrarian Justice* verfasst, einen Text über Bodenverteilung und soziale Gerechtigkeit. Er war erschöpft und krank. Die Spannungen zwischen ihm und seinem Gastgeber Monroe waren gewachsen. Paine wurde schließlich nahegelegt, sich eine neue Bleibe zu suchen, woraufhin er seit Frühjahr einige Räume in einem Pariser Vorort bewohnte.

Auf seinen anklagenden Brief hatte Paine von Washington keine Antwort bekommen. Daher entschloss er sich, seine Anschuldigungen zu veröffentlichen.

Nicht jeder gehorchte ihm. Napoleon Bonaparte am 23. November an Joséphine: »Ich liebe Dich gar nicht mehr. Im Gegenteil; ich verabscheue Dich. Du bist hässlich, sehr ungeschickt, sehr dumm, Du bist ein Aschenbrödel. Du schreibst mir gar nicht; Du liebst Deinen Mann nicht, Du weißt, welches Vergnügen ihm Deine Briefe machen, und Du schreibst ihm nicht zufällig hingeworfene Zeilen.«

Er war verzweifelt.

»Was machen Sie den ganzen Tag, Madame?«

1797
Zauber der Geschwindigkeit

Im Januar traf bei der Familie Gogel am Roßmarkt in Frankfurt am Main der neue Hauslehrer ein. Der 26-jährige Georg Wilhelm Friedrich Hegel hatte die Stelle von seinem alten Studienfreund Hölderlin, der Ende des Monats abermals eine von der Mutter angeratene Pfarrstelle ablehnte, vermittelt bekommen.

In Frankfurt am Main bewegte Hegel die Gedanken weiter, die ihm zuvor, gefangen in der Abgeschiedenheit Berns, beim Durcharbeiten der Werke der bedeutenden Denker der Philosophie gekommen waren. Seine Überlegungen, die auf seiner Bewunderung für die Ideen Kants aufbauten, fasste er in verschiedene kleine Schriften. Sie kreisten im weitesten Sinne um die Idee des unabhängigen Individuums und seiner Stellung zu Religion, Glauben und Mythologie.

In diesem Jahr entstand auch eine Schrift ungeklärter Herkunft, die erst 1927 wiederentdeckt werden sollte. Die Handschrift ist als die Hegels identifiziert worden, doch ob Hegel der Autor war oder ob es sich nur um Hegels Abschrift eines Textes von Schelling oder Hölderlin handelt, wird weiterhin diskutiert. Die Handschrift wurde berühmt unter dem Titel *Das älteste Systemprogramm des deutschen Idealismus* und entwarf die Idee einer Mythologie der Vernunft. Es war ein erneuter Versuch, Logik und Gefühl zu vereinen.

In einem Brief vom 2. Februar berichtete ein Freund, der alte Professor Kant halte nun keine Vorlesungen mehr. Seit dem letzten Sommer hatte er diese einschränken müssen. Kant spürte auch seine geistigen Kräfte schwinden. Er wollte nur noch seine Papiere ordnen.

Thomas Paine veröffentlichte im Februar in der in Philadelphia erscheinenden Zeitschrift *Aurora* des Herausgebers Benjamin

Franklin Bache, eines Enkels Benjamin Franklins, Auszüge seines *Letter to George Washington.* Darin nannte Paine Washington einen prinzipienlosen Verräter und Heuchler, der seinen Ruhm als Heerführer und Politiker zu Unrecht genieße. Ohne Frankreich und dessen Unterstützung hätte er nie gesiegt. Außerdem griff er Washington für den kontroversen Jay-Vertrag an. Paine hielt es für ein gegen Frankreich gerichtetes Abkommen.

Im März verließ Paine die französische Hauptstadt und wollte sich in Le Havre nach Amerika einschiffen. Dort aber ließ die Bedrohung durch britische Schiffe das Verlassen des Hafens nicht zu. So kehrte er im Mai nach Paris zurück und kam bei dem Drucker und Journalisten Nicolas de Bonneville unter. Der versteckte seinerseits einen Royalisten und wurde inhaftiert, seine Druckerpresse konfisziert. Paines Gastgeber war ruiniert.

Im Februar und März vertiefte sich Goethe in einem zweiten großen Arbeitsschub erneut in *Hermann und Dorothea* und schloss das Werk mehr oder minder ab. In der Form gestaltete Goethe die Geschichte, die er als Epos in Hexametern verfasst hatte, als Rückgriff auf die Gesänge Homers und damit auf das antike Griechenland. Inhaltlich aber bewegte er sich voll und ganz im Jetzt. Und dies auf eine nahezu revolutionäre Art.

Schiller war von dem Epos nicht nur beeindruckt. Er war begeistert! Er hielt *Hermann und Dorothea* für weit besser als den prosaischen *Wilhelm Meister.* Einen Freund ließ er per Brief wissen, Goethe müsse in seiner »Klarheit über sich selbst und über die Gegenstände« nur die Früchte vom Baum schütteln.

In *Hermann und Dorothea* verarbeitete Goethe die Französische Revolution. Hermann, der schüchterne Sohn eines Wirtes, verliebt sich in die junge Dorothea, deren Verlobter unter der Guillotine sein Leben beschlossen hatte. Nun ist sie auf der Flucht vor den französischen Truppen, kümmert sich aber trotz all ihrer eigenen Not um andere. Durch mehrere Verwicklungen hindurch finden sie schließlich zueinander. Antike, Bürgerlichkeit und Humanismus verbinden sich.

Während Goethe in Jena an *Hermann und Dorothea* gearbeitet hatte, war er bei Schiller immer wieder mit den Humboldt-Brüdern zusammengetroffen. Deren Mutter Marie-Elisabeth von Humboldt war im November des Vorjahres verstorben, und sie beide erbten nun ein Vermögen. Wilhelm und Alexander hatten den Ansprüchen der Mutter nie genügen können. Sie hatte sich für beide Karrieren im Staatsdienst erhofft.

Alexander, den nicht nur wegen der Schilderungen Forsters auf ihrer gemeinsamen Reise eine »unvertilgbare Sehnsucht nach der Tropengegend« vorantrieb, hatte nach dem Tod der Mutter den Staatsdienst quittiert und bereitete sich nun akribisch auf seine geplante große Forschungsreise in die Weite südlicher Gefilde vor. Wo genau es hingehen sollte, wusste er noch nicht. Zielstrebig arbeitete er an seinen Fertigkeiten in der Vermessungstechnik, lernte wissenschaftliche Instrumente zu bedienen und vertiefte seine Kenntnisse in Geographie, Geologie, Botanik, Meteorologie und Anatomie. Von Anfang März bis Ende Mai zog er nach Jena und arbeitete mit Goethe an naturwissenschaftlichen Fragen. Bei Loder besuchte er einen Präparierkurs und jubelte, »welch ein glücklicher Zufall« es gewesen sei, »dass gerade das verflossene Jahr so reich an Leichen war«.

Am 4. März hielt John Adams seine Antrittsrede als zweiter Präsident der Vereinigten Staaten. Er fand schon am ersten Tag seiner Amtszeit große Probleme vor. Nach dem Abschluss des Jay-Vertrags mit Großbritannien verschlechterten sich die Beziehungen zu Frankreich dramatisch. Das Direktorium in Paris weigerte sich, den neuen amerikanischen Gesandten zu empfangen. Zudem sah sich die junge USA, wie es der harte und erbitterte Wahlkampf gegen Jefferson gezeigt hatte, mit den stürmischen Unwägbarkeiten eines sich schon lange abzeichnenden Parteiensystems konfrontiert. Trotz aller Unbill pendelte sich aber eine erste gewisse institutionelle Stabilität in der jungen Republik ein. Zu verdanken war das auch und gerade dem Beispiel, das Washington in allen Jahren auf so vielerlei Art gegeben hatte.

Schiller hatte sich zunächst gefragt, ob er Goethes Gartenhaus mieten dürfe. Dann aber ließ er eines oberhalb von Jena umbauen, wo er die Sommer dieses und des nächsten Jahres verbrachte und oft spazieren ging. Seine Gesundheit blieb angegriffen. Und Goethe meinte, Schiller tue zu wenig, um sein Befinden zu verbessern, sei viel zu wenig draußen an der Luft. Daher überrumpelte er den Freund zuweilen mit unangekündigten Kutschfahrten.

Auch in den Gartenhäusern wuchsen die Balladen. Man sollte dieses Jahr später das Balladenjahr nennen, denn Schiller und Goethe stürzten sich energisch in diese Form der Lyrik. Unter anderen entstand Goethes Ballade *Der Zauberlehrling* – eine Mahnung, durch Übertreten von bestehender Ordnung oder durch Selbstüberschätzung Kräfte zu entfesseln, die man dann nicht mehr beherrscht.

Ein kleiner Nachruhm, bevor man danach über lange Zeiten von ihm, dem verirrten Revolutionär, schweigen sollte, wurde Georg Forster drei Jahre nach seinem Tod dann doch noch zuteil. Friedrich Schlegel setzte ihm ein Denkmal. Zu Ostern erschien sein Aufsatz *Georg Forster: Fragment einer Charakteristik der deutschen Klassiker*.

Keiner atme den »Geist freier Fortschreitung« wie er, »belebt und bereichert«. »Es verlohnt sich wohl der Mühe«, fuhr er fort, »Forsters Schriften nicht zu verkennen. Wenige Deutsche sind so allgemein geliebt. Wenige verdienen es noch mehr zu werden.« Seine Eloge schloss Friedrich Schlegel mit dem Satz: »Die Wiedervereinigung endlich aller wesentlich zusammenhangenden, wenngleich jetzt getrennten und zerstückelten Wissenschaften zu einem einzigen unteilbaren Ganzen, erscheint ihm als das erhabenste Ziel des Forschers.«

Bei den Wahlen im März errangen die royalistischen und antirepublikanischen Kräfte in beiden Kammern der Französischen Republik die Mehrheit. Die Republikaner im Direktorium waren besorgt.

Im April erschien bei Cotta der erste von zwei Bänden von Hölderlins Roman *Hyperion*. Die Geschichte des Helden, der für die Freiheit Griechenlands kämpft und schließlich als Eremit in der Einsamkeit der Natur zur Ruhe mit sich selbst findet.

Neben der Arbeit an *Hermann und Dorothea* und dem Balladendichten plante Goethe im Mai und Juni, erneut nach Italien zu reisen. Schon im Vorjahr wollte er dorthin. Aber die Feldzüge Napoleons hatten ihm einen Strich durch die Rechnung gemacht. Nun bot sich mit den Aussichten auf einen Frieden eine neue Gelegenheit. Doch Schiller wollte, dass er blieb. Die Arbeit, gab er zu bedenken, gehe doch gerade so gut von der Hand, warum dies nicht nutzen?

Schiller hatte derweil August Wilhelm Schlegel bei *Die Horen* vor die Tür gesetzt. Am 31. Mai schrieb er ihm, es habe ihm »Vergnügen gemacht, Ihnen durch Einrückung Ihrer Übersetzungen aus Dante und Shakespeare in die Horen zu einer Einnahme Gelegenheit zu geben«. Da aber »Herr Friderich Schlegel zu der nehmlichen Zeit, wo ich Ihnen diesen Vorteil verschaffe, öffentlich deswegen schilt, und der Übersetzungen zu viele in den Horen findet, so werden Sie mich für die Zukunft entschuldigen. Und um Sie, einmal für allemal, von einem Verhältnis frei zu machen, das für eine offene Denkungsart und eine zarte Gesinnung notwendig lästig sein muss, so lassen Sie mich überhaupt eine Verbindung abbrechen, die unter so bewandten Umständen gar zu sonderbar ist, und mein Vertrauen zu oft schon kompromittierte.«

Die Gründe für das Zerwürfnis lagen – neben diesen abweichenden Auffassungen von Loyalität – in nicht geringem Maße in den Reibungen der Persönlichkeiten, gespeist aus Missverständnissen, Unterstellungen und Verletzungen. Auch die Frauen des Kreises trugen dazu bei – Caroline Schlegels loses und lästerlustiges Mundwerk und Charlotte Schillers aristokratische Dünkel, der die Verhältnisse des Schlegelkreises suspekt waren. Sie hielt Caroline Schlegel für eine Frau von zweifelhaftem Ruf, deren Auftreten sie in ihren Augen zur »Madam Lucifer« machten.

Goethe war durch Schillers literarische Anfeuerung nachdenklich geworden und schwankte in seinem Reiseentschluss. Das beiseitegelegte *Faust*-Manuskript fiel ihm ein, und er bat Schiller nun, einmal in einer seiner schlaflosen Nächte darüber nachzudenken. Das musste er Schiller nicht zweimal sagen. Nach Blick in das Fragment kam der zu dem Schluss, Faust zeige, dass Gott und Physis im Menschen in Widerstreit lägen. Er erarbeitete gleich eine Reihe von Anregungen und hoffte damit wohl vor allem, Goethe in Weimar zu halten.

Es waren überhaupt Tage vieler literarischer Reifeprozesse: Am 20. Juni sandte Hölderlin einen Brief an Schiller und mit ihm den ersten Band des *Hyperion* sowie *An den Aether* und *Der Wanderer*.

Schiller teilte Goethe in einem Brief vom 7. Juli mit, er sei »jetzt an mein Glockengießerlied gegangen und studiere seit gestern in Krünitz Encyklopaedie, wo ich sehr viel profitiere. Dieses Gedicht liegt mir sehr am Herzen, es wird mir aber mehrere Wochen kosten, weil ich so vielerlei verschiedene Stimmungen dazu brauche und eine große Masse zu verarbeiten ist«.

Die von Schiller erwähnte Enzyklopädie war die *Oeconomische Encyclopädie* von Johann Georg Krünitz, die seit 1773 erschien. Enzyklopädien als umfassende Nachschlagewerke zu bestimmten oder auch universellen Themengebieten gab es schon in der Antike. Gerade aber in diesen Jahren verbreiteten sie sich in verschiedensten Ausgaben als Universalquellen des Wissens in den Bibliotheken und Wohnstuben Europas und Nordamerikas. In Edinburgh erschien im Zeichen der Schottischen Aufklärung seit 1768 die *Encyclopædia Britannica*. Aller Vorbild aber war die berühmte *Encyclopédie* Diderots und D'Alemberts aus der Mitte des Jahrhunderts, deren Ruhm auch dank solcher Autoren wie Rousseau und Voltaire weit über Frankreich hinausgelangt und von der Madame de Pompadour, der Mätresse Louis' XV., gefördert worden war.

Die Humboldt-Brüder hielten sich im Juni und Juli in Dresden auf und tauschten sich dort eng mit Körner aus. Auch hatten sie dort noch Fragen zur Erbschaftsregelung zu klären. Sie wollten nach Italien und warteten darauf, dass die Kämpfe gegen Napoleon Bonaparte so weit abebbten, um die Reise dorthin antreten zu können.

Im Juli bot Hölderlin Schiller zwei Gedichte für den *Musen-Almanach* an. Im Begleitbrief gestand er dem Bewunderten, er versuche »manchmal, Sie zu vergessen, um während einer Arbeit nicht ängstig zu werden.«

Im Juli verbrannte Goethe in Vorbereitung seiner geplanten dritten Italienreise fast alle bis 1792 erhaltenen Briefe. Auch machte er sein Testament und bedachte darin vor allem seinen Sohn August und Christiane. Schiller ernannte er mit Christian Gottlob Voigt, seinem Weimarer Minister- und Dichterkollegen und Freund, zum Testamentsvollstrecker.

Daraufhin machte er sich auf den Weg in die Schweiz. Diesmal betrachtete er alles, was er sah, unter dem Eindruck seiner Arbeit an *Faust*. Die weite Welt, die überwältigende Natur, die verborgenen Mächte des Lebens, der Mensch darin. Der Gotthardt! Goethe berichtete seine Eindrücke en detail an Schiller, auch, dass er sich mit der Gestalt des Wilhelm Tell und der Sage um ihn befasse. Die Idee zum Tell war da, und Schiller sofort elektrisiert.

Am 22. August trafen Goethe und Hölderlin zum letzten Mal in ihrer beider noch langen Leben aufeinander. In Frankfurt am Main riet Goethe, auf Besuch bei seiner Mutter, dem jungen Mann, von dessen Talent er noch immer nicht hinreichend überzeugt war, »kleine Gedichte zu machen«.

Es blieb unruhig in Frankreich. Seit den Wahlen im März, bei denen die Royalisten viele Mandate gewonnen hatten, stand das

Direktorium zunehmend unter Druck. Die Republikaner im Direktorium, neben Paul Barras noch zwei weitere Direktoren, planten nun einen Staatsstreich. Sie wollten die Royalisten aus der politischen Arena entfernen und die Gefahr einer Rückkehr zur Monarchie beseitigen. Die Verschwörer suchten Hilfe bei Napoleon Bonaparte. Und der gewährte sie, im Wissen, sich unentbehrlich zu machen. Er entsandte Truppen und seinen General Charles Pierre François Augereau.

Der Staatsstreich erfolgte am 18. Fructidor des Jahres V der Revolution, also am 4. September. Die Wahlergebnisse vieler Departements wurden annulliert, die Royalisten verloren ihre Sitze. Zwei Direktoriumsmitglieder, die den Staatsstreich nicht unterstützt hatten, ersetzte man, die Regierung bildete man um. Mittlerweile war es Talleyrand gelungen, auch dank seiner Verbindungen zu der einflussreichen Germaine de Staël, das Amt des Außenministers zu ergattern. Sie hatte auf Barras eingewirkt, der am 16. Juli Talleyrand als Außenminister durchsetzte. Der beeilte sich, dem von ihm längst bewunderten Napoleon Bonaparte am 24. Juli einen Brief nach Italien zu schicken, voll blumiger Lobeshymnen. Wer wusste, was aus dem Mann noch werden und wofür man ihn noch brauchen konnte.

Nach dem Staatsstreich setzte neuerliche politische Verfolgung ein. Anders als zu Zeiten des Terrors aber exekutierte man die politischen Gegner nicht mit der Guillotine, sondern deportierte sie in die Überseegebiete, wo sie oft schwere körperliche Arbeit leisten mussten. Die meisten der zahlreichen royalistischen Abgeordneten starben nach dem Staatsstreich des 18. Fructidor in der grünen Hölle Guyanas. Thomas Paine beriet derweil Außenminister Talleyrand bei Verhandlungen Frankreichs über ein Abkommen mit den USA hinsichtlich der Seerechte – Präsident John Adams hatte drei Verhandlungsführer gesandt. Und im November veröffentlichte er ein Pamphlet, in dem er das Vorgehen des Direktoriums rechtfertigte.

Mary Wollstonecraft und William Godwin lebten seit dem Vorjahr als Liebespaar. Sie waren sich zum ersten Mal 1791 während eines Abendessens, das ihr Verleger Johnson für Thomas Paine gab, begegnet. Godwin hatte zwei Jahre später als Denker mit seinem Werk *An Enquiry Concerning Political Justice and its Influence on General Virtue and Happiness* für Aufsehen gesorgt. Darin lehnte er mit hochkomplexer Argumentation gewaltsame Revolutionen ab und stellte ihnen die Forderung einer Art gesellschaftlicher Evolution durch nüchterne Vernunft entgegen.

Godwins Vertrauen in die Vernunft führte so weit, dass er nur sie als einzige Form der Macht über Menschen akzeptierte. Sie sei nicht durch Gewalt, sondern durch Bildung zu erreichen. Der »vernünftige« Anarchist Godwin bekämpfte daher sowohl den sich ausbreitenden Kapitalismus als auch Institutionen wie die Ehe, weshalb die Freigeister Godwin und Wollstonecraft, obwohl er sich liebevoll um Marys Tochter Fanny kümmerte, auch nicht heiraten wollten. Auch zogen sie zunächst nicht zusammen. Als Mary dann aber ein Kind erwartete, heirateten sie am 29. März doch. Mary Wollstonecraft starb im September an den Folgen der Geburt von Mary Godwin. Diese sollte später als die Autorin Mary Shelley eines der berühmtesten Werke der romantischen und fantastischen Literatur schaffen: *Frankenstein*.

Schiller schrieb am 22. September an Goethe: »Mein letzter Brief hat Ihnen schon gemeldet, dass ich die Glocke liegen lassen musste. Ich gestehe dass mir dieses, da es einmal so sein musste, nicht so ganz unlieb ist. Denn indem ich diesen Gegenstand noch ein Jahr mit mir herumtrage und warm halte, muss das Gedicht, welches wirklich keine kleine Aufgabe ist, erst seine wahre Reife erhalten. Auch ist dieses einmal das Balladenjahr, und das nächste hat schon ziemlich den Anschein das Liederjahr zu werden, zu welcher Klasse auch die Glocke gehört.«

Der 17. Oktober war ein besonderer Tag für William Bligh. Vor der niederländischen Küste tobte im Koalitionskrieg die Seeschlacht von Camperduin. Bligh befehligte die HMS Director beim Sieg über die niederländische Marine. Die Franzosen planten eine Landung in Irland. Gedeckt werden sollte diese von niederländischen Schiffen. Sieben Meilen vor der Küste zwischen Egmond und Camperduin kam es zum Gefecht. Der britische Admiral Duncan löste die Gefechtsformation auf und ließ quasi Schiff gegen Schiff eigenständig kämpfen. Bligh zeichnete sich aus. Er stellte das Schiff des niederländischen Admirals und attackierte es mit Salve auf Salve, bis es die Flagge strich.

Napoleon Bonaparte konnte an diesem 17. Oktober den Frieden von Campoformio feiern. Den Namen erhielt der Vertrag von einem Feld gleichen Namens bei Udine. Dort stand das Heerlager der Österreicher. Die mussten schmerzliche Zugeständnisse machen und sich vom Sieger bei der Unterzeichnung demütigen lassen. Bonaparte ließ die österreichische Abordnung in die Villa kommen, in der er Quartier genommen hatte, und bis in die späte Nacht warten. Erst dann erschien er zur Unterzeichnung und signierte schlicht mit Bonaparte. Darunter ein dicker Tuschestrich.

Der seit 1792 tobende 1. Koalitionskrieg war somit beendet. Österreich trat an Frankreich Belgien und die Lombardei ab und in einem geheimen Zusatz auch das linke Rheinufer (*rive gauche du Rhin*). Im Gegenzug erhielt es Venedig.

In den monatelangen Verhandlungen hatte Bonaparte, umgeben von seinem Clan, in Mailand im Schloss Montebello wie ein Fürst residiert und sich ganz nebenbei als Staatengründer betätigt: Es entstanden die Cisalpinische Republik und die Ligurische Republik. Die Verhandlungen waren ein willkommenes Übungsfeld, um an seinem politischen Handwerk zu feilen. Besonders erfolgreich hatte Bonaparte sein manipulatives und schauspielerisches Talent eingesetzt. Immer wenn er es für angebracht hielt, steigerte er sich in Wutanfälle, um den Verhandlungsgegner einzuschüchtern. Kurz darauf wieder gab er mit ausgesuchter Freundlichkeit den Verständigungsbereiten. In ihm reifte der Plan, auch in Frankreich politisches Gewicht zu gewinnen. In kleinen Schritten dachte er dabei zu keinem Moment. Er dachte nur groß. Vielleicht könnte er ja die Revolution revolutionieren.

Die Kriegsführung hatte er bereits revolutioniert. Sie trat mit seinem Italienfeldzug in eine neue Ära ein. Strategisch genial setzte er Entwicklungen wie die Auflösung der geschlossenen Gefechtsformation um. In der Schlacht bündelte er seine Kräfte, um konzentriert zuzuschlagen und so das Gleichgewicht des Feindes zu zerstören.

Zudem setzte Bonaparte permanent auf handfeste Motivation, womit er aus der Not eine Tugend machte. Die Truppen, die er übernommen hatte, waren schlecht ausgerüstet und abgerissen. Künftige Siege brächten ihnen Reichtümer, ließ er sie immer wieder aufs Neue wissen. Es war die unverhohlene Erlaubnis, zu plündern. Er zeigte sich als Anführer und zugleich als einer von ihnen, indem er zeitweise selbst an vorderster Front mitkämpfte. Bonaparte belohnte Mut und Leistung und verbesserte konsequent die Möglichkeiten seiner Soldaten und Befehlshaber, weiter aufzusteigen. Jeder Soldat trage den Marschallstab im Tornister.

Bonaparte hatte erkannt, wie wichtig es war, den Sinn und den Erfolg eines Kampfes permanent zu betonen. Seine Eroberungszüge erklärte Bonaparte ganz im Geiste der Revolution zu Akten der Befreiung; ein wesentliches Argument der Propaganda künftiger Kriege. Zwei von Bonaparte ins Leben gerufene Truppenzeitungen feierten unablässig das Erreichte, vor allem die Soldaten, die sich ausgezeichnet hatten. So festigten sie auch seinen eigenen Ruhm. Ende Oktober ernannte ihn das Direktorium zum Oberbefehlshaber der England-Armee an der Kanalküste. Zunächst aber kehrte er im Dezember nach Paris zurück, um die nächsten Schritte zur Verwirklichung seiner neuen Ziele zu planen.

Friedrich Schlegel war bis zum 3. Juli in Jena bei Bruder und Schwägerin geblieben. Nun ging er nach Berlin. Dort lernte er schon nach wenigen Tagen im Salon von Henriette Herz, seit Jahren eine enge Freundin der Humboldt-Brüder, Dorothea Veit, die Tochter von Moses Mendelssohn, kennen: neun Jahre älter als er, von herbem Aussehen und unglücklich verheiratet mit einem Mann, der – da er sie liebte – versuchte, ihr alle Freiheiten zu lassen. Die Begegnung von Friedrich und Dorothea sollte Folgen haben, noch im gleichen Jahr wurden sie ein Liebespaar.

Ebenfalls in einem Salon lernte Friedrich Schlegel dieser Tage Friedrich Schleiermacher kennen. Der arbeitete als Prediger an der Charité. Im Dezember bezogen Schleiermacher und Schlegel eine gemeinsame kleine Wohnung, dort lasen und diskutierten sie Fichtes Werke und übersetzten Platon.

Der Schritt Adrienne Lafayettes, mit ihren Töchtern zu ihrem Mann ins Gefängnis zu ziehen, um dort mit ihm gemeinsam die Haft zu verbringen, führte erst allmählich zu dem erwünschten Effekt in der Öffentlichkeit. Zwar hatte George Washington im Mai des Vorjahres, ermutigt von Hamilton, endlich an Franz II. geschrieben, um die Freilassung gebeten und angeboten, die Familie in den USA aufzunehmen. Doch es war nichts geschehen. Im Februar hatte John Adams als Botschafter in Den Haag wissen lassen, er bekomme ständig Anfragen der Freunde von Lafayette. Doch vom Präsidenten oder dem Außenministerium habe er dazu bislang keine Anweisungen erhalten.

Dann fand die Angelegenheit ihren Weg in die Feldpost an Bonaparte. Das Direktorium bat ihn Anfang August, sich darum zu kümmern, und der erreichte im Zuge des Friedens von Campoformio, dabei die Lafayettes im Hinterkopf, die Freilassung aller Gefangenen des Konflikts. Noch vor der Unterzeichnung des Vertrags im Oktober kam die Familie Lafayette am Morgen des 19. September frei, wurde über die böhmisch-sächsische Grenze gebracht und am 4. Oktober in Hamburg dem amerikanischen Konsul John Parish übergeben. Über fünf Jahre Gefangenschaft lagen hinter Lafayette.

Mittlerweile nahm das, was sich Friedrich Schlegel unter dem facettenreichen Begriff Romantik vorstellte, Kontur an. Romantik bedeutete für ihn das Zurücklassen der Antike und der Klassik und die Hinwendung zur eigenen Geschichte und Kultur. In einem Brief vom 1. Dezember an Bruder August Wilhelm meinte er: »Meine Erklärung des Worts *Romantisch* kann ich Dir nicht gut schicken, weil sie – 125 Bogen lang ist.« 125 Bogen entsprachen 2000 Seiten.

Goethe arbeitete im Dezember nach Jahren wieder intensiv an *Faust*. Er fügte neue Szenen hinzu und baute die Geschichte nun zu der großen, umfassenden und vielschichtigen Tragödie um Liebe, Erkenntnis, Wissenschaft und Lebenssinn aus.

Ursprünglich auf dem Weg nach Rom, befand sich Wilhelm von Humboldt mit seiner jungen Familie nun in Paris. Mit seinem Bruder Alexander hatten er, Frau Caroline und die mittlerweile drei Kinder zuvor Zwischenstation in Wien gemacht und dort lange auf ein Ende der anhaltenden Kämpfe in Italien gewartet, bevor sie sich im Oktober entschlossen, ihre Pläne zu ändern.

Alexander, der sich in Wien weiter auf seine große Überseereise vorbereitete, fuhr nach Salzburg weiter. Seine zweibändige Arbeit *Versuche über die gereizte Muskel- und Nervenfaser* auf Basis seiner galvanischen Experimente, von denen er viele mit Goethe unternommen hatte, wollte er noch vor der großen Reise abschließen. Der italienische Naturforscher Luigi Galvani hatte im Jahrzehnt zuvor bei Versuchen mit Froschschenkeln, die mit Kupfer und Eisen in Berührung kamen, Zuckungen entdeckt und daraus – wie sich später herausstellen sollte – gefolgert, in den Froschschenkeln liege Elektrizität vor, die sich durch die Metalle entlade.

Wilhelm und seine Familie trafen Ende November in Paris ein. Sofort erfreute er sich einer Reihe neuer, intensiver und anregender Bekanntschaften, wie beispielsweise die des Abbé Sieyès, Germaine de Staëls und die Jacques-Louis Davids.

Am 10. Dezember stand Wilhelm von Humboldt in der Menge, die dem erst 27-jährigen General Napoleon Bonaparte als Sieger des Italienfeldzugs im Hof des Palais du Luxemburg, Sitz der Exekutive, zujubelte. Neben anderen Würdenträgern der Republik und der Stadt erschienen die fünf Männer des Direktoriums in ihren blauen, goldbesetzten Fräcken mit weißer Schärpe, die Jacques-Louis David entworfen hatte. Die Abgeordneten folgten in ähnlicher, ebenfalls von ihm entworfener Kleidung.

Dann trat Bonaparte in den Hof, begleitet von drei Generälen. Klein sah er aus zwischen ihnen, etwas gerupft mit seinen strähnigen halblangen Haaren. War er klein? Tatsächlich war Bonaparte etwa so groß wie der Durchschnitt. Doch aufgrund seiner gedrungenen Gestalt, seiner kurzen, dünnen Beine wirkte er kleiner; und das übernahmen und verbreiteten vor allem seine Feinde gern.

Als er in den Hof trat, brach Jubel aus: »Vive Bonaparte!« Nach all den Jahren der Unsicherheit rief da auch die Hoffnung nach dem Helden, der all den Unwägbarkeiten des Lebens endlich ein Ende machen könnte. Ein nächster Staatsstreich schien geradezu herbeigesehnt zu werden.

Bonaparte begeisterte an diesem Tag mit zur Schau gestellter Bescheidenheit. Er lehnte ab, auf dem bereitgestellten Ehrenstuhl Platz zu nehmen, und blieb stehen. Außenminister Talleyrand hielt eine Rede auf ihn. Dann sprach Napoleon. Mit seinem befremdenden Akzent sprach er von einem Sieg aller Franzosen, von der Freiheit, die Europa winke, die bereits die Deutschen und Italiener wachgerüttelt habe. Als anschließend Barras redete, verglich der Bonaparte mit Cäsar, mit Sokrates und nannte ihn einen Mann des Friedens. Umarmungen, Musik.

Anschließend lehnte Bonaparte weitere Gunstbezeugungen ab und nahm in den nachfolgenden Tagen, wie einst George Washington, die Rolle des Cincinnatus ein, der wieder ins Glied der einfachen Bürger rückte. Er verließ das Haus meist in Zivil und zerstreute in all seinem Tun etwaige Vermutungen, er strebe nach der Macht.

1798
Nach- und Vordenken

Gleich auf der ersten Seite der neuen Zeitung, deren erste Ausgabe am 1. Januar mit dem Namen *Neueste Weltkunde* erschien, hieß es: Sollte »England vom Ozean verschlungen« oder »Afrika an Spanien gefügt« werden, wäre »diese Revolution in der physischen Welt nicht größer«. Es ging um die Französische Revolution.

Die Zeitung war der Vorläufer der späteren *Allgemeinen Zeitung*. Sie sollte über das nahezu gesamte 19. Jahrhundert zu einer der bedeutendsten politischen Tageszeitungen Deutschlands werden. Als ersten Chefredakteur hatte sich der Tübinger Verleger Johann Friedrich Cotta keinen Geringeren als Friedrich Schiller gewünscht. Der aber winkte ab. Eine Arbeit an einer politischen Zeitung lag ihm fern. Einem anderen Projekt mit Cotta, eben *Die Horen*, galt sein Herzblut.

Goethe teilte Schiller am 3. Januar in einem Brief zum neuen Jahr mit, wie sehr er sich freue, ihn in seiner Nähe zu wissen. Sie sollten unbedingt wieder längere Zeit gemeinsam verbringen, »damit eine gewisse Epoche meines Denkens und Dichtens schneller zur Reife komme.« Auch freue er sich darauf, etwas von *Wallenstein* zu sehen.

Das überragende Echo seines eigenen Werkes *Hermann und Dorothea* weckte in Goethe derweil Argwohn. »In *Hermann und Dorothea* habe ich, was das Material betrifft, den Deutschen ihren Willen getan und nun sind sie äußerst zufrieden.« Der Erfolg war ihm verdächtig. Zumal er sich nach vielen Jahren endlich wieder als Poet, Dramatiker, Literat empfand. Er wusste, wem er das verdankte. Am 6. Januar gestand er Schiller: »Sie haben mir eine zweite Jugend verschafft und mich wieder zum Dichter gemacht, welches zu sein ich so gut als aufgehört hatte.«

Allerdings entwickelte sich Anfang dieses Jahres Schiller zu dem literarisch Produktiveren der beiden. Die Balladen hatten ihn neu inspiriert und gaben ihm neuen Antrieb für die Arbeit an *Wallenstein*. Der rastlose Goethe nahm sich derweil in den farb- und freudlosen Stunden des Januars wieder die Farbenlehre vor, an der er seit Jahren immer wieder arbeitete und von der er bereits 1791 und 1792 seine Arbeit *Beiträge zur Optik* veröffentlicht hatte, in der er unter anderem über von ihm selbst illustrierte Phänomene der Lichtbrechungen referierte.

Schiller unterrichtete Goethe am 26. Januar, dass *Die Horen* eingestellt seien, jene Zeitschrift, die den Beginn ihrer Freundschaft wesentlich mitgeprägt hatte.

Am 11. März entließ der neue preußische König Friedrich Wilhelm III. den – unter seinem im November des Vorjahres verstorbenen Friedrich Wilhelm II. so mächtig gewordenen – Minister Johann Christoph von Woellner ohne Pension aus dem Staatsdienst. Woellners Religionsedikt, das im Grunde der Welterklärung durch die christlich-protestantische Religion den Vorrang vor der Aufklärung gab, hatte nicht nur Immanuel Kant in den letzten nahezu zehn Jahren zu schaffen gemacht. Nun wurde es zwar nicht abgeschafft, doch fortan nicht mehr befolgt. Der erleichterte Kant machte sich nun doch wieder an die Arbeit für neue Veröffentlichungen.

Im Oktober des Vorjahres hatten die Schlegel-Brüder beschlossen, selbst eine Literatur-Zeitschrift herauszugeben. Sie sollte *Athenaeum* heißen. Auch der Name *Schlegeleum* stand mal im Raum.

Friedrich Schlegel schwebte mit der neuen Zeitschrift nichts Geringeres vor, als »dass wir uns eine große Autorität in der Kritik machen, hinreichend, um nach 5–10 Jahren kritische Diktatoren Deutschl.[ands] zu sein«, und die seinerzeit dominierende Literaturzeitschrift *Allgemeine Literatur Zeitung* »zu Grunde zu richten«. Zudem wollte er »allen andern schlechten aber geltenden krit.[ischen] Journalen offen Krieg ankündigen.«

Als Verleger hatten sie Friedrich Vieweg in Berlin gewonnen, der zu jener Zeit durch die Herausgabe von Goethes *Hermann und Dorothea* auf einer Welle des Erfolgs schwamm. Anfang Mai erschien die erste Ausgabe. August Wilhelm Schlegel sandte am 9. Mai ein Heft an Goethe. Dies, wie das im Juli nachfolgende zweite Heft, enthielt ausschließlich Beiträge der beiden Schlegels und Friedrich von Hardenbergs, der sich nun Novalis nannte. Der litt schwer unter dem Tod seiner Verlobten Sophie von Kühn im Vorjahr und hatte am 24. Februar mehrere Manuskripte an die Schlegel-Brüder geschickt. Sein nunmehr feststehendes Pseudonym Novalis bedeutete »der Neuland Rodende« und leitete sich ab von einem alten Beinamen seiner Familie, die sich »de Novali« nach dem Gut Großenrode, lateinisiert *magna novalis* genannt habe, wie er August Wilhelm Schlegel in einer Notiz erläuterte.

In der ersten Ausgabe erschien Novalis' *Blütenstaub*, eine Sammlung von einzelnen Sentenzen, kurzen Betrachtungen, verstreuten Gedanken, kurzum: literarischen Fragmenten. Das Fragment wurde zur frühromantischen Form schlechthin – die Form sollte offen sein.

Novalis' Beitrag erschien als der zweite im Heft und schleuderte den Lesenden nach der Überschrift »Wir suchen überall das Unbedingte, und finden immer nur Dinge« entgegen; womit er die Welt schon im ersten Satz mit seinem eigenwilligen Nachdenken über das Verhältnis von Innenwelt zur Außenwelt bekannt machte. Das Nachdenken darüber, ob wir in unserer Existenz allein sind, ließ ihn fragen: »Wir träumen von Reisen durch das Weltall: Ist denn das Weltall nicht in uns?«

Nach dem Blick ins Innere wollte Novalis den Blick aktiv nach außen wenden und beides ineinander verschmelzen. Dies unter Einsatz aller Sinne mache den Philosophierenden aus. Als verbindendes Element über Philosophie und Wissenschaft stand für Novalis die Poesie. Der ideale Staat sei ein poetischer Staat. Aus diesem Gedanken spann er dann eine Vision für sein uneiniges Heimatland. Gerade das vermeintlich zurückgebliebene

Deutschland, »das Hänschen«, dürfte bald »Hans aller Hänse« werden. Die Französische Revolution war für Novalis nur »Krise der eintretenden Pubertät« gewesen, Deutschland die Hoffnung der umgesetzten poetischen Reife. Goethe sei deren Statthalter.

Nachdem ihn Paris gefeiert und mit Ehren überschüttet hatte, reiste Napoleon Bonaparte im Februar zu seinem neuen Kommando an die Kanalküste. Er plante eine Invasion Englands. Diese sollte seinen Ruhm wachhalten und mehren, um schließlich in Frankreich nach der Macht greifen zu können. Thomas Paine sandte ihm eine Expertise, wie eine Landung gelingen könne. Doch je mehr sich Bonaparte mit den Details auseinandersetzte, desto klarer erkannte er die Überlegenheit der britischen Flotte und wie illusorisch ein Erfolg war.

Daraufhin grübelte Bonaparte, was er stattdessen in Angriff nehmen könnte, und verfiel auf eine auf den ersten Blick vollkommen abwegige, bei näherem Hinsehen aber recht schlüssige Idee: Wenn er Ägypten eroberte, könnte er England den seinerzeit direktesten Nachrichtenweg zu seiner damals bedeutendsten Kolonie Indien abschneiden. Ganz zu schweigen von den dann zum Greifen nahen Schätzen des Orients. Er könnte wie Alexander der Große gen Asien ziehen – »Ein Sterblicher kann dort zum Gott werden«, hatte er bereits drei Jahre zuvor notiert. Abgestimmt mit Talleyrand machte sich Bonaparte ans Werk, die politische Zustimmung einzuholen. Talleyrand verfasste im Februar eine Denkschrift für das Direktorium, Bonaparte folgte mit einem Papier im März.

Die Idee eines Ägyptenfeldzugs war nicht neu. Sie war immer mal wieder auf den Tisch gekommen. Nun aber schien sie allen Beteiligten eine großartige Lösung für vieles. Man könnte Großbritannien herausfordern, ohne die direkte Konfrontation zu wagen, Bonaparte erhielt die Gelegenheit, an seinem weiteren Aufstieg zu arbeiten, für das Direktorium barg die Idee den Charme, den im Volk beliebten Feldherrn möglichst fern der

Heimat zu wissen. So billigte es schließlich am 12. April den aberwitzig erscheinenden Plan.

Rasch ging Bonaparte ans Werk. In der Nacht vom 3. auf den 4. Mai reiste er nach Toulon. Von dort stach er am 19. Mai in See. 280 Kriegs- und Transportschiffe machten sich mit dem Zwischenziel Malta auf den Weg. Nach und nach stießen weitere Schiffe hinzu, so dass das Expeditionskorps bald aus 365 Schiffen mit 54 000 Menschen bestand, darunter 38 000 Soldaten.

Bonaparte gelang es, seiner Militärexpedition auch auf anderer Ebene den Anschein einer wichtigen Unternehmung zu geben. Denn während Europa durch Maschinen, Wissenschaft und neue Staatsideen in die Zukunft schaute, suchte es weiter Halt und Anregung in vorbildhaft empfundener Vergangenheit. Zu der Rückschau auf das antike Griechenland und das antike Rom, zu den ersten wissenschaftlichen Ausgrabungen Pompejis Mitte des Jahrhunderts und der nahezu zeitgleichen Begründung der Kunstwissenschaft durch das Werk Johann Joachim Winckelmanns fiel nun auch durch Bonapartes Expedition ein genauer Blick auf Ägypten und seine glorreiche Vergangenheit.

In dem gewaltigen Tross reisten 200 Maler, Dichter, Geographen, Archäologen und andere Zivilisten mit. Unter ihnen Tallien, der mittlerweile in Scheidung mit Joséphines Trauzeugin Thérésia lag. Die Gelehrten trugen auf ihre Weise zur Rechtfertigung des Unternehmens bei. Bonaparte wusste jederzeit um ihre Propagandawirkung.

Am 10. Juni erreichte Bonaparte mit seiner Expeditionsflotte Malta und nahm es ohne Widerstand der dort herrschenden Ordensritter für Frankreich in Besitz. Wenige Tage später brach die Flotte Richtung nordafrikanische Küste auf. Es gelang, den auf sie lauernden Schiffen der Engländer unter Admiral Horatio Nelson auszuweichen und am 1. Juli Alexandria zu erreichen.

Mit Talleyrand hatte Bonaparte abgestimmt, dass dieser nach Konstantinopel reise. Er sollte dort die Tolerierung von Bonapartes Inbesitznahme der eigentlich osmanischen, aber längst abtrünnigen Provinz Ägypten erwirken. Talleyrand aber schickte nur einen Stellvertreter, der sofort von den osmanischen Herrschern in den Kerker geworfen wurde. Bonaparte wusste von alldem nichts.

Am 7. Juli brach er mit seiner Expeditionsarmee nach Kairo auf. Nun forderte die Entscheidung, in der heißesten Zeit des Jahres anzulanden, unter den darauf weder vorbereiteten noch dafür ausgerüsteten Soldaten ihren fürchterlichen Tribut. Durst und Hitzschlag begleiteten die Armee. Derweil las Bonaparte Goethes *Werther* zum wiederholten Mal.

Friedrich Wilhelm Schelling war bereits Mitte des Jahres nach Jena gereist und lernte Goethe und Schiller kennen. Als es für Schelling darum ging, eine außerordentliche Professur zu erhalten, drängte Schiller den zögerlichen Goethe. Der traf sich abermals mit dem jungen Denker und empfahl ihn danach: ein »sehr klarer, energischer und nach der neuesten Mode organisierter Kopf«, der nicht dem Sansculottischen anhing, sondern »in jedem Sinne mäßig und gebildet« sei.

Herzog Carl August genehmigte die Berufung des 23-Jährigen zum Wintersemester. So füllte sich Jena mit erblühenden Geistesgrößen. Im Juni traf der Medizinstudent Clemens Brentano ein, August Wilhelm Schlegel wurde wie Schelling zum außerordentlichen Professor der Philosophie berufen.

Am 21. Juli bescherte Bonaparte in der sogenannten Schlacht bei den Pyramiden dem ägyptischen Heer unter dem Regenten Murad Bey eine verheerende Niederlage. Während Bonaparte nur etwa 400 Mann beklagen musste, verlor Murad Bey über 20 000 Kämpfer durch Verwundung oder Tod. Der Name »Schlacht bei den Pyramiden« stammt von Bonaparte selbst. Tatsächlich waren die Pyramiden vom Schlachtfeld aus überhaupt nicht zu sehen. Er ahnte aber, welche Bilder damit bei den Menschen in Frankreich entstehen konnten: Bonaparte und Frankreich als Fortsetzer aller großen Errungenschaften der Menschheit. »Vierzig Jahrhunderte schauen auf euch herab!«, soll er seinen Soldaten angesichts der vom Schlachtfeld angeblich zu erblickenden Pyramiden zugerufen haben, doch vermutlich legte er sich das wohl erst Jahrzehnte später beim Verfassen seiner Memoiren in den Mund.

Nach diesem großen Sieg wandte sich Bonaparte nach Kairo. Schon am nächsten Tag erblickten er und seine Männer in der Dämmerung am Horizont die Minarette und die Pyramiden. Am 23. Juli zog er in die Stadt ein. Was nun die Gelehrten am Nil sammelten, zeichneten, notierten und vermaßen, rückte endgültig auch die Jahrtausende alte Kultur Ägyptens in das europäische Bewusstsein; und spätestens mit der Gründung des Institut d'Égypte am 22. August in Kairo wurde Bonaparte zum zentralen Initiator des neuen Wissenschaftsfachs der Ägyptologie.

Militärisch aber wendete sich das Blatt. Am 1. August gelang es dem britischen Admiral Horatio Nelson im Mittelmeer vor Abukir unweit Alexandrias, die französische Flotte zu stellen und nahezu vollkommen zu vernichten. Nur drei französische Schiffe entkamen, und Bonaparte war nun von Frankreich abgeschnitten. Während seine Armee bald mit Pest und Cholera zu kämpfen hatte, stürzte sich Bonaparte in Administratives. Er versuchte, die Verwaltung zu verbessern, lobte den Islam, blieb aber für die Bevölkerung doch der Besatzer. Im Oktober brach in Kairo ein Aufstand aus. Bonaparte ließ ihn blutig niederschlagen.

Das Osmanische Reich hatte mittlerweile Frankreich den Krieg erklärt.

Im Herbst zog der 35-jährige Johann Paul Friedrich Richter nach Weimar. Unter dem von seiner Verehrung für Rousseau inspirierten Pseudonym Jean Paul hatte er mit mehreren Romanen viele begeisterte Leserinnen und Leser gewonnen. Charlotte von Kalb verehrte ihn und sandte ihm leidenschaftliche Briefe.

Jean Pauls Romane trugen wunderliche Titel. Die drei in den letzten drei Jahren erschienenen Werke hießen *Hesperus oder 45 Hundposttage*, *Siebenkäs* und *Das Leben des Quintus Fixlein*, und sie pflegten eine eigenwillig ausufernde Erzählweise und verschlungene Erzählstruktur. Vor allem *Hesperus* hatte für Aufsehen gesorgt und galt als größter Bucherfolg seit Goethes *Die Leiden des jungen Werthers.* »Wie vermögen es große Schriftsteller, dass ihr unsichtbarer Geist in ihren Werken uns ergreift und festhält, ohne dass wir die Worte und Stellen angeben können, womit sie es tun«, heißt es dort.

Wieland und Herder konnten ihre Begeisterung für das Buch kaum zügeln. Goethe und Schiller hingegen rümpften ihre Nasen: »fremd wie einer, der aus dem Mond gefallen ist, voll guten Willens und herzlich geneigt, die Dinge außer sich zu sehen, nur nicht mit dem Organ, womit man sieht«, urteilte Schiller. So geriet Jean Paul, ein Verehrer des mittlerweile einsamen und verbitterten Herder, der durch die Zuneigung des jungen Romanciers noch einmal auflebte, auch zwischen die Fronten, die längst zwischen den großen Geistern in Weimar und Jena verliefen.

Am 25. September endete Hölderlins Anstellung bei den Gontards. Der Grund: sein mittlerweile allzu enges und vertrautes Verhältnis mit der Frau des Hauses Susette. Hölderlin flüchtete nach Homburg zu seinem Studienfreund Isaac von Sinclair. Fortan ging er oft zu Fuß nach Frankfurt, manchmal nur, um Susette am Fenster zu sehen und einen Brief zu nehmen, den sie für ihn an verstecktem Ort hinterlegt hatte.

Am 29. Oktober hielt Schelling in Jena seine Antrittsvorlesung. Bald vollführte er in zwei Vorlesungsreihen einen Spagat zwischen den Auffassungen Fichtes und denen des niederländischen Philosophen Baruch de Spinoza. Denn Fichte sah die Natur in einer radikalen Weiterführung Kants als Nicht-Ich, die vom Ich mit der Freiheit erkannt wird, sich von diesem getrennt zu verstehen. Über dieses Denken in Ich und Nicht-Ich hatten sich ja bereits Schiller und Goethe in den *Xenien* lustig gemacht. Nach Spinozas Auffassung aus dem 17. Jahrhundert hingegen, der sich Goethe verbunden fühlte, war die Natur ein umfassende Ganzes und der Mensch davon nicht zu trennen. Er sei jedoch zu ihrer Anschauung fähig.

Im Spätherbst veröffentlichte Kant die Schrift *Der Streit der Fakultäten*, die drei Abhandlungen enthielt, die er zu verschiedenen Zeiten verfasst hatte. Kant sang ein Loblied auf den Fortschritt, auch den der Französischen Revolution: »Ein solches Phänomen in der Menschheitsgeschichte vergisst sich nicht mehr, weil es eine Anlage und ein Vermögen in der menschlichen Natur zum Besseren aufgedeckt hat […].« Trotz »Elend und Greueltaten« habe die Französische Revolution gezeigt, dass sie nichts anderes »als eine moralische Ursache im Menschengeschlecht« habe. Daher sollten Politiker und Geistliche die Aufklärung fördern, nicht bekämpfen.

Hiermit stieß er ins gleiche Horn wie Friedrich Schlegel in seiner *Rede über die Mythologie*, die er in diesem Jahr veröffentlichte. Schlegel schlug darin zudem noch den Bogen zum Idealismus als Zentrum der Philosophie dieser Zeit. Dieser sei »in praktischer Ansicht nichts anders als der Geist jener Revolution, die großen Maximen derselben, die wir aus eigner Kraft und Freiheit ausüben und ausbreiten sollen, ist in theoretischer Ansicht, so groß er sich auch hier zeigt, doch nur ein Teil, ein Zweig, eine Äußerungsart von dem Phänomene aller Phänomene, dass die Menschheit aus allen Kräften ringt, ihr Zentrum zu finden.«

Nach seinem Durchbruch zwei Jahre zuvor veröffentlichte Edward Jenner seine Ergebnisse unter dem Titel *An Inquiry Into the Causes and Effects of the Variolae Vaccinae, Or Cow-Pox*. In den nächsten beiden Jahren sollten weitere Aufsätze folgen. Jenner war zu dem Ergebnis gekommen, in der Impfung mit Kuhpocken eine Methode gefunden zu haben, die niemals tödlich sei und eine lebenslange Immunität ermögliche. Er verzichtete darauf, ein Patent zu beantragen, denn er wollte möglichst alle Bevölkerungsschichten, auch die Armen, geimpft wissen, was ein Patent womöglich verhindert hätte.

Anfang Oktober sahen sich Hölderlin und Susette Gontard zum ersten Mal seit dessen Auszug aus dem Gontard'schen Haushalt wieder. Weitere Begegnungen folgten. Im November schloss er die Arbeit am zweiten Band des *Hyperion* ab.

Unter dem Titel *Das Lager* fand am 12. Oktober unter der Leitung Goethes die Uraufführung von *Wallensteins Lager* zur Eröffnung des umgebauten Weimarer Hoftheaters statt. Das Drama war der erste Teil der Wallenstein-Trilogie, in der Schiller von der Tragödie der Selbstüberhebung eines Einzelnen erzählte. Man hatte das Theater auf Goethes Betreiben auf 1000 Sitzplätze vergrößert und mit Galerien und Balkonen zu einem Theater ausgebaut, das nun mit anderen großen Theatern in Deutschland in Wettbewerb treten konnte.

Seit dem 12. Mai bereitete sich Alexander von Humboldt in Paris weiter auf seine Expedition vor, die ein ganz anderes Ziel hatte als jenes, das Bonaparte gerade in Ägypten verfolgte. Alexander wohnte bei seinem Bruder Wilhelm und dessen Familie, und mit seinem Talent, schnell neue Bekanntschaften zu knüpfen, hatte er auch in den Wissenschaftskreisen von Paris bald neue Freundschaften geschlossen. Rasch halfen ihm seine Kontakte bei der weiteren Zusammenstellung seiner Instrumente für die Reise. Außerdem hielt er Vorträge an der Akademie der Wissenschaften. Was den Tod seiner Mutter betraf, plagte ihn der Selbstvorwurf, nicht genug für sie dagewesen zu sein. Schiller erfuhr, er nehme an spiritistischen Séancen teil, und sagte zu Goethe, Alexander werde vom Geist seiner Mutter verfolgt.

In Treppenhaus und Eingangshalle seiner Unterkunft, des Hotels Boston in Saint-Germain, von wo er alle für ihn wichtigen Orte rasch zu Fuß erreichen konnte, begegnete Alexander hin und wieder einem jungen Mann, der zuweilen eine Botanisiertrommel bei sich trug und dort ebenfalls ein Zimmer gemietet hatte. Sie kamen ins Gespräch. Es war der junge Botaniker und Arzt Aimé Bonpland. Der, vier Jahre jünger als Alexander, wollte eigentlich eine andere Expedition begleiten. Als die aber verschoben wurde, nahm Bonpland, dessen stämmige Erscheinung und ausgeglichenes Wesen Alexander schnell beeindruckten, die Einladung an, ihn zu begleiten.

Am 20. Oktober brachen die beiden auf. Sie wollten sich in Ägypten dem Gelehrtentross Napoleon Bonapartes anschließen und nun erstmal mit der Postkutsche nach Marseille. Der Abschied fiel allen nach fünf Monaten harmonischen Zusammenlebens in Paris schwer. Seine Schwägerin hielt Alexander das jüngste Kind noch einmal für einen Kuss entgegen, was ihn tief bewegte. Ein langer Blick zum Bruder, im Wissen, man würde sich vermutlich Jahre nicht sehen – oder vielleicht nie mehr. Doch Wilhelm machte ihm noch einmal Mut.

In Marseille eingetroffen, warteten Alexander und Bonpland vergebens auf ihr Schiff. Sie erkundeten die umliegende Provence und entschlossen sich dann im November, nach Spanien zu reisen. Dort sollte Alexander erneut eine Bekanntschaft weiterhelfen. Den spanischen Ersten Staatssekretär hatte er einst auf seiner Reise mit Georg Forster kennengelernt.

In Halle starb am 9. Dezember Georg Forsters Vater Reinhold Forster; knapp fünf Jahre nach dem Tod seines Sohnes Georg.

Athenaeum, die Zeitschrift der Schlegel-Brüder war kein Erfolg. Von den ersten beiden Heften wurden vermutlich noch nicht mal 250 verkauft. Vieweg zog sich zurück. Im Dezember fand sich mit Heinrich Frölich ein neuer Verleger. Das zuvor großzügige Autorenhonorar wurde gekürzt, die nächste Ausgabe in Angriff genommen.

1799
Kreise schließen sich

Schiller kam mit Charlotte für einige Zeit nach Weimar. Goethe begrüßte ihn am 5. Januar mit den Zeilen: »Mit vielem Vergnügen vernehm ich dass Sie angekommen sind und wünsche zu erfahren wie Sie Ihren heutigen Tag eingeteilt haben. Möchten Sie den Mittag mit mir essen, so sollen Sie schönstens willkommen sein. Ich befinde mich nicht ganz wohl, so dass ich nicht ausgehen mag, da wir diese Tage gute Gesundheit und Stimmung nötig haben. Grüßen Sie Ihre liebe Frau, der ich mich sehr freue Sie bald wieder zu sehen.«

Schiller antwortete am gleichen Tag: »Ich erhalte mit großem Vergnügen Ihr Billet und werde, weil Sie es erlauben, heut um Ein Uhr aufwarten, und kann bis fünf Uhr zu allem, was Sie mit mir machen wollen, bereit sein. Wir haben in dem niedlichen und bequemen Logis, das Sie uns bereitet und eingerichtet haben, recht wohl geschlafen. Das übrige mündlich. Meine Frau begrüßt Sie aufs beste. *Sch.*«

Grüße an Christiane? Nein.

Im Januar starb Hegels Vater. Der Sohn wagte es nun, mit dem kleinen Vermögen aus der Erbschaft, die ersehnte wissenschaftliche Laufbahn in Angriff zu nehmen.

Napoleon Bonaparte hielt Ägypten fest im Griff. Doch vielleicht schlug man es ihm schon bald wieder aus der Hand? Aus Syrien näherte sich eine osmanische Armee. Daher entschloss er sich im Februar, dieser Bedrohung mit 15 000 Mann entgegenzuziehen. Er eroberte Gaza und Jaffa, musste aber anschließend angesichts des Widerstands die Belagerung der Hafenstadt Akkon aufgeben und den Rückzug antreten.

In Jaffa hatten seine Truppen gewütet. Er selbst hatte den Befehl gegeben, um die 4000 Gefangene zu massakrieren. Danach versuchte er, sein Bild in der Öffentlichkeit mit dem Besuch eines Pestlagers aufzuhellen. Es gelang. Dennoch: Der verheerende Misserfolg seiner Expedition war nicht zu übersehen. Mit nicht einmal 10 000 Mann kehrte Bonaparte nach Kairo zurück. Seinem Ruf aber schadete das nicht. Er konnte erneut die Schuld woanders finden. Die Pest habe ihm solch hohe Verluste beschert, ließ er wissen. Man glaubte es ihm gern. Zu schmerzlich wäre es für das Frankreich dieser Zeit gewesen, Bonaparte als Hoffnungsträger – man sehnte einen solchen so sehr herbei – wieder entbehren zu müssen. Denn nach wie vor besserte sich die wirtschaftliche Lage in Frankreich nicht, die politische Unsicherheit unter dem Direktorium hielt an.

Alexander Humboldt und Aimé Bonpland durchreisten Spanien und kartographierten auf ihrem Weg nach Madrid fast nebenbei das kaum vermessene Land. Spaniens Staatswesen, seine Gesellschaft steckten in der Krise, und die Schätze Südamerikas erwiesen sich für das in tiefem Katholizismus verhaftete Land längst als Fluch. Der immense Reichtum hatte die Macht von König und Kirche zementiert. Spanien war wie in einen Schlummer versetzt und nie gezwungen, sich irgendwelchen Veränderungen zuzuwenden. Außerhalb der großen Städte erfuhren die Menschen – anders als in weiten Teilen des übrigen Europa – rein gar nichts von den Fortschritten in der Welt. Auch Humboldt und Bonpland bekamen das zu spüren. Die Menschen auf dem Land betrachteten ihre Messgeräte als Teufelswerkzeug und jagten die beiden Männer mit Steinen.

Ende Februar trafen sie in Madrid ein. Im Botanischen Garten von Madrid sah Humboldt die aus Südamerika herbeigeschafften pflanzlichen Schätze. Neue Pläne begannen zu reifen.

Anfang des Jahres hatten ihn heftige Schmerzen ins Bett gezwungen. Am 24. Februar starb in Göttingen Lichtenberg an einer Lungenentzündung, wie schon Jahre zuvor sein Freund Forster. Als er zu Grabe getragen wurde, gaben über fünfhundert Studenten dem großen Gelehrten das letzte Geleit.

Am 1. April verlor Fichte auf unschöne Weise seine Professur in Jena. Was war geschehen? Fichte hatte im Dezember in dem Aufsatz *Über den Grund unseres Glaubens an eine göttliche Weltregierung* den Gedanken geäußert, moralisches Handeln sei frei und selbst von Gott nicht beeinflussbar. Daher sei Gott nicht die Quelle menschlicher Moral. Gott sei lediglich die Annahme, dass eine Schöpferkraft die Welt genauso eingerichtet habe, wie sie war.

Diesen Text hatte Fichte einem Aufsatz des Kantianers Karl Friedrich Forberg beigefügt. Sein Beweggrund: Er wollte damit die Gefahr ausräumen, Forberg könnte in den Verdacht des Atheismus kommen. Fichte erreichte jedoch das Gegenteil. Und nicht nur das: Nun warf man nicht nur Forberg, sondern auch ihm Atheismus vor.

Goethes und Fichtes Dienstherr Herzog Carl August konnte es sich in diesen Tagen neuerlicher fürstlicher Koalitionen in Europa gegen das revolutionäre Frankreich, die sich nun auch als Reaktion auf Bonapartes Ägyptenfeldzug bildeten, nicht leisten, als allzu liberal zu gelten. Er wollte zudem seinen Sohn mit einer Zarentochter verheiraten, und ein Skandal kam da gänzlich ungelegen. Er war daher alarmiert. In den nachfolgenden Auseinandersetzungen zeigte Fichte sich störrisch, Goethe sah sich zwischen den Stühlen, stimmte aber letztlich schweren Herzens der Entlassung des Denkers zu, den man schließlich sogar des Landes verwies.

Daraufhin hatte Fichte eine »Verantwortungsschrift« verfasst und klagte die an, die ihn angriffen. Er erklärte: »Es ist nicht mein Atheismus, den sie gerichtlich verfolgen, es ist mein Demokratismus. Der erstere hat nur die Veranlassung hergegeben.«

Nach Fichtes Weggang sollte die Zahl der eingeschriebenen Studenten binnen eines Jahres um 41 Prozent sinken.

Alexander von Humboldt hatte etwas erreicht, was man seinerzeit für nahezu unmöglich hielt: Er bekam eine Audienz beim Königspaar am Hof in Aranjuez. Dort hoffte er nun, die Erlaubnis zu erhalten, die noch immer kaum bekannte Natur des spanischen Weltreichs zu erforschen. Die Spanier gestatteten Fremden eigentlich nicht, ihre kolonialen Besitzungen zu betreten oder diese gar frei und ohne Aufsicht zu bereisen. Doch dank seines Charmes und seiner Überzeugungskraft hatte Alexander Erfolg. Er beeindruckte schon dadurch, dass er Spanisch sprach. Zudem legte er als Bergbauexperte eine von ihm ausgearbeitete Expertise vor, in der er dem König künftige Gewinne durch Abbau von allerlei Bodenschätzen in Aussicht stellte. Anfang Mai erlaubte König Carlos IV. die Reise durch die spanischen Kolonien in Südamerika bis zu den Philippinen, jedoch mit der ausdrücklichen Bedingung, Humboldt müsse alles selbst finanzieren. Humboldt nahm an und versprach, Pflanzen für die königlichen Sammlungen mitzubringen.

Anfang Juni stachen er und Bonpland an Bord der Fregatte Pizarro in La Coruna in See. Im Gepäck die neuesten Kompasse, Sextanten, Mikroskope und Teleskope. Im Dunkel der Nacht fixierte Humboldt das Licht einer kleinen Fischerhütte, das allmählich als letzter Anblick des europäischen Festlands verglomm. Nach einer Reise von zwei Wochen legten sie einige Tage einen Zwischenstopp auf Teneriffa ein. Humboldt und Bonpland bestiegen den Pico del Teide. Dann ging es wieder auf See. Am 16. Juli sichteten sie die grüne Küste und die im Hintergrund aufragenden Berge Neuandalusiens, heute ein Teil Venezuelas. In der Stadt Cumaná verbrachten Humboldt und Bonpland die nächsten Monate als Gäste des den Wissenschaften freundlich gesonnenen Statthalters. Auch der erhoffte sich Entdeckungen für den Bergbau. Humboldt und Bonpland kamen aus dem Staunen nicht heraus. Vögel, Fische und Blüten in allen erdenklichen Farben. Flamingos, Schmetterlinge, Affen. Sie katalogisierten unermüdlich, und immer wieder zog Humboldt

Parallelen zur mit der Natur in Europa, verglich Landschaften und erkannte immerzu ein großes Ganzes.

Friedrich Schlegel kehrte Anfang Oktober aus Berlin nach Jena zurück. Mit ihm kam Dorothea Veit, die sich Anfang des Jahres hatte scheiden lassen und mit der er mittlerweile ohne Trauschein zusammenlebte. Auch Ludwig Tieck, der bereits mehrere Erzählungen und Romane veröffentlicht hatte und zu einem wesentlichen Vertreter der poetischen Romantik wurde, traf im Herbst mit seiner Familie in Jena ein.

Friedrich arbeitete in Jena weiter an *Lucinde*, August Wilhelm und Caroline an Shakespeare-Übersetzungen. Sie lebten zu viert in einem Hinterhaus in einer Wohngemeinschaft.

Im März druckte Verleger Frölich das dritte Heft des *Athenaeum*. Auch Caroline Schlegel und Dorothea Veith arbeiteten nun mit und trugen Texte bei. Die Wahrnehmung der Zeitschrift blieb jedoch äußerst begrenzt. Später im Jahr sollte Ludwig Ferdinand Huber in einer Besprechung in der *Allgemeinen Literatur Zeitung*, jener Zeitschrift, die Friedrich Schlegel einst gedacht hatte, »zu Grunde zu richten«, über die Unverständlichkeit der Beiträge in *Athenaeum* spotten. Erst viel später sollte eine breitere Öffentlichkeit den Wert in den Texten dieser Zeitschrift der frühen Romantik entdecken, die im darauffolgenden Jahr ihre sechste und letzte Ausgabe sah.

Im Juni wieder ein Kriegsgerichtsprozess. William Bligh hatte sich erneut mit einem seiner Schiffsoffiziere überworfen. Diesmal mit Joseph Ramsay, dem Sailingmaster der Director, die mittlerweile einen besonders monotonen Dienst versah und die Seeblockade in der Nordsee überwachte. Ramsay soll zu seinem Kapitän Bligh gesagt haben, wenn dieser ihn nicht für fähig halte, das Schiff zu segeln, solle er es jemand anderen tun lassen. Ramsay wurde aus dem Dienst entlassen.

Talleyrand hatte im Vorjahr als Außenminister andere europäische Staaten eingeladen, Delegierte zu einer Konferenz nach Paris zu schicken, um gemeinsam ein neues und einheitliches Maß- und Gewichtssystem zu beschließen. Étienne Lenoir stellte nun aus Platin das Urmeter her.

Talleyrand gab man zunehmend eine Mitschuld an der gescheiterten Ägyptenexpedition. Doch aus dieser Bedrohung seiner weiteren Laufbahn machte er einen Sieg. Er trat im Juli zurück und konnte sich so von dem unbeliebten Direktorium distanzieren. Zudem hatte im März eine neue Koalition von England, Österreich und Russland gegen Frankreich zu den Waffen gegriffen, errang Siege in Italien und der Schweiz und gewann Bonapartes Eroberungen nach und nach zurück.

Goethe fühlte sich im Sommer durch Familie und Hausstand zu stark von seiner Arbeit abgelenkt. Am 31. Juli teilte er Schiller mit, dass er wieder in das Gartenhaus ziehen werde. Frau und Kinder schickte er für vier Wochen nach Jena. Später reiste er mit Christiane, auch um sie für die Trennung zu entschädigen, nach Leipzig. Schiller arbeitete seit etwa zwei Wochen an *Jungfrau von Orleans*, nachdem zuvor *Maria Stuart* am 14. Juni im Weimarer Hoftheater uraufgeführt worden war. Wie schon in der Wallenstein-Trilogie reagierte Schiller auf die Ereignisse seiner Zeit, insbesondere auf die Französische Revolution, und spürte dem Schicksal des Individuums anhand seiner Entscheidungen in außergewöhnlichen, unübersichtlichen und nur schwer zu beeinflussenden geschichtlichen Situationen nach.

Kant veröffentlichte am 7. August seinen letzten bedeutenden philosophischen Beitrag. Unter dem Titel *Erklärung in Bezug auf Fichtes Wissenschaftslehre* bezeichnete er selbige darin »als ein gänzlich unhaltbares System« – und überhaupt hätten alle neueren Gedanken in der Philosophie mit seinem Ideengebäude überhaupt nichts zu tun. Die Philosophie zog nun ohne ihn weiter. Der große Einfluss seiner Ideen aber blieb.

In einer erneuten Schlacht bei Abukir hatte Bonaparte am 24. Juli gegen das osmanische Heer noch einmal einen großen Sieg errungen. Nun trafen am 11. August in Kairo Nachrichten aus Frankreich ein. Es hieß, das Direktorium sei unbeliebter denn je und man erwarte den Staatsbankrott. Die Rettung, da gab es für ihn keinen Zweifel, konnte nur durch ihn selbst herbeigeführt werden.

Am 23. August ging er im Hafen von Alexandria an Bord der Muiron und machte sich auf den Weg zurück in die Heimat. Erst einen Tag zuvor hatte er seine wichtigsten Generäle darüber informiert und zudem General Jean-Baptiste Kléber nach Rosetta zu einer persönlichen Unterredung bestellt. Als der dort eintraf, übergab man ihm zu seinem Entsetzen lediglich einen Brief Bonapartes mit der Anweisung, den Oberbefehl über die Ägyptenarmee zu übernehmen. Sollten die Dinge weiter schlecht laufen, kein Nachschub eintreffen oder wieder die Pest wüten, ermächtigte Bonaparte Kléber, Frieden mit dem Osmanischen Reich zu schließen. Der Initiator und Oberbefehlshaber der Expedition hatte seine Armee verlassen. Er wandte sich anderen Zielen zu, und die erschienen vielversprechend.

Der hochbegabte, im rheinischen Bonn geborene, 28-jährige Pianist Ludwig van Beethoven, Verehrer der Musik Mozarts und Schüler Joseph Haydns, hatte in Wien laut dem Grafen Waldstein »Mozarts Geist aus Haydns Händen« erhalten und dort schon zwei Jahre zuvor auf sich aufmerksam gemacht und mit anschließenden Konzertreisen nach Prag, Dresden, Leipzig und Berlin seinen Ruf gefestigt. Vor allem mit seiner Fähigkeit, an den Tasten frei zu »fantasieren«, beeindruckte er. Sein Gehör machte ihm seit einiger Zeit zu schaffen. Nun begann er mit der Arbeit an seiner 1. Sinfonie.

August Wilhelm Schlegel lobte Hölderlins Gedichte als »voll Geist und Seele«, stand damit aber nahezu alleine.

Im Herbst erschien Friedrich Schlegels *Lucinde.* Schlegel

wollte darin sein Programm der »progressiven Universalpoesie« in die Tat umsetzen, deren Ziel es war, »alle getrennten Gattungen der Poesie wieder zu vereinigen«, und wonach ein Roman seine eigene Kritik und Theorie mitbringen sollte. Vor allem aber erregte *Lucinde* wegen der freien Liebesbeziehung großes Aufsehen, die er in verschwurbelten Metaphern beschrieb.

Nachdem Novalis bereits im Juli die Bekanntschaft von Ludwig Tieck gemacht hatte, traf er im Spätherbst in Jena ein und auf den Schlegel-Kreis. Unter dem Eindruck der Ereignisse jener Tage verfasste er das Redemanuskript *Europa*, das erst 1802 unter dem Titel *Die Christenheit oder Europa. Ein Fragment* gedruckt werden sollte. Novalis sprach darin von einem friedlich geeinten Europa in universeller Spiritualität. Er trug es dem Freundeskreis in Jena vor. Der reagierte hauptsächlich ablehnend – vor allem da sich Novalis in dem Text zum Anwalt des Katholizismus aufzuschwingen schien. Da man sich nicht einigen konnte, ob das Werk veröffentlicht werden sollte, wurde auf Anraten August Wilhelm Schlegels Goethe als Schiedsrichter befragt, und der empfahl laut Friedrich Schlegel, das Werk im »Abyssus des Ungedruckten« zu belassen.

Novalis nahm es gelassen. Er bat Friedrich Schlegel, *Europa* zurückzusenden. Der Stoff könne mit Veränderungen noch anderweitig herausgebracht werden. Novalis war kein Schwärmer wie Hölderlin. Er liebte aber die Gedankenspiele. Er hatte in seinem geschichtsphilosophischen Text herausarbeiten wollen, welche Gefahren in der sich ausbreitenden Gottlosigkeit lagen und in dem damit verbundenen völligen Vertrauen auf Philosophie, Vernunft und Wissenschaft. Er meinte, der Religionshass habe sich auch zu einer Verachtung von Kunst und Phantasie ausgedehnt. Sein Text bildete daher eine Art Versuch, den Dualismus von Gefühl und Vernunft zu überwinden; auch wenn ihm viele Restauration vorwarfen.

Anders als Kant, der auf Vernunft und republikanische Verfassung setzte, betonte Novalis die Bedeutung des Glaubens. Für ihn reichte die Vernunft nicht aus, um menschliche Abgründe zu bändigen. Das »Überirdische«, das Religiöse, das Christentum seien daher unabdingbar: »Alle eure Stützen sind zu schwach, wenn euer Staat die Tendenz nach der Erde behält, aber knüpft ihn durch eine höhere Sehnsucht an die Höhen des Himmels, gebt ihm eine Beziehung auf das Weltall, dann habt ihr eine nie ermüdende Feder in ihm, und werdet eure Bemühungen reichlich gelohnt sehn.«

Novalis formulierte so die Idee eines im Christentum geeinten Europa. Das war etwas anderes als die sich abzeichnenden Egoismen der sich herausbildenden Nationalstaaten, die er als unheilvoll erahnte.

Im September nahm Schiller jenes Gedicht wieder auf, an dem er seit Jahren sporadisch gearbeitet und von dem er immer wieder berichtet hatte. Caroline von Wolzogen und Charlotte von Lengefeld hatte er bereits 1787 von dem Thema erzählt und erklärt, er erwarte sich davon eine besondere Wirkung. Jetzt schloss er es ab. Das Gedicht hieß ursprünglich »Glockengießerlied«. Nun erschien es als »Das Lied von der Glocke« im *Musen-Almanach* und enthielt Lebensweisheiten, die sich das deutsche Bürgertum über Generationen zu Herzen nehmen sollte.

Einzelne Verse gingen in den Sprachgebrauch auch jener über, die von Schiller nichts mehr wissen wollten: »Wo rohe Kräfte sinnlos walten«, »Drum prüfe wer sich ewig bindet, / Ob sich das Herz zum Herzen findet«, »Soll das Werk den Meister loben!«

Ende Oktober erschien der zweite Band von Hölderlins *Hyperion*. Am 31. Oktober gab es ein flüchtiges Wiedersehen mit Susette Gontard, am 7. November erneut. Und sie litten. Hölderlin schenkte ihr einen Band mit der Widmung »Wem sonst als Dir«. Im August waren in Frankfurt am Main seine Ersparnisse verbraucht. Erneut musste er seine Mutter um Geld bitten. Er arbeitete an *Empedokles* – und sollte das Manuskript nie beenden.

Nun, da Fichte fort und Wilhelm von Humboldt nach Paris gegangen war, entschloss sich auch Friedrich Schiller, Jena zu verlassen. Zwar spielte er mit dem jungen Schelling, der im Jahr zuvor neben Fichte als Professor an die Universität berufen worden war, hin und wieder Karten. Mit den anderen aber, vor allem den Schlegels, die nun Goethe gegen ihn auszuspielen schienen, würde es nichts mehr werden. Es zog ihn nach Weimar. Goethe war ihm am nächsten. Goethe förderte alle seine Bemühungen. Er fing ihn auf. In Weimar triumphierte Schiller im April mit der Uraufführung des dritten Teils seiner *Wallenstein*-Trilogie. Das Theater unter Goethes Leitung wäre der Spielort für alle die Stücke, die er plante, und so entschloss er sich, dorthin überzusiedeln. Zudem hatte ihn Carl August ermutigt, öfter nach Weimar zu kommen, weshalb ihn Schiller umgehend zwecks Umsetzung um Aufbesserung seines Gehalts bat – mit Erfolg.

Goethe suchte und fand ein Domizil für den Freund und seine Familie. Eine Wohnung in der Windischenstraße, in der zuvor Charlotte von Kalb gewohnt hatte. Doch es sollte bis zum Einzug der Schillers noch dauern. Charlotte Schiller war schwer erkrankt. Am 25. Oktober verlor sie das Bewusstsein. Ein Nervenfieber, vermutlich als Folge der schweren Geburt der Tochter Karoline Henriette. Sie fantasierte, Schiller wachte nächtelang an ihrem Bett und wurde von den Ärzten unterrichtet, sich auf alles gefasst zu machen. Fast einen Monat dauerte es, bis Charlotte das Schlimmste hinter sich hatte. Im November erholte sie sich, blieb aber apathisch und war kaum ansprechbar. Goethe kam, um Beistand zu leisten. Dann, im Dezember fuhren die Gepäckwagen der Schillers nach Weimar. Das Gartenhaus in Jena blieb zunächst Nebenwohnsitz.

In Cumaná katalogisierten Alexander von Humboldt und Bonpland unermüdlich. Von ihrem Haus, das sie am Marktplatz gemietet hatten, sahen sie auf den Sklavenmarkt. Tagtäglich beobachteten sie entsetzt, wie man Männern und Frauen die Münder aufriss, um die Zähne zu begutachten. Das kannten sie bislang aus Europa nur vom Pferdehandel.

Am 4. November erlebten sie ein Erdbeben. Es beeindruckte sie tief, und Humboldt merkte, dass man dem »Boden, auf den man solange zuversichtlich den Fuß gesetzt hat«, nicht allzeit vertrauen kann.

Am 21. November trafen sie in Caracas, einer Stadt mit 40 000 Einwohnern, ein. Vom Gouverneur freundlich empfangen, bezogen sie ein großes Haus. Hier bereiteten sie ihre Reise entlang des Orinoko vor. Humboldt wollte so viele Pflanzen, Samen, Tiere, Gesteinsproben sammeln wie möglich, Länder, Flüsse und Berge vermessen und daraus das »Zusammen- und Ineinanderweben aller Naturkräfte« erfahren.

Napoleon Bonaparte war aus Ägypten zurückgekehrt. Am 9. Oktober hatte er bei Fréjus wieder französischen Boden betreten und tags darauf aus Aix-en-Provence dem verblüfften Direktorium die Nachricht seiner Rückkehr gesandt, verbunden mit der Mitteilung, er habe »Ägypten wohlgeordnet« verlassen.

In der Tat, er kam nicht als Gescheiterter, sondern als Verheißung künftiger Siege und vielleicht künftig geordneter Zeiten in einer durch permanente Unsicherheit und Unruhe erschöpften Gesellschaft. Und er, er wollte sehen, welche Machtoptionen sich ihm boten. Auf dem Weg nach Paris feierten ihn die Menschen. Am 16. Oktober traf er in der Villa in der Rue de la Victoire ein, die er mit Joséphine bewohnte. Sie war nicht da, hatte ihn verfehlt bei dem Versuch, ihm entgegenzureisen und so seinen Brüdern zuvorzukommen, die ebenfalls auf dem Weg zu ihm waren.

Napoleon wusste, die Wahrscheinlichkeit eines Staatsstreichs wuchs. Es schien nur die Frage, wer zuerst zuschlug: die Anhänger einer Erneuerung der Monarchie, die vor allem im bisherigen Adel und Klerus zu finden waren, oder erneut radikale Jakobiner. Seine Brüder Joseph und Lucien hatten es, anders als Joséphine, geschafft, ihn zu treffen und ihn über ihre Urteile ins

Bild zu setzen. Auch über Joséphine hatten sie gesprochen, nicht das Vorteilhafteste.

Paul de Barras, der als einziger jedem Direktorium angehört hatte, plante den Staatsstreich. Er wollte Bonaparte gewinnen, versuchte es auch über Joséphine. Doch durch sein korruptes Wesen hatte er seinen Ruf längst zerstört und nur noch wenige Anhänger. Bonaparte argwöhnte zudem, Barras könne ihn von der Macht fernhalten, ihn nur als Instrument benutzen, wie einst beim Vendémiaire des Jahres 1795.

Und dann war da noch der Abbé Sieyès, der einst in den ersten Tagen der Revolution mit seiner Schrift »Was ist der Dritte Stand?« bekannt geworden und alle Wirren überlebt hatte. Auch er arbeitete, gerade erst wieder nach Jahren aus der politischen Versenkung aufgetaucht, an einem Umsturz. Er brauchte einen General, um sich militärisch abzusichern. Seine Wahl fiel zunächst auf den General Barthélemy-Catherine Joubert. Da dem noch der nötige Ruhm aus einer gewonnenen Schlacht fehlte, übergab man ihm den Oberbefehl in Oberitalien, wo er Mitte August in der Schlacht bei Novi fiel. Als sich Sieyès daraufhin an den General Jean-Victor Moreau wandte, verwies der, da gerade die Nachricht von Bonapartes baldiger Rückkehr eintraf, auf diesen: »Da haben Sie ihren Mann.«

Auch die Familienbande Bonapartes erwiesen sich nun als hilfreich. Seit der Flucht aus der Heimat vor sechs Jahren lebte die Sippe Buonaparte in Paris und bewohnte dank der Kriegsbeute aus Napoleons Italienfeldzug, die der älteste Bruder Joseph verwaltete, stattliche Villen und Paläste. Bonapartes Bruder Lucien gehörte dem Rat der Fünfhundert an und kämpfte sich mit Machtinstinkt seinen Weg nach oben. Anders als Joseph und dem Jüngsten Jérôme kam ihm nun eine entscheidende Rolle zu. Zuletzt noch einer der Neo-Jakobiner, war er nach Sieyès' Aufnahme ins Direktorium am 19. Mai in dessen Lager geschwenkt und gehörte bald zu den Mitwissern und Handelnden.

Anfang November heckten die Putschisten das Komplott dann konkret aus, das dann am 10. November umgesetzt wurde –

dem im Revolutionskalender 18. Tag des Monats Brumaire, des »Nebelmonats«, im Jahr VIII.

Die Putschisten arrangierten die Versammlung der Abgeordneten beider Kammern der Nationalversammlung im Schloss Saint-Cloud vor den Toren von Paris. Es sei zu ihrer Sicherheit, ließ man sie wissen, denn es drohe ein Putsch der Jakobiner. Auch die Soldaten, die unter dem Befehl Bonapartes rund um das Schloss Stellung bezogen hatten, seien zum Schutz der Abgeordneten gekommen.

In der Versammlung traten nun Sieyès und zwei weitere Mitglieder des fünfköpfigen Direktoriums, wie zuvor mit Bonaparte abgesprochen, zurück. Die beiden anderen Direktoren, Anhänger der Jakobiner, aber verweigerten die Demission. Bonaparte versuchte nun, die Abgeordneten der beiden Kammern dafür zu gewinnen, ihn als einen von drei Konsuln an die Spitze des Staates zu stellen. Zunächst suchte er den Rat der Ältesten auf, konnte aber mit seinen Antworten auf Fragen zur Zukunft von Revolution und Verfassung nicht überzeugen. Es kamen sogar Zweifel auf, ob diese ihm noch etwas wert seien.

Als er kurz darauf in der Orangerie von Saint-Cloud den Rat der Fünfhundert in Begleitung mehrerer Grenadiere betrat, schlug ihm offene Ablehnung entgegen. »Nieder mit dem Diktator!«, riefen die Abgeordneten, die den Militärputsch nun ahnten. Es kam zu Handgreiflichkeiten. Einige Abgeordnete verletzten Bonaparte im Gesicht. Rufe, ihn als Verräter anzuklagen, wurden laut.

Die Rettung der bedrohlichen Situation gelang Lucien Bonaparte. Der hatte sich kurz zuvor zum Präsidenten des Rats der Fünfhundert wählen lassen und führte den Vorsitz der Versammlung. Es gelang ihm, den Saal zu verlassen. Den draußen postierten Soldaten erzählte er, das Leben ihres Befehlshabers werde von rebellierenden Abgeordneten bedroht. Die griffen ein – und der Staatsstreich war gelungen. Von einem Bruchteil der Abgeordneten des Gesamtparlaments ließ sich Napoleon Bonaparte die Änderung der Verfassung absegnen und zum Ersten von drei Konsuln wählen. Einer der beiden anderen war Sièyes, der Dritte hieß Roger Ducos.

Barras, den Napoleon bis zuletzt im Glauben gelassen hatte, er sei nach wie vor unverzichtbar, erhielt Besuch von Talleyrand in Soldatenbegleitung, der, wendig wie er war, längst auf Napoleons Seite stand. Talleyrand legte Barras ein Rücktrittsschreiben vor, das der zu unterzeichnen habe, was der anstandslos tat. Später behauptete Barras, man habe ihm noch zwei Millionen Franc gegeben, die er aber abgelehnt und die sich daraufhin Talleyrand eingesteckt habe.

Hölderlins Freund, der Reiseschriftsteller Johann Gottfried Ebel, dessen Reisebuch durch die Schweiz Schiller bei seinem *Tell* beeinflusste, lebte als Anhänger der Revolution schon einige Zeit in Paris. Er berichtete Hölderlin von den Ereignissen. Der brachte seinen Antwortbrief an den Freund – »Ihr Urteil über Paris ist mir sehr nahegegangen« – nie zu Ende. Doch ein Satz wäre dem Adressaten sicher ins Auge gesprungen: »Glücklich sind wir dann, wenn uns noch eine andere Hoffnung bleibt!«

Zum Jahreswechsel gab Hölderlin die Arbeit an *Empedokles* auf.

Nun an der Macht, schlug für Napoleon Bonaparte, der seinen eigenen Staatsstreich durch Unvermögen fast selbst vereitelt hätte, das Glück der Stunde. Das Land war erschöpft von den langen Jahren der Gewalt, der Unsicherheit und des Hungers. Auch die Kraft der Revolutionäre war verbraucht. Selbst in den unruhigsten Vierteln von Paris blieb es still. Das Bürgertum und die höheren Kreise waren erleichtert, dass eine Veränderung wie dieser Staatsstreich, noch dazu der eines Generals, diesmal unblutig vonstatten gegangen war. Man war nur müde. Und man hoffte auf Ruhe.

Am 15. Dezember erklärte Napoleon Bonaparte in Paris: »Bürger! Die Revolution ist zu ihren Grundsätzen zurückgekehrt, von denen sie ausging; sie ist zu Ende.«

Schon zehn Tage später, am 25. Dezember, wurde eine neue Verfassung vorgestellt. Bonaparte kommentierte: »Eine Verfassung muss so gemacht sein, dass sie die Handlungsweise der Regierung nicht stört und sie nicht zwingt, sie zu verletzen.« Nach der neuen Verfassung stand nun ein auf zehn Jahre gewählter Erster Konsul an der Spitze. Er selbst! Es war eine Diktatur mit demokratischem Anstrich. Das Parlament bestand aus zwei Kammern, die allerdings nur beschränkte Vollmachten hatten.

Lafayette nutzte im November die allgemeine Konfusion und kehrte im Geheimen nach Frankreich zurück. In seinem Pass hieß er Motier. Bonaparte war verärgert und forderte ihn auf, zurück in die Niederlande zu gehen. Schließlich erreichte es Adrienne Lafayette, von Bonaparte empfangen zu werden. Sie versicherte dem neuen starken Mann, ihr Gatte teile die gleichen Ziele. Doch Bonaparte vertraute Lafayette nicht und gewährte ihm die Rückkehr in seine Heimat nur unter der Auflage, sich aus dem öffentlichen Leben, vor allem der Politik zurückzuziehen. So zogen die Lafayettes in das von Adrienne geerbte Château de la Grange-Bléneau 60 Kilometer südöstlich von Paris. In die politische Stille.

An Weihnachten hörte Matthew Boulton von dem Gerücht, man wolle in die Fabrik einbrechen. Daraufhin lauerte er mehrere Nächte mit James Watt Jr. und einigen Arbeitern, bewaffnet mit Flinten und Knüppeln, auf die Einbrecher. 1797 hatte Boulton von der Regierung endlich den Auftrag für das Prägen von Münzen erhalten. Er verdiente nach jahrelangen Versuchen endlich Geld durch Geld. Die Qualität der von der Soho Mint geprägten Münzen war so gut, dass es für Fälscher schwer war, sie nachzuahmen.

In der ersten Nacht konnten die Einbrecher die Türen nicht öffnen und verschwanden wieder unverrichteter Dinge. In der zweiten Nacht gelang es ihnen. Doch Boulton und seine Mitstreiter konnten sie in einem wilden Handgemenge überwältigen und gefangen nehmen. Boulton fühlte sich noch einmal jung.

Es war sein letztes aktives Jahr als Unternehmer. Das Patent für die Dampfmaschine seines Partners James Watt, das er einst für diesen gerettet und das so viel verändert hatte, war ausgelaufen; die Firma Boulton & Watt hatte fast 500 Maschinen produziert. Im nachfolgenden Jahr zog sich Boulton ins Privatleben zurück. Die Sozialleistungen für seine Arbeiter, vor allem die von ihm eingeführte und mit seinem Privatvermögen gedeckte Sozialversicherung, bestanden noch immer. Unter der Ägide von Boultons und Watts Nachkommen sollten diese schließlich abgeschafft werden. Die Idee des Unternehmers, der seine Macht auch nutzt, um sozial auszugleichen, blieb am Leben, aber setzte sich in der Folge nicht durch.

Allessandro Volta hatte 1792 von den Experimenten seines italienischen Landsmanns Luigi Galvani zur Elektrizität in Froschschenkeln erfahren. Dessen Entdeckung und Schlussfolgerungen hatten Wissensdurstige überall, wie Goethe und die Humboldts in den zurückliegenden Jahren, zu eigenen Experimenten animiert. Schelling und Novalis dachten aufgrund von Galvanis Erkenntnissen über naturphilosophische Schlussfolgerungen nach. Die Annahme von Elektrizität in tierischen und eventuell auch menschlichen Körpern beflügelte bei ihnen die Idee einer tieferen Einheit von Physik und Biologie in der Natur. Noch Mary Wollstonecrafts Tochter Mary Shelley soll viele Jahre später zu ihrem *Frankenstein* auch durch Galvanis Arbeiten inspiriert worden sein.

Volta meinte aber, Galvani habe lediglich einen Stromkreis hergestellt, und das dank der Metalle, mit denen die Froschschenkel verbunden waren. Er experimentierte seinerseits und zeigte, dass elektrische Entladungen zu erzielen waren, indem man verschiedene Metalle verband. Nun, Ende dieses Jahres – Galvani war im Vorjahr verstorben –, schichtete Volta mehrere Metalle übereinander. Dazwischen legte er Scheiben aus Zink und feuchte Pappe. An dem einen Ende dieser so entstehenden Säule befand sich eine Zink-, an dem anderen Ende eine Kupferplatte. Erstmals war es möglich, einen stetigen elektrischen Stromkreislauf zu erzeugen. Die sogenannte Volta'sche Säule war entstanden und damit die erste Batterie. Die umwälzenden Möglichkeiten erkannte die Welt aber nicht sofort. Dennoch sollte es sie bald ebenso dramatisch verändern wie James Watts Verbesserungen der Dampfmaschine ein Vierteljahrhundert zuvor.

Am 3. Dezember zog Schiller mit seiner Familie nach Weimar. Charlotte kam mit dem neugeborenen Töchterchen bei Frau von Stein unter, Schiller zog mit Sohn Karl in das neue Domizil und überwachte die Renovierung. Es waren nur drei Minuten Fußweg von der Windischenstraße zu Goethes Wohnhaus am Frauenplan.

Goethe fragte am 29. Dezember bei Schiller an – eine Sänfte schien bereit –, »ob Sie mich heute ein wenig besuchen wollen? Sie können sich ins Haus bis an die große Treppe tragen lassen, damit Sie von der Kälte weniger leiden. Ein Gläschen Punsch soll der warmen Stube zu Hülfe kommen, ein frugales Abendessen steht nachher zu Befehl.«

Zwei Tage später feierten sie gemeinsam Silvester. Am Neujahrstag schrieb Goethe an Schiller: »Ich war im Stillen herzlich erfreut, gestern Abend mit Ihnen das Jahr und, da wir einmal 99ger sind, auch das Jahrhundert zu schließen.«

Und da war noch der Mann, mit dem diese Geschichte über das letzte Viertel des die Welt verändernden 18. Jahrhunderts am Neujahrstag von 1775 begonnen hatte.

Am 12. Dezember war George Washington bei Schnee und Sturm fünf Stunden lang über seine Ländereien geritten. Er tat dies an nahezu jedem Tag. Als er am späten Nachmittag zu Hause eintraf, stand das Dinner schon bereit. Er wollte seine Gäste auch diesmal nicht warten lassen und weigerte sich, seine nasse Kleidung auszuziehen. Oft saßen ihm vollkommen Unbekannte mit am Tisch, die den berühmten Mann sehen wollten. Die

Gastfreundschaft gebot es, sie nicht fortzuschicken, weshalb Washington sich auch nicht erinnern konnte, je in den letzten Jahren mit seiner Frau ganz allein am Tisch gesessen zu haben.

Am nächsten Tag war Washington heiser. Er meinte, er habe sich erkältet, und beschloss, es sei das Beste, das zu ignorieren. Er ging in die Kälte und markierte einige Bäume, die gefällt werden sollten. In der Nacht weckte er seine Frau und klagte über starke Atemnot und Schmerzen in der Kehle. Am Morgen sandte man nach Doktor Craig, seit nunmehr vier Jahrzehnten sein Hausarzt. Als der eintraf und Washington untersuchte, erklärte er dessen Zustand für ernst. Er zog zwei Kollegen zu Rate. Der jüngere der beiden, Doktor Elisha Cullen Dick, drängte auf einen Luftröhrenschnitt, da eine Kehlkopfentzündung vorliege. Craig und der andere Kollege, Doktor Gustavus Brown, aber meinten, Washington habe eine Mandelentzündung, und ließen ihn mehrfach zur Ader. Eine Qual. Schließlich lehnte Washington eine weitere Behandlung ab. Brown gestand später ein, sie hätten auf den jüngeren Kollegen hören müssen, doch »wir entschieden in dem besten Licht, das wir hatten, wir dachten, wir hätten recht, und sind daher frei von Schuld.«

Washingtons neuer Leibdiener Christopher Sheels, ein Sklave, der den aufgrund schwerer Knieverletzungen arbeitsunfähigen Billy Lee abgelöst hatte, stand stundenlang neben Washingtons Bett. Sheels hatte zwischenzeitlich fliehen wollen, was Washington aber entdeckt hatte. Nun kam er der mehrfachen Aufforderung seines Herrn, sich neben sein Bett zu setzen, nicht nach. Am 14. Dezember starb George Washington. Ohne einen Geistlichen, ohne Gebete. Seine letzten Worte waren, während er selbst seinen Puls fühlte: »Es ist gut.«

In seinem Testament verfügte Washington die Freilassung seiner Sklaven nach dem Tod seiner Frau. Billy Lee erhielt als Einziger sofort die Freiheit. Weil Christopher Sheels ein sogenannter Mitgift-Sklave war, den Martha in die Ehe gebracht hatte, kam er nicht frei. Martha vererbte ihn später an ihre Enkelkinder.

Was aus ihnen wurde

John Adams starb 1826 im Alter von 90 Jahren am gleichen Tag wie Thomas Jefferson. Ein Jahr vor seinem Tod hatte ihn noch Lafayette besucht.

Joseph Banks blieb bis zu seinem Tod Präsident der Royal Society und starb vielfach geehrt 1820 im Alter von 77 Jahren.

Jean-Pierre Blanchard heiratete 1804 Sophie Armant. Als Sophie Blanchard wurde sie zur ersten professionellen Ballonfahrerin. 1809, im Alter von 55 Jahren, erlitt Blanchard während einer Ballonfahrt einen Schlaganfall und verstarb.

William Bligh blieb noch bis Juli 1800 als Kommandant auf der Director. 1805 wurde er auf Vorschlag seines Gönners Joseph Banks Gouverneur von New South Wales in Australien, wo er erneut mit einem Aufstand zu kämpfen hatte. 1817 starb er 63-jährig in London.

Napoleon Bonaparte krönte sich 1804 zum Kaiser und überzog Europa mit seinen Feldzügen. Nach seiner Niederlage bei Waterloo musste er nach St. Helena ins Exil, wo er 1821 mit 51 Jahren verstarb.

Matthew Boulton zog sich 1800 ins Privatleben zurück, bevor er 1809 im Alter von 80 Jahren starb.

Carl August von Sachsen-Weimar-Eisenach wurde dank des Einflusses des Zaren – Carl Augusts ältester Sohn hatte eine seiner Töchter geehelicht – 1815 zum Großherzog erhoben. Sein Landesgebiet vergrößerte sich ebenfalls. Er starb 1828 im Alter von 80 Jahren.

Jacques-Louis David machte als Hofmaler des baldigen Kaisers Napoleon weiter und ging nach dessen Sturz nach Brüssel ins Exil. Dort starb er 1825 im Alter von 77 Jahren.

Johann Gottlieb Fichte hielt in Berlin Privatvorlesungen, bis er 1805 nach Erlangen berufen wurde. 1809 wurde er Dekan an der gerade errichteten Universität in Berlin. 1814 starb er im Alter von 51 Jahren an einer Infektion.

George III. litt immer wieder unter einer zunächst gelegentlich, vermutlich von einer Stoffwechselstörung hervorgerufenen, schließlich durchgehend auftretenden Geisteskrankheit. 1811 übernahm sein ältester Sohn die Regentschaft. George starb 1820 im Alter von 81 Jahren.

Johann Wolfgang Goethe arbeitete weiter an *Faust*, traf 1808 Napoleon, veröffentlichte 1809 *Die Wahlverwandtschaften*, beendete 1831 *Faust. Der Tragödie zweiter Teil* und starb 1832 hochverehrt im Alter von 82 Jahren. Für eine seiner größten Leistungen hielt er seine Farbenlehre, die er 1810 veröffentlicht hatte.

Alexander Hamilton kämpfte weiter für eine starke zentrale Regierung. 1804 erlag er den Folgen eines Duells mit seinem politischen Gegner Aaron Burr.

Georg Wilhelm Friedrich Hegel hatte seine große Zeit im neuen Jahrhundert. Er trieb den deutschen Idealismus auf die Spitze, emanzipierte ihn, auf Kant aufbauend, von Fichte und Schelling, und erkannte reines Denken und reines Sein als identisch und die Realität als Erscheinungsform des Geistes. Er starb 1831 mit 61 Jahren durch die Cholera.

William Herschel entdeckte 1800 die Infrarotstrahlung. Im Jahr darauf veröffentlichte er seine Annahme, dass Sonnenflecken

Einfluss auf das Klima der Erde haben könnten. Herschel starb 1822 im Alter von 83 Jahren.

Caroline Herschel beobachtete weiterhin den Sternenhimmel und erhielt für ihre Arbeit Anerkennung in höchsten wissenschaftlichen Kreisen. Nach dem Tod ihres Bruders zog sie wieder nach Hannover. Dort starb sie 1848 im Alter von 97 Jahren.

Friedrich Hölderlin blieb noch mindestens bis Mai 1802 mit Susette Gontard in brieflichem Kontakt. Nach deren Tod im selben Jahr verstärkten sich bei ihm die Anzeichen geistiger Zerrüttung. Aus einer Nervenklinik als nicht heilbar entlassen, lebte er bei der Schreinerfamilie Zimmer in Tübingen, die ihn bis zu seinem Tod 1843 im Alter von 73 Jahren betreute.

Therese Huber veröffentlichte weiter Erzählungen und arbeitete nach dem Tod ihres Mannes Ludwig Ferdinand Huber 1804 unter anderem als Redaktionsleiterin für Johann Friedrich Cotta. Sie starb 1829 im Alter von 65 Jahren.

Alexander von Humboldt reiste noch bis 1804 durch Südamerika, bereiste später noch Russland und schuf ein umfangreiches und breites wissenschaftliches Werk, unter anderem sein Opus summum in fünf Bänden: *Kosmos. Entwurf einer physischen Weltbeschreibung.* Er starb 1859 im Alter von 89 Jahren.

Wilhelm von Humboldt bereiste Westeuropa, gründete 1809 die Universität von Berlin, wurde 1810 Staatsminister in Preußen, war einer der Gesandten Preußens auf dem Wiener Kongress, kritisierte die repressiven Karlsbader Beschlüsse, trat zurück und wurde zum Begründer der vergleichenden Sprachwissenschaft. Er starb 1835 im Alter von 67 Jahren.

Thomas Jefferson amtierte von 1801 bis 1809 als 3. Präsident der Vereinigten Staaten von Amerika. 1803 kaufte er von Napoleon

Bonaparte die französische Kolonie Louisiana und verdoppelte so das Staatsgebiet. Er starb 1826 im Alter von 83 Jahren am gleichen Tag wie John Adams.

Charlotte von Kalb verlor 1804 ihr ganzes Vermögen, 1806 erschoss sich ihr Ehemann. Später beging auch ihr ältester Sohn Selbstmord. Auch ihr jüngster Sohn überlebte sie nicht, sondern nur ihre Tochter Edda. Sie starb fast 82-jährig 1843 in Berlin.

Immanuel Kant starb 1804. Angeblich waren seine letzten Worte, wie auch die Washingtons: »Es ist gut«.

Gilbert, Marquis de Lafayette kehrte nach Napoleons Sturz 1815 in die Politik zurück und wurde ein bedeutender Kopf des bürgerlichen Lagers. Er starb 1834 im Alter von 76 Jahren. Seine Frau Adrienne war bereits 1807 mit 48 Jahren verstorben.

James Madison wurde 1801 Außenminister unter Jefferson. Er löste diesen 1809 als 4. Präsident der USA ab und führte Krieg gegen Großbritannien mit dem Ziel, Kanada den USA anzugliedern. Er starb 1836 mit 85 Jahren.

James Monroe, selbst Sklavenhalter, trat später für das Ende der Sklaverei ein. Als 5. Präsident der USA war er der letzte Gründervater, der Präsident wurde. Er starb 1831 im Alter von 73 Jahren.

Joseph und Étienne Montgolfier waren weiter als Papierfabrikanten tätig. Joseph starb 1810 im Alter von 69 Jahren. Étienne war bereits 1799 mit 54 Jahren verstorben.

Constanze Mozart veranstaltete nach dem Tod von Wolfgang Amadeus Mozart Konzertreisen mit ihrer Schwester Aloisia und trug die Werke ihres Mannes vor. Sie heiratete 1809 den dänischen Diplomaten und Schriftsteller Georg Nikolaus Nissen und veröffentlichte mit ihm eine der ersten Biographien über Mozart. Sie starb 1842. Sie wurde 80 Jahre alt.

Novalis starb am 25. März 1801 an Tuberkulose. Er wurde nur 28 Jahre alt.

Thomas Paine kehrte 1802 in die USA zurück und starb dort 1809 einsam und verbittert im Alter von 74 Jahren.

Joseph Priestley wanderte 1794 in die USA aus, wo Thomas Jefferson und John Adams zu seinen engen Freunden gehörten. Er arbeitete als Prediger und Schriftsteller und starb 1804 im Alter von fast 71 Jahren.

Friedrich Wilhelm Joseph Schelling heiratete 1803 Caroline Schlegel. Er beeinflusste bald die Philosophie vor allem durch seine Naturphilosophie. Er starb 1854 im Alter von 79 Jahren.

Friedrich Schiller feierte noch einige Erfolge am Weimarer Hoftheater: *Maria Stuart* (1800), *Die Jungfrau von Orleans* (1801), *Die Braut von Messina* (1803) und *Wilhelm Tell* (1804). 45-jährig starb er Anfang Mai 1805.

Charlotte Schiller zog nach dem Tod ihres Mannes die vier gemeinsamen Kinder groß, die alle das Erwachsenenalter erreichten. Sie starb 1826 im Alter von 59 Jahren.

Friedrich Schlegel trat 1808 zum Katholizismus über und gab später die streng kämpferisch katholische Zeitschrift *Concordia* heraus. Er starb 1829 im Alter von 57 Jahren.

Caroline Schlegel ließ sich 1803 von August Wilhelm Schlegel scheiden und heiratete wenige Wochen später Friedrich Schelling. Sie starb 1809 im Alter von 46 Jahren.

August Wilhelm Schlegel wurde 1804 ständiger Reisebegleiter und Hauslehrer bei Germaine de Staël. 1818 wurde er Professor in Bonn. Er starb 1845 im Alter von 81 Jahren.

Lili Schönemann heiratete den Bankier Freiherr Bernhard von Türckheim. Sechs Kinder gingen aus der Ehe hervor. Sie starb 1817 im Alter von fast 59 Jahren. In hohem Alter bekannte Goethe seinem Gesprächspartner Eckermann, Lilli sei seine große Liebe gewesen.

Samuel Thomas Soemmerring siedelte 1795 nach Frankfurt am Main über, arbeitete dort als Arzt und freundete sich mit Hölderlin an. Er forschte weiter und entwickelte 1809 einen elektrochemischen Telegraphen. Soemmerring starb 1830 im Alter von 75 Jahren.

Charlotte von Stein verstarb 84-jährig 1827 in Weimar. Aus Rücksicht auf Goethe hatte sie verfügt, dass ihr Leichenzug nicht an seinem Haus vorbeifahren solle.

Germaine de Staël bereiste unter anderem Deutschland und verfasste neben Romanen, in denen sie für die Rechte der Frau eintrat, ihr einflussreiches Werk *Über Deutschland*, zu dem sie August Wilhelm Schlegel ermutigt hatte. Sie starb 1817 im Alter von 51 Jahren.

Charles-Maurice de Talleyrand diente Napoleon Bonaparte als Außenminister, begann aber ab 1806 dessen Absetzung und die Rückkehr der Königsfamilie zu betreiben. Die ernannte ihn 1814 nach Ende von Napoleons Herrschaft ebenfalls zum Außenminister. Er schlug auf dem Wiener Kongress für das besiegte Frankreich unerwartet gute Bedingungen heraus, war dann unter dem »Bürgerkönig« Louis Philippe erneut Außenminister und später Gesandter in London. Er starb 1838 mit 84 Jahren.

William Turner eröffnete vollkommen neue Elemente und Sichtweisen auf das, was ein Bild ausmacht, indem er Licht, Farbe und Gegenstand verschmelzen ließ und so spätere Wege moderner Malerei vorwegnahm. Er starb 1851 im Alter von 76 Jahren.

Élisabeth Vigée-Lebrun kehrte 1802 nach Paris zurück und war in den nächsten Jahren weiterhin als Malerin erfolgreich. Sie starb 1842 im Alter von fast 87 Jahren.

Allessandro Volta stellte 1801 Napoleon Bonaparte in Paris seine Volta'sche Säule vor. Bonaparte war beeindruckt und zahlte Volta eine lebenslange Leibrente, der 1827 im Alter von 82 Jahren starb.

Christiane Vulpius heiratete 1806 Goethe. Sie starb 1816 im Alter von 51 Jahren.

James Watt zog sich, als der Partnerschaftsvertrag mit Boulton 1800 endete, ins Privatleben zurück. Er starb 1819 im Alter von 83 Jahren.

Literaturhinweise

Die Orthographie der zitierten Textstellen wurde unter Wahrung des Lautstands behutsam modernisiert.

Napoleon Bonaparte

Kleßmann, Eckart: Napoleon. München 2002.
Schneider-Ferber, Karin: Napoleon. Köln 2000.
Ullrich, Volker: Napoleon. Reinbek b. Hamburg 2006.
Wilms, Johannes: Napoleon. München 2007.
Zamoyski, Adam: Napoleon. München 2018.

Nicolas de Caritat, Marquis de Condorcet

Condorcet, Jean-Antoine-Nicolas de Caritat marquis de: Foundations of Social Choice and Political Theory. Northampton/Cheltenham 1994.
Thomä, Dieter: Zu Caritat de Condorcet. Ratschläge an seine Tochter. In: Philosophische Meisterstücke 1. Hrsg. von Ekkehard Martens, Eckhard Nordhofen und Joachim Siebert. Stuttgart 2006.
Williams, David: Condorcet and Modernity. Cambridge 2009.

James Cook

Emersleben, Otto: Cook. Reinbek 1998.
Forster, Georg: James Cook, der Entdecker. Berlin 2008.
Horwitz, Tony: Cook. Die Entdeckung eines Entdeckers. München 2006.
Lichtenberg, Georg Christoph: Einige Lebensumstände von Capt. James Cook … In: Göttinger Magazin 1 (1780).
McLynn, Frank: Captain Cook: Master of the Seas. New Haven 2011.

Jacques-Louis David

Bordes, Philippe: Jacques-Louis David: Empire to Exile. New Haven 2007.
Diez, Marion (Hrsg.): Jacques-Louis David, 1748–1825. Paris 2005.
Johnson, Dorothy: Jacques-Louis David. New Perspectives. Newark 2006.
Schnapper, Antoine: J.-L. David und seine Zeit. Würzburg 1985.
Stolpe, Elmar: Klassizismus und Krieg. Über den Historienmaler Louis David. Frankfurt a. M. 1985.

Georg Forster

Goldstein, Jürgen: Georg Forster: Zwischen Freiheit und Naturgewalt. Berlin 2016.

Harpprecht, Klaus: Georg Forster oder Die Liebe zur Welt. Reinbek b. Hamburg 2007.

Klenke, Claus-Volker (Hrsg.): Georg Forster in interdisziplinärer Perspektive: Beiträge des Internationalen Georg-Forster-Symposions in Kassel, 1.–4. April 1993. Berlin 1994.

Müller, Anja: »Ein gemeinsames Band umschlingt die ganze organische Natur«. Georg Forsters und Alexander von Humboldts Reisebeschreibungen im Vergleich. Diss. Berlin 2011.

Prinz, Alois: Die Lebensgeschichte des Georg Forster. Frankfurt a. M. / Leipzig 2008.

Rasmussen, Detlef (Hrsg.): Der Weltumsegler und seine Freunde. Tübingen 1988.

Johann Wolfgang Goethe

Becker, Hans-Joachim (Hrsg.): Goethes Biologie. Die wissenschaftlichen und autobiographischen Texte. Würzburg 1999.

Boerner, Peter: Goethe. Reinbek b. Hamburg 1964.

Eckermann, Johann Peter: Gespräche mit Goethe in den letzten Jahren seines Lebens. München 1984.

Fröschle, Hartmut: Goethes Verhältnis zur Romantik. Würzburg 2002.

Gersdorff, Dagmar von: Goethes erste große Liebe. Frankfurt a. M. / Leipzig 2002.

Goethe, Johann Wolfgang: Dichtung und Wahrheit. Frankfurt a. M. 1982.

– Goethe erzählt sein Leben. Frankfurt a. M. 1956.

– Sämtliche Werke nach Epochen seines Schaffens. Münchner Ausgabe in 20 Bänden. Hrsg. von Karl Richter. München 1986–99.

Grumach, Ernst / Grumach, Renate (Hrsg.): Goethe – Begegnungen und Gespräche 1749 bis 1779. Berlin 1966.

Oswald, Stephan: Früchte einer großen Stadt – Goethes »Venezianische Epigramme«. Heidelberg 2014.

Rehm, Robin: Bild und Erfahrung. Goethes chromatisches Kartenspiel der »Beiträge zur Optik« von 1791. In: Zeitschrift für Kunstgeschichte 72 (2009) Nr. 4. S. 497–518.

Seele, Astrid: Frauen um Goethe. Reinbek b. Hamburg 2000

Seibt, Gustav: Mit einer Art von Wut. Goethe in der Revolution. München 2014.

Georg Wilhelm Friedrich Hegel

Gulyga, Arseni: Georg Wilhelm Friedrich Hegel. Leipzig 1974.
Ostritsch, Sebastian: Hegel: Der Weltphilosoph. Berlin 2020.
Vieweg, Klaus: Hegel. Der Philosoph der Freiheit. München 2020.
Wiedmann, Franz: Hegel. Reinbek b. Hamburg 2003.

William Herschel

Hoskin, Michael: Vocations in Conflict. William Herschel in Bath, 1766–1782. In: History of Science 41 (2003) S. 315–333.
Krafft, Fritz: William Herschel. In: Kurt Fassmann (Hrsg.): Die Großen der Weltgeschichte. Zürich 1976. Bd. 8. S. 772–813.
Wälke, Karl: Die Bilder und die Sachen. Eine Betrachtung über Herschel und seine Zeit. In: Photorin. Mitteilungen der Lichtenberg-Gesellschaft 4 (1982) H. 5. S. 16–27.

Friedrich Hölderlin

Härtling, Peter: Hölderlin. Stuttgart/Hamburg/München 1976.
Hölderlin, Friedrich: Sämtliche Werke und Briefe in drei Bänden. Hrsg. von Michael Knaupp. München 2019.
Martens, Gunter: Friedrich Hölderlin. Reinbek b. Hamburg 1996.
Kreuzer, Johann (Hrsg.): Hölderlin-Handbuch: Leben – Werk – Wirkung. Stuttgart/Weimar 2002.

Alexander und Wilhelm Humboldt

Geier, Manfred: Die Brüder Humboldt. Reinbek b. Hamburg 2009.
Hey'l, Bettina: Das Ganze der Natur und die Differenzierung des Wissens. Alexander Humboldt als Schriftsteller. Berlin / New York 2007.
Holl, Frank (Hrsg.): Alexander Humboldt: Es ist ein Treiben in mir. Entdeckungen und Einsichten. München 2009.
Humboldt, Alexander: Der andere Kosmos. München 2019.
Krätz, Otto: Alexander von Humboldt. Wissenschaftler, Weltbürger, Revolutionär. München 1997.
Meyer-Abich, Adolf: Alexander von Humboldt. Reinbek b. Hamburg 1967.
Schaper, Rüdiger: Alexander von Humboldt. Der Preuße und die neuen Welten. München 2018.
Wulf, Andrea: Alexander von Humboldt und die Erfindung der Natur. München 2016.

Immanuel Kant

Geier, Manfred: Kants Welt. Eine Biografie. Reinbek b. Hamburg 2003.
Höffe, Ottfried: Immanuel Kant. München 2007.
Kühn, Manfred: Kant. Eine Biografie. München 2003.
Scruton, Roger: Kant. Freiburg i. Br. 2000.
Vorländer, Karl: Immanuel Kant. Der Mann und das Werk. Leipzig 1924.

Gilbert, Marquis de Lafayette

Auricchio, Laura: The Marquis Lafayette Reconsidered. New York 2015.
Gottschalk, Louis: Lafayette and the Close of the American Revolution. Chicago 1942.
Unger, Harlow Giles: Lafayette. Hoboken 2002.

Georg Christoph Lichtenberg

Batt, Kurt (Hrsg.): Lichtenberg. Aphorismen, Essays, Briefe. Köln 2000.
Gumbert, Hans Ludwig: Lichtenberg als Redakteur des *Göttingischen Magazins der Wissenschaften und Litteratur*. In: Photorin. Mitteilungen der Lichtenberg-Gesellschaft 3 (1981) H. 4. S. 28–35.
Lichtenberg, Georg Christoph: Briefwechsel. Hrsg. von Ulrich Joost und Albrecht Schöne. 4 Bde. München 1983–1992.
– Aphorismen und andere Sudeleien. Hrsg. von Ulrich Joost. Stuttgart 2003.
– Sudelbücher. München 2005.
Proß, Wolfgang / Priesner, Claus: Georg Christoph Lichtenberg. In: Neue Deutsche Biographie. Bd. 14. Berlin 1985.
Sautermeister, Georg: Georg Christoph Lichtenberg. München 1993.

Marie Antoinette

Christoph, Paul (Hrsg.): Maria Theresia und Marie Antoinette. Der geheime Briefwechsel. Darmstadt 2017.
Fraser, Antonia: Marie Antoinette. München 2006.
Haslip, Joan: Marie Antoinette. Ein tragisches Leben in stürmischen Zeiten. München 2005.
Lever, Evelyne: Marie Antoinette. Die Biographie. Düsseldorf 2004.
London, Caroline: The Marie Antoinette Dress That Ignited the Slave Trade. In: The Week. 2. 2. 2018. Online: https://theweek.com/articles/752507/dress-that-ignited-slave-trade.2020

Weber, Caroline: Queen of Fashion. What Marie Antoinette Wore to the Revolution. New York 2006.
Zweig, Stefan: Marie Antoinette. Frankfurt a. M. 1951.

Wolfgang Amadeus Mozart

Eibl, Joseph Heinz: Wolfgang Amadeus Mozart. Chronik eines Lebens. München 1977.
Hamann, Brigitte: Nichts als Musik im Kopf. Das Leben von Wolfgang Amadeus Mozart. Wien 1990.
Hildesheimer, Wolfgang: Mozart. Frankfurt a. M. 1977.
– (Hrsg.): Mozart Briefe. Frankfurt a. M. 1990
Leonhart, Dorothea: Mozart. Zürich 2008.

Thomas Paine

Ayer, Alfred J.: Thomas Paine. Chicago 1988.
Clark, J. C. D.: Thomas Paine: Britain, America, and France in the Age of Enlightenment and Revolution. Oxford 2018.
Foot, Michael / Kramnick, Isaac: The Thomas Paine Reader. New York 1987.
Keane, John: Thomas Paine. Ein Leben für die Menschenrechte. Hildesheim 1998.

Maximilien de Robespierre

Robespierre, Maximilien de: Über die Prinzipien der politischen Moral – Rede am 5. Februar 1794 vor dem Konvent. Hamburg 2000.
– Erinnerungen von Maximilien Marie Isidore Robespierre. Hamburg 2015.
Sieburg, Friedrich: Robespierre. Eine Biographie. Stuttgart 1987.

Friedrich und August Wilhelm Schlegel

Endres, Johannes (Hrsg.): Friedrich Schlegel-Handbuch: Leben – Werk – Wirkung. Stuttgart 2017.
John, Johannes: Schlegel, August Wilhelm von. In: Neue Deutsche Biographie. Bd. 23. Berlin 2007.
Mix, York-Gothart / Strobel, Jochen (Hrsg.): Der Europäer August Wilhelm Schlegel: Romantischer Kulturtransfer – romantischer Kulturtransfer. Berlin 2010.
Zovko, Jure: Schlegel, Carl Wilhelm Friedrich von. In: Neue Deutsche Biographie. Bd. 23. Berlin 2007.

Friedrich Schiller

Alt, Peter-André: Schiller: Leben, Werk, Zeit. München 2009.
Aufenanger, Jörg: Schiller und die zwei Schwestern. München 2005.
Burschell, Friedrich: Schiller. Hamburg 1958.
Damm, Sigrid: Das Leben des Friedrich Schiller. Frankfurt a. M. / Leipzig 2009.
Hinderer, Walter / Bormann, Alexander von (Hrsg.): Friedrich Schiller und der Weg in die Moderne. Würzburg 2006.
Safranski, Rüdiger: Schiller oder die Erfindung des deutschen Idealismus. Frankfurt a. M. 2016.
Schiller, Friedrich: Sämtliche Werke in fünf Bänden. München 2005.
Schwab, Gustav: Schiller's Leben in drei Büchern. Stuttgart 1840.
Unbehaun, Lutz: Schillers heimliche Liebe. Der Dichter in Rudolstadt. Köln/Weimar/Wien 2009.

Élisabeth Vigée-Lebrun

Baillio, Joseph: Élisabeth Louise Vigée Le Brun, 1755–1842. Seattle 1983.
– / Baetjer, Katharine / Lang, Paul: Vigee Le Brun, Élisabeth: Woman Artist in Revolutionary France. New York 2016.
Sheriff, Mary D.: The Exceptional Woman: Elizabeth Vigée-Lebrun and the Cultural Politics of Art. Chicago 1996.
Vigée-Lebrun, Élisabeth: Souvenirs. 3 Bde. Paris 1835–37.
– Memoirs of Madame Vigée Lebrun (1755–1842). New York 1903.

George Washington

Collection George Washington Papers. Library of Congress. Online: https://www.loc.gov/collections/george-washington-papers/
Ellis, Joseph J.: George Washington. München 2017.
Göller, Josef-Thomas: George Washington. Vom Waldläufer zum Staatsmann – der erste Präsident. Berlin 1998.
Hayes, Kevin J.: George Washington: A Life in Books. Oxford / New York 2017.
Herre, Franz: George Washington. Präsident an der Wiege einer Weltmacht. Gernsbach 2008.

Weitere Personen und Mehrfachbiografien

Appel, Sabine: Caroline Schlegel-Schelling: Das Wagnis der Freiheit. München 2013.
Blom, Philipp: Böse Philosophen. München 2011.

Carnegie, Andrew: James Watt. New York 1905.
Chaffin, Tom: Revolutionary Brothers: Thomas Jefferson, the Marquis De Lafayette, and the Friendship That Helped Forge Two Nations. New York 2019.
Chernow, Ron: Alexander Hamilton. New York 2004.
Da Ponte, Lorenzo: Mein abenteuerliches Leben. Hamburg 1960.
Damm, Sigrid: Christiane und Goethe. Frankfurt a. M. / Leipzig 2001.
Dickinson, H. W.: Matthew Boulton. Cambridge 1937.
Doormann, Lottemi: »Ein Feuer brennt in mir«. Die Lebensgeschichte der Olympe de Gouges. Weinheim/Basel 1993.
Founders Online. National Archives. Online: https://founders.archives.gov
Friedrich der Große. Tageschronik. Online: http://friedrich.uni-trier.de/de/roedenbeck/3/text/
Hague, William: William Pitt The Younger. New York / London / Toronto / Sydney 2004.
Hartmann, Gerhard / Schnith, Karl: Die Kaiser. 1200 Jahre europäische Geschichte. Wiesbaden 2006.
Hauser, Oswald (Hrsg.): Friedrich der Große in seiner Zeit. Köln 1987.
Herre, Franz: Maria Theresia. München 2011.
Heuser, Magdalene (Hrsg.) / [ab Bd. 5] Wulbusch, Petra (Hrsg.): Therese Huber. Briefe. 9 Bde. Tübingen 1999 ff.
Jamme, Christoph: »Ein ungelehrtes Buch«: Die philosophische Gemeinschaft zwischen Hölderlin und Hegel in Frankfurt 1797–1800. Hamburg 1983.
Kircheisen, Gertrude: Die Frauen um Napoleon. Hamburg 2012.
Kühn, Manfred: Johann Gottlieb Fichte. Ein deutscher Philosoph. München 2012.
Leuthold, Norbert: Friedrich II. von Preußen. Frankfurt a. M. 2011.
Loheide, Bernward: Fichte und Novalis: Transzendentalphilosophisches Denken im romantisierenden Diskurs. Amsterdam/Atlanta 2002.
Maierhofer, Waltraud: Angelika Kauffmann. Reinbek b. Hamburg 1997.
Mesenhöller, Mathias: James Watt: Ein Tüftler wird zum bekanntesten Ingenieur seines Zeitalters. In: GEO. Online: https://www.geo.de/wissen/21857-rtkl-200-todestag-james-watt-ein-tueftler-wird-zum-bekanntesten-ingenieur-seines
Miller, David Philip: The Life and Legend of James Watt: Collaboration, Natural Philosophy, and the Improvement of the Steam Engine. Pittsburgh 2019.
Moyle, Franny: Turner. New York 2016.
Nicolaisen, Peter: Thomas Jefferson. Reinbek b. Hamburg 1995.
Safranski, Rüdiger: Goethe & Schiller. Frankfurt a. M. 2015.
Schäfer, Peter: Die Präsidenten der USA. Köln 2005.
Schmied-Kowarzik, Wolfdietrich: Existenz denken: Schellings Philosophie von ihren Anfängen bis zum Spätwerk. Freiburg i. Br. 2016.

Schultz, Uwe: Der König und sein Richter: Ludwig XVI und Robespierre. München 2012.
Schulz, Gerhard: Novalis. Reinbek b. Hamburg 1993.
Seibt, Gustav: Goethe und Napoleon. Eine historische Begegnung. München 2010.
Siegel, Monika: »Ich hatte einen Hang zur Schwärmerey …« Das Leben der Schriftstellerin und Übersetzerin Meta Forkel-Liebeskind im Spiegel ihrer Zeit. Diss. Technische Universität Darmstadt 2001.
Smith, Christopher U. M. (Hrsg.): The Genius of Erasmus Darwin. Aldershot [u. a.] 2005.
Stollberg-Rilinger, Barbara: Maria Theresia: Die Kaiserin in ihrer Zeit. München 2019.
Tilliette, Xavier: Schelling: Biographie. Stuttgart 2004.
Willms, Johannes: Talleyrand. Virtuose der Macht 1754–1838. München 2013.
– Mirabeau: oder Die Morgenröte der Revolution. München 2017.
Witt, Jann M.: Die Bounty war sein Schicksal. Das abenteuerliche Leben des William Bligh. Darmstadt 2014.
Wokler, Robert: Rousseau. Freiburg i. Br. 1999.

Wissenschaft

Bernd, Lutz: Philosophenlexikon. Stuttgart 1989.
Blom, Philipp: Das vernünftige Ungeheuer. Frankfurt a. M. 2005.
Guedj, Denis: Die Geburt des Meters. Berlin 1998.
Herz, Dietmar / Weinberger, Veronika (Hrsg.): Lexikon ökonomischer Werke. Düsseldorf 2006.
Ihde, Aaron J.: The Development of Modern Chemistry. Dover / New York 1984.
Jaeschke, Walter / Arndt Andreas: Die klassische deutsche Philosophie nach Kant: Systeme der reinen Vernunft und ihre Kritik 1785–1845. München 2012.
Rothschild, Emma: Economic Sentiments: Adam Smith, Condorcet and the Enlightenment. Cambridge 2001.
Smith, Adam: Reichtum der Nationen. Paderborn 2005.
Störig, Hans Joachim: Kleine Weltgeschichte der Wissenschaft. Frankfurt a. M. 2007.

Kultur

Beyer, Andreas: Die Kunst des Klassizismus und der Romantik. München 2011.
Bitterli, Urs: Die »Wilden« und die »Zivilisierten«: Grundzüge einer Geistes-

und Kulturgeschichte der europäisch-überseeischen Begegnung. München 2004.
Boswell, James: Journal. Stuttgart 1996.
Eisendle, Reinhard: Der einsame Zensor: Zur staatlichen Kontrolle des Theaters unter Maria Theresia und Joseph II. Wien 2020.
Elias, Norbert: Die höfische Gesellschaft. Frankfurt a. M. 2003.
Forster, Georg: Reise um die Welt. Frankfurt a. M. 2014.
Friedell, Egon: Kulturgeschichte der Neuzeit. Frankfurt a. M. 2009.
Goodman, Dena: The Republic of Letters: Cultural History of the French Enlightenment. Ithaca / London 1994.
Gulyga, Arseni: Die klassische deutsche Philosophie. Leipzig 1990.
Joas, Hans / Wiegandt, Klaus (Hrsg.): Die kulturellen Werte Europas. Frankfurt a. M. 2006.
Knigge, Adolph Freiherr : Über den Umgang mit Menschen. Frankfurt a. M. 2008.
Orgel, Maike (Hrsg.): (Re-)Writing the Radical: Enlightenment, Revolution and Cultural Transfer in 1790s Germany, Britain and France. Göttingen 2012.
Raddatz, Fritz J.: ZEIT-Bibliothek der 100 Bücher. Frankfurt a. M. 1980.
Reich-Ranicki, Marcel (Hrsg.): Der Kanon der deutschen Literatur. Essays. Bd. 1: Martin Luther bis Arthur Schopenhauer. Frankfurt a. M. / Leipzig 2006.
Ribeiro, Aileen: The Art Of Dress: Fashion in England and France 1780–1820. New Haven 1995.
Safranski, Rüdiger: Romantik. Frankfurt a. M. 2010.
Seibert, Peter: Der literarische Salon: Literatur und Geselligkeit zwischen Aufklärung und Vormärz. Stuttgart/Weimar 1993.
Thomas, Nicholas [u. a.] (Hrsg): Tattoo. Bodies, Art, and Exchange in the Pacific and the West. Durham 2005.
Traeger, Jörg: Der Tod des Marat. Revolution des Menschenbildes. München 1986.

Zeitgeschichte

Adams, Angela / Adams, Willi Paul (Hrsg.): Die Amerikanische Revolution und die Verfassung 1754–1791. München 1987.
Alder, Ken: Engineering the Revolution: Arms and Enlightenment in France, 1763–1815. Princeton 1997.
– Das Maß der Welt. Die Suche nach dem Urmeter. München 2003.
Alexander, Caroline: Die Bounty. Die wahre Geschichte der Meuterei auf der Bounty. Berlin 2004.
Bahr, Eberhard (Hrsg.): Was ist Aufklärung? Thesen und Definitionen. Stuttgart 1976.

Braun, Eberhard / Heine, Felix / Opolka, Uwe (Hrsg.): Politische Philosophie. Ein Lesebuch. Reinbek b. Hamburg 2008.
Buchheim, Christoph: Industrielle Revolutionen. München 1994.
Davidson, James West: A Little History of the United States. New Haven / London 2015.
Demandt, Alexander: Sternstunden der Geschichte. München 2004.
Ellis, Joseph J.: Sie schufen Amerika. Die Gründergeneration von John Adams bis George Washington. München 2002.
Ein solches Jahrhundert vergisst sich nicht mehr: Lieblingstexte aus dem 18. Jahrhundert. München 2000.
Fesser, Gerd: Jenas goldene Jahre. In: Die Zeit. 17. 1. 2008.
Fraenkel, Ernst: Amerika im Spiegel des deutschen politischen Denkens. Äußerungen deutscher Staatsmänner und Staatsdenker über Staat und Gesellschaft in den Vereinigten Staaten von Amerika. Köln 1959.
Hesse, Helge: Bilder erzählen Weltgeschichte. München 2012.
– Hier stehe ich, ich kann nicht anders. In 80 Sätzen durch die Weltgeschichte. München 2016.
– Mit Platon und Marilyn im Zug. Was uns die Begegnungen berühmter Persönlichkeiten über die großen Fragen des Lebens verraten. München 2016.
– Eine kurze Geschichte des ökonomischen Denkens. Stuttgart 2018.
Hochgeschwender, Michael: Die Amerikanische Revolution: Geburt einer Nation 1763–1815. München 2016.
Israel, Jonathan: Die Französische Revolution. Ideen machen Politik. Ditzingen 2017.
Jahnke, Jürgen: Aufklärung – Projekt der Vernunft. Pfaffenweiler 1998. (Schriftenreihe der Pädagogischen Hochschule Freiburg.)
Koopmann Helmut: Freiheitssonne und Revolutionsgewitter: Reflexe der Französischen Revolution. Berlin 1989.
Kuhn, Axel: Die Französische Revolution. Stuttgart 2003.
Landes, David: Wohlstand und Armut der Nationen. Warum die einen reich und die anderen arm sind. Berlin 1999.
Lautemann, Wolfgang: Geschichte in Quellen. Amerikanische und Französische Revolution. München 1981.
Martus, Steffen: Aufklärung. Das deutsche 18. Jahrhundert. Ein Epochenbild. Berlin 2015.
Mi Gyung Kim: The Imagined Empire: Balloon Enlightenments in Revolutionary Europe. Pittsburgh 2016.
Michelet, Jules: Die Frauen der Revolution. München 1984.
– Geschichte der Französischen Revolution. Frankfurt a. M. 1990.
Neumann, Peter: Jena 1800. Republik der freien Geister. München 2018.

Preisendörfer, Bruno: Als Deutschland noch nicht Deutschland war. Reise in die Goethezeit. Köln 2018.
Preston, Diana: Paradise in Chains – The Bounty Mutiny and the Founding of Australia. London 2017.
Stollberg-Rilinger, Barbara: Europa im Jahrhundert der Aufklärung. Stuttgart 2000.
Treue, Wilhelm: Wirtschaftsgeschichte der Neuzeit. Das Zeitalter der technisch-industriellen Revolution 1700 bis 1966. Stuttgart 1966.
Tuchman, Barbara: Die Torheit der Regierenden. Von Troja bis Vietnam. Frankfurt a. M. 1992.